编委会名单

黎运汉教授偕夫人刘美玉女士在翠湖山庄广场留影（2018 年国庆节）

贺　　词

恭祝　黎运汉先生九秩嵩寿!

黎运汉先生以其丰富多样的学术成果和与时俱进的学术精神,为中国修辞学和语言学贡献了宝贵的财富,树立了高高的榜样。

黎运汉先生辛勤敬书育人,桃李芬芳,为中国修辞学和语言学培养了诸多优秀人才。我们谨向这位光荣的园丁致敬!

黎运汉先生为本学会的建设和发展,怀着满腔热情,作出了可贵的奉献。我们谨向这位学术前辈致以崇高的敬礼!

我们敬仰先生的道德文章。我们衷心祝愿先生身心康宁,福寿绵长!

中国修辞学会会长　陈光磊

2018年10月12日

清心望远

贺黎运汉汉教授九秩华诞

曾毅平 盛永生 主编

暨南大学出版社

JINAN UNIVERSITY PRESS

中国·广州

图书在版编目（CIP）数据

清心望远：贺黎运汉教授九秩华诞/曾毅平，盛永生主编．—广州：暨南大学
出版社，2018.11
ISBN 978 - 7 - 5668 - 2516 - 2

Ⅰ.①清⋯　Ⅱ.①曾⋯②盛⋯　Ⅲ.①语言学—文集　Ⅳ.①H0 - 53

中国版本图书馆 CIP 数据核字（2018）第 251287 号

清心望远：贺黎运汉教授九秩华诞
QINGXIN WANGYUAN：HE LI YUNHAN JIAOSHOU JIUZHI HUADAN
主　编：曾毅平　盛永生

出 版 人：徐义雄
项目统筹：晏礼庆
策划编辑：潘雅琴　杜小陆
责任编辑：齐　心
责任校对：何　力
责任印制：汤慧君　周一丹

出版发行：暨南大学出版社（510630）
电　　话：总编室（8620）85221601
　　　　　营销部（8620）85225284　85228291　85228292（邮购）
传　　真：（8620）85221583（办公室）　85223774（营销部）
网　　址：http：//www.jnupress.com
排　　版：广州市天河星辰文化发展部照排中心
印　　刷：湛江日报社印刷厂
开　　本：787mm×1092mm　1/16
印　　张：25.25
字　　数：517 千
版　　次：2018 年 11 月第 1 版
印　　次：2018 年 11 月第 1 次
定　　价：98.00 元

序 言

张　静　柴春华

二〇一八年，岁在戊戌，对黎运汉教授来说，这一年可谓"五喜临门"。

人的一生能够享受到一次如此的大喜大庆，真是难得又可贵的事情。黎运汉教授就有这个福分：一喜，九十华诞，而且健康长寿；二喜，钻石婚姻，仍然恩爱如初；三喜，辛勤育人，桃李芬芳；四喜，《公关语言学》增订五版与新作《汉语言风格文化新视界》问世；四喜加一喜，《清心望远——贺黎运汉教授九秩华诞》文集出版发行。

作为运汉的老朋友，四十多年来与他相知相惜，能碰到如此良机，当然乐于分享主人翁带来的齐天洪福哦！——这不，能让我们为这本贺寿文集作序，不正是莫大的信任和享受吗？

为这本书写序，应该有几种写法：一种是将运汉誉满华夏的鸿篇拿过来细作评析，当然很好，但这是青年学者们的偏好。高足们尽享师恩哺育，喷珠吐玉，定能写出华章。第二种是将运汉几十年的勤奋历史纵观分析，重点评论，也很必要，但并非独到之处。第三种写法是将我们几个四十余年相知相惜、志同道合、亲如手足、同研修辞、共创中国修辞学会业绩的拓荒历程，捡它几个火花，信手拈来，道于后生、读者，这才是此处要"序"之要。不然，这段近半个世纪鲜为人知的一些真情，恐将被世人遗忘，岂不可惜？

黎运汉教授矢志奉献修辞学事业，在中国修辞学会发展壮大中，起到过举足轻重的作用。记得前两年为运汉写过一首七言绝句：

> 卫国戎马幸荣归，
> 南粤讲坛教鞭挥；
> 弟子三千满华夏，
> 修辞立诚老泪垂。

今天，抽匣读来，好像派上了很好的用场：这第一句正好写了他的戎马出身——当年我们最可爱的抗美援朝志愿军，胜利"荣归"。第二句也恰好概括了他几十年艰苦奋斗、业精于勤的战斗历程——从戎归来而后于中山大学治学，于暨南大学稳站讲坛，奋力耕耘，建立学派。第三句引用"弟子三千"，虽为夸张，但不为过，原因很简单，因为我们跟运汉有个现身的比较：论教龄不比他短，还比他长，然而，在中国修辞学会数十年的研学活动中，每走一处，无论中外，几乎都有运汉的学生。他们都是他亲办的汉语助教硕士课程班的得意弟子或者全日制研究生，而且如今清一色是大学中、高层领导，教授、副教授，因此顿生"夫者，服也"的敬佩之感。第四句就是运汉今天的大喜大庆的主题了，"修辞立诚老泪垂"，就是对运汉一生为修辞学所作贡献的最高总结。在此，我们也想从四个方面来表述：一是他将应用语言学中特性互别互联的四大门类——修辞、语体、风格、公关融会贯通，无论是立论、撰著、研讨、教学，其研究之深、涉猎之广、影响之大、撰述之多，均在国内位居前列。二是他在南国中山大学、暨南大学、华南师范大学三足鼎立中，将暨大现代汉语提升到国内一流水平。三是他在我国改革开放前沿阵地，第一时间受国家教委委托开创并坚持连续举办现代汉语助教研修班，有心插柳柳成荫，结果出现了全国到处都有他的高足这一"无处不飞花"的可喜可贺的动人局面。四是他在退休之后，身居羊城，心向修辞，在广州花都寓所呼朋唤友，招待学生。据我们所知，除一些常客外，像何景贤、朱婉清、程祥徽、黄翊、方祖燊、黄丽贞、濮侃、庞蔚群、徐丹晖、常敬宇、曹德和、王卫兵等，都是他的座上客。仅此，可见运汉为修辞事业立诚到老、矢志不渝的良苦用心！从社会学看，这是否可叫作有福同享呢？反正我们已经受用了。

2

　　黎运汉教授20世纪90年代初受托，担任中国修辞学会副会长兼秘书长，借助我国对外改革开放的良机，他在任期内有两大突出贡献：一是凭借他的人脉关系，将中国修辞学会的活动和影响推向海外——与美国、日本、韩国、新加坡等国的不少修辞学家也建立了联系，促进了学术文化交流。从此，中国修辞学研究成果步出国门，走向世界，加深了中外科学、教育研究工作者的友谊。二是利用华南前沿地区的开放优势和中大、暨大、华师等高校的强大实力，于1992年12月在广州召开了一次国内外学者集聚一堂、规模宏大、规格极高、气氛喜人、成果颇丰的国际会议。接待会议地址选在当时国外宾朋常下榻的广州珠江宾馆。除内地专家学者外，来自中国港澳台以及美国、日本、韩国、新加坡等地的汉语修辞学家竟达三四十人。从学术交流的热烈气氛和建立中外文化交流平台的迫切期望看，此次会议意义非凡。东道主的热情接待和参观访问活动的精心安排，与会者无不感到既收获了丰盛的学术成果，又享受到了充满南国风情的胜景熏陶；结交了朋友，扩大了影响，提升了中国修辞学会的形象和声望。会上还与澳门、台湾学者达成共识，由程祥徽教授和黎运汉教授筹备在澳门举行"语体风格国际研讨会"，邀请国内外学者与会；台湾借鉴大陆经验，在台湾成立中国修辞学会台湾分会，请大陆及港澳学者到台湾参加学术交流活动。

　　1993年12月在澳门举行了"语言风格学与翻译写作国际研讨会"，出席会议的正式代表来自中国和新加坡、日本等国，共计23名，提交论文26篇，论文涉及的问题很广，与会者深入交流，取得了良好的效果。这次研讨会是对汉语风格学逐步走向成熟的一次检阅。会后出版的《语言风格论集》是呼吁学者针对一些要害问题或薄弱环节攻坚克难的一份宣言。会议开得很成功，论文集编得也很顺利，正如程祥徽教授在论文集的前言和后记中所说："要感谢协同我张罗这次盛会的黎运汉教授，他胸怀风格学全局，针对学者的不同专长组稿、催稿，保证了研讨会论文的质量。""刚才，黎运汉教授给研讨会作的总结，既有材料的分析，更有理论的概括和提高。他为了这个总结，早从两个月前就开始阅读每一篇论文，而且可以说从去年的今天开始，他就在考虑今年这个研讨会的主题……这次研讨会已经筹划了整整一年，而黎运汉教授从头到尾都参与了筹划工作。因此，他是最有资格来作总结的。如果我们将这次研讨会与50年代苏联全国性的风格学大讨论相比较，那么黎运汉教授的总结可以毫无愧色地媲美于维诺格拉多夫院士的著名总结。"这次研讨会是中国内地和澳门学者建立密切关系，加强学术交流的先导。从此，不仅黎教授经常到澳门进行学术交流与讲学，而且内地不少其他学者也经常应邀到澳门参加各种学术研讨会。

1994年3月，台湾中华语文研习所在台湾圆山大饭店召开了两岸隔离对峙40多年来的第一届"两岸汉语语汇文字学术研讨会"，会议代表大陆有10人，港澳2人，美国1人，台湾12人，连同各界贵宾、新闻记者、高校师生两百余人，济济一堂，共同商讨两岸汉语语汇文字整合问题。时任台湾行政机构负责人连战先生、海基会辜振甫董事长、海协会汪道涵会长致祝辞，海基会焦仁和副会长兼秘书长与会。这次大会深受两岸相关部门重视，英国国家广播公司及美国之音则派专人赴台采访，逐日播报会议实况。这次大会成果丰硕，不仅为两岸语汇与文字整合统一稳健扎根和为两岸文化之进一步交流奠定了坚实基础，而且有助于教育我们民族的后代坚定两岸和平统一的信念。黎运汉教授作为大陆十人代表团的成员之一，参加了这次学术交流的"破冰之旅"，在会上作了题为"略论两岸汉语语汇差异之文化因素"的学术报告，并应邀担任研讨专题"两岸汉字电脑化之异同问题"的主持人，会后还以中山大学校友的身份受到台湾著名政治学谢东闵先生的接见，并应邀到中华语文研习所和空中大学作"语用与文化"的学术演讲，深受听众欢迎。

2000年5月，台湾中国修辞学会第一次邀请大陆学者参加两岸中国修辞学学术研讨会，国台办指派黎运汉、柴春华为领队，带领郑远汉、袁晖、郑颐寿、濮侃等十位学者与会。正因为有了广州会议上与众多台湾同行的友好接触，在老朋友何景贤先生等协助下，除了完成学术交流、演讲报告、参访活动外，大陆学者还跟台湾学者和学生广泛接触，扩大影响，增强民族认同感。黎、柴两位教授还应邀到当时仍由国民党掌控的"中央"广播电台发表了题为"增强汉语言文化交流，发展中国修辞学术研究"的实况录音讲话。会后，黎教授还应邀到台湾师范大学、中华语文研习所为研究生和学生作学术报告，并应邀到台湾商务印书馆签订《商务语言》的出版合同。

黎运汉教授任职期间，始终关心帮助青年学者，经常组织他们赴各地参会、授课、演讲。由于所讲课题都是贴合实际、较新的研究成果，广受青年学者、学生欢迎。其中活动组织较好、阵势较大、影响颇深的院校有浙江师范大学、浙江文理学院、江苏淮安师范学院、湖北文理学院等。而他所讲授的"语用与文化""修辞学、语体学、风格学"等，都是应用语言学前沿或边缘学科的热门课题，深受听众欢迎。参与授课的除黎运汉教授外，一般有张静、柴春华、刘焕辉等人。每次举行这样的活动，除了给举办学校送去语用修辞学的阵阵春风外，无形中也促进了中国修辞学会与各地修辞研究和教学的沟通联系，对培养青年学者也是一种极为有效的途径。不少地方或学校在举办此类活动之后，都发表了长篇评述和报道，点赞率极高。

深信《清心望远——贺黎运汉教授九秩华诞》文集的出版发行，定能以它深刻的理论，丰厚的知识，浓郁的学术情谊、师生情谊，给青年朋友和广大读者带来美好的熏陶和享受。

4

（张静，郑州大学中文系教授、研究生导师，曾任信阳师范学院院长，河南省教委主任，中国修辞学会会长，现为名誉会长；柴春华，郑州大学教授，研究生导师，曾任海南师范大学中文系系主任，海南省语言学会会长，中国修辞学会副会长兼秘书长，现为顾问）

目　录

1

四、黎运汉教授论著序言、书评选萃

五、贺寿文萃

六、附　录

一

岁月峥嵘　九秩荣光

立志·立业·立说

——黎运汉先生的奋进历程

盛永生

2018 年是个好年份，是一个新时代的开启，是全国人民追求幸福小康生活时代的开启。2018 年也是黎运汉老师 90 华诞的大喜之年，更是他与师母相亲相爱 60 年的钻石婚年！此时此刻，回顾老师走过的路，我们感到这是一笔莫大的财富，立志、立业、立说是一种理想人生，我们敬爱的黎老师做到了！

一、少年立志，奋发有为

粤西阳春县双滘圩平田寨（现为阳春市双滘镇平田村），地处信宜、高州两县的交界处，没有公路，交通很不方便，可谓穷乡僻壤。但这里三面环山，一条清澈小河贯流其中，山清水秀，民风淳朴。1929 年双重阳早晨，太阳初升，喜鹊欢唱，黎家的长子长孙出生了，祖父、父亲都非常开心，认为这个孩子的降临会给这个家庭甚至家族带来好运气，故取名"运汉"。

黎老师家在当地属中等小康水平，生活平淡，祖辈都是以耕田兼做小买卖为生，有点文化，讲究礼仪道德，常灌输给子女"读书高""奋发有为"的思想，同时也坚持要求孩子学习放牛、犁田耙地、插秧种菜等劳动。黎老师就是在这样的氛围和家教中读了两年私塾和五年小学。

1942 年小学毕业后，由于成绩突出，黎老师获得了祖尝助学金（黎氏门族设立的助学金，专门资助族内品学兼优的子弟），因此有了到高州县的南山村德明中学读初中的机会。黎老师非常珍惜这来之不易的学习机会，同时也为了不辜负乡亲们的殷切期望，在学校发愤学习，中、英、数、理、化五科成绩在全年级 70 多人中总是排第一。

1945 年黎老师以优异成绩（位居 100 名入学学生中第 12 名）考入广东省立高州中学。在高中，黎老师延续了自小的家教传统，并不死读书：在努力读书之余，还参加了学校的各种社会活动，担任学生会服务部部长兼民校校长，还参加夏衍的《离离草》等进步剧公演，是学校小有名气的优秀学生。1947 年转学到阳江广东省立两阳中学。

德明中学、高州中学都离黎老师家乡有 150 多华里，交通很不方便，要赤脚走两天山路。到两阳中学也不近：要步行一天兼坐船一晚。这些艰苦的磨炼让黎老师养成了刻苦耐劳的精神和锻炼身体的习惯，并让他终身受益。

1948年高中毕业，因经济困难，家里已无力支持他前往广州考大学。但黎老师并不气馁，他去一个富裕的地主家庭当家教，辅导初小、高小、初中三名学生，边挣钱边寻求读大学的机会。

1. 加入人民解放军，两次立功

1949年8月，黎老师考入广东省立法商学院社会系，10月初接受地下党外围组织地下学联的安排，参加护校的武装队伍，是社会系的宣传部部长。10月14日，广州解放。解放军七六部队政委王居义来法商学院作政治报告，黎老师受到很大教育，对共产党、解放军非常向往。11月15日，解放军在法商学院招募大学生入伍，黎老师便与法商学院、文理学院的一百多位同学一起参加了中国人民解放军，并编入七六部队政训队，在广州河南（今海珠区）纺织路国父纪念馆学习革命理论。150多人的大学生队伍分成三个区队、十二个小队，区队长为南下军政大学毕业的共产党员，小队长都是由入伍大学生担任，黎老师是第十一小队的队长。12月，经区队长介绍，黎老师参加了中国共产主义青年团，这是黎老师向往进步的一个重大转折点。

1950年4月，政训队学习结束，黎老师被分配到44军31师391团一营当文教组长兼共青团支部书记，并即刻随部队出发向海南进军。部队沿着佛山、九江、鹤城、开平、恩平、阳江、电白朝海南岛方向前行。沿途黎老师不仅担负着战士们的宣传鼓动工作，到宿营地还要为部队找住房，向群众宣传并向他们借东西，日行130多华里，一路风吹日晒雨淋，衣服湿透了，身上长出了虱子，脸皮晒脱了，脚上起了血泡。

当部队行至电白的儒洞，前方传来消息，先头部队已成功登陆海南岛，并乘胜追击，守岛敌军已乘军舰逃往台湾，黎老师的部队则转往茂名、高州和阳春边界就地剿匪。当地党政军民通力合作，深入匪区，分兵合击，日夜穿梭巡逻，并用从山脚到山顶合围的办法，使土匪无处藏身，纷纷举手投降。经过三个多月的围剿，便全面瓦解国民党残众和土匪队伍，生擒匪首朱伟韬等人。黎老师因成功争取到"反共救国军"独立团团长李大瑞缴械自首，荣立二等功。

1950年12月，黎老师所在的部队调防虎门，保卫祖国南大门。黎老师被安排在巡逻小分队里，乘坐小快艇，日夜在虎门港巡逻，检查出入口的船只是否有走私货物或载人外逃等。乘风破浪，快艇震荡，那个滋味不好受，开始几天都是头晕呕吐。4个月后即1951年4月，部队由虎门调至长安镇桥头村学习文化，重点是用拼音速成教学法扫盲，迅速教战士们识字。黎老师发挥自己所长，创造了实物教学法，甚有成效，并向全团推广，荣立一等功，被评为华南军区青年模范文教工作者。是年到广州参加华南军区奖模大会，被华南军区司令员叶剑英和政委谭政、陶铸授予二等奖状。

2. 成为志愿军，抗美援朝

1952 年 8 月，黎老师所在的 44 军与 45 军的一部分合并为 54 军，开赴朝鲜抗美援朝。部队从东莞常平乘车经广州北上到武汉时，已经深夜，战士们就在长江边换冬装，适逢大雨，无处躲避，才穿上的志愿军军装很快被淋湿了。火车启动后越往北越冷，棉衣内的水都结冰了，一直到河北省石家庄火车停站时志愿军们才下车，大家就在附近收集一些废枕木生火取暖。烘干湿衣，简单地休息调整后，继续北上。部队并没有立即开到朝鲜，为了让这些南方战士适应北方的气候环境，他们先在辽东半岛的大孤山、青堆子和石城岛一带休整了一段时间。

1953 年 4 月，部队正式入朝参战。虽说已是春天，但北方的夜晚依旧是春寒料峭。夜色迷蒙，志愿军们坐在闷罐车厢里过鸭绿江，用背包做坐垫，不准睡觉，不准大声说话，鸭绿江几座大桥，有些已经损坏；背后的丹东市万家灯火，光照天际，前面的新义州却漆黑一片，两岸形成了强烈的反差。战士们的心情激动又紧张，虽然热血男儿自当报效国家，但前途未卜，心中的志忑却无法言说。

火车朝南直开，铁道两旁炸弹坑一个接一个，大坑套小坑，新坑套旧坑。经过一夜的颠簸，天刚亮火车便在平安南道顺安郡长林里停下。一下火车，迎接志愿军的是四架敌机的疯狂轰炸扫射，飞机飞得很低，有的战士的帽子都被飞机带来的大风吹走了。战士们每人背上背着三个罐头、几斤炒米饼、一壶水，冒着风雪急行军翻过新高山，在路边露天睡了一晚。可能是太劳累，零下 30 多度，穿着棉衣棉鞋，垫着雨衣，盖着大衣，蒙着头竟然也能呼呼大睡。天刚亮又继续开赴"三八线"，参与金城以南反击战，路上经常遇到敌机的骚扰，他们轮番俯冲扫射轰炸，志愿军的高射机关炮，也从四面八方对空射击，交战十分惨烈。路上还曾碰到汽车被炸毁，十多位战友倒在血泊中。大家怀着悲痛的心情，跨过烈士们的遗体和血迹，奋勇奔赴北汉江、峤岩山、十字架山等一带对敌作战。不久，峤岩山、十字架山被其他部队抢先攻克，部队又转奔大黑山，准备参加决定朝战大局的大黑山战斗。当部队前进到半山腰时，停战协议签字了。

停战后，黎老师所在营驻扎在小榆店，分头守备峤岩山、十字架山等一些有战略意义的山头。这儿紧靠非军事分界线，离敌人就 4 公里，在山顶上用肉眼就可以看到敌方在非军事分界线以南的黑云吐岭上构筑工事，他们用直升飞机吊着一些器材轮番投给下面的施工部队，紧张的备战场面，令人感到这个停战协议是脆弱的。战士们保持着高度警惕，很多时间都猫在坑道里，坑道又黑又闷，衣帽上都生了虱子，浑身刺痒，很不好受。所以需要到外面透透风、换换气。但走出坑道口便见一片凌乱，到处是敌我双方遗留下来的已经损坏了的武器弹药和杂物。这次战斗双方都伤亡很大，尸体虽经掩埋，但腐变的尸体散发出的臭味却无法掩盖，扑鼻而来，令人作呕，成群的闪亮闪亮的红头绿身的苍蝇嗡嗡叫着，直往人们的眼耳口鼻钻，令人措手不及，浑身发麻。

1954年1月，黎老师的部队从"三八线"前沿调到元山以北的咸兴道青山里一带守备东海岸，并做入朝总结，黎老师由于表现出色而荣立二等功。结合他在解放战争时期荣立的一等功和二等功，黎老师被选为劳模代表，参加了15兵团奖模大会，获得司令员杨勇亲自颁发的奖品。

二、重返校园，立本立业

1955年4月下旬，部队决定让一批干部回地方工作，黎老师和当年一起在广东法商文理学院念书参军、一起在政训队学习、一起入朝的连排级干部40多人，办理了转业、复员手续。黎老师选择复员回广州，继续未完的学业。当时的广东省立法商学院，在1952年撤销并入了中山大学。

1955年10月底，黎老师回到广州，随即向中山大学请求复学转读中文系。中山大学根据当时的规定，在学时参军者仍算在读学生而发给社会学系毕业证书，又同意发给黎老师"调干助学金"入读中文系。这使得黎老师最终拿了社会学和文学两个毕业证书。

入读中山大学是黎老师人生的又一重大转折点。中山大学中文系师资力量雄厚，语言学教授有容庚、商承祚、潘允中、高华年等大师，黎老师深为他们渊博的学识和平易可敬的学者风度所折服，从此定下了语言学研究的道路。在学期间，黎老师既认真学习语言学课程，又积极参加语言学学术活动，努力学写语言学文章。大学二年级时便与同班的张维耿合写了《语言教学和科学研究中的脱离实践倾向》，发表在《中山大学学生科学研究》上；三年级时与同班同学程达明合写了《大跃进中汉语词汇的新发展》，发表在《中国语文》上；四年级时，潘允中教授组织成立了"毛泽东语言研究小组"，黎老师是小组中的重要成员，负责写"毛泽东语言风格磅礴气势"一节。冥冥之中，注定了老师与语言风格学有不解之缘。

三、大学讲坛，立言立说

1960年8月，黎老师从中山大学毕业，分配到暨南大学中文系语言学教研室工作。自此开始至退休及退休返聘的六年（除"文革"十年），黎老师都没有离开过暨南大学。

1. 著作等身，开拓创新

在暨大，黎老师教学相长、教研结合。先后为中文系、新闻系、外语系、历史系、经济系的本科生、大学师资班、现代汉语助教研修班和研究生分别讲授过现代汉语、语法修辞、修辞学、语体学、语言风格学、公关语言学等课程，教书育人、著书立说，积极参加国内外的学术活动，取得了令人瞩目的成就。统计下来，黎老师共出版了语言学教材与专著30多部（含合作），撰文过百篇，尤其在修辞学、语体学、语言风格学、公关语言学、商务语言学等方面都有开拓性的成果。

对黎老师学术成就的评价，有以下代表性论文：秦牧《他们讲出了我努力的方向——黎运汉、李剑云〈秦牧作品的语言艺术〉序言》，胡裕树《一部饶有新意的修辞学著作——评黎运汉、张维耿〈现代汉语修辞学〉》，杨志强《博采多师，后出转精——读〈现代汉语修辞学〉一书》，倪宝元《这种探索很有意义——读〈汉语风格探索〉》，曾大力《"汉语风格"再探索——〈汉语风格学〉评析》，郑颐寿《语体修辞学的新开拓——读〈现代汉语语体修辞学〉》，张维耿《修辞学园地上的一朵绚丽鲜花——评〈现代汉语语体修辞学〉》，刘焕辉《公关语言研究的新进展——喜读黎运汉的〈公关语言学〉》，刘凤玲、宗世海《开拓立说，辛勤育人》，孙汝建、陈广德《论黎运汉先生的治学之道》，李军、赖海山《开拓创新，系统深入——黎运汉先生的治学之道》。丁全国《语言风格学研究的新发展——评黎运汉教授的〈语言风格学〉》（见台湾《中国语文》2001年第5期），宗廷虎《新意盎然的新世纪修辞学教材——喜读黎运汉、盛永生主编〈汉语修辞学〉》（见《暨南学报》2007年第6期），濮侃《求实、创新、管用——简评黎运汉、盛永生主编的〈汉语修辞学〉》（《修辞学习》2007年第3期），陈昕炜、朱岱《黎运汉先生访谈录》（《当代修辞学》2014年第4期）。

2. 积极推动与台港澳的学术交流，贡献卓著

1980年12月，中国修辞学会在武汉成立，黎老师被选为理事。1984年起，历任常务理事、副会长、副会长兼秘书长，现为顾问。黎老师为中国修辞学、语体学、语言风格学的繁荣发展，为开展促进海峡两岸和香港、澳门的语言学学术交流倾心尽力。

黎老师在广州共主持了四次中国修辞学会年会暨国际学术研讨会。1992年12月在广州举办的中国修辞学会年会暨国际学术研讨会上，首次邀请到中国台湾（10名）、香港（3名）、澳门（5名）及美国（2名）著名修辞学家与会，开启了两岸学者共同研讨修辞学的先河。会上台湾代表团成员中华语文研习所所长何景贤博士与大陆有关人士商定，于1994年在台湾召开"两岸汉语语汇文字学术研讨会"。经过一年多的规划筹备，会议于1994年3月在台北圆山大饭店如期召开，与会代表中中国大陆10人，港澳2人，台湾12人，美国1人，连同各界贵宾、传媒与工作人员，大学语文科系等师生200余人与会。黎老师作为中国大陆代表团成员之一第一次赴台湾参加学术会议，在会上作了题为"略论两岸汉语语汇差异之文化因素"的学术报告，并被邀请担任"两岸汉字电脑化之异同问题"专题的主持人。台湾地区行政领导人连战、海协会汪道涵会长、海基会辜振甫董事长都有书面致辞。会后台湾地区著名政治家谢东闵先生接见了大陆

全体代表。会议成果丰硕，为两岸汉语语汇文字之整合跨出了崭新的一步，不仅有助于加速两岸文化交流的脚步，增强全球华人对中华文化的认同与爱心，而且有助于促进两岸和平统一。会后黎老师应沈谦教授邀请到台湾空中大学讲学，沈谦教授还说要借鉴中国修辞学会的经验在台湾成立中国修辞学会，以后会常请大陆学者到台湾参加修辞学会年会。

自此以后，两岸语言学方面的学术交流全面开启，黎老师前后四次被国务院国台办委派为领队，带领大陆代表团到台湾参加中国修辞学会学术研讨会，并应邀到台湾的电视台介绍大陆的修辞学研究概况，以及到台湾师范大学、中华语文研习所讲学。台湾学者也常到大陆参加中国修辞学会举办的学术活动。

1992 年在中国修辞学会广州年会上，黎老师还与几位语言风格学家提议，由澳门写作学会在澳门举行一次风格学研讨会，澳门学者接受了提议，决定于 1993 年 12 月在澳门召开"语言风格学与翻译写作国际研讨会"，并特别邀请黎老师参与筹备工作。在一年的筹备过程中，黎老师"从头到尾都参与了策划"，而且"胸怀风格学全局，针对学者们不同的专长组稿、催稿，保证了研讨会与论文集的质量"（澳门学者程祥徽教授语）。研讨会结束时，黎老师以"语言风格学研讨述评"为题作了会议总结报告。报告总结了研讨会的成果，提出了汉语风格学今后走向的见解。会后黎老师又与程祥徽教授合作主编了《语言风格论集》，1994 年由南京大学出版社出版。这次研讨会对我国语言风格学的繁荣发展起了极大的推动作用，也加深了港澳地区修辞学者之间的交流。

3. 培养良才，广交学林

黎老师热爱教育，钟爱学生，为暨大中文系本科生、大学师资班、大学现代汉语助教研修班当过班主任，上过多门课，也当过研究生导师，培养了众多学生。其中不少已成栋梁之材，既有多位大学校长，学院的院长、书记、系主任，又有知名教授、博士生导师，众多的硕士生导师，还有著名报刊的副总编、行政领导等。黎老师对学生的好是出了名的，许多弟子都记得已是花甲之年的老师经常徒步上七楼到研究生宿舍送资料、送食品给他们（当时中文系的研究生多安排在七楼、八楼居住），他担任班主任的助教班的学生更是经常与黎老师相聚。师生关系非常融洽，亲如父子。

黎老师从不故步自封，总是抱着"三人行必有我师焉"的态度，广交学林，结下深厚的学术情谊，如张志公、胡裕树、张寿康、倪宝元、王德春、刘焕辉、李熙宗、郑颐寿、郑子瑜（新加坡）、沈谦（台湾）等先生，至今与张静、程祥徽、柴春华、丁金国、宗廷虎、袁晖、濮侃、张维耿、常敬宇、徐丹晖、何景贤（台湾）、朱婉清（台湾）、方祖燊（台湾）、黄丽珍（台湾）等往来密切。学者朋友到了广州，黎老师都是亲自接待，并经常邀请他们到家中做客。

四、家庭幸福，知足常乐

黎老师的家起名"得道居"。老师谦和可亲，乐于助人，胸怀开朗，淡泊名利，心态宁静，知足常乐。

作为一名中国共产党党员，老师是一个坚定的共产主义者，他热爱共产党，以身为共产党员为荣，尽心为党，勤奋工作，以身作则，谨严治学，实事求是，努力开拓创新。

老师有一个幸福美满的家庭，1958 年老师在中大读二年级时，与在广州师范学院生物系任教的小他三岁的刘美玉老师结婚，今年正好是他们的钻石婚。60 年的婚姻，我们作为弟子，从来没有见他们分开过。师母永远是那么贤惠，对学生永远是那么热情。每次到黎老师家，几乎都没有空着手出来过，师母总是把各种好吃的装满一大袋送给我们。

澳门大学文学院前院长程祥徽教授说，幸福老人的标准是三老：老伴、老本、老友。这"三老"，黎老师和师母都拥有。黎老师经常笑谈他和师母是 80 后，正向 90 后前进，越活越年轻。他们淡薄名利，心胸开阔，善良正直，和蔼可亲，明白事理，雍容大度，而且坚持运动，注意养生，至今身板硬朗，步履轻盈，容貌清癯。尤为可贵的是黎老师仍在伏案笔耕，花 20 年心血完成了新作《汉语言风格文化新视界》，还主编"语言研究新视界丛书"，真是宝刀未老。

著名学者冯友兰先生曾赠金岳霖先生一副对联"何止于米，相期以茶"，米指米寿、茶指茶寿。我们在此就借用这副对联赠送我们敬爱的黎老师和师母，"相期以茶"！祝愿他们永远保持崇高的精神境界和乐观向上的积极心态，生命之树常青！黎老师在事业、家庭等各方面都为学生作出了很好的榜样，为学生指明了努力的方向。我们祝福敬爱的黎老师和师母寿比南山，福如东海，健康永远，笑口常开！

黎运汉先生访谈录

陈昕炜　朱　岱

（复旦大学中文系）

问：黎教授，您早年毕业于中山大学中文系，后来在暨南大学从教，先后担任过中国修辞学会副会长兼秘书长、中国中南修辞学会副会长等社会职务，出版过《现代汉语修辞学》《汉语风格探索》《公关语言学》等多部专著。据我们了解，您在中山大学最早读的不是中文系而是社会学系，我们非常感兴趣的是，先生您后来是怎样走上语言学、修辞学的研究道路的？

答：新中国成立以前我读的的确是社会学。大学一年级学习社会发展史课程时，其中谈到语言问题，强调了语言运用的重大价值，但是那时我并没有研究语言的念头。广州解放时，我就参加了中国人民解放军，后来又参加中国人民志愿军到了朝鲜。1956年，部队首长动员我们要响应祖国的号召向科学进军，我作为部队大学生又重新进入中山大学读书。中山大学中文系语言学实力雄厚，当时开办有全国唯一的语言学系。那时候虽然正经历着全国院系调整，王力先生、岑麟祥先生调至北京工作，但中山大学还是保留了一大批语言学教授，比如高华年、容庚、商承祚、潘允中、赵仲邑等都是全国有名的语言学家。

我记得入学后的一个晚上，系里举行迎新晚会，语言学教授都参加了，高华年、容庚等学者的风度令我们非常仰慕。在我们一年级时就开了三门语言学课程。他们的人格魅力、渊博的学识让学生十分景仰，我对语言学的兴趣也就自然增强了。二年级开始，中文系就分为语言和文学两个专门化方向。我和当时的同班同学张维耿（现中山大学教授）、程达明向高华年老师了解专门化课程的情况，高老师向我们介绍了专门化语言学的课程，我就决定以此为学习重点。半年以后，我和张维耿合作写了一篇文章，发表在《中山大学学生科学研究》上。1958年，我和程达明合写了《大跃进中汉语词汇的新发展》，发表在《中国语文》上。论文的发表更增添了我的自信和学习的力量。1959年，潘允中教授组织"毛泽东语言研究小组"，叫我参加。他分给我的任务是写"毛泽东语言风格磅礴气势"一节，我写了三千多字，我之所以下决心投身语言学，源头就是在中山大学这个地方。

问：您在暨南大学开设了多门属于语用学范畴的课程，走教学与科研相结合、教学相长的道路，取得了引人瞩目的学术成就，关于这些方面的内容您能给我们讲讲吗？

答：我1960年毕业分配在暨南大学中文系。当时暨南大学中文系开设了一个"大学语言教师研修班"，系里叫我当这个班的班主任。我给他们讲两门课，一门是"毛泽东语言研究"，一门是"修辞学"，课程很受学生欢迎。1962年我开始为暨南大学本科生讲修辞学，后来为全校学生开设修辞学课。新闻系、历史系、经济学院、商学院的学生都来听课，三百人的选修课，教室坐得很满，这是我没有预料到的。于是我决心写一本修辞学的教材，当时提纲已经定好了，但是"文革"开始后，研究教学工作停顿了。"文革"结束，我又开始讲授、研究修辞学。1980年，中国修辞学会在武汉成立，我和张维耿合写的文章《中国修辞学的研究对象、任务和范围》在大会上宣读后，得到好评，我也被选为第一届的理事，这更坚定了我搞修辞学研究的决心。1985年，暨南大学接受国家教委的委派，办起第一批大学现代汉语助教进修班，我当这个班的班主任；并开设修辞学、语体学、风格学三门课程，这对我鼓励很大。这个班一共办了三届，还从1986年开始招研究生，方向有修辞学和语言风格学两个。这表明国家承认了这两门学科是各自独立的，而之前多认为修辞学包括语体学和语言风格学。

《现代汉语修辞学》原本是我讲课时使用的教材，是我与张维耿先生合写的，最早于1986年由香港商务印书馆出版，1991年由台湾书林书店出版。这本书在外面反响很好，被中国香港、澳门、台湾及新加坡很多大学用作教材。后来《汉语风格探索》在商务印书馆出版，这原本也是我在助教班讲课的教材。《现代汉语语体修辞学》同样是教学成果，而那时语体学方面的文章并不太多。教学相长，助教班的学生是全国统考进来的，水平很高，思维也很活跃，课堂教学的讨论辩论对我有很大的促进。后来，我找学生和我一起写书，如《现代汉语语体修辞学》《秦牧作品语言艺术》《公关语言学》等。公关语言学课程于1988年开设，听课的人太多了，大礼堂坐满了学生，上课还要拿着大喇叭。后来我就让学生来分担一些教学工作。我的另外一个体会是，搞科研选题非常重要，要把握社会的脉动。当时公关学引入，全国风行讲公关学，暨南大学把握住了学科发展的脉搏，与时俱进。语体学和公关语言学长盛不衰的事实就是证明。

问：胡裕树先生在您70华诞时曾著文评价，"黎运汉先生是位卓有成就的语言学家"，说您"独著、合著、主编出版的语言学论著有20余部之多，论文近百篇，可谓著作等身"，对学界的评价您是如何看待的？

答：胡裕树先生人品高贵，学识渊博，态度诚恳，他的学者风度让我非常敬佩。胡先生对我的评价很高，鼓励很大，但是我贵在有自知之明。如果一个人在掌声中飘飘然，自以为是，是没有办法前进的，所以我始终保持着比较清醒的头脑。大家对我的鼓励和对我的评论，可以说是指出了我努力的方向，对我提出了更高的要求，增强了我的责任感。

程祥徽、宗廷虎、张寿康、刘焕辉、倪宝元、张志公等先生给我写的书评和序言，也都是策励，我很感激他们。我很喜欢读书，也非常努力，积极参加各种学术活动，向专家们、同行们请教。以文会友收获很大，我很多文章的观点都是通过听取专家意见确定下来的。比如 1993 年澳门举行"语言风格学与翻译写作国际研讨会"，我提交的文章是《修辞学·语体学·语言风格学》，提出三者是有联系但本质不同的学科，通过讨论，很多学者同意我的意见，这坚定了我的信心。我在做大会总结报告时，就语言风格学的任务提了六点，程祥徽先生对此评价很高，他说："如果我们将这次研讨会与五十年代苏联全国性的风格学大讨论相比较，那么黎教授的总结可以毫不愧色地媲美于维诺格拉多夫院士的著名总结。"（《语言风格论集》，第 288 页）这说明我的总结是符合实际的，而如果没有包括程先生在内的大家的肯定，我后来很可能不敢研究下去。这也说明勤奋固然需要，同时也要积极参加学术活动，向别人学习，听取他人意见。

问：黎老师，根据您的治学经验，您认为做学问需要具备什么样的素质？

答：勤奋好学、刻苦耕耘是从事科学研究的必要条件，更重要的是要善于追踪时代的脉搏、发展的步伐，开拓学科的新领域，发现学科的新内容。促进学科发展也要注意方法论，系统有效的方法是学科研究向科学化、专业化发展所必需的手段，也是为研究寻找突破口和空白点的重要途径。

做学问应该做有心人，对新的语料要有敏感性。我不管到什么地方，只要看见新的语料，马上就记下来。所以做学问要日积月累，做有心人，把握时代的脉搏，理清学科的来龙去脉，看到这些现状，要知道哪些是空白点，哪些是薄弱环节，哪些地方专家有不同意见。这么一来，辩论的地方就有新东西，薄弱环节就可以出新发现，这对选题很有好处。不管如何，每写一篇文章、每出一本书都应该有新的东西，再出版、再修订也要出新的东西。

问：1986 年您与张维耿合著的《现代汉语修辞学》对修辞学各个方面都有清晰而系统的论述，先生可否再介绍一下这本书出版的背景？

答：《现代汉语修辞学》是我和张维耿教授应商务印书馆香港分馆之约，在1983 年定稿的《修辞学》教材的基础上修改和充实成书，于 1986 年在香港出版的。这本书讨论了修辞学的主要理论问题，论述了汉语修辞学的历史及其发展，对同义形式选择、修辞方式、语段的组织、语言风格等问题作了比较系统的探讨。书出版后获得了海内外学者的好评。张志公先生称它是一部耐人阅读、饶有趣味、兼有实用意义的著作；胡裕树先生赞为"一部饶有新意的修辞学著作"；香港学者杨志强先生说此书吸收了前人及当代学者的研究成果，确实做到了博采万家，又不失己见。香港教育学院、香港中文大学和新加坡国立大学等曾把这本书用作修辞学习的教材，台湾有几所大学将它列为研究生的重要参考书目。台北书林出版有限公司还与商务印书馆香港分馆签约，于 1991 年在台湾出版该书。这本书迄今发行近三十年，累计印十多万册。

这里要附带谈一下我与盛永生主编、2006 年由广东教育出版社出版的《汉语修辞学》，这本书是广东多所高校中从事修辞教学和研究的老中青教授、副教授、博士的集体财富。本书最突出的特点是创新：既谈表达又谈接受，弥补了以往教材只谈表达的不足；区分语料修辞和语用修辞，把动态修辞和静态修辞分开讲；立足于修辞、语体和风格，使三门不同的分支学科有机地联系起来，帮助人们拓宽视野，在更高的层次上研究语言运用的规律。这是本人多年来探索的结晶，更是集思广益的结果。2012 年，根据参著者教学中使用该书的经验体会，由我作了修改，出了修订本。

问：可不可以认为《现代汉语语体修辞学》和《汉语语体修辞》这两部著作代表着您另一种探索呢？

答：人说话、写文章"先须辨体"，1956—1962 年全国语言科学规划的语体研究对语体和修辞研究与教学有着重大的指导意义，这项研究分四次逐步展开。这还涉及张弓先生《现代汉语修辞学》中"语体论"的启迪。我从 1985 年起为大学现代汉语助教研修班开设了"现代汉语语体修辞学"课程，《现代汉语语体修辞学》是我 1988 年应广西教育出版社的邀请，和学生们一起在我的讲义的基础上写成的，1989 年正式出版。这本书的总论和政论语体、文学科学语体是我自己执笔，其余几章由刘才秀等撰写。这本书曾获得专家的好评，也颇受广大读者欢迎，不少大学用作研究生的教材。

20 世纪 90 年代末，广西教育出版社希望我们出《现代汉语语体修辞学》新版本或续编，但因忙于别的课题，一直未能如愿。2007 年，暨南大学出版社约我主编一套"语言学研究新视角丛书"，希望用新视角写一本语体风格方面的著作，《汉语语体修辞》至此才得以着手编著。这本书是我与盛永生合撰的，既继承了《现代汉语语体修辞学》的精华，也融进了我二十多年来研究修辞学、语体学、风格学和语用学的考虑，同时还努力吸收了同行研究语体修辞风格的新成果，更着力于新的开拓和突破，以期能发现现代汉语语体修辞的新特点、新规律，体现汉语语体修辞的发展，给读者以新的启示。

问：先生 1998 年在《修辞学习》上发表过谈望老风格论的文章，您认为望老风格论的核心价值是什么？

答：陈望道先生的语言学研究给了我全面性的启导，可以说，我研究修辞、语体、风格，汲取的营养主要来自望老的论著。在这里我想着重谈谈风格研究方面对我的启发。

望老给我的第一个启发是明确认识了语言风格的本质属性。汉语风格研究有着悠久的传统，但主要还是从文艺学、文章学角度切入的，而不是从语言学角度来定位的，读来感觉捉摸不透、难以言传。望老《修辞学发凡》谈到文体时保留了古人的说法，但是从修辞学、语言学的角度来谈文体的风格。从语言学的角度切入，定位在语言风格上，有别于文章风格、文学风格，这是在揭示语言风格的本质特征，标志着语言风格研究的转向。

第二个启发是对语言风格成因的思考。望老虽然没有直接谈这个问题，但是《修辞学发凡》里面有两点非常关键。一是"题旨情境"，风格以题旨情境为第一义；二是"运用语言文字的一切可能性"，这是物质因素。我认为两者缺一不可，而且是前者统率后者。风格是外部因素和内部因素互相融合的产物。风格分类的标准也有争论，我是采取望老的成因标准，根据制导因素和物质因素来确定不同的类型。

第三个启发是关于风格分类。有些作者受到外国语体风格研究的影响，认为风格就是语体，时代风格、地域风格、民族风格、个人风格、表现风格等都是文学的问题。在这个问题上我始终都是支持望老的意见，坚持认为风格不是单一的，要从不同的角度来分类。民族风格、时代风格等，不只是文学的问题，也还是语言学的问题。这些类型是共性与个性的关系，不是一个层次的，而是一个体系。有人极力反对表现风格的问题，认为表现风格是文学风格，但是我觉得望老最大贡献恰恰是在表现风格方面的观点，他从语言学角度来谈怎么繁丰、怎么简约、怎么朴实、怎么刚健，这给了我很大的启发。比如最近湖北举行模糊语言学研讨会，他们请我参加并谈谈模糊语言学风格问题。本来这个问题我接触很少，没有什么想法，后来我从望老的著作中找到了思路。《修辞学发凡》里面谈了八种语文体式，简约和繁丰，刚健和柔婉，平淡和绚烂，谨严和疏放，并指出："其实语文体式并不一定是这两端上的东西，位在这两端中间的固然多，兼有这一组二组三组以上的体性的也不少。例如简约而兼刚健，或简约而兼刚健又兼平淡，繁丰而兼柔婉，或繁丰而兼柔婉又兼绚烂，都属可能。"（《修辞学发凡》，第 275 页）由此我想到风格也有模糊性，这些中间过渡其实就是模糊现象。而时代风格、民族风格、表现风格的分界都不是绝对的，风格类型也都有模糊性。

望老还有一些论述，是研究方法的问题，怎么继承借鉴发展的问题。他的风格理论继承了《文心雕龙》文体风格论，但是也摒弃了那些无关语言的东西。望老将语言因素插入进去，定位在语言学方面，这是继承发展的问题。同时他也注意借鉴国外的研究成果。《修辞学发凡》没有硬贴外国标签，从例子到理论完全是中国化的东西。

望老对我的启发还有：一切科学都有时代性，我们看著作、读著作，不能要求过高，它们都难免有时代局限性。有时代局限性说明还需要前进，每本书都要反复修改和修订。我觉得尽管我不是望老的学生，也没有见过他，但是他的著作使我终身受益，是我学习研究中的重要营养品，不断地在发挥作用。经典著作经

13

典之处就在这里。我觉得读书重要，经典作品更要好好读。

问：修辞学、语体学、风格学是三门相互联系又彼此独立的学科，您能具体谈谈三者的关系吗？

答：传统上语体和风格分得很清楚，刘勰的《文心雕龙》和陆机的《文赋》都把语体看成是风格的基础，但二者是分开的，不是一回事。现代学者张志公先生《修辞概要》给我的启发重大，使我坚定不移地认为语体、修辞、风格是不一样的。比如，张先生认为"把文章写通顺、写明白"是消极修辞的问题，"写得生动有力"是积极修辞的问题，这两者都是修辞第一层次的问题，是规范修辞和艺术修辞的问题。修辞是语言运用中讲究效果的基本概念，在语言运用中处于基础地位。而"根据文章性质和内容拿出一种适当写法"，这是语体问题。语体是语言运用中讲求较高效果的核心概念，在语言运用中处于中层地位，下面管修辞，上面还有风格。语言风格处于修辞、语体基础之上，是更高层次的概念，在语言运用中处于最高层面。我觉得张志公先生这些话是非常对的，即修辞、语体、风格是处于三个不同层面上的东西。现在看来，在这个观点上大家已经达成共识，从修辞角度谈语体、从修辞角度谈风格都可以。同时，语言学各分支学科都是互相联系的，修辞和语法也不是截然分开的，音韵和语法也是有联系的。

问：先生退休以后还从事哪些研究呢？

答：我 2002 年退休，十几年来我闲不住，还在写书，我觉得不能停下来，停下来就痴呆了（笑）。在学术园地从事研究几十年，勤奋探索、辛勤耕耘，即使是假日我也不偷懒。最近这段时间，我除了主编"语言研究新视角丛书"，还在《汉语风格学》基础上写一本《汉语风格的文化透视》，主体部分已写完，准备在两年内出版。这个课题我很早就有考虑。1992 年我主持在广州召开的修辞学国际会议，当时澳门和台湾学者第一次与会，在会议上我提了一个中心议题——修辞与文化的问题。我在会上发表的文章就是关于修辞与文化研究的，论文宣读后，大家的评价很高，认为这扩大了修辞学的研究范围，加深了修辞学研究的深度。这让我更有信心，从那时开始一直注意语言修辞风格与文化的互融互动的关系，从民族文化的角度去寻找动因。这些年来，每次在语体风格研讨会上我都要谈到风格与文化的问题，写了一系列的文章。暨南大学出版社让我主持的这一套丛书有 35 本，目前第一批已经出版，第二批也有一部分陆续出版了，我的这本书计划放在第三批。

问：您对修辞学科未来的发展有什么展望呢？

答：我想谈三点。第一，中国修辞学研究有十分悠久的文化传统。新中国成立以后，尤其是 20 世纪 80 年代中国修辞学会成立以来，张志公、张寿康、胡裕树、倪宝元、张弓、吴士文、张静等学者，以文会友，互相切磋、共策共勉、执手相向，形成了一种文人相亲的学术风尚，大大促进了中国修辞学的繁荣发展，

　　我热切希望我们中国修辞学的学者们能够发扬这种新时代互学共进的学术传统，使我们中国修辞学不断地向前发展。第二，中国修辞学、语体学、风格学研究已经开始形成新的走势、新的特点，无论是研究历时的，还是研究共时的，都已经着力从动态方面进行研究，也开始注意到修辞、语体、风格和文化的互融互动关系，从文化的角度找社会动因。希望中国修辞学能继承传统、借鉴西方、立足汉语，在这个新的势头上向前发展，既和国际接轨，又有自己的特色。第三，与时俱进，不断更新调整思路、创新理论，特别要关注新生的语言现象，总结新的规律，创造新的成果。

　　我很热爱我们的修辞学，我希望后来学者能超越前人，不断将中国修辞学推向新的高峰。

15

二　照片、题赠

(一) 照片

1. 亲情融融

(1) 最可爱的人遇上了优秀的人民教师

在中国人民解放军七六部队颁奖仪式上 (1951.5)

朝鲜停战后摄于"三八线"金城小榆店 (1954.5)

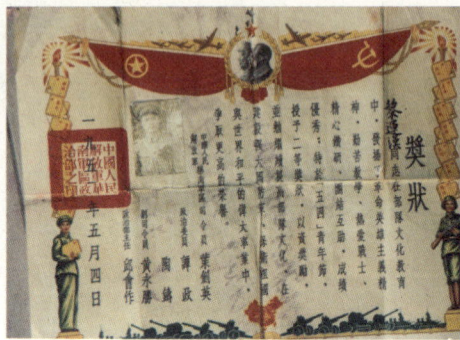

奖状

刘美玉老师 (1951)

结婚照 (1958.4.5)

钻石婚纪念 (2018.4.5)

应邀到澳门参加学术研讨会（1994.12）

应邀到澳门参加学术研讨会
后游大三巴合影（1994.12）

云南蝴蝶泉（1998.8）

武夷山荡秋千（2003）

19

在锦州渤海大学参加学术年会
（2004.10）

应台湾中国修辞学会邀
请到新竹玄奘大学参加国际
学术会议后游台北中正纪念
堂（2004.11）

上海外滩

伊犁森林公园（1999.8）

在挪威乘马车（2005.8）

芬兰议会大厅（2005.8）

莫斯科红墙（2005.8）

福建金门前线（2014.10）

美国夏威尔威基海滩（2007.9）

乘美国海军战舰往珍珠港（2007.9）

加拿大多伦多大学草坪上（2007.9）

在日本看活火山（2008.7）

与三九一部队部分留穗战友餐叙（2018.6）

女儿彬瑗、女婿卢俊文，孙女卢诗
韵宴请何博士夫妇和常教授、徐教授

（2）五好大家庭

在培正中学旧居

全家福（1992 在暨大羊城苑得道居）

与两个孙女赏花（1992.2）

与女儿、外孙女游花市（1997.2）

在翠湖山庄得道居合影（2015.10）

与彬燕、舒昕一家2018年除夕聚餐

与女儿彬燕在吉隆坡合影（1997）

与女儿彬燕在泰国欢乐游（1997.11）

与女儿彬燕游花市（2017）

2018年国庆节与女儿彬燕游顺德顺峰山公园

彬瑗与卢俊文为暨大中文系同班同学，1989年4月结婚。彬瑗在暨大中文系工作，爱好摄影；俊文自己开办科技公司，业余爱好书法。他们的女儿卢诗韵是美国伊利诺伊大学香槟分校会计系学士和硕士、美国波士顿学院金融系硕士

彬瑗在广州举办个人摄影展

黎彬瑗 / 个人简介

中国摄影家协会会员，广东省摄影家协会高级会士，广东省摄影家协会理事，广东省女摄影家协会副主席。获广东省第四届"星河展"青年摄影家称号。2012年3月举办《江山如此多娇》个人风光摄影展并公开出版《江山如此多娇》个人风光摄影作品集。作品《隐藏》荣获2017塞尔维亚两国五地巡回展PSA金牌；《静谧》荣获FIAP金牌；《独》荣获FIAP金牌；《静谧》荣获沙龙铜牌；《隐藏》在2017乌克兰国际摄影奖荣获PSA金牌；《寻》在2017怡丰摄影国际影影沙龙巡回赛（PIPA）获IUP银奖；《远古的部落》一、二获广东省第二十四届艺术展银奖和铜奖；一百多幅作品在国内外多项比赛中获奖。

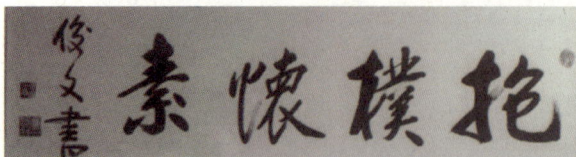

俊文书法

与彬瑷在个人摄影展上的合影

参加侄儿黎志鹏婚宴后与家乡亲属合影（2016）

彬瑷与诗韵合影于美国伊利诺伊香槟分校（2015）

与彬瑷游长白山（2015）

在八十寿宴上，左为弟黎锋，右为侄黎清隆

八十寿宴上亲家夫妇祝酒

25

侄儿黎清隆捐资为家乡红星小学、双滘中学、阳春一中各建"清隆楼"一幢，图为阳春一中清隆楼落成典礼（2008.5）

参加深圳市艾伯科技股份有限公司在香港上市敲钟仪式后与清隆家人合影（2017）

参加内侄刘晖婚宴后与刘家弟妹合影（2015）

与刘家弟妹合影（2018年春节）

与新恺叔父、清万侄、平山侄、杨周侄孙合影于南雄珠玑巷黎氏宗祠名人处（2008.11）

在江门鸭粥店与侄媳严潮丽、侄孙黎籽琪夫妇合影（2015）

（3）得道居与亲友同乐

与亲戚黄述斌夫妇在一起

晨练

笔耕不辍，用电脑写作《汉语言风格文化新视界》

暨南大学中文系办公室主任李淑英、李淑芬和潘梦园副教授来访（2013.3）

与妹玉茜（香港）、玉碧（委内瑞拉）、玉怡（香港）、弟绍文（广州）合影

弟运鸿夫妇及女儿秀芹、清琼，侄儿清文携子来探望

侄儿海华、卫东，侄女海芹合家来探望

堂弟运来、弟媳李芳常来家探望

妹玉仪、妹夫邱国雄（加拿大），弟绍华（华南理工大学教授）、绍文来探望

弟绍雄夫妇（加拿大）和表妹覃丽贞（中国人民银行广东分行稽查处处长）与大儿子盈曲

28

高中同班同学姚正宾与林景岳夫妇来访

中大同班同学钟贤培（华南师范大学教授、图书馆馆长）、胡若定（南京大学教授、中文系主任）、崔宝衡（南开大学教授、中文系主任）、张宗宙（惠州市人民政府办公室主任）来访（对联为程祥徽教授题赠）

老同学兼老战友黄展人教授（暨大中文系）与从英国回来的张国强教授夫妇及女儿、女婿来访并题赠

夫人刘美玉同事（广州市第七中学党委书记刘迅凡等）来访

与中大中文系同学张维耿、陈渭祥、唐惠芳、潘菱远、钟贤培、李进本回母校聚会（2018 年 4 月于中大浦园餐厅）

与高中同学容治夫妇和从美国回来的梁峰夫妇聚餐

老朋友何景贤博士（台湾中华语文研习所所长）和夫人朱婉清教授（原台湾电视台台长，美国中山学院院长）以及常敬宇教授（北京语言大学）、徐丹晖教授（中国传媒大学）来访

2. 学术情谊

参加学术会议后与华中师范大学邢福义教授于香港留影（1985.5）

参加两岸汉语语汇文字学术研讨会（1994.3）

参加学术会议后与缪锦安博士（香港中文大学教授）、饶秉才教授（暨南大学）、许宝华教授（复旦大学）、傅雨贤教授（中山大学）等合影于香港（1985.5）

与来暨大讲学的胡裕树教授（复旦大学博导，著名语言学家）于暨大图书馆前留影（1985.7）

接受香港电视台记者采访，谈中国语文教学（1985.5）

研讨会东道主何景贤博士授予荣誉奖

31

右起：安蜀禹教授、陈坚教授、史锡尧教授、时煜华教授、张寿康教授、黎运汉教授、骆小所教授参加中国修辞学会年会后游白马寺（1990.10）

在暨大参加学术会议后与台湾空中大学沈谦教授夫妇合照（1992）

出席学术会议：冼为铿（新华社澳门分社宣传文化部部长）、黎运汉、梁披云（澳门写作学会学术顾问）、林佐瑜（澳门写作学会理事长）、过家鼎大使

与王希杰教授、程祥徽教授参加学术研讨会后聚餐

参加在珠江宾馆举行的中国修辞学
国际研讨会后与刘人怀教授（后为暨南
大学校长，院士、博导）、何景贤博士
（台湾中华语文研习所所长）合影
（1992.12）

与杨庆华教授（北京语言
学院院长）、张维耿教授于美国
加州大学柏克莱分校留影
（1995.5）

33

接受台湾海基会宴请，与焦仁和副
会长兼秘书长合影（1999.3）

左起：王德春教授、黎运汉教授、
李行健教授（北京语文出版社社长）于
台北留影（1994.5）

与谢东闵先生（中山大学校友、台湾地区著名政治家）于谢府合影（1999.3）

与张志公教授、张静教授合影于北京香山（1994.6）

与复旦大学陈光磊教授合影于美国三藩市（1995.5）

参加《语言与传意》国际研讨会，左为季恒铨研究员（国家语委语用所副所长），右为王宁教授（北京师范大学）

与王均教授（国家教委科研规划领导小组组长，中国语文现代化学会常务副会长）、刘焕辉教授（南昌大学文学院院长，中国修辞学会副会长兼秘书长）合影于美国三藩市

与湖北师范大学二级教授、中国模糊语言学会会长黎千驹于第四届模糊语言国际学术年会中合影（2010.10）

与侯精一教授（中国语言学会会长）、江蓝生研究员（中国社会科学院副院长）、蔡文兰研究员（中国语言学会副秘书长）合影于澳门（1996.1）

与张静教授、汪国胜教授、弟子李军教授合影（1996.8）

访问加州大学柏克莱分校，听丁邦新主任介绍赵元任中国语言研究中心情况时与田小琳教授（香港岭南大学）、张维耿教授合影（1995.5）

接受澳门电视台专访，谈方言与共同语（1998）

在广东电视台向公众讲《语言风格学》（2000.11）

在暨南大学曾宪梓科学馆主持学术研讨会开幕式（2000.10）

参加闽台辞章学研讨会合影，左起郑颐寿教授、黎运汉教授、陈满铭教授（台湾）、王德春教授、许锬辉教授（台湾）、方祖燊教授（台湾）（2002.12）

到烟台大学参加语体风格研讨会后与丁金国教授、罗丽教授合影（2003.5）

应邀到湘南学院讲学后与院长曹石珠教授合影（2003.2）

与高桥弥守彦教授（日本大东文化大学教授）、荒屋劝教授夫妇，北京广播学院徐丹晖教授合影于大连（1996.8）

接受天津师范大学副校长陆世光教授颁发聘书（1997.9）

与台湾中国修辞学会会长、台湾师大校长蔡宗阳教授合影于台湾（2000.6）

在澳门大学主持研究生答辩会（1997.10）

参加暨南大学100周年校庆时与宗廷
虎教授（复旦大学），方祖燊、黄丽贞教授
夫妇（台湾师范大学）合影（2006.11）

台湾著名修辞学家、台湾师范大学黄
庆萱教授夫妇宴请黎运汉教授夫妇、袁晖
教授夫妇、李熙宗教授、胡范铸教授，台
湾何淑贞教授和沈谦教授（2004）

与郑荣馨教授、弟子曾毅平教授合
影于蓬莱（2004.5）

马庆株教授、黎运汉教授、谭汝为
教授于锦州留影（2004.8）

在台湾新竹市玄奘大学作学术报告
（右为校长邓运林博士）（2004.11）

何景贤博士宴请黎运汉教授夫妇、李鍌教授（世界华文教育促进会副理事长、台湾教育主管部门国语推广委员会主任委员）等（2004.11）

参加暨大华文学院全国语体与语言风格学术研讨会的部分学者：张力军教授、邵敬敏教授、黎运汉教授、苏金智教授、袁晖教授、李佐丰教授、岳方遂教授（2006.11）

应邀到广东外语外贸大学为何自然教授的博士生主持学位论文答辩会后留影（2007.7）

应邀到浙江师范大学讲学后，与副书记张先亮教授、张静教授餐叙

与复旦大学中文系主任祝克懿教授应邀到闽南师范大学主持研究生答辩会，讲学后和弟子李少丹教授合影（2014.8）

与安徽大学中文系曹德和教授合影

参加中国修辞学会福建泉州年会后与北京大学陆俭明教授夫妇、海南师范大学柴春华教授夫妇合影（2014）

40

3. 桃李芬芳

与弟子李军、宗世海出席中国修辞学会昆明学术会议后游石林（1989.10）

携弟子崔向红、李翠云、魏永秀出席北戴河学术研讨会后游天下第一关（1992.8）

现代汉语研修班毕业前游虎门，前排左起：邢海春、曾毓美、黎运汉、李始辟、徐珊、孙艳；后排左起：张贤平、董凤舞、韦茂繁、胡佑章、纪永祥、李晴岳、蒋有经、马志强、张晓勃（1997.7）

与弟子贾益民（曾任暨南大学教授、副校长，原华侨大学校长）在美国参加学术会议后于美国旧金山留影（1995.8）

41

与弟子龙裕琛（澳门特别行政区公务员）、周寒梅（澳门大学教育学院教师）在澳门留影（1996.1）

87届暨南大学汉语助教研修班的女生们

濒危语言国际学术研讨会：右一为蒋有经教授（集美大学国际学院院长），左三为韦茂繁教授（广西民族大学副校长），左二为夏中华教授（渤海大学中文系主任）

夏中华、蒋有经探望韦茂繁母亲时在韦家门口合影（2005.12）

在台湾弟子游朝雄（台湾华联文化有限公司董事长）夫妇私家花园留影（2007）

在弟子曾毅平领奖后与徐佩兰女士、饶芃子副校长合影（2007.9）

与弟子庄义友等于韶关学院餐厅合影（2008.8）

与参加母校100周年校庆的弟子在五羊雕塑下留影（2006）

应邀到淮阴师范学院讲学，与弟子
力量副院长夫妇合影（2008.5）

与屈哨兵博士（广州大学党委书记、
教授）、弟子刘惠琼（广州大学中文系副
教授）夫妇合影于暨大羊城苑得道居
（2000.2）

2016年教师节与弟子们餐聚

与弟子曾毅平教授、夏中华教授合影于
泉州中国修辞学会年会（2014）

弟子刘凤玲（广州大学教授、硕
导）、李珉（武汉市经委主任、研究
员）、涂红华（原广东工业大学教师，现
于广东省烟酒公司任处长）大年初二来
拜年（2018）

与回母校参加110周年校庆的弟子韦
茂繁、纪永祥、刘凤玲、邱冬梅合影
（2015）

43

2016年教师节弟子盛永生与夫人刘芬来拜访

左一为蒋有经教授，左二为纪永祥教授（肇庆学院中文系主任），右二为韦茂繁教授（广西民族大学副校长），右一为夏中华教授（渤海大学中文系主任）（2005.12）

与弟子李少丹（闽南师范大学教授）夫妇于漳州土楼留影（2009.4）

（二）题赠

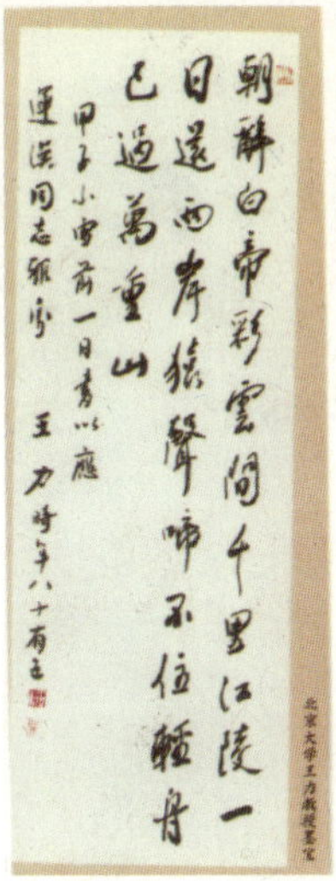

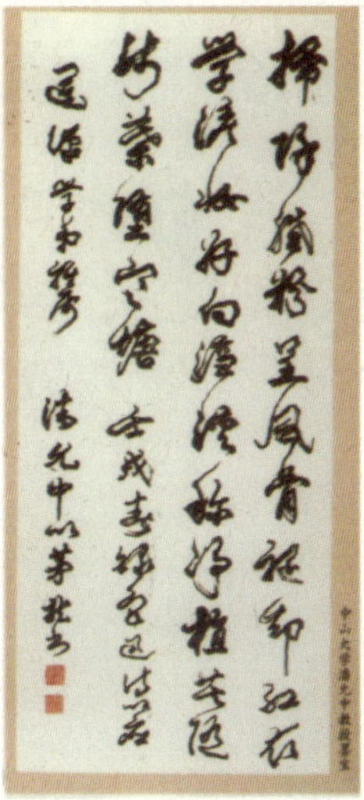

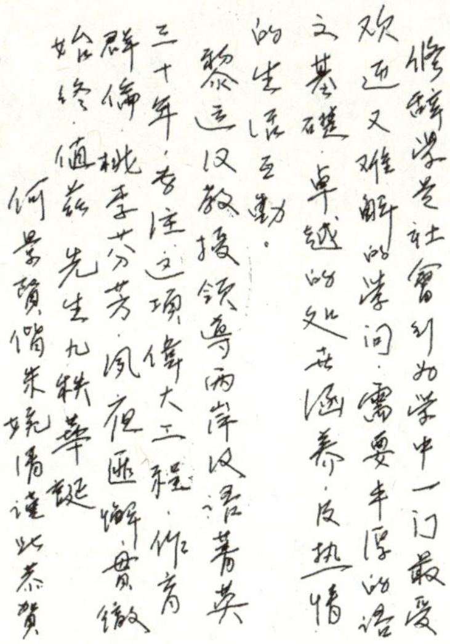
修辭学是社會科學中一门最受
欢迎又难解的学问，需要丰厚的语
文基礎，卓越的处世涵养，及热情
的生活互動。
黎运汉教授领导两岸汉语菁英
三十年，专注这项偉大工程，作育
群倫，桃李芬芳，夙夜匪懈，貫徹
始终。值茲 先生九秩華誕
何景賢偕朱婉清謹此恭賀

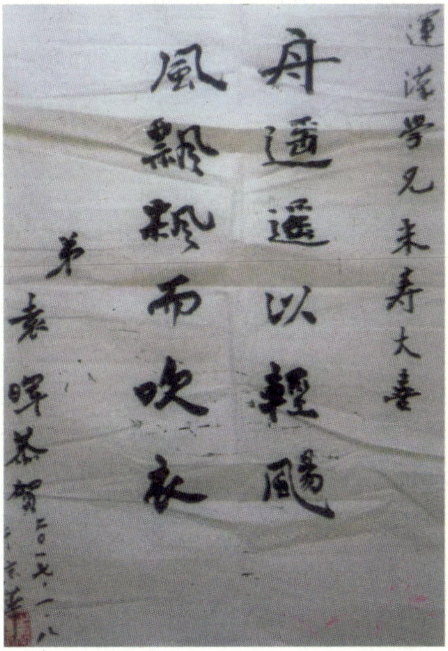

敬先生语体风格学苑耕耘数十载：
述，篇体光華；论，骨峻风清。

贺黎运漢教授九秩華誕
祝克懿题贈　陳建用書
戊戌重陽

中国修辞学会副会长、《当代修辞学》主编、复旦大学教授祝克懿
题赠，暨南大学陈建用书

恭賀黎運漢先生九十華誕
學界領軍
福壽綿長
徐丹暉敬書
丁酉年秋

恭賀黎運漢先生九十華誕
語體泰斗
學界壽星
丁酉之秋榮松書

菩萨蛮·贺黎运汉先生九十华诞及钻石婚庆典
黎千驹

高擎大纛潮流领，修辞语体堪彪炳。①
致力创风格，② 公关语言学和商务语言学单。③
不觉逢九秩④，喜钻孔婚至。⑤
学者共称觞，斯翁长寿康。

① 黎运汉先生在修辞学领域著有《现代汉语修辞学》《汉语修辞学》；在语体学领域著有《现代汉语语体修辞学》《汉语语体修辞》。
② 黎运汉先生在语言风格学领域著有《汉语风格探索》《汉语风格学》。
③ 黎运汉先生在公关语言和商务语言学领域著有《公关语言学》《商务语言教程》。
④ 《论语·述而》："叶公问孔子于子路，子路不对，子曰：'女奚不曰，其为人也，发愤忘食，乐以忘忧，不知老之将至云尔。'"
⑤ 黎运汉先生与刘美玉女士结为伉俪已达60年，俗称钻石婚。

47

三

黎运汉教授论文撷英

大跃进中汉语词汇的新发展

一

在"大跃进"时代中，随着祖国新事物、新概念的产生，汉语出现了大量的新词。有许多词和短语的意思改变了，获得了新的意义和新的用法。它们的产生不仅进一步丰富了汉语词汇的宝库，使汉语更向前发展了一步，并且还反映出这一阶段我国人民在思想革命、技术革命、文化革命、生产建设各个战线上的胜利和成果。例如"大破大立""又红又专""跃进派""促退派"等新词和词组，就是在"整风"期间人民思想觉悟提高的体现。现在全国掀起了技术革命的高潮，发明创造不断出现，新的词语就敏感地直接地反映了这些奇迹。如显示全民办工厂、搞钢铁面貌的，有"钢帅""钢军""土洋并举"等。农民们在生产过程中创造了一种新的先进耕作方法，坐在木制的小船上插秧，于是"插秧船"这一个新词产生了。农民为了提高生产效率，进行工具改革，创造了多种多样的车子，代替了肩挑，因而产生了"车子化"这个词。又如人们都想为社会主义作出最大的贡献，积极学习多种多样的生产技术和工作方法，使自己成为多才多艺的人，于是"多面手""万能人"这些新词就跟着产生了。再如，在党的总路线光辉照耀下，人们解放了思想，破除了迷信，发扬了敢想、敢说又敢干的共产主义风格，创造了千千万万过去被人们认为不能实现的奇迹，于是"异想天开""标新立异"这些成语就获得了新意。现在祖国建设社会主义已进入新的阶段，因而标示着这个阶段的"人民公社化"这个词便应时产生。其他如"下放干部""幸福院""交心"等新词语，都是最敏感地反映出在各个战线上出现的新成就和新事物。

"大跃进"以来出现的新事物是很多的，标示这些新事物的新词也极其丰富。而这里所谈的新词语，只是大跃进时期中在《人民日报》《中国青年报》《工人日报》《南方日报》上所出现的某些书面词语。对于群众的口头新词语和出现在其他刊物上的新词语还没来得及作全面的收集。由于掌握的材料不多，因此谈论问题的片面性是在所难免的。

二

汉语词汇发展变化的情况复杂，新词的产生方式也是多种多样的。这里谈的有两种：一种是以旧词为基础，通过汉语构词法，产生出新词。一种是旧词获得了新的意义和新的用法，其中有个别的词过去本已产生，但用得不普遍，现在使用普遍了。另外有一种固定词组，这类词组很有变成一个词的趋势。

通过汉语构词法孳生的新词语，大致说来，可以归纳如下几种：

（1）联合词组：联合词组是由两个以上的并列成分（词或词组）组成的。例如：

又红又专　多快好省　少慢差费　又穷又白
大破大立　勤工俭学　厚古薄今　重外轻中
鸣深放透　厚今薄古

（2）主从结构：组成这一类新词或词组的两个词素（或词）中，有一个词素（或词）的意义是主体，另一个词素（或词）的意义是从属于这个主体的。例如：

万能人　幸福院　大跃进　试验田　土专家
人民公社　反面教员　红专道路　精神贵族

（3）动宾结构：这类新词或词组的结构形式是前一个词素（或词）是表示动作的，后一个是被前一动词（或动词素）所支配的宾语。例如：

交心　通心　梳辫子

（4）主谓结构：这一种结构很有成语化的趋势。例如：

土洋并举　知识公有　寸土皆收　分秒必争

（5）加词尾式：即由一个词加上词尾构成的合成词。现阶段中出现了大量加上"派、化、手"这些词尾的新词。例如：

跃进派　促进派　促退派　观潮派　算账派

苦学派　伸手派　水利化　人民公社化　滚珠轴承化

沼气化　车子化　工分主义　好人主义　多面手　红旗手

（6）简称：简称也可以说是一种特殊形式的合成词，因此我们也把它列为新产生的词语。例如：

三风（官僚主义、主观主义、宗派主义）　五气（官气、暮气、阔气、骄气、娇气）　双反（反保守、反浪费）　二百（百花齐放、百家争鸣）　五大（大鸣、大放、大争、大辩、大字报）　双改（教学改革、科学研究改革）　治安七害（写反动标语、流氓、赌博、贪污、走私、欺骗、盗窃）　三结合（教学与生产相结合、理论与实际相结合、体力劳动与脑力劳动相结合）

汉语的构词方法是多种多样的，但发展很不平衡，有些格式能产力很强，有些格式能产力较弱。现阶段中，以通过主从结构产生的新词语为数最多，在我们这次所收集的125个新词语中，占40％，这表明它是汉语构词法中最能产的类型。同时，加词尾式的结构也相当活跃，尤其是"化"和"派"的能产力十分强。从现阶段的词汇发展情况看，更进一步证明这种格式有着广阔的发展前途。简称是一种日趋发展的新形式。我们认为，如果不致发生误解而又是约定俗成的简称，是应该受到欢迎的。简称有些会较快地消失，有些会逐渐固定下来成为词或短语。

三

谈到第二种，旧词获得新义，其实应该说是词义的扩展。它的产生是出于修辞的手段。例如："钢都放卫星""支援工业抗旱""力争钢铁大丰收""工业战线上的出色标兵""反对甘居下游"等，这样的例子举不胜举。应该承认，这类新用法的产生是社会发展的必然结果，是一种可喜的现象。我们应该极力欢迎和爱护，特别是语文工作者，更应该在词汇发展中做促进派。当然，新词的产生和成长是有条件的：首先，只要有了新的事物、新的概念，原有的词不足以表达的时候，人们就会创造出反映这些新事物的新词。其次，创造出来的新词还要看大家用起来是否合适，是否方便。如果适合了这些条件，新词就会产生、成长。即使有人不欢迎，也绝对没有力量去阻止它的产生和成长。反之，如果不合乎这些条件，即使新词被"创造"出来，大家也不会普遍地、长久地使用它，它也就免不了被淘汰。这是词汇发展的客观规律，是不以人们的主观愿望为转移的。可是，这只是一方面，我们还应该看到另一方面。任何客观规律，人们都是可以了解它、掌握它的。人们一旦掌握了客观规律，便可以发挥巨大的主观能动性，根据客观规律，推动事物向前发展。在推动语言词汇不断丰富的过程中，首先应该看到人民群众的语言创造力量；而优秀的人民政治家、作家和语文工作者就是人民的这种力量的体现者。毛主席就是善于根据客观需要来创造新词并正确地使用新词的语言巨匠。在汉语词汇有了新的发展的今天，语文工作者应该深入到人民群众中去，从人民的活语言中发掘新词并进行研究，以掌握汉语词汇的发展规律，帮助那些合乎条件的新词成长起来，稳定下来。与此同时，我们还应该注意到，由于汉语词汇发展很快，运用起来不免有困难。如果不加注意，就会出现混乱现象。因此，我们要掌握汉语词汇的发展规律，注意新词产生的条件，不要乱造新词或给旧词胡乱加上不合理的意思。我们要随时注意新词的生长情况，不要漫不经心，随便采用。就是已经稳定下来的新词，我们也要正确地理解它的意义和用法，准确地去了解和使用，不要望文生义，更不要生搬硬套。总之，我们要促进汉语词汇的规范化，使汉语沿着健康的道路发展。

（本文是作者在中山大学中文系读大二时与同班同学程达明合写的，发表在《中国语文》1958 年第 10 期）

试谈歇后语

　　歇后语是汉语所特有的一种表达形式，是人民群众在语言实践中创造出来的。在一个相当长的时期里，它广泛地流传在民间口语中。由于它对语言的表达能起积极的作用，后来有些比较接近人民、熟悉人民语言的作家，就把它加工提炼，运用到文学作品中来。宋代的《京本通俗小说》卷十二就有这样的句子："不是来门楼下躲雨，却是猪羊走入屠宰家，一脚脚来寻死路。"明清白话小说兴起之后，文学作品中的民间口语越来越多。《红楼梦》《水浒传》《西游记》《儒林外史》这些杰出的文学作品，都有不少运用得很好的歇后语。这就为我们留下了一宗宝贵的语言遗产。五四运动以来，特别是1942年毛主席《在延安文艺座谈会上的讲话》发表以来，许多革命作家响应了毛主席的号召，"长期地无条件地全心全意地到工农兵群众中去"，"和群众的思想感情打成一片"，"认真学习群众的语言"。他们写的作品，有高度的思想性和艺术性；有大量经过加工提炼的人民口语，而歇后语也正是他们所喜欢使用的语言形式之一。有些歇后语，经过语言巨匠和作家们的加工提炼之后，已经成为文学语言的一部分了。

　　早在8年前，《中国语文》编辑部就已经指出：进行"较长时间的深入研究"，把歇后语的有关问题加以解决，"对于我们的语文教育和文学创作，都会有巨大的意义和作用"（1955年1月号，第41页）。可惜直到今天，我们对歇后语还缺乏全面深入的研究。有关歇后语的问题很多，还有待大家研究和讨论。现在我们仅根据不充分的材料和肤浅的认识，试图来谈谈下面这几个问题：①歇后语的喻体和后语的关系；②歇后语运用中的各种格式；③歇后语在句法上的用途；④歇后语的修辞作用。

一

　　歇后语的特点是比喻之后再加解释。例如："这种做法是用金弹打飞鸟，因小失大。""用金弹打飞鸟，因小失大"就是一个歇后语。"金弹打飞鸟"是绕个弯儿作比喻，我们叫它为"喻体"。"这种做法"是被比喻的事物，修辞学上叫作"本体"。后半截是对这个比喻的解释，也就是这个歇后语的本意所在，我们可以叫它为"后语"。

歇后语的喻体和后语之间的关系是相当复杂的，综合起来有下列四种情况：

（1）喻体是历史故事或神话传说，后语是对故事、传说本身的说明。这一类用作比喻的材料大都属于较为通俗的故事或典故。这些歇后语的语意一般都着重在后语而不在喻体，但二者必须密切配合，互相作用，才能使语意更加贴切和鲜明。例如"周瑜打黄盖，两相情愿""诸葛亮下东吴，心里有数""李逵打宋江，过后又赔不是""韩信用兵，多多益善""孟良杀了焦公赞，自家人害自家人"等。

这些以通俗故事作喻体的歇后语，特别能使语言的运用显得经济而生动。这些故事本身是相当复杂的，并不是一句话就能说明的，但由于它们已广泛流传于民间，所以一般人遇到要说明的事情跟这些故事的某一主要特点相类似的时候，便会采用以这些故事作喻体的歇后语。如"周瑜打黄盖"是《三国演义》里的故事：周瑜和黄盖共同商定了一条"苦肉计"，假装黄盖犯了错误，周瑜把他打了一顿，然后黄盖假装一怒之下跑去投降曹操；曹操信以为真，结果上了大当。后来这故事深入民间，到处流传，人们便抓住周瑜打黄盖时"两相情愿"这一特点，编了这个歇后语，用来比喻凡是有关双方都愿意做的事情。又如，据《史记·淮阴侯列传》记载，汉高祖刘邦曾问韩信能率领多少兵，韩信答道："臣多多而益善耳。"后人便根据这个故事，创造了"韩信用兵，多多益善"这个歇后语，来表达"越多越好"的意思。

（2）喻体是具体实物，后语是说明该实物的特征。例如："小葱拌豆腐，一清二白。"小葱是青的，豆腐是白的，两种东西拌在一起做成一种菜，两者的颜色不会互相沾染，仍然青白分明。"青"和"清"谐音，于是便利用这两种实物的关系来构成"小葱拌豆腐，一清二白"这个歇后语。同样，"水萝卜，皮红肚里白"，后语说明了喻体实物的颜色，"六月里的梨疙瘩，有点酸"，后语说明了喻体实物的味道；"燎毛的小冻猫子，往热处钻"，后语说明了喻体实物的情态上的特征。

（3）喻体是一件事情，后语是这件事情的状况、结果，或是对这件事情的评论、判断。例如"风扫杨花，不知下落""对镜子作揖，自尊自敬""夜猫子拉小鸡，有去无回""正月十五贴门神，晚了半个月""被窝里不见了针，不是婆婆就是孙""湿手抓石灰，甩不脱手""蚊叮菩萨，看错了对象"等。

（4）喻体是想象的事情，后语是评论这件事情，或推断这件事情的结果。例如"老虎戴念珠，假慈悲""阎王嫁女，鬼要""阎王出告示，鬼话连篇""钟馗爷开饭店，没个鬼上门""蜻蜓摇大树，丝毫也不能动弹""土地老爷坐深山，自在没香火"等。这些歇后语的喻体所说的都是想象的事情，实际上是没有的。老虎是最凶恶最残暴的野兽，如果它竟然学佛家的样子，戴起念珠来表示修善积德，人们自然会视它是"假慈悲"了。小小的蜻蜓去摇大树，结果当然是"丝毫也不能动弹"。

歇后语的后语对喻体的取义方法主要有下面三种：

（1）直取原义：这种歇后语的真正意思完全可以直接从后语的字面上的含义去理解。例如"和尚捡得梳子，没有用处""骑在老虎背上，身不由己""马尾串豆腐，提不起来""关公面前舞大刀，献丑""新媳妇坐在花轿里，任人摆布""活人跳进滚水盆，有死无生"等。

（2）引申取义：这种后语本身往往也是比喻，它与说话人要说的真正意思还有距离，必须联系上下文，才能体会其真正意思。如"骑着驴儿看唱本，走着瞧"，这里"走着瞧"的真正意思并不是"边走边看"，而是"看将来结果如何"，或是"看将来谁是谁非，谁胜谁负"，或是"看究竟原因何在"。例如：

你要有本事，就不用听我的话，去跟工作队串鼻子，咱们骑在毛驴上看唱本，走着瞧吧！

（周立波《暴风骤雨》）

骑着毛驴看书——走着瞧，看究竟是什么原因。

（周而复《上海的早晨》）

同样，"隔着门缝儿瞧人，把人看扁了"的意思，也不是"把人看成个扁样子"，而是"看不起人"。例如：

看你，隔着门缝儿瞧人，把人看扁啦。我也是河边生，河边长，这一条路，船来船往也不知道走过多少遭儿，还有过错呀？

（袁静《新儿女英雄传》）

再如，"戴着斗笠亲嘴，差着一帽子"的意思是"差得远"；"三月里打扇，满面春风"是指非常得意的脸部表情。

（3）谐音取义：这种后语，有的音同字不同，有的音同字同而义不同，不能按照字义直接理解，必须经过谐音的"翻译"。音同字同而义不同的，如"黄连刻娃娃，苦小子"，就是借"苦味"的"苦"与"穷苦"的"苦"谐音取义。"老鼠上天平，自个称自个"，就是由"称轻重"的"称"与"称赞"的"称"谐音取义。又如：桥太小很难走过去，叫作"难过"，心情不痛快、不好受，也叫"难过"，"香棍子搭桥，难过"就是根据这一点而产生的。音同字不同的，如"隔窗吹喇叭，名（鸣）声在外""四两棉花，谈（弹）不上""半天里吊口袋，装疯（风）""孔夫子搬家，净是输（书）""空棺材出葬，目（木）中无人"等。

此外，还有两个以上的字谐音取义的，如"猪八戒的脊梁，悟能之背"是指"无能之辈","狗赶鸭子，呱呱叫"，是借用那鸭子被狗赶得惊慌时所发出的"呱呱"的叫声，跟"刮刮叫"谐音取义，来表示对人的称赞。

谐音取义的歇后语，绝大多数是在后语部分谐音的，但也有极少数歇后语是在喻体部分谐音的。例如：

我这个人是墨水平（瓶）——低得很！

（张勤《民兵营长》）

在汉语和汉字里，音同字不同和音同字同而义不同的现象是不少的。人民群众掌握了这一点，便利用它来构成许多生动有趣的谐音取义的歇后语。

二

通常认为，有喻体没有后语的格式，是歇后语运用中的本来的格式。一般说来，凡是意思简单、容易理解的，或者意思虽然较复杂，但流行较广或通过上下文就可以让人体会出来的，后语都可以不说出来。这样就更显得"言有尽而意无穷"，容易引起人们的深思和联想。例如：

盼一年来等一年，辛辛苦苦到秋天，交了租子又要还饥荒的我是哑巴吃黄连！

（阮章竞《赤叶河》）

"哑巴"不会说话，"黄连"是苦的，这是人所共知的事实。在旧社会里，农民一年到头辛辛苦苦地干活，而他们的血汗结晶，却全被地主剥削光，结果自己挨饿受冻有苦无处申诉，真是"哑巴吃黄连，有苦说不出"。因为这个歇后语浅显易懂，所以这里单说喻体不说后语，就已经能够让人们理解了。又如：

老实告诉你吧，我拼了，我不象你似的，贪吃那个周乡绅嘴里吐出来掷在桌子底下的肉皮肉骨头，做狗还得意呢，乱咬吕洞宾！

（洪深《五奎桥》）

"狗咬吕洞宾"的意思是"不识好歹"，这是一个流传很广的歇后语。这里省去后语，而且还将"狗"和"咬吕洞宾"隔开来。作者把那些乡绅地主的爪牙比作狗，把热心为群众办事、坚决同地主斗争的先进农民李全生比作吕洞宾，并通过李全生的口说出来。这些都很适合人物的身份和性格，而前面又已有这些地主爪牙打李全生的叙述，虽然省掉了后语，意思有些含蓄，却仍然可以体会出来。

应该说这种单说喻体而省略后语的格式，是歇后语本来的结构形式。省掉后语，就叫作"歇后"，歇后语的名称也正是由此而来的。但现在一般人使用的歇后语，却往往兼有喻体和后语两部分。

在喻体和后语并举的歇后语中，喻体和后语的结合方式也是多种多样的：有依照它原来的字样儿的，也有将它改头换面的；有喻体在前的，有后语在前的，也有喻体、后语交错相间的；有紧接着说的，也有喻体与后语隔开来说的。绝大多数喻体与后语之间是有停顿的，但也有不停顿的。

后语紧接在喻体的后面，并且依照它原来的字样儿说出来，是最常见的一种用法。例如：

> 武震心里好笑，真是冻豆腐，难拌（办）。
>
> （杨朔《三千里江山》）
>
> 大规模的集体生产，你和我都是么子人所言：满姑娘坐花轿，头一回。
>
> （周立波《山乡巨变续编》）
>
> 我这个人办事，穿钉鞋走泥路，步步落实，保险不出差错。
>
> （吴强《红日》）

这三个例子中的歇后语，都是在喻体的后面紧接着将后语说出来，并且都是将它原样地、不加改动地说出来，使人容易理解。在喻体在前的格式中，这是最常见的用法。然而，这种紧接法也可以根据内容的需要，灵活地加以改动。例如：

> 赵大："和尚碰见秃子，两头都是光光的。"
>
> （洪深《五奎桥》）

这个歇后语的原来说法是："和尚碰见秃子，两头光。"在上述例句中，喻体和后语虽然还是紧接着说，但将后语拆开，中间插进一些别的成分，使语气更显得自然而流畅。

此外，在运用这种紧接法的时候，还可以将后语的句式和语气改变一下。例如：

> 我就知道你们，瞎子骑马，专摸那没有的来欺（骑）呀！

（王松《沱江的早晨》）

老鼠拉木锨——大事还在后头呢！

（李准《耕云记》）

黄鼠狼给鸡拜年，安的么子心肠？

（马忆湘《朝阳花》）

狗追耗子，你管啥闲事呢？

（周立波《暴风骤雨》）

这几个歇后语的后半截都不按原来的句式来说，而是改成疑问句、感叹句。可见，歇后语的格式是很灵活的，语气是多种多样的。它可以根据语言表达的需要，或作陈述语气，或作疑问语气，或作感叹语气。

喻体在前的格式的另一种用法是：后语的部分并不紧接在喻体的后面，而将两者隔开。例如：

你是嘴巴子抹石灰，到谁家串门子都白吃。

（马加《江山村十日》）

这个歇后语的原来的说法是："嘴巴子抹石灰，白吃。"这里后语的部分不紧接着喻体说出来，而是用了一些别的成分将两者隔开。这主要是为了内容的需要，"白吃"有了"到谁家串门子"和"都"作修饰语，意思才显得更加完整。又如：

真是三伏天刮西北风，大家被她搞得莫名其妙，不知她说些什么。

（冯德英《苦菜花》）

这个例子同样是内容决定了形式，只有把喻体和后语隔开，让"大家被她搞得"等词语插进去，才能说明"莫名其妙"的主体和缘由。

除了上述喻体在前这一格式的种种活用方式之外，还有一种喻体与后语倒置，也就是后语在前的格式。例如：

袭人本来从小儿不言不语，我只说是没嘴的葫芦。

（曹雪芹、高鹗《红楼梦》）

这个例句里的歇后语本来是"没嘴的葫芦，不言不语"。这种后语前置的格式，是歇后语的一种特殊的"变格"。这里把后语放在喻体之前，主要是为了强调后语，使本意明显突出。但这样的用法不常见，用的时候必须符合语气顺适、结构自然的原则。例如：

你远在边疆，现在寄给你一本辞典作为纪念，礼物虽小，千里鹅毛，请你收下来吧！

（《汉语成语小辞典》）

"千里送鹅毛，礼轻情意重"，是一个常用的通俗歇后语。这里把喻体改为"千里鹅毛"，把后语的前半部"礼轻"改为"礼物虽小"，并放在喻体的前面，变成一种让步句式，使语气更显得顺适自然。后语的后半部"情意重"省略掉，更显得语言简练，意味深长。

除了喻体在前和后语前置两种格式之外，还有喻体和后语交错相间的格式。例如：

"……没有长翎毛儿，就忘了根本，只拣高枝儿飞去了。"

（曹雪芹、高鹗《红楼梦》）

"怪道呢！原来爬上高枝儿去了，就不服我们了。"

（曹雪芹、高鹗《红楼梦》）

这两个例句中的歇后语原来的说法是："没有长翎毛儿，就拣高枝儿飞——忘本。"这里把它改动一下，目的是使表达的意思更加透彻。前一例句把喻体拆为两半，分别放在后语的前面和后面，形成喻体、后语交错相间的格式。后一例句省掉喻体的一部分，而又换了一种后语，在用法上显然是更灵活一些了。

上面所举的歇后语，大多数是在喻体后语之间用逗号表示停顿的。有些不用逗号而用破折号的，则除了表示停顿之外，还可以表示后语对喻体的解释作用。还有少数歇后语喻体和后语之间既没有逗号，也没有破折号，但实际说起来，还是有语音停顿的。例如：

"……今天傍亮天去设埋伏，我们都没有信心，想他一定在昨天晚上就早溜走了，今天去也是瞎子点灯白费蜡。"

（曲波《林海雪原》）

最后，在明清的一些杂剧、小说中，还可以看到好几个歇后语连用的一些例子。如：

"猪八戒吃人参果,全不知滋味",说的好容易!是云片糕!方才这几片,不要说值几十两银子,"半夜里不见了枪头子,攘到贼肚里",只是我将来再发生了晕病,却拿甚么药来医……

(吴敬梓《儒林外史》)

咱们清水下杂面,你吃我看见。提着影戏人子上场儿,好歹别戳破这层纸儿。你别糊涂油蒙了心,打量我们不知道你府上的事呢!……你们就打错了算盘了!我知道你那老婆太难缠。如今把我姐姐拐了来做了二房,"偷来的锣鼓儿,打不得"。

(曹雪芹、高鹗《红楼梦》)

这种用法在现代作品里比较少见,这里就不打算多谈了。

三

歇后语在句法上的用途,归纳起来有下列两种:

(一) 独立成句

例如:

阉猪割耳朵,两头受罪。

(马烽《村仇》)

这事传到老品耳朵里,他把咀一撇,"哼,我活了一辈子啦!就没听说过机器能种地。老虎拉碾子——甭听那一套"。年轻的小伙子们就跟他抬起杠来,顶得他结结巴巴的没话答对。

(李庆蕃《拖拉机开进高家村》)

(二) 作句子中的一个成分

在大多数情况下,歇后语是作为一个定型词组,充当句子中的某一个成分。它经常作谓语,也能够作宾语、补语和定语。

(1) 跟判断词或准判断词构成合成谓语,这是最常见的情况。例如:

你要再不相信,我也是老君爷叫蛇咬:法尽了!

(欧阳山《高干大》)

你是瞎子狗吃屎,瞎碰上的。

(周立波《山那面人家》)

你们两个硬是城隍庙的鼓锤——一对！

（罗广斌、杨益言《红岩》）

这种用的句式是"甲是乙"，歇后语与主语之间有个判断词"是"。

伪省长鄙夷地说："……酒令开始的时候，你和少爷到宴席上坐一坐，认识的打打招呼，生人连睬也别睬，别等散席，就回来休息室，这叫'姜太公钓鱼，愿者上钩。'"

（李英儒《野火春风斗古城》）

按旧习惯，婆婆找媳妇的事，好象"碾磨道上寻驴蹄印，步步不缺"。

（赵树理《孟祥英翻身》）

你们的学校，真是好象"湿手捏了干面粉"，粘缠极了。

（鲁迅《鲁迅全集》）

这种用的句式是"甲叫乙"或"甲象（像）乙"，歇后语与主语之间有个准判断词"叫""象（像）"或"好象（像）"。

（2）跟能愿动词构成合成谓语的歇后语比较少：

老祖宗也乏了，咱们也该"聋子放炮杖（爆竹）——散了吧。"

（曹雪芹、高鹗《红楼梦》）

他还要"老虎头上搔痒"，便给他两个咀巴！

（鲁迅《鲁迅全集》）

（3）单独作谓语的歇后语是很多的。例如：

你这家伙，麻雀子屙屎，东一堆，西一堆，刨的个乱七八糟。

（马忆湘《朝阳花》）

你胳膝盖上钉掌——离了蹄（题）啦！

（李英儒《野火春风斗古城》）

有谁做过童养媳妇吗？据折聚英说，从那天起，她做了童养媳妇儿，她就活人跳进滚水盆啦！

（孔厥《一个女人翻身的故事》）

（4）作宾语的歇后语也不少：

62

①作一般宾语的，如：

……所以才弄成'大水冲了龙王庙，一家人不认一家人。'……"

（曲波《林海雪原》）

老号长还有些丈二和尚摸不着头脑，忽听团长叫他，即把酒瓶揣好跑进去。

（冯德英《苦菜花》）

②作双宾语句的远宾语的，如：

他说得好听的，听着，说得不好听的，就给他一个"实棒槌灌米汤"，来个寸水不进，我是满没有听提，这才能过日子。

（曹禺《日出》）

（5）作补语和定语的歇后语比较少。
作补语的，例如：

李德才看着他，被他说得丈二和尚摸不着头脑，究竟老林要和他说什么呀。

（王松《沱江的早晨》）

63

作定语的，例如：

"你是抱元宝跳井，舍命不舍财的老财阀……"

（周立波《暴风骤雨》）

这时，我觉得身上更冷了，多么想烧火来烤烤，但这真是尼姑庵里借梳篦，根本办不到的事。

（马忆湘《朝阳花》）

四

前面说过，歇后语的特点是比喻之后加解释，因此它可以说是一种特殊的比喻。这种特殊的比喻往往用"是"作喻词，放在本体和歇后语之间，构成暗比的形式。有的则用"象（像）""好象（像）""好比"等作喻词，构成明比的形式。还有的既没有"是"，也没有"象（像）"等，不用任何喻词，歇后语直接放在本体的后面，这就像是借比的形式了。例如：

这是千里送鹅毛，红呼呼的取个吉利！

（老舍《方珍珠》）

谢庆元象是老鼠钻风箱，两头受气……

（周立波《山乡巨变续编》）

我一字不识，学起来好比老虎吃田螺，无从下口。

（马忆湘《朝阳花》）

……可是他哑巴吃粑粑，心里有数。

（马忆湘《朝阳花》）

正由于歇后语是比喻之后加解释的，所以它在语言实践中就具有形象具体、通俗易懂、生动活泼、幽默风趣等修辞作用，用具体的浅显的事物打比方去表现抽象的现象或说明深奥的道理，这是歇后语在语言实践中的一个重要作用。例如"十五个吊桶打水——七上八下""热锅上的蚂蚁——走投无路""茶壶里煮饺子——肚里有，咀上倒不出"，这些歇后语都是用具体的事物，非常形象而贴切地分别说明了忐忑不安的心情、无路可走的处境和不善于多说话的性格特征。在《新儿女英雄传》中，作者用"没骨头的伞——支撑不开"来形容一个人的政治思想不开放、上进心不强、不能有所作为。吴运铎同志在《把一切献给党》中，用"小巷子里抬竹竿——直来直去"来描绘自己爽朗、直率的性格。一个人的内心活动、思想性格，本来是比较抽象复杂的，往往不是三言两语说得清楚的，但由于使用了歇后语，增强了语言的形象性，就使得这些抽象、复杂的东西容易为人们所理解，并能给人以深刻难忘的印象。由于歇后语是以具体形象的喻体作为它的主要组成部分，所以能使语言通俗易懂，生动活泼，趣味横生，从而具有更大的吸引力和感染力。

同时，许多歇后语都富有幽默性，在语言实践中往往具有很强的讽刺力量。例如：

他嘛，棺材里伸出手来——死要钱。

（周而复《上海的早晨》）

你是抱元宝跳井，舍命不舍财的老财阀，不能养活枪，但胆儿又小，拿着明晃晃的刺刀还哆嗦呢！

（周立波《暴风骤雨》）

在上面两个例子中，两位作者用两个歇后语狠狠地讽刺了那些要钱不要命的守财奴。

《红楼梦》五十五回有这样一句："环儿更是燎毛的小冻猫子，只等有热灶火坑让她钻去罢。"这里用"燎毛的小冻猫子——往热处钻"这个歇后语辛辣地讽刺了旧社会中趋炎附势的人。

毛主席是善于运用人民口语的语言巨匠，他的文章里所用的歇后语虽然不多，但用得极好。他在《反对党八股》一文中写道：

如果我们连党八股也打倒了，那就算对于主观主义和宗派主义最后地"将一军"，弄得这两个怪物原形毕露，"老鼠过街，人人喊打"，这两个怪物也就容易消灭了。

（《毛泽东选集》，第 831 页）

党八股的第一条罪状是：空话连篇，言之无物。我们有些同志欢喜写长文章，但是没有什么内容，真是"懒婆娘的裹脚，又长又臭"。

（《毛泽东选集》，第 835 页）

接着，他要求这些同志"把那些又长又臭的懒婆娘的裹脚，赶紧扔到垃圾桶里去"。在这里，毛主席用了"老鼠过街，人人喊打"这样一个生动的歇后语，一方面启发大家应该如何对待主观主义和宗派主义，另一方面又把这两个怪物的丑态和被围攻后的狼狈处境描绘出来了。用"懒婆娘的裹脚——又长又臭"来讽刺那些空洞的长文章和"空话连篇，言之无物的演说"，这就使得语言更加生动，形象更加鲜明了。

在文学作品中，歇后语对于塑造人物形象和增强作品的艺术魅力，也是有它的一定作用的。这样的实例是很多的，这里只举《骆驼祥子》《西厢记》《红楼梦》等作品中的几个例子来谈谈。

据我们统计，《骆驼祥子》一书共用了七个歇后语。其中有三个是用来描写高妈的，三个是虎妞说的，一个是人力车工人说的。《西厢记》里的两个歇后语都是红娘说的。张生、莺莺、老夫人、祥子、曹先生、曹太太、夏太太等人都没有说过一个歇后语。实际生活中某些人喜欢说歇后语，某些人不太说歇后语，这和他们的出身、地位、生活经历、性格特征等有关。在文学作品中，根据生活实际来使用歇后语，可以增加作品的生活气息和真实性，使作品更富有感染力。

如果使用得恰切，歇后语能够有助于刻画人物性格，使作品的人物形象显得更完整更丰满。以《骆驼祥子》中描写虎妞的歇后语为例：

她咽了口吐沫，把复杂的神气与情感似乎镇押下去，拿出点由刘四爷得来的外场劲儿，半恼半笑，假装不甚在乎的样子打了句哈哈："你可倒好！肉包子打狗，一去不回头啊！"她的嗓门很高，和平日在车厂与车夫们吵嘴时一样。

65

　　"祥子你等等走！"虎妞心中打了个闪闪的，看清楚：自己的计划是没多大用处了，急不如快，得赶紧抓住祥子，别鸡也飞蛋也打了！"咱俩的事，一条绳拴着两蚂蚱，谁也跑不了！你等等，等我说明白了！"

　　这两段话非常切合虎妞的身份，成功地刻画了她泼辣、粗野的性格。这里面，两个歇后语的运用是起了一定的作用的。又如：

　　"……日后，我再慢慢的教他知道我身子不方便了。他必审问我，我给他个徐庶入曹营，一语不发。等他急了的时候，我才说出个人来……你说我想的好不好？"

　　这里又描写出虎妞性格的另一方面：粗中有细，会想些主意。这就使虎妞的形象更显得完整和丰满。

　　《西厢记》的歇后语虽然不多，但用得很恰当。例如：

　　没人处则会闲嗑牙，就里空奸诈。怎想湖山边，不记"西厢下"？香美娘处分破花木瓜。

　　休傻小心，过去便了。既然泄漏怎干休？是我相投首。俺家里陪酒陪茶到相就，你休愁；何须约定通媒媾？我弃了部署不收，你原来苗而不秀。呸！你是个银样蜡枪头。

　　《西厢记》里红娘的形象是塑造得非常成功的，她的性格特征是热诚、公正、勇敢、机智、风趣、幽默。当然，性格特征主要是通过人物的行动充分地表现出来的，但上面的两段话在一定程度上更突出了红娘的大胆、风趣和幽默。她是同情和愿意帮助张生和莺莺的，但对他们的弱点却时常给予尖锐的讽刺和嘲笑。张生具有一些封建社会中"老诚"的"书呆子"可能有的性格特征：傻气、懦弱。红娘在热情帮助他的同时，又用"花木瓜，好看不好吃""银样蜡枪头，中看不中用"这两个歇后语去嘲笑他。这是善意的讽刺，目的是希望张生克服弱点，鼓起勇气来。红娘用歇后语笑他懦弱，给他打气，不仅表现了她的热情和幽默，同时也映衬了她的勇敢。另一方面，张生的那股傻劲儿和懦弱，也由于红娘的嘲讽而显得更加突出了。

　　《红楼梦》的歇后语比较多，而且用得非常切合故事情节和人物性格。这里只谈和《西厢记》的歇后语有关的一个：

黛玉扑嗤的一声笑了，一面揉着眼一面笑道："一般嗐的这么个样儿，还只管胡说。呸！原来也是个银样蜡枪头！"

这里虽然同样是用了"银样蜡枪头，中看不中用"这个歇后语，但用意却跟《西厢记》有所不同。由于前面宝玉说了"我就是个'多愁多病的身'，你就是那'倾国倾城的貌'"的话跟她开玩笑，所以黛玉也引用刚才过目的《西厢记》里的话来挖苦宝玉，以表示自己也能"过目成诵""一目十行"。作者在这里，一方面显示了黛玉的聪明、要强，另一方面也指出了宝玉喜欢黛玉而又怕父母知道的矛盾心理。同时通过林黛玉的口说出这个歇后语，描写了她那种反抗封建礼教、追求自由幸福的叛逆性格，因为她这些话含有鼓励宝玉起来斗争的意思。可见，作者在这里用了这个歇后语，对于描绘黛玉、宝玉这两个人物形象也是有一定作用的。

有些歇后语带有封建、迷信、庸俗、落后等糟粕性的内容，这些当然是不值得学习的。但在文学作品中，有时为了刻画反面人物性格的特殊需要，个别地方却仍然可以适当使用。如：

高拧子不等高大成发言，他讽刺二团长说："你还是脱裤子放屁，多费一道手续。你想：小麦收购价格，合市价的十分之二。出卖一石粮食等于白扔八斗，谁肯干这傻事？收也是抢，抢等于收，背着抱着一般重。不要啄木鸟打斤斗——卖弄花丽屁股。"

（李英儒《野火春风斗古城》）

这些话出自汉奸头子高拧子的口里，很能显示出这种民族渣滓的庸俗下流，从而使读者不但痛恨他们的反动、贪、狠，而且鄙夷他们的下流无耻。

特别值得我们注意的是：歇后语跟其他语言成分一样，产生于社会，而又对社会起着积极的作用。歇后语是人民群众在长期的生产斗争和阶级斗争中创造出来的，是人民群众的生活实践、生产斗争和阶级斗争的宝贵经验的结晶。他们把歇后语流传下来，作为指导人们的生产、生活和阶级斗争的教科书。部分歇后语，特别是有关阶级斗争的歇后语，表现了人民群众的思想感情，成了劳动人民跟阶级敌人作斗争的武器或成了他们在阶级斗争中进行自我教育的工具。例如：

"蒋殿人，别装哭！你是驴粪蛋子外面光。"
"头顶长疮腿根流脓的东西，你（指王镯子）算坏透啦！"

（冯德英《迎春花》）

67

在这里冯德英通过作品的正面人物，用两个具有鲜明的憎恶感情的歇后语，有力地打击了伪装守法的反动地主蒋殿人和罪大恶极的国民党特务帮凶王镯子。

县府里哇，我看是泥菩萨过河——自身难保罗，这阵哪还有心肠管乡下。

（罗广斌、杨益言《红岩》）

又如：

"蒋介石是泥菩萨过江，自身难保，没有人来救你们韩六爷的驾了。"萧队长言语从容，但内容尖锐。

（周立波《暴风骤雨》）

孔江子的社会经历使他很滑头而聪明，这两年的形势变化使他越来越对日本人失去信心。别看现在他们还满高兴，可是象草梢上的露水——长不了。

（冯德英《苦菜花》）

这三部小说的作者用了三个歇后语，就分别指出了蒋介石反动集团和日本侵略者朝不保夕、即将灭亡的命运，真是"言语从容，但内容尖锐"。

《江山村十日》也是一部反映土地改革斗争的小说，里面用了很多歇后语，其中有些是用得很好的。例如：

李大嘴挤挤眼睛，从旁添上了一句："他是茅屎栏子里的石头，又臭又硬。"

贫农李大嘴用"茅屎栏子里的石头，又臭又硬"这个歇后语一针见血地揭露出地主狗腿子刁金贵的本质特征。这类的例子在《暴风骤雨》中也不少，如：

"你拿去吧，新年大月，包两顿饺子吃吃。你看这肉，膘得不离吧？"韩老六说，"这比街里的强，到街里去钓，还兴钓到老母猪肉哩。"郭全海一想，黄皮子（黄鼠狼）给小鸡子拜年，他还能安啥好肠子吗？他不要。

（周立波《暴风骤雨》）

请看！地主韩老六企图用猪肉和甜言蜜语来收买农民积极分子郭全海，郭全海马上想到了"黄鼠狼给小鸡子拜年，没安好心"这个歇后语，从而识破了韩老六的花招，他用坚决的拒绝和更狠的打击回应了敌人的收买阴谋。从这里看来，我们可以说，这类歇后语在人民群众的对敌斗争中是起着应有的作用的。

"猫哭老鼠，假慈悲""老虎戴念珠，假慈悲"，这两个歇后语的含义跟"黄鼠狼给小鸡子拜年，没安好心"差不多。这些歇后语告诉我们一个真理：吃人的剥削阶级的反动本质是不会改变的，即使他们有时也可能会向人民作些让步或者给人民一些小恩小惠，但这完全是假仁假义假慈悲，只不过是为了更进一步压迫剥削人民的一种阴谋诡计。这些歇后语教育我们：不论任何时候，在敌人面前决不能放松警惕，否则就会上敌人的大当。

根据以上的实例和分析，我们可以看出：歇后语是汉语中极富生命力的一种表达形式，很值得我们作全面而深入的研究探讨。歇后语的内部构造是复杂而有规律的，运用的格式是灵活多样的。歇后语具有鲜明的民族特色和浓厚的生活气息，通俗易懂，为人民群众所喜闻乐见。它具有高度的幽默感和很强的讽刺力量。如果用得恰当，能使语言显得生动形象、幽默风趣、意味深长，能丰富语言的修辞色彩，增强语言的表现力。有些歇后语，在描绘人物性格和指导人们的生产、生活、阶级斗争等方面，也有它的积极作用。我们应该说，大多数歇后语都是良好的社会交际工具和社会斗争武器，经过加工提炼，可以成为汉语文学语言的组成部分。

（写于 1960 年 8 月，作者在中山大学毕业后到暨南大学任教的第二年，刊登在《中山大学学报》1963 年第 1 期）

略论两岸汉语语汇差异之文化因素

语言是人类"凭借自觉地制造出来的"① 最重要的交际工具。人们利用这种工具表达思想感情、观念意识和欲望，以沟通信息，促进了解，建立联系或合作。而人们运用语言工具首先表现在对词语的运用上。词语是信息的基本载体，它在语言这个信息载荷系统中处于十分重要的地位。文化是人类社会历史实践过程中所创造的物质文明和精神文明的总和，它包括政治、经济、观念、心态、习俗信仰、道德规范、生活方式等。语言与文化相互依存，相互影响，相互促进。语言及其表达手段的产生与发展变化受文化影响与制约，文化的创造与发展也离不开语言及其表达手段。一个民族的语言及其表达手段是一个民族文化的载体，又是一个民族文化的表征。民族文化的各种因素都必然在其语言及其表达手段中有所体现，并且首先体现在语汇及其使用方面。正如美国社会语言学家 C. 恩伯所说的："一个社会的语言能反映与其相对应的文化，其方式之一则表现在词语内容或词汇上。"② 语汇是语言各要素中最具社会创造力、最活泼，与社会文化联系最密切、最直接的部分。它的产生、发展变化与使用都与社会文化的发展变化息息相关。对此，著名语言学家张志公教授曾有精辟的论述："语汇的身上负载着使用这种语言的民族文化传统、社会风土人情，以至人们的心理特征和思维习惯。倘若这些方面的知识不够，对许多词的领会和运用必然产生困难。""词汇的变化很快，比语音、语法快得多。社会上，文化、科学中，有了新的发展变化，出现了什么新的事物、新概念，立即就会出现新的词，或者用旧有的词赋予新义来表示它们。相反，也会不断有旧词被淘汰或者改变了意义和用法，对于社会生活的哪怕点点滴滴的变化，语汇是极为敏感的，反映也是极为迅速的。"③

台湾海峡两岸传统上所使用的都是汉民族共同语，共飨中华文化。大陆地区现在通行的普通话与台湾地区现在通行的国语来源相同，都植根于同一文化。但中华文化是个多元的文化簇，除了主导文化，还有各种亚文化，具有地域差异性。海峡两岸地域分隔，又实行完全不同的社会制度，加上四十多年来人为的阻

---

① ［美］爱德华·萨丕尔著，陆卓元译：《语言论——言语研究导论》，北京：商务印书馆，1985 年。

② ［美］C. 恩伯—M. 恩伯著，杜杉杉译：《文化的变异——现代文化人类学通论》，北京：国际文化出版公司，1988 年。

③ 张志公：《语汇重要，语汇难》，《中国语文》1988 年第 1 期。

碍交往，语言使用者的文化意识观念和心态等都存在差异，就使得原来大体相同的语言在不同的亚文化环境各自发展，产生了差异，特别是在语汇方面，差异更为明显。

海峡两岸由文化因素引起的语汇差异，主要表现有四：其一，文化因素造成词形不同，词义相同。例如，大陆称公民依照法律获得的各种权利为"政治权利"，台湾称为"公权"；大陆称"朝鲜"，台湾称"北韩"；大陆称"南朝鲜"，台湾称"韩国"。其二，文化因素导致词形相同，义值有别。有的词义根本不同，如"工读生"大陆指的是工读学校（即少年劳教学校）的学生，台湾则指半工半读的学生；"商场"大陆指卖百货的地方，台湾则指商业界；有的词义所指范围大小不同，如"山头"台湾仅指山峰、山巅，大陆则还有比喻义，比喻独霸一方的宗派；有的褒贬色彩不同，如"野心"在台湾是中性词，可用来指大的抱负，在大陆指不正当的奢望，含明显的贬义。其三，文化因素给词语打上自身独特的印记。例如，"行政院、连锁商店、暗盘、荣民、风化区、布袋戏、团契"等都是台湾特有的一定文化因素的体现；国务院、公社化、外汇券、铁饭碗、三资企业、精神扶贫等则是大陆特有的一定文化因素的折光。其四，表示同一意义的词语在简缩形式上的不同。有的是同一词语大陆与台湾都有简缩形式，但简缩的说法不同，台湾国民党在 1988 年 7 月召开了第十三次代表大会，台湾简称这次大会为"执政党十三全"，大陆简称为"国民党十三大"；有的是同一词语大陆尚无简缩形式，而台湾早已简缩了，如大陆为"妇女解放"，台湾为"妇解"；大陆为"庆祝生日的聚会"，台湾为"庆生会"。

文化的差异对语汇差异的影响是很微妙的，如不注意并弄清其差异所在，把握其产生与使用的文化背景，就难以准确理解其含义，有时还可能出现理解上的偏差，造成交际障碍，甚至引起误解，带来麻烦。台湾有个女学生来广州暨南大学招生办询问读暨南大学预科班之事，经办人介绍情况时说，读预科一年，成绩良好的不必再参加全国高考，就可以直接升入暨南大学读本科。她听后便问只能读主要学科吗？还问成绩不是良好的怎么要参加全国招收公务员的高考？经办人员听后一时不理解她怎么会这样发问。原因是双方对"本科"和"高考"二词的文化背景不了解。"本科"在台湾指学校的主要学科，是对选科而言，故相当于大陆的必修；大陆的"本科"则指一种大学学历，比专科高一级。而"高考"台湾指"考试院"举办的招收高级公务员所进行的高等考试；大陆的"高考"是指每年举行的大学招生考试，台湾把这类考试叫作"联考"或"联招"。台湾《联合报》有过这样一则售屋广告："46 万占领世贸最钱线"。这里的"占领""世贸""钱线"等词语对大陆地区的人来说并不陌生，但在这个广告中的内涵是什么，都不易说清楚。按台湾《华文世界》的编辑委员亓婷婷先生的解释，"世贸"是位于台北市信义计划区的"世界贸易中心"的简称，"钱线"实为

71

"前线","占领"即"买房屋"。① 这样的语用现象正是台湾商业社会注重功利、讲求速效文化心态的外在表现。大陆地区蕴含着文化因素的一些特有词语,台湾地区的民众如果不了解其文化背景,也是无法正确理解其含义的。请看台湾《国语辞典》对"样板戏"一词的释义:

模仿元杂剧中"折子戏"的演出形式,只演出一出戏的片断,场次、演员少,布景道具简单,适合"业余文宣队"上山下乡演出的宣传性戏剧。②

"样板戏"是大陆地区江青一伙的文化专制主义的产物,含有特定的社会文化意义,简单地解释为模仿元杂剧"折子戏"演出形式的宣传性戏剧,显然失于偏颇了。

上面的析例说明,两岸有差异的词语及其使用与其产生以及使用的亚文化环境密切相关,离开了其社会文化背景就无法充分领会其所蕴含的全部内涵。所以,深入探讨由于文化因素差异引起的语汇及其使用上的差异,对于促进两岸语言交流大有益处。

探讨两岸语汇差异的文化因素具体表现在哪些方面,或者说其差异由哪些文化因素所造成,这是一个很复杂的问题,可借鉴的研究成果也不多,下面试就四个主要方面作精略表述:

一、政治文化不同,导致语汇差异

关于政治文化与语汇相互之间的关系,这是一个比较敏感的课题,而且也是一个不易谈清的问题。总的说来,在社会生活中存在着公民政治这种文化现象,这种政治文化现象对语言文化的发展是起重要制约作用的,语言文化的发展需要以政治文化的发展为前提,语汇的发展尤其如此。

海峡两岸四十年来实行完全不同的社会制度,在政治生活方面形成了各自不同的文化现象,导致了诸多语汇差异。例如,对"人民大众",大陆称"人民"有其特定的政治内涵,台湾则沿用"民众",一字之差,包含了丰富的政治历史文化的内涵。又如,大陆于1956年1月正式公布《汉字简化方案》后,便相应地称简化以前的字体为"繁体字",台湾没有简化字,也不认为原来的字体是繁体,于是相当于大陆简体字而言,台湾称"繁体字"为"正体字","正体字"的言下之意不言而喻,明显与政治文化因素有关。有些关于政治概念的词语是在新中国成立之前出现的,台湾现在还存在,如训政、宪政、考试院、次长、保

---

① 亓婷婷:《略论台湾地区流行新词与社会心理之关系》,《华文世界》1989 年第 51、52 期。
② 《国语辞典》附录《大陆地区常用语汇汇释》,第 17 页。

长、甲长等，而在大陆已不存在这类事物，故这类词语就没有了。有些是两岸各
自创造反映各自社会政治生活的新词语。例如大陆地区的清匪反霸、三反、抗美
援朝、反右、人民公社、文化革命、红卫兵、革委会、牛鬼蛇神、走资派、斗私
批修、打砸抢、改革开放、四化、体改等，都是四十多年来社会政治文化急剧变
化的产物。台湾地区一直沿用国民党统治大陆时期的政治制度，五六十年代政治
生活比较保守，反映政治文化的新词语不多。八十年代起保守趋于开放，政治民
主程度逐步提高，民众对政治兴趣日浓，因而含有政治文化因素的新词语时有出
现，例如政治参与、政党运作、直选总统等，甚至出现反映政治反对势力兴起的
"台独""住民自决""万年国会改选"这类词语。

　　大陆在"文革"期间，出现了不少与"红"和"黑"有关的词语，凡是中
央文革小组认为是"革命"的，一律冠以"红"字，如红宝书、红五类、红线、
红心、红色司令部、红卫兵等；凡是中央文革小组所反对的一律冠以自认为表示
反动的"黑"字，如黑帮、黑线、黑书、黑手、黑后台、黑司令部、黑组织、
黑五类、黑秀才、黑关系、黑串联、黑纲领、黑线专政等。这类词语都是从特定
的政治文化中产生出来的。其中虽然很多没有进入全民语汇的宝库中，但都记录
着那个时代的政治文化。正如社会语言学家陈原所说："每一个这样的语汇，都
包含着带有悲剧的社会意义、社会影响，都记录着深刻的历史教训，同时唤起了
无限辛酸的回忆。"① 台湾的语汇中存在着大量与"国"字有关的词语，如"国
都、国府、国大、国军、国魂、国民大会、国民权、国币、国立、国校、国宅、
国剧、国文、国课、国小、国电、国民身份证"等。这些词语的大量产生与其
政治历史文化背景有密切关系，它是"国父""国民党""党国利益""忠于党
国"这种"党国"观念的反映。同时，台湾实行私有制，冠以"国"字的词语
的大量存在，旨在唤起台湾民众对国家的关注，形成一种凝聚力。因此，这类词
汇实际上也是一种社会文化心理作用的结果。

二、经济文化不同，导致语汇差异

　　经济的发展促进物质生产的发展，带来语言的发展。经济文化和物质生产的
发展对语言的发展影响极大，这表现在不仅拓展了人际交往的途径，创造了新的
交往方式、交际手段，而且还产生了大量的语汇，丰富了语言的宝库。

　　台湾与大陆由于社会制度不同，政治文化有别，经济文化也就很不一样。台
湾在世界上有"亚洲四小龙"之一的美称，现代商业意识很浓，经济比较发达，
加上与经济发达国家的经济交流较为频繁，因而由其经济文化导致的语汇，不仅

73

————————

① 　陈原：《语言与社会生活——社会语言学札记》，北京：生活·读书·新知三联书店，1980 年，
第 26 页。

有诸多与世界经济发达国家通用的经济术语，而且有不少是特带台湾文化色彩的用语。例如新台币、多国籍企业、境外金融中心、财团法人、商团、宽松货币政策、交割、考工厂、品牌、雇主、业主等。

大陆地区相对于台湾地区来说，经济发展特别是七十年代中期以前是比较缓慢的，但也有不少由特定经济文化引起的语汇。例如，公私合营、全民所有制、集体所有制、农业合作化、卫星田、试验田、大炼钢铁、包产到户等。1976 年以后特别是八十年代以来，随着实行对外开放、对内搞活的经济政策，经济腾飞了，经济意识发生了很大变化，加上与海外经济交流日益频繁，经济文化有了长足的发展，因而产生了大批经济用语，其中有相当多是大陆地区特有的经济文化的产物。例如，经济特区、开发区、外向型、合资企业、乡镇企业、利改税、承包、农业专业化、创汇、农贸市场、扭亏增盈、商品房、第四产业、倒爷、富星、打假、上船（大中型企业转换经营机制）等。

三、观念、心态不同，导致语汇差异

中华民族在传统文化的熏陶下，逐渐形成了一种优良的观念形态和良好的心理素质，表现在崇尚民族气节，有强烈的国家观念和伦理道德观念以及注重人际和谐、渴望安定团结的心理。现在两岸人民大众仍具有这种共同的文化观念和文化心态，这在两岸的汉语语汇里都有所体现。例如，两岸都通用"一个中国""和平统一""两岸对话""两岸交流""共同协商""以求共识"以及大陆的"政治协商""长期共存，互相监督""肝胆相照，荣辱与共""一国两制"，台湾的"两党沟通""朝野共识"等都是中华民族优良的传统观念心态在现代社会的外在表现。

但是观念心态是一种多元化的文化现象，海峡两岸由于社会制度不同，政治、经济文化有别，在观念心态文化方面除了相同的主导因素，也有不少变异。例如，汉民族受儒家思想和封建意识影响较深，以"官本位"为核心的传统观念心态比较突出。台湾地区在这方面仍有较多的沿袭，这在职业称谓的语汇方面反映得特别明显。例如反映官职称谓的词汇就有委座、总座、司令、长官、军座、师座、团座、厅座、处座等，而大陆地区 1949 年后提倡职业不分高低贵贱，逐渐形成了一种平等观念，"官本位"观念较为淡化，因而台湾仍用的上述一类词语在大陆便成为历史陈迹了。一些表示普通职业称谓的语汇，1949 年以前使用的，台湾仍在沿用，例如伙夫、马夫、挑夫、勤务兵、号兵、邮差、清道夫，大陆则改称炊事员、饲养员、运输员、勤务员、司号员、邮递员、环卫工（现有美称为城市美容师的）等，同是受汉文化影响对同一对象的称呼不同，其表达出来的内涵在深层意义和感情色彩上明显有别，就因为语用者所处的亚文化观念心态不同。

台湾地区近些年来在文化观念心态方面有着明显的变化，由保守趋于开放。由新观念、新心态而引起的新词语大量涌现，亓婷婷先生的大作《略论台湾地区流行新词与社会心理之关系》① 一文对此作了深入的论析，很有理论意义和实用价值。拙文不再赘述了。

大陆地区改革开放十多年来，市场经济的崭新实践导致人民的伦理观念、价值观念、社会规范和社会文化心理都发生了显著的变化，不断克服了内陆意识（指封闭的、落后的、不求进取的意识观念）。基于新的观念心态文化的新词不断涌现。例如文凭热、读书热、高考热、英语热、出国热、智力投资以及抬教（关心、支持教育）、教师节、教师法、教育基金、希望工程、村民学校、市民学校、家庭学校、老人大学等便是求知心态以及重教育观念在语言表达应用上的投影。语言美、五讲四美、微笑服务、微笑教育、礼貌服务月、礼仪先生、礼仪护士、文明经商、文明单位、文明村等都是崇尚礼仪观念的新体现。近几年来在商品经济大潮席卷之下，不少公职人员乃至领导干部和知识分子都"下海"搞"第三产业"，或下"公海"，或进"私人海城"，"个人承包""自办科技"诸如此类的词语可以说是身份观念淡化，"不端阿爷饭碗"表现出的积极进取的文化心态可以说是自我选择、个人成功的社会价值观念在用语上的折光。开放、合作、助公益已逐步成为大陆人民的心理特征。人们大都能以开放的心态对待改革中的新措施，以平和的心境容纳海外文明，以热忱的心意对待社会公益的善举。诸如"拥护改革开放""奉献爱心""共同致富""扶贫""孤儿助养、助学、助康复""社会福利计划""治安基金""义演""义卖""华东水灾赈灾财物筹集"等词语莫不反映出良性的文化心理。

四、历史文化背景不同，导致语汇差异

这里的历史文化背景不是指整体中华民族的历史文化背景，而是指大陆与台湾地区近半个多世纪以来的历史文化背景。台湾较多沿袭 1949 年以前的文化因素，而大陆既沿袭一些 1949 年以前的和"解放区"的文化因素，更在新中国成立后不断创造了新文化。因而有些词语台湾仍用旧义。例如"爱人"是五四新文化运动中出现的称谓词语，意指"相恋的男女中的一方"。四十年代，一些受过新文化运动熏陶的知识分子，从南方奔赴延安后仍用"爱人"指恋人，不久双双结了婚，就索性用"爱人"指称自己或对方的配偶。② 新中国成立后大陆用"爱人"指"夫妻的一方"，改用"情人"一词指"相恋的男女中的一方"这个概念。而台湾的"爱人"一词仍指三四十年代的含义。又如"幼稚园"与"幼儿园"，大陆 1949 年前也是用"幼稚园"的，1949 年后改称"幼儿园"，而台

75

① 亓婷婷：《略论台湾地区流行新词与社会心理之关系》，《华文世界》1989 年第 51、52 期。
② 参看陈建民：《语言文化初探》，上海：上海教育出版社，1989 年，第 28 页。

湾仍然沿用旧称，叫"幼稚园"。

大陆1949年后，很多日常使用的文言词语，或带有文言色彩的词语，逐渐被现代汉语所替代。但是在台湾的国语语汇中，仍然保存大量的文言词语或带有文言色彩的词语。例如台湾地区说"恢宏已有成果"，"恢宏"一词大陆地区已作"扩大"[①]。台湾地区有时还根据文言词语的内容结构创造新的颇具文言色彩的词语。例如"奴视"一词，是"视之如奴"的意思，即是根据古汉语"意动法"而创造的一个新词。又如"社会公器"一词，台湾《重编国语辞典》指新闻事业，因为它必须为公众服务，反映公众的意见，而不仅仅为了谋利。"公器"一词最早见于《周礼·天官》，现在引申而产生新义，基础是古语词，所以带有浓厚的文言色彩。大陆地区没有"奴视""社会公器"这类词语。

台湾汉族居民原来使用的是两种汉语方言，即闽南方言和客家方言。本世纪初大陆推行国语运动时，台湾正值"日据时期"，日本帝国主义实行语言同化政策，强制台湾人民说日语又禁止人民说汉语，因而直到1945年台湾回归祖国，台湾居民中能说国语的很少，年轻的只会说日语，年老的只会说方言。[②]台湾光复后即于1946年4月2日正式颁布《台湾省国语推行委员会组织规范》筹设省国语推行委员会，积极推行国语运动，并于1973年1月公布了《国语推行办法》，从此国语推行运动取得了较大成功，效果相当显著。但是，台湾所推行的"国语"是建立在四十年代北方官话的基础之上的。1949年后，台湾便与大陆失去联系，台湾国语也走上独立发展的轨道，加上又从台湾本地方言[③]中吸收了一些方言词以及从外语特别是日语中借用了一些词语，台湾国语语汇与大陆普通话语汇就出现了差异。

此外，如两岸生活方式不同等都会导致语汇差异。当然，所谓差异也不是绝对的。近些年来，随着相互之间的语言交流，逐步沟通，有些原是为台湾地区使用的反映特定文化因素的词语已进入大陆语汇，有些反映大陆地区社会文化生活的语汇也为台湾地区所吸收。事实证明，中华文化和汉语已为凝聚两岸中华儿女力量和拓宽民族沟通渠道起了极为重大的作用。可以预言，中华文化和汉语不仅可以作为发展海峡两岸联系，进而实现祖国统一的桥梁，而且也必定会是两岸和平统一之后，在一个国家的两个不同制度的地区里互相沟通，共同发展的重要纽带。

（文载中华语文研习所主编第一届《两岸汉语语汇文学学术研讨会论文专集》1995年1月）

---

① 参看张维耿：《不同华人社区词语差异浅论》，《语言教学与研究》1988年第4期。
② 参看何景贤：《台湾推行国语的历史和现状》，《语文建设通讯》（香港）1985年第17期。
③ 1949年以后随国民党去台湾的军民中很多是浙江人，吴方言也有一些词语渗透到台湾国语语汇中去。

汉语修辞学的对象、任务和范围

在特定的语言环境下，选取恰当的语言形式，表达一定的思想内容，以增强表达效果的言语活动，叫作修辞。研究如何根据具体语言环境和表达思想内容的需要，选取恰当的语言形式以提高表达效果的科学，便叫作修辞学。

汉语修辞学的许多论著，都提出了修辞学以"修辞现象"作为研究的对象。但是，如何理解修辞现象，却存在着分歧。例如，王易说："修辞本体有内容外形二面：一根据于想念之发展；二根据于表情之利用。……适应于此种种方式过程间之现象，谓之'修辞现象'，即修辞学之所研究者也。"[①] 陈望道更明确地指出："修辞学研究的对象——修辞现象，就是运用语文的各种材料、各种表现方法，表达说者所要表达的内容的现象。"[②] 林兴仁同志不同意王易对"修辞现象"的解释，他认为"把表达内容拉入修辞本体中，混淆了修辞学的对象"。[③] 吴哲夫先生也认为修辞现象就是"语言的运用技巧和表达效果"。[④] 王易和陈望道明确提出修辞现象包括表达内容和语言形式，吴哲夫主张修辞现象包括表达效果，这些都是很有见地的。但王易、陈望道把表达思想内容的"种种方式过程间之现象"，以及用来表达内容的各种文言材料和各种表现方法都列为修辞现象，则不仅笼统、含糊，而且不恰当地扩大了修辞学研究对象的范围。林兴仁同志在评论陈望道《修辞学发凡》时，把修辞学研究的对象和任务确定为"担负实地观察、分析、综合、类别、论述、说明（一）各种语言文字中修辞的诸现象（二）关涉修辞的诸论著的责任"时，认为陈望道提到的"各种语言文字中修辞的诸现象"是包罗万象的，并且不同意他把"主要是属于思想锤炼"的"警策"和属于"文艺创作手法"的"示现"也列为修辞学研究对象的做法。[⑤] 这是很中肯的。陈望道之所以会把修辞格膨胀达三十八格之多，正是跟他对修辞现象的看法密切相关的。

修辞学在研究修辞现象时，要不要把思想内容与语言艺术统一起来呢？我们认为：吴、林二位不同意或者说不重视把表达的内容列入修辞现象的范围，这是

---

① 王易：《修辞学通诠·绪论》，上海：神州国光社，1930 年。

② 陈望道：《陈望道谈修辞学》，《光明日报》，1961 年 8 月 26 日。

③ 见《南京大学学报》1980 年第 2 期。

④ 见《哈尔滨师范学院学报》1963 年第 2 期。

⑤ 见《南京大学学报》1980 年第 2 期。

值得商榷的。我们知道，修辞本来就是选择完美的语言形式以增强表达思想内容的效果，如果离开语言表达的思想内容，怎能看出语言的表达效果呢？判断任何一种修辞现象的表达效果好不好，一般都要从内容和形式两方面着眼。选用一个词语是否准确、生动，组织一个句子是否精炼、优美，运用一个辞格是否贴切、生动，都跟内容紧密相关。例如鲁迅的"忍看朋辈成新鬼，怒向刀丛觅小诗"（《惯于长夜过春时》），说"忍"字和"丛"字比原稿的"眼"字和"边"字好，就因为"眼看"较为平淡，无感情色彩，而"忍看"充分表达了作者对革命烈士深厚的无产阶级感情，倾泻了作者积郁胸中的满腔悲愤；"刀边"只是说出反革命屠杀的暴行，而"刀丛"则把当时反动派制造的刀光剑影、腥风血雨的白色恐怖气氛生动形象地展现出来了。可见，如果离开了具体思想内容，只是从形式上谈修辞效果好不好，不仅毫无意义，而且也是行不通的。关于思想内容与语言形式之间的关系，前人有过不少的论述。韩愈说过："文以载道。"用今天的话来说，写文章是用来表达思想的。刘勰在《文心雕龙》中提出了"文附质""质待文""文质相称"的论点。就是说，一定的文采依附于一定的内容实体，一定的内容实体要靠一定的语言艺术来体现，思想内容与语言艺术必须互相适应。他赞同"为情而造文"，反对"为文而造情"，讨厌那些"繁采寡情""以辞害意"的东西。对于思想内容和语言艺术之间的辩证统一关系，老舍也曾把它比喻为血之于肉，认为"优秀的文学作品必须是内容既充实，语言又精美，缺一不可"，"高深的思想与精辟的语言应当是互为表里，相得益彰的"。优美的修辞现象，总是思想内容和语言艺术完美地统一起来的。看到这一点，我们研究修辞现象就能够把握正确的方向：既不至于离开思想内容，去片面夸大语言艺术的作用，把修辞单纯看成语言形式的东西，走到形式主义、唯美主义的歧途；也不至于过分强调思想内容的意义，忽视语言运用对于表达思想内容的积极作用，对语言艺术的研究采取冷漠的态度。这样看来，修辞学的研究对象应当是含有具体思想内容的词语、句子、文章片段乃至布局谋篇中的诸修辞现象，也就是语言学通常所指的言语作品的一切修辞现象。

既然修辞学研究的对象是有具体思想内容的言语作品的修辞现象，作者的主观情感对表达内容的作用就应给予足够的重视。刘勰的《文心雕龙》认为，"情以物兴"，"辞以情发"，指出了由"物"而"情"，由"情"而"文"的道理。张栻也说，"其事异，故其情异；其情异，故其辞异"①，也是说的这个道理。可见作者的情感对于运用语言来表现客观对象具有重要的意义。从整个写作的过程来看，修辞的运用本身便蕴含着对客观对象的认识以及表现客观对象的感情。你对客观对象有了正确的认识和深刻的了解，有了表现客观对象的强烈愿望和满腔

---

① 张栻：《孟子说》卷六"告子下"，见《张南轩先生文集》。

激情，你就往往会情不自禁地去选取最恰当的语句，充分调动各种修辞手段，把它完美地表现出来。比方说，你对一个先进人物有了很好的了解，为他的先进事迹和高尚精神所深深打动，感到非把他写出来告诉别人不可，也就是说，有了强烈的写作冲动，你在写作时就会把你的满腔激情倾注进去，各种有助于表现和赞美先进人物的艺术语言就有可能不断地涌至笔端，这样写出来的东西也才能够深深地打动读者。假若写作的时候对写作对象缺乏充分的了解和认识，而是老想着这个地方要用个比喻，那个地方要用个对偶，写出来的东西即使称得上修辞，也缺乏光彩，不会有感人的力量。我们这样强调主观情感对于修辞的作用，并不等于说修辞本身并不重要。写作没有激情当然不行，而掌握修辞的规律，恰恰是为了更好地驾驭语言艺术，把客观对象和主观情感表现得更为完美。作者的主观情感对于整个写作过程的修辞有着如此重大的影响，请看具体的修辞手段的运用：歌剧《刘三姐》里有一首民歌："莫夸财主家豪富，财主心肠比蛇毒，塘边洗手鱼也死，走过青山树也枯。"作者在这里用了夸张的手法，那是因为作者对财主心肠的狠毒有了很深的感受，十分憎恨财主，觉得用平实的说法还不足以抒发自己对财主的愤恨之情，因而不禁夸大其词，把自己的主观感情淋漓尽致地表现了出来，给予读者强烈的感染。又如贺敬之《回延安》中的诗句："杜甫川唱来柳林铺笑，红旗飘飘把手招。白羊肚手巾红腰带，亲人们迎过延河来。"诗中运用的比拟手法与作者对延安的革命感情有直接的关系。贺敬之在延安成长，对延安的山水草木、风土人情无比熟悉和眷恋，阔别十年之后重返圣地，充满着兴奋、喜悦的心情。此时此地，此情此景，作者不禁赋予"杜甫川""柳林铺""红旗"以人的感情动作，让它"唱""笑""把手招"，似乎整个延安都在热烈地欢迎他归来，诗中洋溢着充沛的激情。

总之，任何修辞现象都有修辞内容、修辞手段、修辞效果三个方面：要表达的客观对象和主观感情，称之为修辞内容；为了增强表达的效果而使用的语言材料，表现方式、方法和技巧，称之为修辞手段；而运用修辞手段表达内容所产生的效果，称之为修辞效果。修辞手段表达修辞内容，修辞效果通过修辞手段来实现。不能把修辞手段跟修辞内容割裂开来，也不能把修辞手段和修辞效果混为一谈。看到修辞内容、修辞手段与修辞效果的相互关系，而又把它们区别开来，对于认识修辞学的对象，确定修辞学研究的任务和范围，建立修辞学的体系，是有一定的理论意义的。

科学研究的基本任务在于揭示被研究对象的内部规律，对被研究对象作出系统的、理论的说明。修辞学的研究对象是言语作品的修辞现象，那么，修辞学要揭示出言语作品的修辞规律，综合出体系来，就是理所当然的了。但是，修辞学的任务不仅仅在于揭示修辞规律，还要花很大的精力去揭示出运用这些规律的原则，指导人们自觉地运用修辞规律和创造各种修辞方法去恰当地表现内容，更好地发挥语言这个人类最重要的交际工具的作用。而为了更好地揭示修辞规律，揭示运用这些规律的原则，我们需要研究修辞学方面的丰富遗产，继承其中的好传统。不论是古代的还是外国的有关修辞的论述，凡是对我们今天有用的东西，都应当吸收，用以丰富和发展我们的修辞理论。另外，我们还看到，人们运用语言既有符合修辞规律的现象，也有滥用、乱用修辞的现象。因此，我们研究修辞固然应当把很大的注意力放在典范的言语作品上面，从中总结出准确、鲜明、生动地表达思想内容的基本规律，提供优秀的范例，以便于人们学习，而对于一般的言语作品，也要注意分析研究，从中吸取好的修辞养料，剖析其表达不尽妥帖之处，从消极方面去探索某些修辞规律，批评和纠正修辞运用的毛病，启发人们有意识地防止乱用修辞的倾向，引导人们恰当地运用修辞手段，以提高表达效果。

人们通常认为，语法要解决语言运用的通与不通的问题，修辞要解决表达效果的好与不好的问题。就修辞来说，某一具体的语言形式，孤立起来看，没有绝对的好，也没有绝对的不好，要放到具体语言环境中才能判断它是好还是不好，正如董仲舒所说"得其处则皆是也，失其处则皆非也"①。因此，修辞学研究修辞现象，不能离开语言环境孤立地进行。所谓具体的语言环境，指的是不同的对象、不同的场合、不同的语体、不同的上下文乃至不同的交际目的等。语言环境不同，便有不同语言形式的选择。在一定语言环境下是好的修辞，换了另一种语言环境，就可能不是好的了；相反，在一定语言环境下是不好的语言形式，在另外一种情况下却有可能变成好的。吕叔湘先生举过一个句式方面的例子："广场东边是历史博物馆，广场西边是人民大会堂，广场中央矗立着人民英雄纪念碑"，这样说下去很顺当，假如换一个说法，说成"人民大会堂和历史博物馆在广场的两边遥遥相对，广场中央矗立着人民英雄纪念碑"，这后一句在句式选择上便不好，不如改成"人民英雄纪念碑矗立在广场的中央"。这是因上下文之间的联系而影响到句式选择的例子。又如有句关于防洪抢险的描写："我刚躺下床去，忽然传来一阵阵急促的呼喊声：'河堤崩了！'我连忙从床上爬起来，头上戴上斗笠，身上披好蓑衣，冒着迎面扑来的风雨，向河堤奔去。"其中的"从床上""头上""身上"便完全没有必要用它，用了反而显得慢条斯理的，跟防洪抢险的紧张气氛不协调。但是如果是描写一个游手好闲、专事打扮的妇女，说"红日高悬，她懒洋洋地从床上爬起来，身上穿好粉红色尼龙连衣裙，脚下穿上乌黑透亮的高跟皮鞋，肩上挂着印花绿色皮兜儿，一步三摇地出了门"，这"从床上""身上""脚下""肩上"倒是有助于表现人物性格的。这些事例说明，对于任何修辞现象，都应当联系具体的语言环境来分析，给予恰如其分的评价，决不能搞绝对化。

---

① 董仲舒：《春秋繁露·精华》，《四部丛刊》影印武英殿聚珍本《春秋繁露》。

　　根据我们对修辞学的对象和任务的理解，汉语修辞学的研究范围可以包括以下几个方面：

　　首先，对语言三要素同修辞的关系进行研究，揭示出如何巧妙地运用语音、词汇、语法这些语言材料去增强表达效果的基本规律，并把它作为研究的基本点。

　　斯大林曾经指出："语言的文法构造和基本词汇是语言的基础，是语言特点的本质。"① 词汇是语言的建筑材料；语法是语言的结构规则，语音是语言的物质形式。任何一种修辞现象无不与语音、词汇、语法诸要素密切相关。因此，修辞学的研究必须建筑在语音、词汇、语法研究的基础上，要深入研究语音、词汇、语法系统对于构成修辞手段的作用，要研究怎样依据题旨适应具体语境，活用语言各因素来恰当地表达思想和感情。过去的许多修辞书注意到了这方面的问题，有的在用词造句的有关部分作了阐述，还把复迭、双关、转品、错综等列入了辞格。不过，明确地提出现代汉语语音、词汇、语法诸因素与修辞的关系，把研究语音、词汇、语法的运用列为修辞学的任务，并加以比较系统的论述，是从张弓的《现代汉语修辞学》开始的。这应该看作是修辞研究的一个进展。不过，张弓由于受传统修辞学的限制，在"修辞方式是修辞范畴的主要形式"② 的理论指导下，仍把全书的主要篇幅用来论述修辞方式，而没有把论述语音、词汇、语法各种修辞现象作为主要点。尽管如此，该书还是体现了一定的创新精神。以前人们一讲到修辞，多把注意力放到辞格上面。自从明确地提出了修辞与语音、词汇、语法的关系，这才打开了人们的眼界，使人们认识到修辞的范围并不是那么狭窄，即便没有使用什么辞格，只要恰当地调遣语音、词汇、语法等语言材料，同样可以收到修辞的效果。从此，人们对修辞学作为语言学的一门分科的属性认识得更加清楚了。

　　有人担心修辞学研究语音、词汇、语法的运用，免不了使修辞学和语音学、词汇学、语法学相混。其实，这种担心是不必要的。修辞学研究语音、词汇、语法诸因素的角度和目的，有别于语音学、词汇学和语法学。

　　语音学研究和揭示语言的发音构造、发音变化及其规律性，确定读音标准。修辞学研究语音是从运用语音现象来增强表达效果上着眼的。它研究修辞与语音的关系，研究语音的修辞功能，发掘如何利用民族语言的语音特点来进行修辞的规律。汉语语音有许多因素可以用来构成修辞手段。例如，汉语的音节有声、韵、调之分，根据声、韵、调的不同特点可以构成不同的修辞手法，如双声、叠

81

---

　　① 斯大林：《马克思主义与语言学问题》，《马克思主义经典作家论语言》，北京：商务印书馆，1959 年。

　　② 张弓：《现代汉语修辞学·例言》，第 29 页。

韵、叠音、押韵等。又如，利用词的同音关系可造成谐音双关。在比较整齐的语句中，有意造成平仄对应，可以增添语言的音乐美。在一定语言环境中利用拟声手段，可以使语言收到绘声的效果。此外，在词语的组合中单双音节配合得当，也可以使语言音节匀称，节奏分明。汉语语音的这些修辞现象最明显地表现出民族语言的特色。优秀的作家总是巧妙地利用汉语语音的特点，使自己的语言声情并茂、音义兼美，表现出鲜明的民族风格。例如：诗句"无边落木萧萧下，不尽长江滚滚来。"（杜甫《登高》）声调的平仄配合得当，加上叠音相对，读来抑扬顿挫，铿锵有声。又如："隆隆的雷声像汹涌澎湃的海涛余波似的不断滚滚传来。"（刘白羽《长江三日》）拟声词、双声叠韵词、叠音词的错综运用，把雷声描绘得逼真形象，富于音响。修辞学就是从这样的角度来研究运用语音的表达效果的。

修辞学研究词汇，不同于词汇学。词汇学研究词的本质特征，词汇的构成、发展、变化的规律。修辞学则着眼于研究词语同义形式的选择和运用，词语的活用和刻画功能以及词语的修辞色彩等。汉语里有丰富的同义词，同义词在语言运用中有重要的修辞作用。例如，孔乙己说的"窃书不能算偷"（鲁迅《孔乙己》），就是用了同义词来表现人物。"窃"与"偷"基本意义相同，但语体色彩不同："窃"是文言词，只用于书面语，"偷"是口语词，口语和书面语都用。群众说"偷"，孔乙己不承认"偷"，只承认"窃"。这对同义词的运用，表现出人物的不同身份，揭示了孔乙己迂腐、爱面子的性格特征。我们通常说的词语推敲，在很多情况下就是指的词语同义形式的选择功夫。因此，研究词语同义形式的选择，是修辞学的一个重要课题。

有些寻常的词语，从修辞的角度来运用它，有时也可以显示出不同寻常的修辞效果。杨朔的散文《埃及灯》，描写一位埃及的女舞蹈家，说她"耳朵上摇着两只金色大耳环"，这个"摇"字就用得很有特色，它显示了耳环之大，还衬托出了舞蹈家优美的身姿，比起用"戴""挂""吊"等字都胜了一筹。一个寻常的词语，如果巧妙地用来构成修辞方式，也可以收到明显的修辞效果。比如茅盾的《子夜》中有这样的句子："自腿伤以后，吴老太爷的英年浩气就好像是整个儿跌丢了。"句中把适用于"腿伤"的动词"跌"顺便拈来说明"英年浩气"，就是辞格的"拈连"式。这个"跌"字把抽象的"英年浩气"写活了，而且使语言具有幽默感。

有些词语除了基本意义之外，还带有某种褒贬色彩。有些词语本身并不附有爱憎色彩，但在特定的语言环境里，也能表示某种爱憎感情。例如："欲悲闻鬼叫，我哭豺狼笑，洒泪祭雄杰，扬眉剑出鞘。"（《天安门诗抄》）用贬义词"鬼""豺狼"来鞭挞"四人帮"，用褒义词"雄杰"来赞美周总理，字里行间充满着爱憎之情，大大增强了语言的感染力量。"悲""叫""哭""笑"，本来是中性词，不含有任何感情色彩，但分别在句中对举，却表达了浓烈的感情色彩。有时，人们在文章或讲话中故意用褒义的词语表示贬义，或者用贬义的词语表示褒义，就构成了一种特殊的修辞方式。例如："团结全国各族人民，调动一切积极因素，同心同德，鼓足干劲，力争上游，多快好省地建设现代化的社会主义强国。……我们全党全民要把这个雄心壮志牢固地树立起来，扭着不放，'顽固'一点，毫不动摇。"（邓小平《目前的形势和任务》）句中的"顽固"本来是贬义的，这里用作褒义，就比用褒义词"坚强"更为有力，更能发人深思，而且增添了语言的情趣。词汇运用中的诸如此类的修辞现象，都在修辞学的研究范围之内。

修辞学研究句子，也不同于语法学。语法学研究句子，是为了归纳出一般的用词造句的规则，确定语法规范标准。而修辞学则是从同义语法形式的选择和锤炼的角度去研究句子的表达效果。汉语里，基本相同的意思可以用不同的语法形式来表达，构成同义语法形式。例如，"青春，这是多么美好的时光啊"与"青春是多么美好的时光"意思相同，但句式不同，修辞效果也不一样。前句把"青春"提到句首，就有强调主语"青春"的作用。又如，"祖国的河山多美啊！"也可以换一种句式说："多美啊，祖国的河山！"两个句子意思一样，但句式不同，表达效果也有别，后者表达的感情比较强烈，富有抒情气氛。由于词序和虚词在汉语句法中的特殊作用，汉语的句法同义形式显得特别丰富。句法同义形式的表达作用的差异性，进行句式选择的依据是什么，这些问题过去注意得很不够，修辞学需要很好地加以研究。修辞不仅讲究词语的推敲，也讲究句子的锤炼，比如怎样用最精炼的语句表达具体的内容等，也是修辞学要深入研究的。另外，修辞学还要研究句式与修辞格的关系。句式作为修辞的材料，可以构成好些辞格。例如，把密切相关的意思组成一对句法结构相似、字数相等的句式，便成为对偶。用疑问句式表示肯定或否定的意思，便是反问等等。总之，从修辞的角度来考虑，在句式调遣和组织方面是很有回旋余地的。

人们在运用语言的长期实践中，创造出种种有助于增强表达效果的固定格式，这种格式通常叫作修辞方式，简称辞格。辞格是修辞范畴的特有现象，是修辞领域的一个重要部分，善于运用它，就有助于使我们的语言形象具体，生动有力。因此，辞格也是修辞学研究的一个重要方面。辞格指的是修辞手段，是语言运用形成的固定格式，并不同于修辞效果。有些修辞学著作，比如张弓的《现代汉语修辞学》，把"幽默""讽刺"列入了表达类的修辞方式，最近杨鸿儒的《修辞知识》也沿用此说，这就把修辞方式和修辞效果混同起来了。其实从修辞的角度来看，幽默、讽刺是从修辞效果方面来说的，它可以通过对比、比喻、比拟、夸张、反语、双关等手段来实现。例如《现代汉语修辞学》所举的《故乡》里描写豆腐西施杨二嫂的例子，便是通过明喻来达到幽默的修辞效果的。我们有时也说讽刺的手法，那是指写作上所用的一种艺术手法。把属于修辞效果方面的幽默、讽刺看成一种修辞方式是不妥当的。

修辞学研究辞格的运用，不必把艺术手法包纳进去。艺术手法属于文学创作的范畴，是指塑造艺术形象使用的种种手法，如想象、象征、虚构、夸张、讽刺、白描、烘托、起兴、比拟、对照以及托物寄情、侧面描写等。艺术手法和修辞手段有其相通之处，有的艺术手法包含了某些修辞手段的运用，不过艺术手法一般是就艺术形象方面来说的，有时可用于整个作品，而修辞手段则主要表现在具体语句或语段的运用上，两者有着明显的区别。比如艺术上的夸张通常是就整个作品的艺术形象来说的，而作品中某些语句的夸张运用则属于夸张的修辞格。艺术手法所说的比拟常常兼指修辞上的比拟和比喻，有些寓言和童话就是通篇使用比拟的艺术手法。艺术手法中的对照多指不同人物性格和不同艺术形象的对照，表现为具体语句的对照则是对比的修辞格。诗歌的起兴有用比喻的，如李季《王贵与李香香》中的"山丹丹花开红姣姣，香香人才长得好"；而有些起兴则并不用比喻来表现，如同一诗作的"百灵子雀雀百灵子蛋，崔二爷家住死羊湾"。现在有的修辞书把某些艺术手法和修辞手段混同起来，如杨鸿儒的《修辞知识》，在修辞方式中便列入了"象征"一格。该书将文艺上讲的象征和象征主义、象征派等同起来，然后把具有象征体和象征义的表现方法一律称之为象征的修辞方式。其实，象征完全是一种艺术手法，它虽则可以通过比喻等修辞方式来表现，但毕竟是用于塑造艺术形象的。即如该书所举的高尔基的《海燕》，作品通篇运用象征的手法，塑造了海燕这一艺术形象，赞颂了无产阶级革命者渴望革命风暴、不畏强暴、勇于斗争的大无畏精神，把这种象征的运用仅仅看成是一种修辞方式，显然是不适当的。象征手法用于一篇作品的个别地方，也不能认为就是修辞方式。比如杨朔的散文《荔枝蜜》，赞美了小蜜蜂"对人无所求，给人的却是极好的东西"的高尚精神后，在结尾写道："这夜，我做了个奇怪的梦，梦见自己变成一只小蜜蜂。"这几句话象征作者愿意像小蜜蜂那样辛勤劳动，做一个平凡而高尚的人。这样的象征也纯属艺术手法，不是什么修辞方式，艺术手法与修辞方式有联系，但把艺术手法当作修辞方式看待，混淆修辞手段和艺术手法的界限，会使修辞学的研究范围不适当地扩大，失去其语言学分科的特点。

文章的布局谋篇，也属于修辞学的研究范围。我国古代的文艺评论家刘勰曾说："夫人之立言，因字而生句，积句而成章，积章而成篇。篇之彪炳，章无疵也；章之明靡，句无玷也；句之清英，字不妄也。"① 这里把词、句与篇章的关系论述得非常精辟。写文章作报告，语言表达效果的好与坏同遣词选句、组段成篇都有密切关系。而怎样使句子与句子之间自然地衔接起来成为语言片段，如何

---

① 刘勰：《文心雕龙·章句篇》，周振甫：《文心雕龙注释》，北京：人民文学出版社，1981 年。

安排层次与段落，并使相互之间巧妙地联结起来，做到顺理成章，结构谨严，这些都包含有不同语言形式的选择问题。例如毛泽东同志的《中国社会各阶级的分析》的前三段：第一段，"谁是我们的敌人？谁是我们的朋友？这个问题是革命的首要问题。……我们要分辨真正的敌友，不可不将中国社会各阶级的经济地位及其对于革命的态度，作一个大概的分析。"第二段，"中国社会各阶级的情况是怎样的呢？"第三段，"地主阶级和买办阶级……"文章开头用设问句提出要论述的中心问题，一下子就把读者吸引住了。在第一段提出论题和第三段转入正文之间用了一个问句作过渡段，起了使文章脉络畅通、线索分明的桥梁作用，修辞效果很好。至于怎样拟订文章标题，使标题新鲜活泼，就更有修辞规律可循了。因此，作为研究综合运用语言形式增强表达效果的规律的修辞学，也应该把布局谋篇列入修辞学的研究范围。修辞学界有些人认为，修辞学"总不能超出语言的单位，也就是总不能出乎语言词句之外。所以篇章总结等事情，……不应归入修辞学范畴"，并认为修辞学讨论篇章结构"就会侵占文艺创作论、文章作法的领域，就会模糊修辞学语言科学的本质"。① 这种看法值得商榷。事实上句子与句子之间的组织、层次段落之间的衔接，都有个以语句为主的语言形式的选择问题，"运用的语言形式不同，效果就可能不一样。即便是修辞格，也有一些已经超出了语言词句的范围。如排比就可以是句子结构相同或相似的几段文章的并列，组成段落的排比；反复也可以表现为几个段落中同一语句的反复出现。因而，说修辞不能出乎语句之外，把篇章结构排斥出修辞学研究的范围，恐怕是不尽恰当的。当然，修辞学研究布局谋篇与文艺创作和文章作法是有不同之处的。修辞学研究布局谋篇，是从起承转合、顺理成章的角度去研究，也就是主要从逻辑思维的角度去研究，为的是揭示句子组织，层次、段落安排的一般原则和方法。至于人物性格的发展、故事情节的安排、艺术手法的运用等形象思维、艺术构思等方面的内容，那是文艺创作论研究的范围，修辞学是不必涉及的。

最后，修辞学还要研究语体风格。早在 20 世纪 50 年代，苏联语言学界在斯大林的语言理论指导下，对语言风格展开过讨论。许多人主张把语体风格的研究放在修辞学的重要位置上。叶菲莫夫说："一般认为：修辞学是关于语言的文体和各类语言手段在文体中的运用规律的科学。"② 我国的修辞学著作也有不少关于语体风格的论述。比如张弓的《现代汉语修辞学》，就把语体风格的研究看作修辞学的重要任务之一，他强调"'语体'是修辞学研究的一个重要课题，而且是最新的最有实际意义的课题"。③ 周迟明也认为，风格和语体在修辞学的研究

---

① 张弓：《现代汉语修辞学》，第 29 页。
② 叶菲莫夫：《论文艺作品的语言》，北京：时代出版社，1958 年，第 205 页。
③ 张弓：《现代汉语修辞学》，第 26 - 27 页。

领域中应居主要地位。① 但是，也有些修辞学论著把语体风格的研究排除在修辞学研究的范围之外，这是值得研究的。

人们在运用语言的活动中，由于交际场合、交际对象、交际目的和内容的不同，在选用语言材料、表达方式和技巧方面，会表现出不同的特点，这便形成了各种不同的语体。语体从大方面可分为说话语体（又称口语语体）和书面语体，书面语体又可分文艺语体、科技语体、政论语体和事务语体四种不同功能的变体，每一种变体还可以细分为若干语体。此外，各种语体之间还有交错的现象，如科学文艺兼有科技语体和文艺语体的特点，杂文兼有政论语体和文艺语体的特点等。

各种不同的语体，在语言运用上都有它自己的一些不同的特点。语体不同，词语、句式等语言形式会有不同的选择，修辞手法的运用也因语体不同而表现出一些差异。比如"害怕""吓唬""想念""脑袋"多用于说话语体；"畏惧""恐吓""思念""头颅"多用于书面语体；"飞翔""奔驰""田野""静谧"多用于文艺语体；"氯化钠""通货""胎盘""言语"多用于科技语体；"会见""接见""会谈""拜会"多用于外交场合的事务语体等。又如比喻、夸张的辞格多用于文艺语体，而在事务语体中则受到很大的限制。修辞学研究语体风格，就是要去综合出各种不同语体在语言运用上表现出来的不同特点，指导人们恰当地运用与语体相适应的语言形式来表达思想内容，增强表达效果，避免语不对体的现象。

至于作家作品的语言风格，表现为语言运用上的不同特点，如简约、繁丰、含蓄、明快、朴素、华丽、庄重、幽默、通俗、文雅等，修辞学宜加以研究。而悲壮、飘逸、凄婉、清奇、纤巧等，主要不是语言形式方面表现出来的特点，而通常是由作家的思想性格和艺术情趣决定的，这类风格特点概念比较抽象，不容易捉摸它的语言表现形式，可以让文艺学去研究它，修辞学是不必去研究的。

（与张维耿合作，在中国修辞学会成立大会上宣读，载《中国修辞学会会刊》，1981 年；《中山大学学报》1982 年第 1 期）

---

① 周迟明：《汉语修辞》，济南：山东人民出版社，1960 年。

修辞学·语体学·语言风格学

　　我国大陆修辞学界有个比较普遍的看法是修辞学包括语体和语言风格（以下简称风格），不少学者还认为语体就是语体风格，亦即语言风格。我们过去也有类似的看法，经过多年的探索和实践，深感把语体和风格看作修辞的下位概念，以语体指语体风格及语言风格都不符合汉语实际，不利于学科的发展与教学。因而，从 1986 年起，我们便主张修辞学、语体学和语言风格学各自独立；并列为三门不同的语言学分科，尽管它们之间有一定联系，而且有的部分还相互交叉，但是修辞、语体和风格毕竟是不同的语言现象，它们有着质的区别，应由不同的学科来研究，不宜硬挤在一门学科里。

　　那么，修辞学、语体学、风格学之间的联系表现在哪里？区别何在？下面从它们的概念谈起。修辞、语体、语言风格是什么，学者们还没有取得共识，本文只按较通用的定义展开论述。

　　修辞是在特定语言环境下选择、组合语言形式，表达特定的思想内容，以增强表达效果的言语活动，是具体运用调音、遣词、择句、设格、组织话语的各种修辞手段的活动。修辞学就是专门研究修辞规律的科学。语体又叫功能语体，是适应不同的交际领域、目的、对象和方式需要，运用全民语言而形成的言语特点体系，是运用词汇、语法、辞格、语音手段及话语组织等语言材料、表达手段所形成的诸特点的综合体。语体学就是专门研究语体规律的科学。语言风格也叫言语风格，是在主客观因素制导下运用语言表达手段的诸特点综合表现出来的言语格调和气氛。语言风格学就是专门研究语言风格规律的科学。三者术语的内涵小同大异，谁也囊括不了谁，它们有联系，更有根本区别。

　　修辞、语体、风格同属语言学的言语学范畴，都是语言运用中产生的言语现象，它们有一定的联系，主要表现在：

一、修辞手段、语体表达手段和风格表达手段的生成具有一定的相关性

（一）修辞手段是语体表达手段和风格表达手段得以生成的物质基础

　　每一种发达的共同语都有丰富的修辞手段，而修辞手段作为增强内容的表达效果的语言组合手段，对于一个民族来说是共同的，它存在于全民族的言语交际之中。人们在进行言语交际时，使用的修辞手段是千变万化的，不同的地域、不同的社会、不同的言语交际者的社会属性和交际环境等因素的影响，都会促使它

87

产生变异形式，变异形式有的带有语体色彩，有的带有风格色彩。带语体色彩的修辞手段可生成语体表达手段，如谐音、叠音、拟声、平仄、押韵等带有文学语体色彩，常作文学语体的表达手段。排比、对偶、层递、对比等有多种语体色彩，可作各种语体表达手段。语体表达手段是语体得以形成和体现的物质因素，没有物质体现的语体是不存在的。风格表达手段主要来自带有风格色彩的修辞手段，例如修辞同义手段中的词语同义形式："60 岁—花甲" "70 岁—古稀" "死—驾崩、山陵崩、仙游、驾鹤仙游"中的后者都有汉文化的内涵，具有浓厚的民族色彩，是构成语言民族风格的手段。句子同义形式：短句与长句，前者结构简单，短小精悍，可作简约风格的手段；后者结构复杂，表达精密，是体现繁丰风格的手段。修辞格中的夸张、排比、反复等雄浑有力，常用于构成豪放风格。李白爱用夸张，贾谊多用排比，郭沫若喜用反复，都能体现出豪放风格的个人特点。就这个意义上说，修辞是语体和风格的基础，研究语体表达手段和风格表达手段必须从修辞手段入手。

（二）修辞手段产生并存在于各种语体和各种语言风格的言语作品之中

修辞手段无不是产生并存在于具体的言语作品之中的。从语体的角度说，各种具体的言语作品都毫无例外地从属于某一种语体，因而修辞手段既产生于语体，又是以语体为归趋的。从风格的角度说，修辞手段来源和存在于各种语言风格的言语作品之中，修辞技巧、修辞规律都是从各种风格的言语作品之中概括、总结出来的，具有鲜明、独特风格的作家作品对丰富和发展修辞手段有着重要作用。例如，鲁迅的杂文具有鲜明的讽刺、幽默风格，形成这种风格的手段之一就是大量运用仿词。仿词这一辞格的形式在鲁迅的杂文中有很大发展。又如朱自清的散文，清新、柔美的风格非常鲜明、突出，而体现这种风格的一种手段就是大量运用叠音词，叠音这一修辞手段也就在朱自清笔下有了丰富和发展。由此可见，语体和语言风格的言语作品是修辞手段产生的土壤及其依存地带。修辞学探讨修辞手段的生成和运用的规律必须深入各种语体和具有鲜明风格的作品的言语实际。

二、修辞、语体和风格存在一定的制约关系

（一）修辞手段的运用受语体制约

各种语体对各种修辞手段都有一定的适应性和封闭性，一定的语体要求一定的修辞手段与之相适应，一定的修辞手段只适用于一定的语体。因此，修辞手段的运用必须适应语体要求，受语体制约。"得体"是修辞的一条重要原则。

（二）风格对修辞手段的选择、组合与运用也有一定的制约性

特定的风格要求有特定的修辞、风格手段与之相适应，任何修辞手段的运用、修辞艺术的创造都必须为整体风格的创造服务，以整体格调的统一为原则，

与整体言语气氛相悖是运用修辞手段的大忌。

（三）语体和风格存在着相互制约的关系

风格中的共性风格如民族风格、时代风格等对人们运用语言有一定制约性，语体作为运用全民语言而形成的语文体式，它的形成、发展与使用都会受到共性风格的影响，语体表达手段、语体特点和语体类型都会带上民族与时代风格的印记。相反，语体对风格尤其是对个人风格也有制约性，个人风格的创造，一般只能在语体的总模式内进行，以遵循语体的基本语用要求和规范为前提。不同类型的语体对个人风格的要求与制约不尽相同，拿书卷语体来说，应用语体和专门科学语体对个人风格的制约很大，一般不要求有个人风格的创造，但可以容许有个人特点；文学语体对个人风格的制约极小，个人可以在遵守文学语体的基本用语规范的前提下，充分发挥自己的特点，创造鲜明的个人风格；政论语体也可以有个人风格表现，它对个人风格的制约比文学语体大，比应用语体和专门科学语体小。同时，语言风格是存在于各种语体的言语作品之中，并通过各种语体的言语作品中带有风格色彩的语言材料和表达方式表现出来的，它不是语体之外的浮游物。相反，语体又是存在和体现于具有鲜明的民族风格、时代风格与个人风格的言语作品之中的。

三、修辞、语体和风格的差别

（一）构成因素不同

修辞、语体和风格的构成都有两个方面的因素，一个是起影响或制约作用的非语言因素，另一个是语言物质材料因素。但两种因素的成分不完全相同。修辞的制约因素是言语环境，包括主观因素和客观因素。前者指身份、职业、年龄、性别、思想、修养、处境、心情等，后者指时间、地点、场合、对象等。物质材料因素是词汇、语法、辞格、语音手段和话语组织手段等修辞材料和语言表达手段。在言语环境影响和制约下选择和组合修辞材料、语言表达手段表达一定的思想内容就形成修辞现象。语体的制约因素是客观社会的语言环境，如交际领域、目的、对象和方式等。物质材料因素是语言系统的语用变体中具有实用功能（即语体色彩）的语言材料和语言表达手段（即语体表达手段）。在前者的制约下使用语体表达手段所形成的言语特点体系就是语体现象。风格的制导因素包括主观因素和客观因素，前者指语言使用者的条件和特点，如思想感情、品格个性、生活经历、文化素养、情趣爱好以及时代精神、民族气节和风俗习惯等；后者指交际环境，如社会环境、生存地域和自然环境以及交际对象和交际方式等。物质材料因素是语言系统的语用变体中具有审美功能（即风格色彩），以及没有风格色彩而和具有风格色彩的成分配合，也能体现风格色彩的语言材料和语言表达手段（即风格表达手段）。在主客观因素制导下综合运用风格表达手段所产生的言语格调气氛就是语言风格现象。可见，修辞、语体、风格的构成因素和整体类聚系统都各有不同的属性，它们是三种不同的言语现象。

（二）所处地位层面不同

修辞、语体和风格都是语言运用中产生的言语现象，但是它们在语言运用中所处的地位不同，它们不是处于同一言语平面的东西。语言运用有三个平面，处于不同平面的言语现象在言语活动中的作用、地位不尽相同。张志公先生在《修辞概要》中说："学习写作的人，首先自然是要求把文章写通顺，写明白；进一步再要求把文章写得生动有力；然后，还得根据文章的性质和内容，拿稳一种适当的写法；逐渐，在不断的阅读和写作的实际练习中，也应该要求自己培养出一定的风格，使自己的文章具备一定的个性。"[①] 把文章"写通顺，写明白"和"写得生动有力"是修辞问题（规范修辞和艺术修辞），修辞是语言运用讲求效果和基本概念，它在语言运用中处于基础地位；"根据文章的性质和内容，拿稳一种适当的写法"是语体问题，语体是语言运用中讲求较好效果的核心概念，它在语言运用中处于中层地位；"培养出一定的风格"是语言风格问题，语言风格是在修辞和语体的基础之上的一个更高标准的概念，它在语言运用中处于上层地位。关于修辞、语体和风格的关系以及它们所处的不同层面，宋振华先生在《语体的性质和构成》[②] 一文中曾以下图显示：

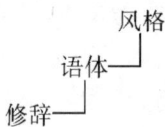

風格
语体 ┘
修辞 ┘

文章对这个问题的论述也颇为精当。修辞是处于语言运用的第一层面的言语现象，语体是建筑在修辞之上的较高层面的言语现象，风格是居于语体之上的更高层面的言语现象，言语作品具有鲜明、独特的语言风格是语言运用成功的标志。

语体不仅与语言风格所处的层面不同，与语体风格所处的层面也不相同。语体如上面所指的是语文体式，是运用语言所形成的言语特点体系。语体风格指的是语体的表现风格，是语体运用语言所形成的言语特点综合呈现出的格调和风貌。语体在语言运用中如上所说处于中间层面。语体风格是语言风格系统中的一个重要类型，它在语言运用中跟其他类型的风格同处于最高层面。语体和语体风

① 张志公：《修辞概要》，上海：上海教育出版社，1982年，第172页。
② 宋振华：《语体的性质和构成》，中国修辞学会编：《修辞学论文集》第四集，福州：福建人民出版社，1987年，第178页。

格是两种处于不同层面的言语现象，它们具有上下位关系。曹丕《典论·论文》："奏议宜雅，书论宜理，铭诔尚实，诗赋欲丽。"①"奏议""书论""铭诔""诗赋"是书卷语体的 8 种分语体，"雅""理""实""丽"是这些分语体的语体风格，即其表现风格。陈骙《文则》："《考工记》之文，椎而论之，盖有三美：一曰雄健而雅，二曰宛曲而峻，三曰整齐而醇。"② 袁晖《公文语言的表现风格》："公文语言的表现风格，概括地说有庄重、平实、明快、简约四个方面，这四个方面统一成公文语言特有的言语气氛和格调。"③ 这里的《考工记》和公文是语体的概念。"雄健而雅""宛曲而峻""整齐而醇"和"庄重""平实""明快""简约"是处于语体之上的语体表现风格的概念。

由上可见，把语体和风格当作修辞的下位概念，混淆了修辞、语体和风格在语言运用中的地位、层面，颠倒了它们的上中下位关系，把语体当作语体风格以及等同于语言风格也是不符合汉语实际的。

（三）研究对象和研究的着眼点不同

修辞、语体和风格作为学科，其研究对象与研究的着眼点都是不同的。修辞学的研究对象是修辞现象，即研究产生于人们的说写活动，保存在其词语、句子、语段和话（语）篇等作品中的种种修辞现象。它包括规范修辞和艺术修辞现象。但无论是哪一种，都包括修辞内容、修辞手段和修辞效果三个方面，修辞手段用以表达修辞内容，修辞效果通过修辞手段来实现。修辞旨在获得理想的表达效果，实现交际目的，但实际效果如何，并不是完全取决于说写者（表达者）一方，它一方面要看说写者所运用的修辞手段是否适切，是否遵循语言运用的原则和表达效果的规律等；另一方面也要看听读者（领会者）对说写者的表达意图以及包装在修辞手段里的修辞内容是否全面正确领会与接受。因为修辞效果是说写者运用修辞手段表达修辞内容作用于听读者所产生的客观效应，效应如何是听读者评估反馈出来的。因而修辞现象就既有说写者表达方面的因素，也含听读者领会方面的成分。修辞学研究的着眼点是词、句、段、篇中的一个个具体的修辞现象，着重分析调音、遣词、择句、设格、谋篇的方法、技巧，适切表达修辞内容获得理想表达效果的规律以及对其正确理解、领会与接受的规律。语体学的研究对象是语体现象，即研究人们运用全民语言时因交际环境不同而形成的言语特点体系。语体现象存在并体现在言语作品之中，但它不是某一篇作品，或某一部作品，或某一个人的作品，或某一个时代的作品，或某一个民族的作品的言语特点体系，而是同类交际环境中运用全民语言所产生的一系列同性质的言语作品

91

---

① 曹丕：《典论·论文》，《四部丛刊》影印宋刊本六臣注《文选》。
② 陈骙：《文则》，北京：人民文学出版社，1962 年。
③ 中国华东修辞学会主编：《修辞学研究》第五辑，南昌：江西教育出版社，1991 年。

的言语特点的综合体系。语体学研究的着眼点是一系列同性质的言语作品的语体现象，从语言的实用功能的角度，探讨其运用语言表达手段所产生的言语特点体系的规律。风格学的研究对象是言语风格现象，即研究在语言使用者的条件、特点和交际环境等因素制导下运用全民语言而形成的一系列言语特点综合表现出的格调和气氛。言语风格现象依存在并体现于一个民族的，或同一个民族的同一时代的，或同一文学流派的，或同一语体的，或一个人的言语作品或一篇具体的言语作品之中。风格学研究的着眼点是诸如此类的言语作品的语言风格现象，从语言的美学功能的角度，探讨其运用风格表达手段相互联系、相互作用、相互融化之后体现出来的总的格调气氛的规律。可见，修辞学、语体学、风格学的研究对象，其内涵、其在言语作品中的分布范围以及对其研究的着眼点都是不同的。

（四）研究的任务和内容不同

学科的任务、内容与学科的对象密切相关。修辞学、语体学、风格学的研究对象与着眼点既然有别，它们的研究任务与研究内容不同也就是必然的了。

修辞学的研究任务是什么呢？最主要的就是探讨修辞现象的规律，研究修辞内容、修辞手段和修辞效果三者之间的关系，揭示说写者的表达规律和听读者的领会规律；研究修辞与语境的关系，揭示其相适应的规律；研究修辞材料、修辞手段的语体功用和美学功能；研究修辞理论和修辞学史以及与其相关学科的关系等。语体学的主要任务是探讨语体现象的规律，研究语体表达手段系统；探讨语体的形成和发展规律以及语体的本质特征；确定语体分类的标准和原则，揭示和描写语体类型的层次系统；研究各类语体的功能，描写各类语体语言特点及其与语言材料、表达手段的适应关系，从而确定语体规范，指导语言实践；探讨语体的交叉渗透、历史演变以及语体与修辞和风格等言语现象的关系等。语言风格学的任务主要是探讨言语风格现象的规律，研究风格表达手段系统及其发展规律；确定风格范畴，总结风格类型，揭示和描写各类风格的特点及其组成的风格要素和风格手段系统；确定风格规范，指导语言实践；研究风格的本质、成因以及风格与语体、修辞等言语现象的关系等。

语体学与风格学都研究分类问题，但内容并不一样。语体与风格由于成因不同，其分类标准及类型是不同的。语体用外部因素与内部因素结合起来作标准，多层次多序列地划分类型，可分出由上到下的层次系统，各层级一般都是并列的多种类型，下面是语体类型系统图：

语体类型系统

- 口语语体
  - 谈话语体
    - 日常交际谈话体
    - 行业谈话体
  - 论辩语体
    - 政治论辩体
    - 法庭论辩体
    - 学术论辩体
    - 商业论辩体
  - 演讲语体
    - 正常性演讲体
    - 学术性演讲体
    - 应用性演讲体
- 书卷语体
  - 应用语体
    - 司法应用体
    - 行政应用体
    - 军事应用体
    - 外交应用体
    - 商业应用体
    - 新闻报道体
    - 日常生活应用体（条据、名片等）
    - 特殊应用体（广告）
  - 科学语体
    - 专门科学体
      - 自然科学体
      - 社会科学体
    - 说明科学体
      - 自然科学体
      - 社会科学体
    - 辞书体
  - 文学语体
    - 散言体
      - 小说体
      - 散文体
    - 韵文体
      - 格律体
      - 自由体
    - 剧文体
  - 政论语体
    - 政论体
    - 评论体
    - 宣言体
    - 决议体
  - 交融语体
    - 文学应用体
      - 文学公文体
      - 文学大众日常应用体
    - 文学政论体（杂感、杂评、社会小品）
    - 文学科学体
      - 自然科学体
      - 社会科学体

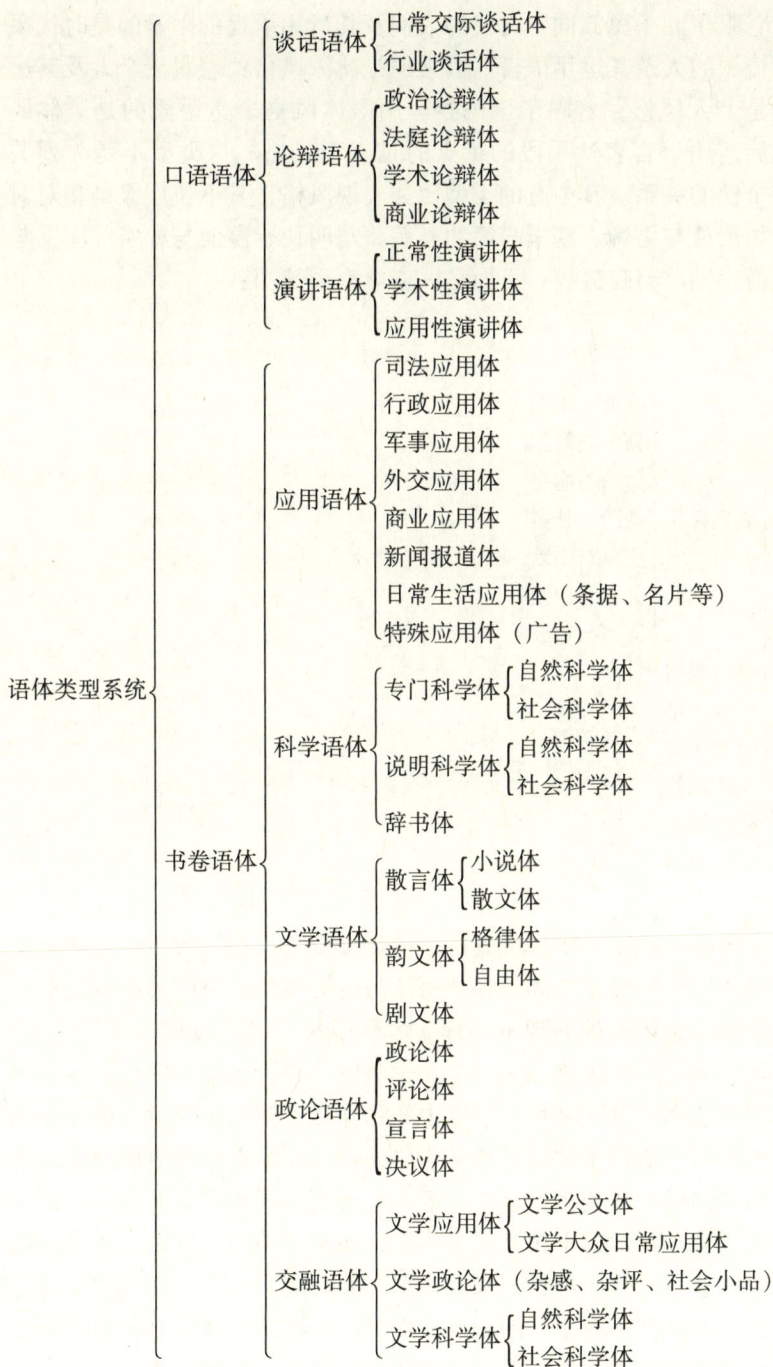

风格划分类型是依据多角度的成因原则：着眼于全民族及其运用语言的因素

的是民族风格；着眼于同一民族同一时代的人们及其运用语言的因素的是时代风格；着眼于同一流派的人及其运用语言的因素的是流派风格；着眼于个人及其运用语言的因素的是个人风格；着眼于全民族运用语体风格表达手段的是语体风格；着眼于全民族运用语言表达手段的特点的是表现风格。这类型不是并列关系，而是共性与个性的关系。其中有的类型比如表现风格，其下位层级是相对对立的互补范畴，如豪放与柔婉、繁丰与简约、蕴藉与明快、藻丽与朴实、庄重与幽默、文雅与通俗、谨严与疏放等。下面是风格类型系统图：

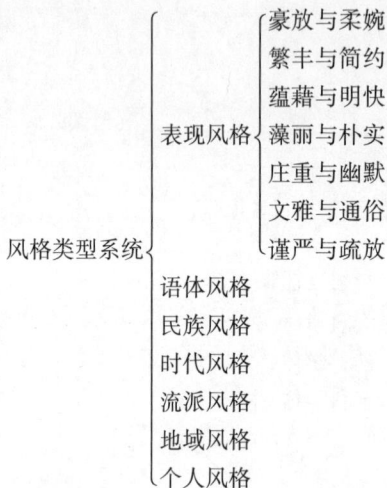

```
                          ┌ 豪放与柔婉
                          │ 繁丰与简约
                          │ 蕴藉与明快
                     表现风格 ┤ 藻丽与朴实
                          │ 庄重与幽默
                          │ 文雅与通俗
                          └ 谨严与疏放
         风格类型系统 ┤
                     │ 语体风格
                     │ 民族风格
                     │ 时代风格
                     │ 流派风格
                     │ 地域风格
                     └ 个人风格
```

对比上面两个类型系统图，明显可见：语体类型及其结构层次与风格类型及其结构层次大相径庭。由于类型不同，各类语体与各类风格的对应关系也就不一致，或者说各类语体各类风格的表现不一样。大体说来，民族风格、时代风格、语体风格见于各类语体；流派风格一般见于文学语体；个人风格主要见于口头语体和书卷语体的文学语体，其次是科学语体中的社会科学体以及交融语体，少见或不见于应用语体和科学语体中的自然科学语体；表现风格在各种语体中的表现更加不一样：就书卷语体大体说来，在文学语体中各类表现风格都有表现，在应用语体和科学语体的自然科学体中多见的是明快、朴实、简约、庄重、谨严的风格，在科学语体的社会科学体中可见到豪放、繁丰和通俗的风格，在交融语体的文学科学体中各种表现风格都有不同的表现。可见，不同的语体既有不同的表现风格，也可体现出相同的表现同格；同一种语体不仅有多种表现风格，还可有互相对立的表现风格；同一表现风格又可体现于不同的语体。

从上面分析可见，语体学研究语体类型与风格学研究风格类型，其内容是不一样的。

　　修辞学研究任务也关涉到语体和风格问题，但与语体学研究语体和风格学研究风格其角度和内容都有所不同。修辞学关涉语体只着眼于各种修辞材料、修辞手段的语体色彩，揭示其语体功用，指出它们在各种语体中的适应性和局限性。例如词语修辞中的拟声摹状手段："呼呼风声""扑通扑通地跳""皑皑白雪""青莹莹的鼻涕"等，它们具有形象描绘色彩，多用于口语语体、书卷语体的文学语体和文学科学语体，但一般不用于应用语体和专门科学语体。又如修辞格中的夸张是一种对客观事物言过其实的修辞方式，多为"激昂之语""情至之语"，能获得突出事物特征、抒发强烈感情、引起读者联想与共鸣的效果。它最常用于文学语体，有时也用于社会科学语体、文学科学语体，但不用于应用语体和专门科学语体。如此等等的内容就是修辞学与语体学的交叉之处。我们认为，修辞学关涉语体只研究各种修辞材料、修辞手段在各类语体中的适用情况，讲清怎样用才符合语体要求就够了，不必另立篇章去阐述属于语体学范畴的全部内容。修辞学关涉风格只是着眼于具体修辞材料、修辞手段的美学功能，研究它们带有什么样的风格色彩，可充当什么风格的表达手段。例如，双关和反语是言在此而意在彼的修辞格，带有含蓄隽永的美学功能，常作蕴藉风格的表达手段。但并不关心带有美学功能的修辞材料、修辞手段组成风格的体系性和风格类型，也不分析它们的综合表现与表现出什么样的美学格调。我们认为，修辞学只在研究修辞材料、修辞手段涉及风格功能时与风格学有相合点，它毋须囊括风格研究的全部内容。

　　风格学的研究任务也涉及语体问题，但不是研究适应什么交际需要，运用什么语言材料和表达手段形成什么言语特点体系，而是研究各种类型的语体运用各种风格表达手段综合表现出来的格调气氛。例如，应用语体适应国家机关、社会团体和人民群众之间办理公私事务和日常联系，需要运用全民语言所形成的语言特点体系：多用规范的书面通用词语，很少使用口语词、方言词以及土俗语；主要用抽象性、概括性词语，少用或不用描绘性、感情性词语；较多使用专用词语、惯用词语和文言词语；较多使用介宾短语、联合短语充当句子成分的长句；主要使用陈述句和祈使句，极少使用感叹句和疑问句；主要使用常式句，极少使用变式句；基本上使用书面语句式（含某些文言句式），极少使用口语句式；有时使用一些句式类和比较类的修辞格，如对偶、排比、层递、反复和对比等，间或也使用比喻、引用之类，几乎不用双关、反语、夸张等。诸如此类研究和描写各种语体的语言特点体系，这是语体学的内容。而应用语体大量使用凝练、庄重的书面词语、专用词语、惯用词语、古语词；较多使用稳重、典雅、谨严的书面句式、文言句式和长句以及平实、率直的陈述句、常式句，适当使用形体整齐的排比、对偶等综合呈现出简约、朴实、庄重的语体风格。诸如此类研究和描写各种语体运用风格、表达手段综合体现出的言语格调气氛，这是风格学研究语体的内容。

综观以上论述，明显可见，修辞、语体、风格虽有密切联系，但它们概念不同、构成因素不同，所处地位层面不同，作为学科，其研究对象、研究的着眼点以及研究任务、内容都不相同。这些不同正是学科之间互相区别开来、各自独立的根本性条件，因此，修辞学、语体学、风格学应是各自独立、并列挺进的近邻学科。张志公先生 1961 年在《词章学·修辞学·风格学》一文中把运用语言的技巧和效果等方面的问题分为五类：一是关于遣词的；二是关于择句的；三是关于修辞方法的；四是关于语体特点的；五是关于不同的作家、民族、时代，阶级运用语言的不同特点以及怎样运用语言才能达到准确、鲜明、生动的要求。① 这里的分类符合汉语实际，前三类是修辞现象，第四类是语体现象，第五类是风格现象，三者泾渭分明，这对于正确认识修辞、语体和风格现象的本质，对于建立分别研究它们的修辞学、语体学、风格学无疑是很有启迪的。刘焕辉先生《修辞学纲要》关于修辞、语体、风格关系的论述："修辞和语体、风格的关系不是等义关系，也不是谁包括谁的领导关系，而是并立的近邻关系。"② 王德春先生《修辞学探索》关于设立语体学、风格学、修辞学的主张："可以分设语体学、风格学、修辞学、作文法等分科来研究人们使用语言的状况，正像分设语音学、语义学、词汇学、语法学等分科来分别研究语言体系的各部分一样。"③ 二者都是高瞻远瞩的见解。我们经多年的探索和实践，深深体会到科学分工须要细致，研究才能深入，学科才能繁荣发展，硬将不同的研究对象放到一门学科里去研究，是弊多利少的。

（刊澳门中国语文学会学报《语丛》1994 年第 10 期；程祥徽、黎运汉主编：《语言风格论集》，南京：南京大学出版社，1994 年）

---

① 张志公：《词章学·修辞学·风格学》，《中国语文》1961 年第 8 期。
② 刘焕辉：《修辞学纲要》，南昌：百花洲文艺出版社，1991 年。
③ 王德春：《修辞学探索》，北京：北京出版社，1983 年。

修辞与文化背景

　　语言是人自觉创造的一种文明成果,是用以传达思想感情和欲望的工具,是表现文化信息的载体。语言和文化水乳交融。语言是"凭其符号作用而跟整个文化相联系的一部分"①,它记载民族文化,是民族文化的重要表现形式。语言的发展变化影响和制约文化的发展变化。语言植根于文化。文化的发展变化影响和制约语言的发展变化。语言与文化存在着密切的"互塑互动"关系,两者互为因果、互相制约、互相作用、互相促进。因此,研究语言离不开文化,研究文化也离不开语言。修辞作为运用语言的艺术,它本身就是人类文明的一项重要成果,既是文化的一部分,又是其他文化因素的载体和表征。修辞现象与文化现象紧密地交织在一起,两者之间的影响、制约与渗透是双向的。因此,联系文化现象去研究理解修辞现象大有裨益,联系修辞现象去考察文化现象也会很有启迪。本文不打算全面论述修辞与文化的互动关系,只着眼于文化对修辞的影响与制约,探讨汉语修辞手段的生成、发展和使用以及对其产生影响的文化背景。

一、修辞手段的产生和发展植根于文化背景

　　修辞手段是为使内容表达获得理想效果而采用的表达方式和技巧。它既包括语音、词汇、语法这语言三要素中的一切修辞手段,也包括修辞格、谋篇手段等超语言要素中的一切修辞手段。这一切修辞手段的产生和发展都有特定的文化背景。

　　物质文化是人改造自然界的活动方式及其产物,它反映的是人与自然的关系,具有获取与创造的功能,它是整个文化系统的基础和发展动力。汉语修辞手段有不少是植根于物质文化的。例如:

①口中问饮食,腰间索孔方。

(邱瞳《投笔记》十六)

②丝桐感人情,为我发悲音。

(王粲《七哀诗》)

③我有位朋友最喜欢去歌厅唱卡拉OK。

(王开林《叫世界停一停我要下车》)

---

① 罗宾斯:《普通语言学概论》,上海:上海教育出版社,1986年,第43页。

例①中"孔方"原指铜钱中间的方孔，以"孔方"指钱是借代；例②以"丝桐"指古琴是指代，据说古琴多以梧桐木为体，以练丝为弦，故称"丝桐"；例③以"卡拉OK"代替歌。这些修辞手段都蕴含着文化积淀，明显地体现出它们植根于古今不同的物质文化土壤。

汉语修辞手段有不少是由谚语、歇后语和惯用语构成的，这类修辞手段大都含有文化意蕴，是在物质文化背景下产生的。例如，谚语有"抓鱼要下水，伐木要入林"（捕鱼和采伐文化）、"下坡骡子上坡马，平路毛驴不用打"（交通文化）、"庄稼要好，水肥要饱"（农耕文化）；歇后语有"笋子变竹节节空"（竹文化）、"臭豆腐，闻着臭，吃着香"（饮食文化）、"包米秸子喂牲口——天生的粗料"（饲养文化）、"卫生口罩——嘴上一套"（卫生文化）、"铁锤砸铁砧——硬碰硬"（技术文化）；惯用语有"铁饭碗"（饮食文化）、"挨砖不挨瓦"（建筑文化）、"不见鱼出水，不下钓鱼竿"（捕鱼文化）、"旱苗得甘雨"（农耕文化）等，它们可以构成比喻、借代或对偶。

俗话说："民以食为天。"汉民族饮食文化源远流长，丰富多彩。综观汉族的菜谱，真可谓异彩缤纷，而且各地的汉族形成了饮食亚文化，形成了不同的菜系，最主要的有鲁菜、川菜、粤菜、淮扬菜和湘菜等五大类。各种菜系的食品都十分丰富多样，且各有特色。汉语里来自饮食文化的修辞格比比皆是，用"吃……"这样格式构成的惯用语，在高歌、张志清编著的《汉语惯用语大辞典》中就收录有近400条。例如用"吃闭门羹"指客人被拒绝门外，不予相见；用"吃粉笔末"代指教师；用"吃饱了撑的"指多管闲事；用"吃软不吃硬"比喻只接受好听的话，不服对方的强硬手段；用"吃豆腐报肉账"比喻虚报冒领；用"喝西北风"比喻挨饿受罚；用"吃人不吐骨头"夸张人极其贪婪或凶狠残暴等。诸如此类的修辞手段都是在中国饮食文化的土壤里生长和成熟起来的。

制度文化是人类改造社会的活动方式及其产物。它是人们在处理个人与他人、个体与群体的关系中形成的制度、风俗以及相关的伦理、规范等。而语言作为个人与他人、个体与群体之间进行社会交际活动的工具，它的产生与发展必然受到制度文化的影响与制约。修辞手段作为语言运用艺术，必然随着制度文化的发展变化而发展变化，这在词语修辞手段和修辞格方面的表现尤为明显。

在制度文化诸因素中，政治文化是处于核心地位的因素，它具有制导性功能，汉语里很多修辞手段都是在这一制度文化背景下产生的。例如，词语修辞同义手段：

①天子死曰崩，诸侯曰薨，大夫曰卒，士曰不禄，庶人曰死。

（《礼记·曲礼》）

②天子之妃曰后，诸侯曰夫人，大夫曰孺人，士曰妇人，庶人曰妻。

（《礼记·曲礼》）

例①"崩""薨""卒""不禄""死"同义，阶级地位不同，死的代称也就不同；例②"妃""夫人""孺人""妇人""妻"同义，丈夫的官爵地位不同，妻子的别称也就不同，这是封建社会等级制度文化的产物。又如修辞格：

①纨绔不饿死，儒冠多误身。

（杜甫《奉赠韦左丞文二十二韵》）

②青衣报平旦，呼我起盥栉。

（白居易《懒放》）

③赤日炎炎似火烧，野田禾稻半枯焦。农夫心内如汤煮，公子王孙把扇摇。

（施耐庵《水浒传》第十六回）

例①、例②是借代。"纨绔"本指贵家子弟常穿的细绢裤，"儒冠"本指读书人常戴的帽子。"纨绔""儒冠"用以代称贵家子弟和读书人；"青衣"原指黑色衣服，为卑贱者所穿，古代婢女多穿青衣，故以之代称婢女。例③是对比，通过农夫与王孙公子的对比，揭露了封建社会尖锐的阶级对立。这些修辞手段的内涵都源于封建社会的政治制度文化。

婚姻制度是两性关系的表现形式，标志着两性在家庭中的关系与地位。在封建社会里，妇女的地位低下，妻妾受族权、夫权统治，是丈夫的附属品，家庭中妻子的责任仍然是生儿育女，织布做饭，服侍公婆丈夫。现代社会提倡男女平等，夫妻平等，但仍留有旧的婚姻文化残迹。古今的婚姻文化现象在汉语里都有反映，依据婚姻文化生成的修辞手段为数不少。例如"迟枉琼瑶，慰其杼轴。"（梁代何逊《为衡山侯与妇书》）"杼"即梭，"轴"即滚筒，都是织布机上的零件，借"杼轴"代指妻子，便源于古代家庭中男耕女织的现象。现代作家李准《李双双小传》中的喜旺称妻子李双双为"俺做饭的""屋里的"也是借代用法，它源于喜旺的夫权文化意识。"夫人"这一称谓据说是王莽称帝时赐给一个丞相的妻子的。到公元三世纪，"夫人"这一称谓广泛用于指称上流社会官吏的妻子们。再后来，连民妇也称"夫人"了，如赵晔《吴越春秋》卷三："适会女子击绵于濑水之上，中有饭。子胥遇之谓曰：'夫人可得一餐乎?'""太太"在明朝是用来指中丞以上官员的妻子的，后来用作官吏妻子的通称。现代"夫人"和"太太"是对妻子的尊称。这种称谓或借代的内涵及其演变都是为婚姻文化所影响的。此外，如以"泰山"代称岳父，以"东床"代称女婿，用"连理枝""并蒂莲"象征恩爱夫妻，以及"入赘""招驸马""童养媳""黄昏恋"

99

"竹门对竹门,木门对木门""嫁鸡随鸡,嫁狗随狗""嫁出去的女,泼出去的水"等修辞手段,都是由汉民族的婚姻文化和汉语的文化性能熔铸而成的。

风俗是一个民族长时间沉积下来的风俗惯例、礼仪和风尚,它是一个民族或一个地域的人民在长期的社会实践中创造与形成的文化成果。汉语修辞系统中有不少修辞手段是来自风俗文化的。例如,源于春节风俗的俗语"压岁钱"(指代春节时,长辈给小辈儿童的钱物)、"吃团圆饺子"(饺子谐音交子),春联"喜鹊登枝盈门喜,春花烂漫大地春"(对偶、象征),祝福语"恭贺新禧""龙年大吉",口彩语"吃生菜"(生财)、"吃年糕"(年高年高年年高)等;源于清明时节踏青戴柳习俗的"南国春半踏青时,风和闻马嘶。青梅如豆柳如眉,日长蝴蝶飞"(欧阳修《阮郎归·踏青》);源于中秋节对故乡和亲人思念之情的"但愿人长久,千里共婵娟"(苏轼《水调歌头》);源于重阳节登高活动的"开轩面场圃,把酒话桑麻。待到重阳日,还来就菊花。"(孟浩然《过故人庄》)等诗句中的修辞手段都是植根于传统节日风俗文化的修辞手段。

忌讳是风俗的重要组成因素,"是一种信仰习俗中消极防范性的制裁手段或观念"(乌丙安《民族学丛话》)。它不仅制约人的生活行为,也制导着人们的言语行为。例如,汉民族中的封建迷信认为言语吉凶与客观事物有必然的联系,回避不吉祥的言辞,它后面所隐藏的凶恶、悲哀、病死、灾祸、贫穷之类的事物就不会出现。因而出现忌讳语,产生各种委婉的修辞手段。例如:

①有采薪之忧,不能造朝。

(《孟子·公孙丑》)

②到了夜半,我们半跪半坐地伏在她床前。她看着我,喘着说:"辛苦你了,等我的事过去了,你好好地睡几夜,便回北京去……"母亲把这件大事说得如此平凡,如此稳静。

(冰心《南归贡献给母亲在天之灵》)

例①"采薪之忧",例②"我的事""这件大事"都是忌讳"生病""死"的说法,是婉曲修辞格。

心理文化是人们改造主观世界的活动方式及其产物,它反映的是人与自身的关系。这种文化在民族文化系统中占有极为重要的地位,对人的言行举止直接起着制导作用。

思维方式是人们看待和处理客观对象的比较稳定的思维模式和方式方法,是"对人类文化行为起支配作用的稳定因素",是"决定民族文化如何发展的一项重要的控制因素"①。修辞手段既是文化的组成部分，又是其他文化因素的载体和表征，因而它的生成与发展必然受到思维方式的控制与支配。汉民族思维很早就注意事理正反两面及其互存互补、互相生发、引同协异、相映成趣与互相转化。例如："凡天下之事，一不能化，惟两而后能化。"（《朱子语录》卷九十八）；"约而能张，幽而能明，弱而能强，柔而能刚。"（《淮南子·原道训》）；"有无相生，难易相成，长短相形，高下相倾，音声相和，前后相随"（《老子》第二章）等。汉族人民大都是按照这种对立统一的辩证思维方式去思考问题，去认识与解释客观事物，去制约言语活动的。而"系统的修辞学无疑是思维方式的系统化，夸张是修辞手段，它就是一种思维方式，替代法或比喻是修辞手段，它也是一种思维方式"②。修辞手段是思维工具，作为工具它一般都与思维方式相适应。汉语修辞手段系统中有很多对立统一、相映成趣的修辞现象。例如，利用音节分阴声阳声、平声仄声的特点构成的平仄；利用同音异义、词的多义现象构成的谐音与语义双关；利用语序的常与变构成的常式句与变式句；利用句子结构的松与紧构成的松句与紧句；利用汉字形体整与拆的特点构成的析字以及辞格中的倒辞、反衬、对照、反缀；话语组织的抑扬法、虚实法和对比法等，大都是汉人对立统一的思维方式作用于汉语特点所可利用的语料而形成的。③

汉民族传统心态之一是求"和"，"以和为贵"。所谓"天中有人，人中有天"，人可"与天地合其法，与四时合其序，与鬼神合其吉凶"（《易·乾》）。所谓"一上一下，以和为贵，浮游于万物之祖"（《庄子·山水》）。所谓"礼之用，和为贵"（《论而·学而》）。所谓"致中和，天地位焉，万物育焉"（《中庸》）。所谓"天时不如地利，地利不如人和"（《孟子·公孙丑下》）。这种"人和""致中和"内涵的核心就是和谐。两千多年来，这种文化心态已成为汉民族社会普遍认同的价值取向。要达到和谐，就要不偏不倚，要均衡、协调。由于汉人特别重视和谐、均衡，所以汉语里诸如韵脚同音相协的押韵，结构均衡、匀称的并列式四字格以及对偶、排比、镶嵌、回环、顶真等修辞手段特别发达。

汉民族传统的修辞美学观和艺术审美情趣的一大主流是崇尚含蓄美。《孟子》："言近而旨远，善言也。"是对含蓄的赞美。唐代淳大师在《诗评》中说："夫缘情蓄意，诗之要旨也。高不言高，意中含其高；远不言远，意中含其远；闲不言闲，意中含其闲；静不言静，意中含其静。"这里强调缘情蓄意、言外之意、无其辞而含其意。宋代姜夔《白石道人诗说》："语贵含蓄。"清代刘大櫆

101

---

① 刘长林：《思维方式与中国文化的选择》，载张岳岱：《中国思维偏向》，北京：中国社会科学出版社，1991年。

② 杨同翰：《巴罗克的涵义、表现和应用》，载《西方文化概论》，北京：商务印书馆，1986年。

③ 黎运汉：《修辞学研究对象的文化透视》，载中国修辞学会编：《修辞学新探》，香港：香港文化教育出版社有限公司，1995年，第5页。

《论文偶记》："文贵远，远必含蓄。"近代梁启超在《中国韵文里头所表现的情感》中说："向来写情感的，多半是以含蓄蕴藉为原则，像那样弹琴的弦外之音，像吃橄榄的那点甘味儿，是我们中国文学家所最乐道。"俗话说："直道好跑马，曲径可通幽。"这些论述一脉相承，体现出汉民族把含蓄美看作文学艺术至高的审美境界。由于汉民族的审美文化重含蓄美，所以汉语里存在着各式各样"言在此而意在彼"的修辞手段。例如，语音修辞的变异手段，词语修辞的转义与变异形式，辞格系统的双关、反语、借喻、借代、比拟、婉曲、析字、析词以及故事、传说、熟语和典故的引用，篇章修辞中的象征、藏词、讽喻和抑扬等，都是"兴发于此而意归于彼"的修辞手段。这类修辞手段的产生和存在都有着深厚而坚实的以含蓄为美的审美文化根基。

宗教信仰往往也滋生修辞手段。例如："台上香烛，恭请福神爷们来享用。"（鲁迅《祝福》）"不管怎么说，反正城隍奶奶怀孕，出了鬼胎……"（《橱窗迎彩霞》）"今天晚上，真是阎罗王审案子——全是鬼事！"（《不惜的浪潮》）以及谚语"平时不烧香临时抱佛脚""做一天和尚敲一天钟""放下屠刀立地成佛"等都是民间信奉神佛的产物。

二、修辞手段的使用要与文化环境应合

修辞手段的使用讲究得体，这是现代修辞学公认的最重要的原则。这个原则是继承和发扬中国传统文化的产物。要做到得体，涉及多个方面的因素，而与文化环境应合则是最主要的。因为"文化是人类生活的环境。人类生活的各个方面无不受着文化的影响，并随着文化的变化而变化"①。运用语言及其修辞手段进行交际总是在特定的文化环境中进行，并受文化环境影响与制约的。因此，修辞手段的使用必须同文化环境应合才能得体。修辞手段与文化环境应合主要表现在：

首先，修辞手段与使用者自身的文化特点应合。运用修辞手段进行交际是一种社会文化行为，它总是发生在特定的文化人身上，因而修辞手段的使用必须注意同自身的民族文化特点相一致。

内地是母亲，台湾是妻子，香港是情人，欧洲是外遇。我对朋友这么说过。……那无穷无尽的故国，四海漂泊的龙族，叫她做内地，壮大登高叫她做九州，英雄落难叫她做江湖。……

台湾是妻子，因为我在这岛上从男友变成丈夫再变成父亲，从青涩的讲师变成老教授，从投稿的"新秀"变成写序的前辈，已度过了大半生。……

---

① 刘焕辉：《修辞学新探》，北京：文化教育出版社有限公司，1995年，第1页。

香港是情人，因为我和她有十二年的缘分。初见她时，我才二十一岁，是内地的流亡学生，一年后便东渡台湾。再见她时我已中年，成了中文大学的教授，而她风华绝代，正当惊艳的盛时。我为她写了不少诗和更多的美文……

欧洲成为外遇，则在将老未老，已晡未暮的敏感之年……不但心情有点迟暮，而且偏偏又是独游，欧洲，当然早已"迟暮"，不过依然十分"美人"……①

余光中是中国人，在汉民族社会生活成长，受民族文化熏陶，身上有民族文化基因。上述话语与他的思想感情、品德修养、生活经历、信仰习俗都十分契合，所用的比喻、比拟、借代等诸种修辞格，内容、形式都跟他自身的民族文化特点相一致，十分得体。

修辞手段的使用如果有悖于自身的民族文化特点，就不得体。著名电影演员陈冲去美国留学几年后，于1992年回国参加中央电视台举办的春节联欢晚会。在晚会上她对观众说，"我给中国人民拜年，用中国人的话说就是恭喜发财"，话音刚落便遭起哄责骂。事隔几年后，陈冲应邀到深圳为某广告肖像权签约。记者注意到她在发言中用了"祖国"的字眼，于是问起那次春节联欢晚会上被责骂的事对她的影响，陈冲说这事对她影响非常大，给她的冲击也非常大。她说当时只是觉得祖国就是中国，中国就是祖国，没想到会引起这么大的反响。② "中国"和"祖国"这两个词在某些特定场合，中国人使用可以互相替代，但陈冲刚从美国回到祖国给同胞们拜年，在那样的场合，用"中国"而不用"祖国"，显然与她自身的民族文化特点不应合，所以不得体，影响不好。

其次，修辞手段的使用要与具体的文化环境应合。文化具有民族性和地域性，但由于具有不同文化背景的人或因对客观事物认识的一致性，或因相似的生活经历或者业已形成的文化接触，总会有一些共同的文化积累，这一部分共性文化反映在语言中便凝结成共同的文化语义，含有共同文化语义的修辞手段可以跨越民族、地域、国家的界限，为不同文化背景的人所通用。但更多的修辞手段其内容都含有特殊的民族文化意义。例如，"狗"是一种客观存在于陆地上的哺乳动物，在中国人的文化观念里，它是低贱的动物：用它作修辞内容构成修辞手段，常常会使人产生卑鄙下贱的联想，"狗腿子"喻指为主子或反动人物效劳的人，常常含贬义。在英美人的文化心态中，狗却是"Man's best friend"（人之良友）；称你为"lucky dog"（幸运狗），"old dog"（老狗）是抬举你，说你是"幸运儿""老练"。汉语的"抛砖引玉"是表示自谦的客套话，其中的"砖""玉"

103

---

① 余光中：人生与舞台，《广州日报》1998年2月9日。
② 何龙："陈冲'小花'依然红艳艳"，《羊城晚报》1997年8月5日。

各有不同的文化价值,"砖"喻指粗劣之物,"玉"以其坚硬晶莹象征"纯洁美好",具有高贵的气质。但在美国文化中,"jade"(玉)却用来比喻"淫妇"或"轻佻的女子",而"brick"(砖)则喻指"好汉"或"令人钦佩的人",与汉语完全相反。诸如此类的修辞手段,不同文化背景的人是很难通用的。

含有特殊民族文化意涵的修辞手段,不同文化背景的人是很难理解的,因此使用这类修辞手段与异文化背景的人交际时,必须"入境而问禁,入国而问俗,入门而问讳"(《礼记·曲礼上》),做到与异文化环境相应,才能取得正面效应。有位广东人到美国去开餐馆,在菜单上将狗肉写作 Fragrant Meat(香肉),避免冒犯了外国人宠狗的文化心理。健力宝进军美国市场,以"中国魔水"招徕顾客,则是针对美国人爱标新立异、好神奇怪诞的文化心理而使用的修辞艺术。[①]蝙蝠电扇是我国的名牌电扇,而它出口国外就必须改变商标牌号,否则就不能打入国际市场。因为在中国,由于谐音双关,蝙蝠是有福气的象征,人们喜欢以蝙蝠命名的商品;欧美人士则普遍将蝙蝠与不光明正大、阴谋联系在一起,因而讨厌蝙蝠。据说我国有个旅游代表团访问新加坡,该团负责人向新加坡华人朋友介绍某市旅游业的情况时说:"我们的旅游服务业开房率达到95%以上。"话音刚落,便引起哄堂大笑,十分尴尬,原因是新加坡华语"开房"与大陆汉语有不同的文化色彩。

中国人与外国人用汉语进行交际,常常会因文化背景的不同而产生言语交际误会。中国人说出的自认为很得体的话,外国人听了很可能感到不可思议,甚至引起误解,其主要原因是外国人不能根据汉语的文化背景对话语内涵作出正确的理解。有位访日归来的学者谈到一件亲身经历的事:有一次写信给一位日本朋友,得知朋友的母亲高龄但身体尚健,所以在落笔时就请朋友代为问候他"娘"好,没想到引起很大误会,那位朋友回信说他"娘"目前正在大学专攻西班牙语,将来打算出国深造云云,愈读愈觉得不对头,拿出日语字典一查,原来"娘"是女儿的意思。可见,由于民族文化背景的不同,使用一种民族语言的人对另一种民族的语言未必能理解。俗话说:"射箭要看靶子,弹琴要看听众",使用汉语与异文化背景的人进行交际,必须特别注意应合接受对象的民族文化特点。

三、修辞手段的理解、评析要以文化背景为依据

修辞手段是言语交际的产物,言语交际活动是双向的,它包括表达和接受。表达和接受构成言语交际活动的两极,二者统一于言语交际过程中,并且互为因果,同等重要。上面从表达的角度谈了修辞手段的使用要受文化背景的制约,下

---

① 曾毅平:《公关语言艺术》,广州:暨南大学出版社,1996年,第213页。

面从接受的角度探讨理解和评析修辞手段要以文化背景为依据。

修辞手段的理解和评析是一种主观的领会和阐释的言语活动，这种活动往往因人而异，而不同的人，心理结构千差万别，才性爱好各有不同。鲁迅先生说："世上爱牡丹的或者是最多，但也有喜欢曼陀罗花或无名小草的。"① 由于心理结构和才性爱好不同，评析者对修辞手段的理解和阐释往往如刘勰所说："知多偏好，……会己则嗟讽，异我则沮弃，各执一隅之解，欲拟万端之变：所谓东向而望，不见西墙也。"（《文心雕龙·知音》）即使是同一修辞手段，也可能"仁者见仁，智者见智"，或者不得其解，甚至阐释错误。但修辞手段毕竟是存在于表达主体的言语作品之中的客观现象，它不会因理解和评析者的"仁""智"不同而发生变异。恰恰相反，修辞手段的理解和评析活动始终受到存在于言语作品中的修辞手段定性的制约。前面说过，修辞手段都是在一定的文化背景下生成，并在一定的文化环境中使用的，带有一定的民族文化烙印。如果缺乏文化背景知识或者离开了其生成和使用的文化背景，大都难以理解其深层内涵。例如，"花"相当于英语的"flower"，但汉语中附加于"花"的文化意义却比"flower"要丰富得多。由"花"构成的比喻，如"野花""家花""花心""花花公子""寻花问柳""花街柳巷""拈花惹草""家花不如野花香"等都有浓厚的汉文化色彩。《美洲华侨日报》曾刊登一则小故事：有位"老美"汉语学得不错，一次和一位华人朋友欣赏香港歌曲，歌曲描写一位女子送丈夫出门的情景。内中唱词云："虽然已经是百花开，路边的野花你不要采。"这位"老美"无论如何也想不出丈夫出门与采花有什么关系，后经华人朋友解释才恍然大悟。惠斌在《汉语趣谈》中说了一件有趣的事：一位外国朋友参加一对年轻华侨的婚礼时，很有礼貌地赞美新娘非常漂亮，旁边的新郎代新娘说："哪里！哪里！"这位外国朋友大吃一惊，想不到笼统地赞美，中国人还不过瘾，还需要举例说明。于是便用生硬的中国话说："头发、眉毛、眼睛、耳朵、鼻子、嘴巴都漂亮！"结果引得哄堂大笑。"哪里！哪里！"是中国礼俗文化的产物，含有自谦的意思，就因为那位外国朋友不知道其文化内涵，所以理解失误，引来哄堂大笑。

在电影《归心似箭》中，玉贞爱上了魏得胜，但又不便明说"我爱你，我离不开你！"于是便借着魏得胜为她挑水向她道谢的机会，顺水推舟，含蓄示意：

魏：要不是你，我早喂黑瞎子啦。这恩情可是俺没法报答的恩情！
玉：哎哟，我可就等着你这两句话啦。你这个人嘴还怪甜的！那你一天就给我挑两趟水！

① 鲁迅：《鲁迅全集》，人民文学出版社，1956年，第273页。

105

魏：那容易！我就一天给你挑两趟水！

玉：挑到儿子娶媳妇，挑到我闺女出门子，给我挑一辈子！

魏：挑一辈子？

玉（连羞带笑地）：挑一辈子！

这里玉贞向魏得胜表示爱恋之情用的是言此而意彼的修辞手段，这种示爱手段蕴含着中国婚姻文化积淀，魏得胜能领会到其中的潜在信息，就因为他理解这些修辞手段的文化意蕴，如果听者是异文化人，就不一定能明其意了。

一位评论家在文章里引用贾宝玉说的"女儿是水作的骨肉，男人是泥作的骨肉"（《红楼梦》）。某编辑看了，认为此说不合理，于是改"水"为"冰"，改"泥"为"铁"（见杨光治《"狼逃尽"之类的"幽默"》）。引文是贾宝玉的名言"女儿是水作的骨肉，男子是泥作的骨肉，我见了女儿便清爽，见了男子便觉浊臭逼人"中的两句，其比喻的含蓄意味非常深厚，再三咀嚼，其味无穷。改了就失去了"水"和"泥"的特定文化内涵。而《语言大典》将"色狼"解释为"有进取性格、直接而热烈地追求女性的人"则更是对文化意义的无知。

优秀的文学遗产是宝贵的民族文化财富，而文学是语言的艺术，文学作品是修辞手段产生和生存的肥沃土壤，大量修辞材料源于文学作品，诸多修辞手段从文学作品中产生。汉民族文学作品浩如烟海，很多名著如《西厢记》《三国演义》《水浒传》《西游记》《儒林外史》《红楼梦》《阿Q正传》以及很多古诗词都是汉民族文化中最重要、最具活力的一部分，深刻而且生动地体现着中国文化的基本精神。其故事、事件、人物形象和词句为本民族所熟悉，常为本民族的人们津津乐道，活跃在人们的言谈中，于是从中产生了很多故事、事件、人物形象和词句等修辞材料和修辞手段。例如：

①欣当月老牵红线　乐作红娘搭鹊桥

（某婚姻介绍所门联）

②徐根宝对记者说，这是他第三次到吉隆坡。第一次是参加足联教练员训练班，第二次是去年率队参加默迪杯赛。他说，自己现在是在火炉上，但他属猴，可以像齐天大圣一样炼出个"金睛火眼"。

（《羊城晚报》1992年1月1日）

③送礼待客表心情，名牌出自五羊城。

嫦娥不恋桂花酒，却美广州麦乳精。

（广告乳制品厂广告）

④99新春送好酒，小糊涂仙酒当首选。

（《广州日报》1999年8月31日）

例①用三个典故"天仙配""西厢记"和"天河配"构成比喻。例②像齐天大圣一样炼出个"金睛火眼"出自《西游记》。例③"嫦娥不恋桂花酒"是化用古诗句"奠桂酒兮椒浆"(《楚辞·九歌·东皇太一》)和"嫦娥应悔偷灵药,碧海青天夜夜心"(李商隐《嫦娥》)。例④"小糊涂仙酒"的"糊涂"出自郑板桥的名言"难得糊涂"。这些修辞手段以及"三顾茅庐""周瑜打黄盖——一个愿打、一个愿挨""三个臭皮匠赛个诸葛亮""身在曹营心在汉""韩信点兵多多益善""赔了夫人又折兵""负荆请罪""逼上梁山""刘姥姥进大观园""阿Q精神"等,其形式和内容都隐含汉文化信息,必须从文化修辞学意义上多角度地深入理解,透辟地阐释才可能理解。

上面从修辞手段的生成、使用和理解三个方面论述汉语修辞与文化背景的关系。但必须明确,修辞和文化毕竟不是等同的东西。修辞手段自身有不同于文化的发展规律,文化只能是影响制约修辞手段生成、使用与理解的一个极为重要的因素,而不是唯一的因素。如果试图把语言及其修辞手段的一切都从文化中找出一对一的影子,那是不科学的。

[载于《暨南学报》(哲学社会科学版)2000年7月第4期;台湾中国修辞学会主编:《中国修辞学学术研讨会论文集》(第二届)]

107

语体的时代性

　　语体是社会历史发展的产物，它势所必然地带有时代性，这从语体所使用的语言材料、语体的风格特点和语体的类型的发展变化中明显可见。

　　语体形成和存在的物质基础是语言材料，"语言是随着社会的产生而产生，随着社会的发展而发展的"①，"语言的发展不是用消灭现存的语言和创造新的语言的方法，而是用扩大和改进现存语言基本要素的方法"②，现存语言基本要素的扩展和改进受制于时代社会的发展。一定时代社会的发展的面貌和趋势取决于一定的政治、经济和文化。因此，政治制度的改革、经济生活的变化、科学文化的进步，都会促使语言基本要素的扩大和改进。这样，语言在其随着社会的发展而发展的过程中，始终不断地显示着某种时代的特色。如果处于急剧变化的时代，发生了新旧制度的交替，语言内部要素的扩大和改进之幅度还会更大些。这种在特定历史时期扩大和改进的语言因素，尤其具有鲜明的时代烙印。例如，公元前221年秦始皇建立了第一个中央集权的封建国家。他把国君的称号由"王"改为"皇帝"，并自称"始皇帝"。皇帝之下，设三公九卿，即"丞相""太尉""御史大夫"和"奉常""郎中令""太仆""卫尉""典客""廷尉""治粟内史""宗正""少府"。随着秦始皇中央行政机构的改革，汉语词汇系统便增添了"皇帝""丞相"之类的新词语。这些新词语具有特定的时代色彩，它们出现于相应的语文体式，就使这一语体呈现出一定的时代色彩。戊戌变法时期、辛亥革命时期、五四运动时期，是秦汉以后、中华人民共和国成立以前中国社会变动最剧烈的时期，也是汉语，特别是书面语言，发生巨大变化的时期。这个时期不仅产生了大量新词语，如"官僚""公仆""股票""维新运动""门户开放""三民主义""代议制度"等，还产生了新的句法，例如"我站在门前，不觉又想到书斋里面的他"③，"他研究了被蹂躏的被磨折的人们，在怨毒之中互相磨折着的人们"④ 等。它们都带有特定的时代烙印，普遍出现于当时的语文体式，呈现出不同于古代语体的面貌。中华人民共和国成立后，我国政治、经济、文化的发展

108

---

① 斯大林：《马克思主义和语言学问题》。
② 斯大林：《马克思主义和语言学问题》。
③ 巴金：《沉落》。
④ 瞿秋白：《作家与政治家》。

都进入了新时期，适应表达新事物新现象的需要，新的词语大量出现，语法更加精密化、复杂化，辞格也愈加丰富多样。例如，"农业社""人民币""人民公社""试验田""教研室""红透专深""文化大革命""知识青年""平反昭雪""四化""五讲四美""振兴中华""承包责任制""成人教育"等词语，同一性定语句"我国对国民经济提出了调整、改革、整顿、提高的八字方针"，以及换算修辞格"有人曾经给瑞士算过两笔账，一九七九年回收废纸四十五万吨，等于少砍伐一万公顷即十五万亩森林"等，都具有鲜明的新时代特征，它们出现于相应的语体中，就反映出现代语体的特殊色彩。可见"不同的时代，有不同的经济基础和社会生活，因此有与之相应的语言"①，各种语体运用与时代相应的语言来表现时代精神风貌，就显示出语体的时代性。

语体的时代性，从对不同时代的同类语文体式所使用的语言材料的比较中可以看得更清楚。请看下面的例子：

①齐人未尝赂秦，终继五国迁灭。何哉？与嬴而不助五国也。五国既丧，齐亦不免矣。燕赵之君，始有远略，能守其土，义不赂秦。是故燕虽小国而后亡，斯用兵之效也。

（苏洵《六国论》）

②（一七）加上日本是小国，地小、物少、人少、兵少，中国是大国，地大、物博、人多、兵多这一个条件。于是在强弱对比之外，就还有小国、退步、寡助和大国、进步、多助的对比。这就是中国决不会亡的根据。强弱对比虽然规定了日本能够在中国有一定时期和一定程度的横行，中国不可避免地要走一段艰难的路程，抗日战争是持久战而不是速决战……

（毛泽东《论持久战·驳亡国论》）

例①和例②都是政论体式，论题也有些相近。但在词句的运用上却有着明显的时代差异。例①的"齐""燕""赵""君"和"哉""矣"，例②的"抗日战争""持久战""速决战"等各有鲜明的时代烙印。例②的句子比例①长，例②中"日本是小国，地小……中国是大国，地大……兵多这一个条件"这样的同一性定语句在古代是没有的。这些不同的语言特点便呈现出古今政论语体的不同时代性。

语体的时代性，在使用语言材料方面的体现，不仅可见于人类社会发展历史的大的不同阶段中的语文体式，也可见于同一时代社会的不同阶段中的语文体式。

① 梁斌：《谩谈〈红旗谱〉的创作》。

109

③我们到湖滨登岸时，已是下午三点多钟了。公园中各处都堆满了雪，有些已变成泥泞。除了极少数在待生意的舟子和别的苦力之外，平日朝夕在此间舒舒地来往着的少男少女，老爷太太，此时大都密藏在"销金帐中"低斟浅酌，饮羊羔美酒——最少也靠在腾着血焰的火炉旁，陪伴家人或挚友，无忧虑地在大谈其闲天。——以享乐着他们幸福的时光，再不愿来风狂雪乱的水涯，消受贫穷人所应受的寒冷了。

（钟敬文《西湖的雪景——献给许多不能与我共幽赏的朋友》）

④西湖的疏浚工程，做的五年的计划，今年由月初开头，听说要争取三年完成。……西湖要疏浚，主要为的是调节杭州城的气候。杭州城到夏天，热得相当厉害，西湖的水深了，多蓄一点儿热，岸上就可以少热一点儿。这些个都是顾到居民的利益。顾到居民的利益，在从前哪儿有这回事？只有现在的政权，人民自己的政权，才当做头等重要的事儿，在不妨碍国家社会主义工业化的前提之下，非尽可能来办不可。

（叶圣陶《游了三个湖》）

这两例都属文艺语体的散文体，同以西湖为记叙的对象，同属现代语体。但它们是不同历史时期的产物，渗透着不同的时代色彩。例③写于五四运动前后，"舟子""苦力""老爷""太太"是那个时期常用的词，白话略杂文言的语句，体现出20世纪20年代的语体色彩。例④见于20世纪50年代，用纯白话写成。"疏浚工程""五年的计划""人民自己的政权""社会主义工业化"等词语是中华人民共和国成立以前的语体所没有的，明显地体现出与例③不同的时代性。

语言材料构成语体的风格特点，哪一个时代、哪一种类型的语体有什么样的风格特点，往往因时代的条件不同而有差异。鲁迅说："风格……不但因人而异，而且因事而异，因时而异。"[1] 刘勰在总结宋初以前的各个时代文艺语体风格特点时说："黄、唐淳而质，虞、夏质而辨，商、周丽而雅，楚、汉侈而艳，魏晋浅而绮，宋初讹而新。"[2] 时代不同，风格特点是迥异的。

关于语体风格特点的时代差异，我们比较不同历史时代或者同一时代不同时期的语文体式都可了然。例如，公文语体在古代，"诏体浮新""文同训典"[3]"章、表、奏、议，则准的乎典雅"[4]。例如：

① 鲁迅：《准风月谈》。
② 刘勰：《文心雕龙·通变》。
③ 刘勰：《文心雕龙·诏策》。
④ 刘勰：《文心雕龙·定势》。

臣某言伏奉二十七日恩制除臣江陵尹兼御史大夫充荆南节度观察处置使宠命自天战荷无地中谢窃以荆南巨镇江汉上游右控巴蜀左联吴越南通五岭北走上都寇贼虽平襟带尤切虽叔子仁德元凯智囊居之犹或病诸过此岂宜滥据祗承零顾伏深惭惕无任感戴屏营之至①。

在近代，比如太平天国的诏书则很少使用典故，显得较为通俗。例如：

天王诏曰："高天灯草似条箭，时时天父眼针针，不信且看黄以镇，无心天救何新金。吹去吹来吹不饱，如何蠢变生妖！戒烟病死甚诛死，脱鬼成人到底高，钦此。"太平天国癸好三年四月×日。②

在现代，中华人民共和国成立前的旧式公文有一套刻板的公文程式和语言模式，语言繁杂，晦涩含混。例如：

案奉

某○省第○区行政督察专员公署卅四年○月○日令开：

"案奉某○省政府民政厅卅四年○月○日令开案奉某○省政府卅四年○月○日令开，"案奉行政院卅四年○月○日○字第○○○号令开：案奉国防最高委员会代电开："查同盟各国，多于暑期实行战时工作提前之制度，法良意美，足资仿效。现夏季将届，通应利用日光，提早工作，并借以节省电力之消耗。兹规定全国各地自本年五月一日起至九月卅日至，均将时间提前一小时（即普遍将钟表上之时刻提早一小时，例如现在是七时，在实行时间提前制度后钟表上所指之时刻与各地所报之标准钟点应均为八时），所有机关部队学校以及社会工商各业水陆交通通讯各方面应一律实行。除分电外，合亟电达查照办理，并转饬所属一体遵照为要。"等因；奉此。除分令外，合行令仰遵照，并转饬所属一体遵照，此令，等因；奉此。除分行外，合行令仰遵照，并转饬所属一体遵照。此令"。等因；奉此。除分行外，合行令仰遵照，并转饬所属一体遵照。此令。等因；奉此。除分行外，合行令仰遵照，并转饬所属一体遵照。此令。"等因；奉此。除分行外，合行令仰遵照"并转饬所属一体遵照。

此令。③

---

① 《谢荆南节度使表》《颜鲁公文集》卷二。

② 罗尔纲选注：《太平天国诗文集》，北京：中华书局，1960 年。

③ 转引自北京师范学院中文系汉语教研组编著：《五四以来汉语书面语言的变迁和发展》，北京：商务印书馆，1959 年，第 38－39 页。

"案奉……等因奉此"叠床架屋，语言十分冗赘，形式极其繁复。中华人民共和国成立后公文语体有了很大的革新，那刻板的公文程式简化了，语言明确、简要，逐渐形成了大众化风格。例如：

国务院办公厅公告

一九八六年五月四日至九月十四日，全国实行夏时制，即把钟表拨快一小时。在此期间广播电台等报时单位报时，应将"北京时间"改称"北京夏令时"，国际公务往来活动的时间记录，一律使用夏令时间；夜班岗位上的全体职工，应在五月四日凌晨二时把表针拨到三时，其他所有不在夜班岗位的，可在五月三日就寝前把表针拨快一小时；各公共场所包括建筑物上的钟表，应由各有关单位责成专人在五月四日凌晨二时把时针拨到三时。

特此公告

一九八六年四月二十九日

科学语体的风格特点，古代和现代也有明显的时代差异。它们都有客观性和严整性的特点，但在程度上古代远不如现代。古人论述科学问题时，往往渗入阴阳学说，所以就影响了科学语体的客观性和严整性。现代科学语体还有符号性特点，这一特点在当代科学语体中显得特别突出。许多专业符号几乎全世界都是相通的，自然科学的符号更具全人类的一致性。这样的特点，只能是当今世界科学发展的产物。又如政论语体，《孟子》气势赫赫，咄咄逼人；毛泽东的政论，材料更丰富，结构更严谨，逻辑性更强，富于党性和战斗性。

此外，文艺语体的小说体在艺术化语言中夹带一些带有公文或科学语体色彩的语言材料而形成的亦庄亦谐的风格特点等，都是新时代的产物，明显地呈现出不同于古代的文艺语体的时代性。

"体所从来，非一日矣[1]"。语体是在社会发展过程中逐渐形成的，各种类型的语体，并非同时产生，而是有先有后。哪一个时代产生什么语体是取决于时代社会的政治经济和文化形势的要求的。原始社会时代没有阶级，没有国家，没有文字，人们的交际环境简单，只有口头文艺语体。例如"断竹，续竹，飞土，逐肉"[2]，这是渔猎时代出现的口头文艺，语言朴实简约。"生产的继续发展，阶级的出现、文字的出现、国家的产生，国家进行管理工作需要比较有条理的文书"[3]，进入奴隶社会时代，便在口头语体的基础上产生了书面语体。《尚书序》

---

① 徐师曾：《文体明辨序说》，《刻文体明辨序》。

② 《吴越春秋》《弹歌》。

③ 斯大林：《马克思主义和语言学问题》。

中："古者伏羲氏之王天下也，始画八卦，造书契，以代结绳之政，由是文籍生焉。"这里讲的"文籍生"就是书面语体的产生。甲骨文和"易卦爻辞"记载了许多关于祭祀战争以及渔、猎、畜牧和农业生产方面的事情，可以说是书面语体的萌芽。例如：

①今夕奏舞，屮（有）从雨。

（《殷墟书契》卷三·二十四叶·二片）

②旬壬申，夕，月有食。

（王襄《簠室殷契征文》）

例①和例②分别是文艺语体和科学语体的雏形。从《尚书》看，奴隶社会除了文艺语体和科学语体，还有公文事务语体和政论语体。但文艺语体中只有诗歌体和散文体，政论语体中多是演说辞，公文事务语体中多属专用公文体。

历史发展到了封建社会时代，随着社会政治的变化、经济的发展、科学文化的发展和交际环境的复杂化，语体的类型也日趋复杂化。文艺语体新生了小说体、戏剧体；政论语体有了杂文体；……公文事务语体的体式就更多了，例如，下行公文，奴隶社会的西周时期只有诰、命、誓之类；自秦汉到明清，随着封建主义中央集权的不断加强，就发展成为包括制、诏、策、册、敕、教、令、谕、符、檄、旨等十几种。上行公文，秦代有奏，到两汉时期又增加了章、表、驳议三种。平行公文，两汉时称为"移文"或"移书"，后来又增加了关、刺、咨、照会等。科学语体发展到封建社会末期，即进入半封建半殖民地的近代，随着科学技术事业和科学思维的空前发展，也产生了新的分体。

到了现代，各类语体都有很大的发展变化。不仅现代的跟古代的不同，就是同属现代的但在中华人民共和国成立前后也有差异。例如公文事务语体，1911年辛亥革命后，南京临时政府废除了几千年来封建王朝所使用的制、诏、诰、敕、题、奏、表等公文名称。1916年国民政府的"公文程式令"规定有十三类，即大总统令、国务院令、各部院令、任命状、委任令、训令、指令、布告、咨呈、公函、批等①。国家行政机关公文的体式主要有十类：（1）命令（令）、指令；（2）决定、决议；（3）指示；（4）布告、公告、通告；（5）通知；（6）通报；（7）报告、请示；（8）批复；（9）函；（10）会议纪要。其他书面语体在中华人民共和国成立后也产生了新的分体。例如文艺语体中的报告文学体、微型小说体，政论语体中的报导体，科学语体中的科学文艺体等，都是社会主义时代的产物，具有鲜明的时代性。

113

---

① 《公文辞源》，上海：上海书局，1926年。

总之，语体是在历史中逐渐地形成的。各种语体运用语言材料的规律和风格特点以及类型都有相对的稳定性，但也不是固定不变的，随着社会的发展、时代的变迁、科学文化的进步，语体也在发展变化，呈现出鲜明的时代特点。当然，说时代特点并不排除历史的继承性，继承和发展是历史前进的必然，有继承才有发展，有发展就会产生异同。

[载于中国华东修辞学会编：《修辞学研究》（第四集），厦门：厦门大学出版社，1988 年；刊于《修辞学习》1988 年第 5 期]

语体交叉的方式及其作用

　　语体，是适应不同的交际领域、目的、对象和方式的需要，运用全民语言而形成的言语特点的综合体。一般地说，不同的语体手段构成不同的语体特点，隶属于不同类型的语体；不同类型的语体由不同的语体特点组成，各种类型的语体都有相对稳定的特点，保持着各自独立性。

　　但是，任何事物都不是孤立存在的，它们往往处在既对立又统一的辩证关系之中。语体也一样，一方面，各类语体以其自身的特点互相区别开来，具有一定的封闭性和排他性；另一方面，语体间又没有不可逾越的鸿沟，表现出语体体系多维的、立体的、动态的特征，语体之间还存在着相互交叉、相互影响的关系，人们不满足于平面的、单调的、机械的、直感的言语体式，语体愈来愈多地呈现出"开放"的趋势。有时，人们感到恪守语体常规不足以表达自己的思想和情感，为了追求一种独特的表达效果，往往突破传统言语体式的束缚，有意越出语体规范的框架，充分利用语体间相互渗透、相互融合的特点，创造一些言语表达的新形式等现象，我们称之为"语体的交叉"。

　　现代汉语中，语体交叉的现象是很常见的，其交叉方式主要有三种：渗透式、移植式和融合式，它们交叉的方式不同，修辞作用也就不一样。

一、渗透式

　　在甲语体中渗进乙语体或丙语体的个别或部分组成要素，而又不改变甲语体的言语特征，这种交叉方式，叫渗透式。

　　甲语体渗进乙语体或丙语体的个别要素是为了增加色彩，如同人们在精美的外衣上再扣上别致的胸花，起点缀作用。点缀的地方，正是两种不同语体的交叉点，这个交叉点很明显，能显示出烁烁的光辉，使语言产生不寻常的表达效果。例如：

　　①鸿渐心里想，糟了！糟了！这一介绍就算经她家庭代表审定批准做候补女婿了。

（钱锺书《围城》）

　　②有矛盾不要火上浇油，要冷处理，不要热处理。

（《北京晚报》，1981 年 11 月 7 日第 2 版）

115

例①是文学语体渗进了应用语体的词语表达手段"审定批准"和"候补"，使语言风趣、幽默。例②在新闻体中渗入科学语体的物理学术语"冷处理""热处理"，说明解决矛盾的办法，生动、风趣而又意味深长。这两例都是借乙语体的个别词语表达手段来点缀甲语体，其交叉点是一点或一线。这种渗透方式，可称为词语渗透。

甲语体借用乙语体或丙语体的组成要素，有时不是个别的词语，而是由部分语体手段组成的语段。这种渗透方式可称为语段渗透。语段渗透的交叉点不是一点一线，而是一个局部的交叉面。例如：

命 P_X（1，2）为适合下列条件的素数 P 的个数：

$X - P = P_1$ 或 $X - P = P_2 P_3$

其中 P_1，P_2，P_3 都是素数。（这是不好懂的，读不懂时，可以跳过这几行。）

用 X 表一充分大的偶数。

$$命 \ C_X = \prod_{P_{1X}} \frac{P-1}{P-2} \prod_{P>2} \left(1 - \frac{1}{(P-1)^2}\right)$$

对于任意给定的偶数 h 及充分大的 X，用 X_h（1，2）表示满足下面条件的素数 P 的个数：

$P \leq X$，$P + h = P_1$ 或 $h + P = P_2 P_3$

其中 P_1，P_2，P_3 都是素数。

本文的目的在于证明并改进作者在文献（10）内所提及的全部结果，现在详述如下。

（徐迟《哥德巴赫猜想》）

在这里，作者整段引进科学语体的数学符号和公式，让它渗透在文学语体之中，是为了渲染气氛，让读者目睹这些符号和公式，对哥德巴赫猜想有一种直观的认识，从而引起联想，进而体会主人公陈景润摘取数学皇冠上的明珠是多么艰辛，达到深化文章主题的目的。

语体渗透式，无论是词语渗透还是语段渗透，都可以通过有意造成语体色彩的不协调，在传递基本信息的同时，借助一定的语境，表达多种美学信息。例如：

①五月敬告亲友：

张氏五月，遵循我国"男大当婚，女大当嫁"之古训。

坚持当代恋爱婚姻自由，他人不得从中干涉的原则，为慰老父老母急欲择婿的爱女之心，五月本人通过"择优录取"之优选法，已经选定某厂青年姓南名生，为终身伴侣，为此，特向全厂发布公告作为"定婚凭证"。五月与南生何时举行婚礼，目前尚无可奉告。

公告发布人　张五月

（顾啸《名门望族》）

②二十上下的年纪，青春的热血像暴涨的小河，成熟的细胞内，二十二对染色体排列得井然有序，健壮的躯体中，具有正常人应有的一切欲念、需要。

（李荐葆《山中，那十几座坟茔》）

例①小说《名门望族》通过描写离休干部原省委组织部长膝下三男三女、两房媳妇的不同生活经历和对待"大树底下好乘凉"的不同态度，从一个侧面反映了改革形势下的社会变化和各种人物的精神面貌。作者着力塑造了小女五月的可爱形象：她在事业上奋发进取，勇于开拓，不靠大树乘凉；在处理个人婚姻大事时，不落俗套，毅然爱上了一个普通工人。五月在向家人禀告终身大事时理应用祈请的语气、亲切的口吻与家人商量，但是作者让她用例①那样充满公文辞藻、外交辞令和科学术语的"新闻公告"来宣布，若孤立看去，似不得体，仔细品味，却觉得曲尽其妙。作者巧妙地用语体的片断渗透增添人物的风采，使五月大胆、果断、俏皮、幽默的鲜明形象跃然纸上，收到寓庄于谐、亦庄亦谐的表达效果。例②在不便明说的情况下借用科学术语"二十二对染色体"来表达正常人的正常欲念，这样寓直于曲，显得既文雅又含蓄。

二、移植式

在言语活动中，甲语体不用自己的体式来表达，而移植在乙语体中，用乙语体的体式来替代，这种语体交叉的方式，叫移植式，又叫借用式或替代式。

移植式从表面看，两种语体交叉的关系不明显，实际上，它也有交叉处，但不是一点一线或一个小小的交叉面，而是乙语体的语言结构和甲语体所要表达信息结构形成的交叉面，这交叉面隐蔽着，要靠读者去细心领悟。作者正是利用乙语体的语言结构和甲语体所要表达的信息结构在体式上的脱节、对立来创造奇特的表达效果。

语体移植式运用广泛。如广告语的移植，古今中外都有，而且不乏杰作。唐朝李白《客中行》及宋朝苏轼的广告诗至今仍脍炙人口。苏联马雅可夫斯基将广告语移植在诗歌体中，写了三百多首广告诗，好读好记，为群众所喜闻乐见，

117

收到了良好的宣传鼓动效果。又如小说，我国不少作家将其移植在日记体中，像丁玲的《莎菲女士的日记》、茅盾的《腐蚀》等。用日记体来写小说，显得真实可信，别具一格。

语体移植式无固定格式，形式自由灵活，只要根据题旨情境的需要去移植，做到自然、合理、巧妙，就能收到非同凡响的表达效果。如广告体，既可移植在诗歌体中，又可移植在相声体中，还可移植在书信体中。例如某教学唱带编制公司做广告，抓住人们望子成龙的社会心理，用火热真挚的语言寄书于众家长，巧妙地寓宣传鼓动于书信体中，字字句句扣人心弦，收到一般广告难以收到的功效。

语体移植式的巧妙运用，表现了作者对语体式的精心选择和锤炼。这种选择和锤炼是比一般词句的选择和锤炼有更奇巧的修辞作用，这主要表现在形式上的奇特感和语义上的隐含感两个方面。请看唐训华的《两地书》[①]：

亲爱的弟弟：

你好！

此次来信，要请你原谅我的罪过，我对你撒了五年的谎。这五年中，我时刻都在愧疚。每次写信都想向你吐露真情，但穷困的生活，你的瘫痪在床的嫂嫂，不得不使我一次次向你谎报家情，骗取你的孝心，我真不配当你的哥哥呀！你每月都给父亲寄来十元赡养费，可是你知道吧？父亲早在五年前就去世了！

现在，由于你知道的原因，我们翻身了，你嫂嫂也得到了彻底的治疗；该是对你们披露真情的时候了！

五年中，我用说谎的手段，以死人的名义，索取了你们省吃俭用的六百元血汗钱，现一并寄还给你们。谢谢你们的深情大恩。

你能原谅我吗？没见面的弟媳能原谅我吗？

近安！

兄上

1984 年 7 月 1 日

尊敬的兄长：

您好！

读了您的信，我很悲痛。公公早已去世，我做儿媳的未能尽一点孝心，真是愧对公公九泉之下的魂灵。

您是为生活所逼撒了谎，我完全能谅解，可是，您能原谅我的撒谎吗？

---

① 《新疆文学》1984 年第 9 期。

　　为了使老人不至过度悲伤，为了让您一家愉快的生活，我隐瞒了您弟弟在对越自卫反击战中牺牲的消息。

　　寄给你们的钱是您弟弟的抚恤金。现在我手头很宽绰，这六百元钱仍退还给您，请接受。

　　也请兄长原谅我的罪过。祝贺嫂嫂病体康复！

致礼！

弟媳

1984 年 7 月 7 日

　　上例从表面看去，是两封家书，开头有称呼、问候，正文有具体内容，结尾是祝颂和署名。信中用的是朴实无华的口语，涉及的内容似乎都是家事。可以说是两封格式标准、语言规范的书信。可是仔细体味，令人拍案叫绝！作者将自己的真情实感含而不露，通过信中人物的自述，来反射时代的折光，塑造动乱时代灵魂被扭曲但在新时代获得灵魂新生的人物形象。为此，作者有意离弃常规的小说体式，巧妙地用书信体来替代，形式新颖奇特，寓丰富的内涵于简洁的语言之中，使故事显得真实可信，富有感染力。

　　随着人们运用语言手段的高度成熟，语体移植式日趋丰繁。邓宗良的《市委书记下军令状之后》① 将五篇公文罗列在一起，构织成微型小说，深刻揭露和讽刺了某宣传部门的偏见和弊端，表现急需纠正党风、深化改革的主题，使人读后耳目一新又回味无穷。

三、融合式

　　甲乙两种语体水乳交融地结合在一起的交叉方式，叫融合式。

　　融合式构成的语体交叉不是一点一线或一个局部的交叉面，而是两种语体的组成要素纵横交错，像织布机上的经纬线似地交织在一起，形成一种新的语体结构。这种语体结构，不是甲乙两种语体特征的块块加合，也不是一种语体为另一种语体某些不足的补合，而是两种语体的某些特征作为新语体的血的基因，经过重新排列组合而形成的既不同于甲语体又有别于乙语体的新语体。这种新语体既有甲语体的特点与修辞作用，又有乙语体的特点与修辞作用，因而我们称之为"交融语体"。交融语体与各类单一语体一样，也是人们在长期语言交际中逐渐形成的，它同样具有独立性、系统性和稳固性，因而，能自立于语体之林，与所有单一语体齐肩并存，共同构成现代汉语语体体系。现代汉语中的交融语体最

119

---

① 《上海文摘报》，1986 年 6 月 17 日。

典型的有文学政论语体和文学科学语体。文学政论语体是文学语体与政论语体交叉融合后的产物。例如鲁迅先生的杂文《夏三虫》①，就是熔文学政论于一炉、汇情理于一体的文学政论语体。该文既吸收了政论语体中以理服人的政论性特点，又吸收了文学语体中以情感人的形象性特点，这两种特点表现在思维方式上是逻辑思维与形象思维的有机结合，这种结合不是块块并列或重叠，而是以逻辑论证为经、以形象刻画为纬的纵横交织，从而发挥着文学语体和政论语体的双重作用。下面再请看文学科学语体的具体例子：

蚕姑娘

春天天气暖洋洋，蚕卵里钻出蚕姑娘。又黑又小的蚕姑娘，吃了几天桑叶，就睡在蚕床上，不吃也不动，脱下黑衣裳。醒了，醒了，变成黄姑娘。

又黄又瘦的蚕姑娘，吃了几天桑叶，又睡在蚕床上，不吃也不动，脱下黄衣裳。醒了，醒了，变成白姑娘。

又白又嫩的蚕姑娘，吃了几天桑叶，又睡在蚕床上。脱下旧衣裳，换上新衣裳。醒了，醒了，身体渐渐长胖。

又白又胖的蚕姑娘，吃了几天桑叶，就爬到蚕山上，吐出白丝，盖间新房。成了，成了，茧子真漂亮。

茧子里头的蚕姑娘，一声也不响。过了好几天，茧子开了窗。变了，变了，变成蛾姑娘。

（小学《语文》第三册）

这段话熔文学语体和科学语体于一炉，将家蚕成长的四个时期的形态特征和生活习性等科学知识，运用形象的拟人手法来表达，科学性和文学性水乳交融，浑然一体，让读者在艺术欣赏中获得家蚕生长的科学知识。

由上可见，两种语体水乳交融地结合在一起，互相渗透、互相作用形成的新的语体结构，这是融合式区别于渗透式和移植式的主要特征，是构成独立的交融语体的基本条件。

综上所述，渗透式、移植式、融合式是语体交叉的三种主要方式，它们各有不同的作用。对它们进行深入研究，对于划分语体的类型，揭示各种语体的风格特征都有重要的作用。

[与刘凤玲合作，刊于中国修辞学会编：《修辞学论文集》（五），河南大学出版社，1990 年]

---

① 《鲁迅全集》第三卷，第44页。

论公关语言学

随着科学技术的发展、人类社会的进步、政治经济条件的变化与言语交际的频繁与复杂，语言科学愈来愈多地呈现出"开放"的趋势，产生了一系列介于多门学科之间的边缘性学科。当前，适应公共关系活动事业广泛开展的需要和语言学本身发展的要求，全国语言学界正在努力建立一门新的具有交叉性特点的学科——公关语言学。

公共关系一词源于美国，其英文原文是 Public Relations。公共关系简称"公关"，正像英语的 Public Relations 简称"PR"一样。公关是一个组织与它的各种公众所具有的关系。公关语言是在公关实务领域运用的语言。公关语言学是研究公关实务领域运用语言规律的科学。

一、公关语言学的研究对象和范围

（一）公关语言学的研究对象

任何一门科学都有自己独特的研究对象，否则，就不能自立于科学之林。公关语言学自然也有自己的研究对象。这个研究对象是什么呢？是在公关实务领域中运用语言的现象，也就是存在于公关实务活动之中的言语现象，它包括公关言语活动和公关言语成品。公关言语活动是指一个组织为了特定的公关目的而对特定公众所进行的言语活动；从言语媒介形式说，它分为口头的说听活动和书面的写读活动；从言语表达和领会的角度看，它分为说写表达活动和听读领会活动。而无论是说听活动还是写读活动，或者说写表达活动还是听读领会活动，都要运用自然语言手段和非自然语言的体态语手段等。公关言语成品是指一个组织为了特定的公关目的而对特定公众说出来的话语和写出来的文章。先看一个例子。有一次，周恩来总理在北京召开记者招待会。周总理先介绍了我国经济建设的情况和我国的对外方针，接着答记者问。一西方记者问："请问总理先生，中国可有妓女？"周总理体会到这个提问的别有用意，但他既不是支支吾吾、躲躲闪闪，也不是义正词严、出言不逊，而是正视西方记者，回答说："有。"然后停了下来，瞬间，全场哗然。几秒钟之后，周总理环视一下大家，接着说："在中国的台湾省。"话音未落，全场爆发出雷鸣般的掌声。这是一次很典型的公关口头言语活动。周总理准确领会了记者的话意之后，运用自然语言因素"有""在中国的台湾省"与非自然语言因素的表情语"正视西方记者""停了下来""环视一

121

下大家"相结合的表达手段组成话语，对记者的提问作了巧妙的回答，获得了奇特的交际效果。这种在公关实务领域中的口头言语表达和领会活动及其话语便是公关语言学的研究对象。

再看一个例子：上海医药公司有一幅推销东海牌鱼肝油的广告，广告中间镶缀着"东海"两个大字，画面是一个正在翻卷的巨浪，巨浪由大小渐次的45组"东海"字样构成，呈现汹涌澎湃之势，象征着东海牌鱼肝油的品种之多，产量之丰富。这幅广告的作者创造性地将自然语言因素与文字形状、色彩衬托等，伴随语言因素巧妙有机地结合，创意独特，形式新颖优美，很能引起人们的遐想。这种在公关实务领域的书面语言表达活动及其成品也是公关语言学的研究对象。

在公关实务领域，有时也会使用实物作媒介进行信息传播，例如，香港《大公报》的一则消息："英国一家造船厂为了宣传其厂所制造的船只性能优良，特地将一艘快艇分割为两截：由该厂经理亲自驾驶其中一截在湖上行驶，只见船只在水面上飞驰而过，并未因半截而沉没，这个广告一出，订单蜂拥而至。"而这样的实物媒介与自然语言无关，它不是公关语言学的研究对象。

（二）公关语言学的研究范围

科学的研究对象决定了科学的研究范围。按照我们对公关语言学的研究对象是公关实务领域的言语现象及其成品的理解，公关语言学的研究范围是相当广阔的，概言之，一切在公关实务活动中的各个组织运用各种方式、手段传递和回收公关信息的言语活动及其成品都属公关语言学研究的范畴。

下面我们从几个不同的角度作具体分析。

公关实务言语既有典型性的，也有非典型性的。典型性的公关实务言语指专门性公关活动、日常公关实务中所伴随的公关言语。例如，记者招待会、谈判、演讲、大型庆典、赞助社会公益事业、专题活动——比如上海公关协会组织的文艺演出活动以及广州中国大酒店设计拍摄由全体员工拼成的"中"字形照片，并散发给公众等活动中的言语以及宣传鼓动的言语等。这类典型公关实务的言语活动及其成品都属公共语言学的研究范畴。非典型性的公关实务言语指日常管理和本行营运过程中的半本职本行工作、半公关实务中的言语，例如，组织管理或本行业日常业务中的言语，会议讲话和对话中的言语，收集、采集和传播信息的言语，广告的言语，函柬的言语，面向内外公众的报纸、杂志、员工手册、企业史志的言语，推销言语和柜台言语等，这种非典型公关实务的言语活动及其成品对于实现公关目的也具有不可估量的作用，因此，它们也属公关语言学的研究范畴。

从公关从业人员的角度看，从事公关实务的人员有公关专员，例如，公关经理、公关主任、公关先生、公关小姐、公关护士等；也有公关兼员，例如，一个组织的领导人员、管理人员等；还有组织全员，例如，商店、旅馆、酒店、交通、邮电、银行等部门的员工等。这些公关专员、公关兼员、组织全员的言语活动及其成品都属公关言语范畴，公关语言学都应该研究。

从公关言语语体看，公关实务的言语表达活动经常用到的语体有如下一些：

1. 公关言语口头语体

公关言语口头语体是在公关实务领域中适应口头交际需要运用全民语言而形成的言语特点的综合体，其基本因素是公关主体和公关双方或多方参与者言语的声音形式和体态语，它是公关实务活动中最直接、最普遍、最常用的语体，包括双向的会话式和单向的独白式两种。属于会话式的语体主要是：交谈（攀谈、闲谈、接待言语）、商谈、谈判、论辩、对话、外交辞令、通电话等；属于独白式的语体主要是：发言、讲话（含报告）、致辞、演讲等。

口头语体包括双方言、双语言交际，或多方言、多语言交际，也包括异方言、异语言交际中的口头翻译等。

公关言语口头交际中要伴随大量的非语言因素中的体态语言，包括表情语、动作语和体态语等。

以上各种公关言语口头语体的特点，语用要求和表达技艺都属公关语言学的研究范畴。

2. 公关言语书面语体

公关言语书面语体是在公关实务领域中适应书面交际需要运用全民语言而形成的言语特点的综合体，其基本因素是作者（公关主体）、读者（公众）言语的文字形式（包括字形、符号形状、色彩、图画等辅助形式）等。

公关言语书面交际经常用到的体式是：民意调查问卷、调查报告、年报、简报、新闻稿、新闻公报、广告、函件、贺信、柬帖、聘书、合同、公约、倡议书、协议书、委托书、说明书、解说词、标语、口号（含市风、厂风、校风、城市精神、企业精神）、代表歌曲（军歌、团歌、校歌、厂歌）、命名语言、徽标语言、楹联、名片、电报等。

公关言语书面语体也包括涉外文书和书面翻译语体。

公关言语书面交际还采取宣传栏、报纸、刊物、手册、书籍、资料汇编等形式，它们有的专用一种书面语体，有的兼用多种书面语体，且利用印刷版式、字形、色彩、图画等辅助形式，具有积极而比较持久的宣传效力。

以上各种公关言语书面语体的功用、语用要求和表达技巧也都属公关语言学的研究范围。

此外，公关言语风格也属公关语言学的研究范围。公关语言学是研究公关言语活动与言语成品的，而风格的研究是言语成品研究，同时，风格与公关人员的综合修养有关，它又是组织形象的因素之一，因此，研究风格对公关言语更具特殊意义。

为了正确把握公关语言学研究的范围还必须明确下面两点：

1. 不能把非公关言语当成公关言语

前面说过，公关言语有典型的与非典型的区分。公关语言学既研究前者，也研究后者。而在研究过程中要特别注意划清非典型的公关言语与非公关言语的界线，不要把非公关言语当作非典型的公关言语去研究。

众所周知，一些"外向型"的组织由于其全员工作就是与公众直接打交道，因此其本行工作言语也兼有公关意义，也属于非典型公关言语。但是，有一种情况与此不同。有的行业，其全员本行工作也是直接面向公众的，其本行工作言语也并非没有公关意义，但因为其工作本身是以言语为工具的，这种言语就不宜被看成非典型公关言语。比如教师，电台、电视台的播音人员，评书、快书、相声、话剧演员、翻译员、司法工作者及以写文章为主要职业的作家、科学工作者，他们的工作言语固然也有公关意义，因为这些工作言语的好坏也是塑造本组织（尤其个人）形象，提高本组织（尤其个人）声誉的重要工具，但是，因为这些工作就是他们真正的本行工作，属于公关实务中"做"的部分，而不属于交际、交流的部分，因此不宜把这些特殊行业的工作言语也当作非典型的公关言语。

公关实务人员有专员、兼员和全员之分，他们分别负担着不同程度公关实务的任务，他们的公关实务言语典型性和使用频率也有大体的区别。但是，即使是公关兼员的组织领导甚至是公关专员，他们的言语也并不都是公关言语。一方面，作为公关兼员的组织领导有本行管理组织的工作任务，公关专员的工作也不全是面向公众的公关交际言语交流工作；另一方面，领导也好，公关专员也好，所有组织全员也好，他们并不是时时处处都是代表组织、面对公众从事公关工作的。假如我们把政府工作人员跟亲友的闲谈、公关小姐与男朋友的情话也当成公关语言去研究，那么，公关语言学也就失去了科学性和存在的必要性。总之，公关语言学主要研究典型的公关言语，也研究非典型的公关言语，但不研究一般职业言语，也不研究生活言语。

2. 不能把公关实务行为当成公关言语

公关言语指公关实务过程中使用语言以实现公关目的的言语活动及其成品。虽然公关言语活动也是一种行为，但不能把所有公关实务行为都当成公关言语。

首先，公关实务中有做好本行工作的根本性公关行为，公关言语活动不包括这部分公关实务活动。例如，1983年下半年，美国奥尔康公司经过精心设计，在"椰菜娃娃"身上注入"生命"，与公众进行情感沟通，这两个活动只是公关实务行为，不能把它当成公关言语活动去研究。

其次，公关实务中有很多伴随言语活动的技巧性行为，比如，处理内部公关的领导艺术、组织艺术，处理外部公关的广告艺术、销售艺术、谈判艺术等，我们不能把这些公关技艺全部当成公关言语，更不能以其实务本身的技艺代替其实务言语技艺。比如领导"研究部下""关心部下""平等待人"的艺术以及"主持会议"的艺术，商业人员"协助顾客挑选商品""进行适当的组织管理"（请顾客按顺序购买；处理特殊情况；解散已经排起来的队）等都是公关实务技巧，不是公关言语技艺，公关语言学不去研究它，以免搞成公关学。

二、公关语言学的性质

（一）语言学是公关语言学最本质的属性

一门科学的性质决定于它的研究对象及其基础理论。

公关语言学的研究对象是公关实务活动中存在的言语现象。这种现象隶属于作为人类必不可少的最重要的交际工具和思维工具——语言。离开了语言，公关实务活动中的言语现象就不复存在。研究语言的科学是语言学，而研究隶属于语言的公关实务活动中的言语现象的科学——公关语言学也就必然属于语言学范畴。

公关语言学研究公关实务活动中的言语现象，其目的在于总结和揭示公关实务言语的规律，阐明运用规律的原则，指导公关语言实践。为此，它必须以语言学理论作为指导思想。语言学理论对于公关语言学，无论是对其基本理论体系的建立，还是对其研究对象及其规律的认识和探索，乃至于对公关具体交际场合、具体语体的语言运用技巧的探索和分析都至关重要。例如，根据语言学关于语言的本质和语言的社会功能的理论来认识公关言语的功能和作用，根据语言学关于语言是符号系统的理论来分析公关信息传递如何利用自然语言和非自然语言等都很有作用。语言学有许多分支，特别是其中的言语学理论对于公关言语的研究很有指导作用。例如，语用学研究人怎样进行交际，认为语言交际功能的实现与语言使用者在具体的环境中对语言的使用有关，强调使用语言要考虑保证对方理解话语的环境条件以及语境对话语理解的影响方式，听读者要依赖言语环境，从语用角度理解话语；修辞学强调语言运用要与题旨情境相适应，研究如何运用语言本身的各种材料；语体学从社会交际的角度来研究语言使用中不同的风格特点，特别注意特定交际环境对语言使用的制约性，强调不同类型的语体有不同的言语特点以及与之相适应的修辞要求和修辞方法等。这些理论对探讨公关言语的规律及其运用原则，对分析公关言语的特点、方式、作用、效果以及风格等都具有重要指导作用。总而言之，公关语言学研究公关言语现象、总结其规律是处处离不开语言学尤其是其中的言语学理论的，语言学理论是公关语言学的基础理论。公关语言学从根本上来说属于语言学。

当然，这里说的语言学是从广义上理解的。自从著名的瑞士语言学家索绪尔把语言区分为语言和言语两类，主张建立"语言的语言学和言语的语言学"，认

125

为"这两门科学都可以保留语言学这个名称"① 之后，语言学界一般都认为广义的语言学包括研究静态体系语言的语言学和研究动态语言具体运用的言语学。公关语言学是研究公关实务语言运用的科学，显然，它具有言语学的性质。因此，公关语言学是语言学里研究语言运用的言语学中的一个新的分科，语言学是它最本质的属性。

（二）公关语言学具有交叉特点

公关语言学研究的是公关实务中的言语现象，这就是决定了它除了要以语言学理论为指导思想之外，还必须从公共关系学理论中汲取丰富的营养。公共关系学是综合运用了管理学、社会学、传播学、人际关系学等现代科学知识，应用性很强的边缘学科，它的基本理论不仅对公关语言学认识其研究对象、范围和功用至关重要，而且对于公关语言学探讨公关言语运用规律、阐述公关言语运用原则和分析公关语言技艺也有重要作用。例如，公共关系学研究公关职能，认为公关实务的目的是树立组织形象，取得社会公众的理解和信任，从而使组织自身得到发展，而公关言语作为公关实务活动中最为重要的交际手段，它的运用必然受公关目标的制约，服务于公关目标的实现，因此，公关语言学研究公关言语就不能不运用公关学原理；离开公关学原理就无法把握公关言语的范围，更无法深入揭示公关语用规律、评判公关语用效果的优劣。公共关系学研究公关中的信息传播，认为信息传播是公关组织进行活动和行使职能的主要手段，强调社会组织必须采取一切有效的传播手段以求获得最佳的传播效果。这些理论对于公关语言学认识公关言语的功用以及把握公关信息传播的言语手段都很有作用。公关语言学探讨公关言语现象，离不开公共关系学的基本原理。因此，公关语言学具有语言学与公共关系学交叉的特点。

三、公关语言学的任务和功用

（一）公关语言学的任务

科学的任务与科学的研究对象及科学属性是紧密联系的，根据公关语言学的特定研究对象及其科学属性，公关语言学的任务概括起来主要是两项：

1. 系统总结公关语言运用规律

列宁说："科学在所有的知识领域内都向我们说明，在貌似紊乱的现象中有它基本的规律。"② 科学研究的基本任务是在被研究对象内部的繁杂现象中总结出规律，并对它作出系统的理论的说明。公关语言学研究的对象是公关实务语言

---

① 费尔迪南·德·索绪尔、沙·巴利、阿·薛施蔼编，高名凯译：《普遍语言学教程》，北京：商务印书馆，1980 年，第40、42 页。

② 《又一次消灭社会主义》，《列宁全集》第 20 卷，第 194 - 195 页。

运用现象，那么，公关语言学要揭示公关实务语言运用的规律，综合出体系来，自然是其基本任务。

公关语言学总结公关语言运用规律，要从两个方面着眼：

首先，从宏观上总结各个领域的公关实务语言运用的普遍规律。公关实务的涵盖面相当广泛。政治、经济、文化、教育、外交等领域都有公关实务。公关语言学应对各个领域的公关实务语言运用规律进行全面、深入的研究，使之系统化、理论化，并阐明运用语言的原则，指导公关人员从总体上了解公关言语的范围和属性，把握公关语言运用的普遍规律与基本原则，从而提高语言运用的整体水平。其次，从微观上总结各个行业各种具体场合的公关语言运用规律。不同行业、不同场合、不同交际方式的语言运用特点、技巧和艺术是不同的。例如，国与国之间的外交公关语言运用跟企业与企业之间的语言运用就很不一样，演讲的语言运用与答记者问的语言运用也迥然有异，公关口头交际的艺术与公关书面交际的艺术同样有别。公关语言学除了从总体着眼研究公关语言运用的普遍规律、原则外，还从具体公关活动着手总结各种类型的公关语言运用规律，指导具体的公关言语实践。

公关语言学总结公关语言运用规律，既要努力研究言语的表达规律，又要注意总结言语领会规律，还要探索形成言语风格的规律。

公关语言学总结公关语言运用规律，在取材上，既要把主要注意力放在优秀的公关语言技艺及其成品上，总结其基本规律，提供优秀范例，以便人们学习；还要适当兼及一般病谬公关言语成品的分析研究，剖析其表达不尽妥帖之处，从消极方面去探索某些规律，批评和纠正公关语言运用的病忌，启发人们有意识地避免乱用语言。

2. 深入探讨公关语言学的理论

一门学科的基础理论，就是一门学科的指导思想。理论研究工作跟不上，学科的建立与发展就缺乏指导，就没有明确的方向。公关语言学是一门新兴的学科，其基础理论的研究尤为重要。目前已出版的公关语言艺术专著以及报刊上发表的公关语言研究论文所论述的公关语言问题有许多可取之处，但也有不少问题很值得商榷。这表明公关语言学理论研究还相当薄弱，仍需要花费很大的气力。

公关语言学的基本理论问题很多，诸如公关语言的含义，公关语言学的研究对象、范围和体系，公关语言学的性质、任务和功用，公关语言学的方法论等，都需要给予系统的研究、科学的阐明，才能建立起一个科学的公关语言学理论体系。

（二）公关语言学的功用

公关语言学作为一门研究公关实务语言运用规律的科学，它在实践上和理论上都有重要意义和作用。

"语言是人的力量的统帅。"（马雅可夫斯基）精湛的语言技艺在公关实务中的力量是不可估量的。姜太公用垂钓道理使周代兴起；烛之武说服秦穆公从而解救了郑国；孙中山善用公关演讲和宣传动员群众参加革命……在经济领域里，或在经营谈判中，中肯有力的言辞使对方让步，最终达成协议，或在推销商品中善用公关语言艺术使商品畅销，或在广告战中使用富有有魅力的口号而救活了一家工厂等，都说明善用公关语言技艺能创造出无穷无尽的精神财富和物质财富。但是，过去和现在都有不少人不重视公关语言，或者不善于运用公关语言，更不懂公关语言技艺，以致在公关实务语言运用上存在着不少不尽如人意的问题，给公关实务活动带来了消极的影响，甚至造成重大损失。例如，1982 年底，四川省盐亭县某贸易公司购进一批价值数万元的手表，计划在 1983 年春节供应市场，但货到后，销售旺季已过，手表积压，于是盐亭方面给广州去电，要求退货。广州方面马上复电："手表不要退回"，盐亭方面理解为"手表不要，退回"；当即将手表退回广州。广州方面大为不满，认为对方违约，于是向法庭起诉。原来电文原意是："手表，不要退回。"由于盐亭方面据理力争，结果广州方面败诉，蒙受重大经济损失。公关语言学深入研究公关语言现象，对公关实务语言运用中的种种成功的和失败的言语现象作出解释，揭示公关言语规律和言语特点，阐明语言对公关实务活动的意义，并确定公关言语规范，就有助于提高人们对公关语言的认识，重视公关语言的学习和运用，从而提高公关言语表达能力和领会能力。

公关言语是一般言语中一个十分重要的组成部分，它有不同于一般言语的特点和规律。公关语言学研究公关言语现象，深入揭示其特殊规律，对它作出系统的、理论的说明，无疑会更加丰富一般言语规律系统和一般语言学理论宝库。公关语言学是研究动态的语言运用规律的学科，是研究活的言语现实的重要部门，它同语言学的其他研究语言实际使用的分支，如社会语言学、语用学、修辞学、语体学、风格学等都有着非常密切的关系，它的研究成果在这些科学中都有重要意义。就拿语体学来说，语体学是研究语体现象的科学，而公关语言学既研究公关口头语体的特点和规律，又研究公关书面语体的特点和规律，它的研究成果为语体学提供素材和依据，有助于语体学研究取得更具科学性的成果。

公关言语是公关实务活动中的一个不可分割的有机组成部分，公共关系学无视公关语言现象，就无法全面揭示公关实务活动的规律，同时，也就失去了它应有的实践意义。因此，公关语言学的研究成果，对于公共关系学的丰富完善，也具有积极的意义。

四、公关语言学的建立

上面探讨了公关语言学的研究对象、范围和科学属性以及任务、功用等基本理论问题，下面谈谈建立公关语言学的必要性和可能性。

（一）建立公关语言学是公关事业发展的需要

公关实务在国外发达国家和地区中，几乎无处不在；在中国，公关活动早在春秋战国就已开始，墨子就是我国古代的一位公关家。孔丘率领众弟子周游列国，鼓吹其儒家学说，也是一种公关活动。近几年，随着改革开放的深入和科学技术的迅猛发展，适应社会主义民主政治与商品经济日益发展的需要，一股公关热已在我国各大城市迅猛兴起。

随着公关事业的兴起与发展，研究公共关系的科学——公共关系学也应运而生。在国外，公共关系学的形成已有半个世纪，在我国，公共关系学的出现也已有五六年的时间。但无论是国外还是国内，都不大重视公关语言问题，某些公关著作虽然也有涉及公关语言的文字，但也是一鳞半爪。目前，我国已有两三本专门探讨公关语言艺术的著作问世，但作为完整、独立的公关语言学的科学体系尚未建立，这跟公共关系事业的发展形势很不相称。

公共关系事业的关键在于公关实务，公关实务的开展有赖于语言运用，语言运用是公关实务活动中的一个非常重要、不可或缺的方面，语言运用艺术性的高低直接关系到公关实务活动的成败。基于公关语言的重要性，其应用范围又极为广阔，建立一门系统地深入研究公关语言、揭示其规律、阐明运用规律的原则、指导公关语言实践的科学——公关语言学，就十分有意义、有必要了，这既是公关事业发展的需要，也是公共关系学深入发展的必然结果。

（二）建立公关语言学是现代语言学发展的必然

现代社会的交际日益广泛，语言学研究的领域也越来越广阔。"为了充分发挥语言的社会功能，当代语言学除了深入研究语言体系外，特别重视研究语言功能和言语规律。"[①] 公关实务的语言运用属言语范畴，重视和加强对公关言语研究，总结其规律，建立公关语言学，符合现代语言学发展的总趋势。

当代语言学中应用语言学发展很快，应用语言学的应用领域越来越广阔，由传统的应用领域，如言语修养、语言教学、翻译等转到新的领域，如信息传递、自动控制、诉讼言语和罪犯言语调查等。公关实务语言运用很重视公关专业人员的言语修养和言语能力的培训，信息传递是公关主体和客体之间的纽带，它在公关的形成及其目标的实现中至关重要。而信息传递的最主要的物质承担者是语言。因此，重视和加强对公关语言的研究又是现代语言学中应用语言学发展的需要。

学科的相互渗透、相互影响而又愈益分工精细是现代科学发展的趋势，现代语言学的发展也不例外。公关语言学是综合运用语言学、公共关系学等学科的理

129

---

① 王德春：《现代语言学研究·前言》，福州：福建人民出版社，1983 年。

论来研究公关言语现象的带有交叉性特点的科学，它的建立也正是顺应这一发展总趋势的。总而言之，公关语言学的建立既是适应公关事业发展的需要，也是现代语言学发展的必然。目前，公关语言学作为一门完整的独立的学科还没诞生，但研究公关语言的工作，我国语言学界已经起步了，而且初步出现了喜人的局面。先后出版了潘肖珏的《公关语言艺术》、孙莲芬和李熙宗的《公关语言艺术》、姚亚平的《公共关系语言艺术》等，《修辞学习》近两年也陆续刊登了一些关于公关语言的专文，凡此种种，都是我国公关语言学正在兴起的信号。

[载于《暨南学报》（哲学社会科学版）1991 年第 2 期]

汉语风格与汉文化

　　汉语风格是汉族人言语交际的产物，是交际参与者在主客观因素制导下运用汉语所形成的话语的气氛或格调。汉文化是指汉族人民在社会历史发展过程中所创造的物质文明和精神文明的总和。它们都是汉族人民创造的文明成果，二者紧密地交织在一起，关系特殊而错综。汉语风格是汉文化的载体和表现形式，汉文化是汉语风格生成和发展的机制，又是汉语风格评析的理据。因此，研究汉文化离不开汉语风格现象，研究和评析汉语风格也必须联系汉文化。

一、汉语风格：汉文化的载体

　　语言是"唯一的凭其符号作用而跟整个文化相联系的一部分"，"但它不是一个工具的体系，而是一个发音的习惯及精神文化的一部分"（马林诺夫斯基《文化论》）。语言风格作为运用语言的结果，它本身就是人类文明的一项重要成果，它既是整个文化的一个因素，又是其他文化因素的载体和表征。

　　风格负载文化，首先表现在风格手段上。风格手段主要来自语言三要素及其语用变体中具有审美功能的表达手段，这种表达手段是在民族文化土壤中生长起来的，有着民族文化信息，其中语汇风格手段蕴含的文化信息最为丰富。因为语汇是语言要素中最具社会创造力、最活泼，与文化联系最密切、最直接的部分，它的产生、发展与变化都与文化的发展变化息息相关。因此，具有风格色彩的词语手段都凝聚着丰富的文化信息。例如，中华民族素以礼仪之邦享誉世界，各类礼俗纷繁多样，而记录礼俗的语汇手段也丰富多彩。例如，祝愿语、庆贺语和吉祥语有鹏程万里、马到成功、笑口常开、万事如意、寿比南山、新年进步、喜结良缘、生意兴隆、吉星高照等；致谢语和致歉语有谢谢、多谢合作、承蒙光临、对不起、深表遗憾、于心有愧等；敬辞和谦辞有惠存、赐教、恭候、拜托、拙著、管见、才疏学浅等；敬称、谦称有阁下、先生、贵国、府上、尊夫人、仁兄、后学、晚生、敝校、寒舍、家父、内子等；客套话有久仰、劳驾、打扰、失陪、失迎等；赞誉语有德高望重、高风亮节、廉洁奉公、华佗再世、博学多闻、研精覃思、出类拔萃等。这类词语手段大都带庄重文雅的风格色彩和民族韵味，是出现频率很高的风格手段，它们多角度地展现了中华民族崇尚礼仪的文化传统和崇高谦逊的民族心理，充分说明我国从古至今都是礼仪之邦。

　　汉语里熟语非常丰富，它们大都为汉语所特有，具有各式各样的风格色彩，蕴含着丰富的文化信息，例如"苦尽甘来""乐极生悲""有利必有弊""智者千虑，必有一失"等，反映了辩证思维方式；"明知山有虎，偏向虎山行""世上无难事，只怕有心人""越是艰苦越向前"等，折射出不畏艰险、奋勇向前的心理定式和民族精神；"瞎猫碰上死老鼠——碰巧""阎王老爷嫁女——抬轿的是鬼，坐轿的也是鬼""活见鬼"等记载了封建迷信和宗教信仰意识；"知足常乐""安分守己""比上不足，比下有余"是中庸思想的写照；"和平统一""一个中国""共同协商，以求共识""长期共存，互相监督""肝胆相照"等积淀着中华民族强烈的国家观念和渴望安定团结的文化心态。

同义词语的选用是常见的风格手段，其意蕴差异，体现出不同的文化内涵。例如"天子死曰崩，诸侯曰薨，大夫曰卒，士曰不禄，庶人曰死"（《礼记·曲礼》）。死的别称等级分明，这是浓厚的封建等级观念文化的语言体现。有一组表示普通职业称谓的同义词，台湾叫"伙夫、马夫、挑夫、勤务兵、号兵、邮差、清道夫"，大陆则称"炊事员、饲养员、运输员、勤务员、司号员、邮递员、环卫工"，同是汉文化人对同一对象的称呼不同，其表达出来的内涵在深层意义和感情色彩上明显有别，就反映出语用者的亚文化因素观念的心态不同。

修辞格，作为积极修辞的各种格式，是一种语言的言语表达模式，都可作风格手段。它们是按照一定的文化编制出来的语言组合模式，其内容和形式都含有文化特征。例如，"虎年虎门唱英雄。"（《南方日报》，1998年1月29日）"你睡吧，区长大伯，你是不是属猪的？"（李英儒《野火春风斗古城》）"虎年"借代1998年，"属猪"是指猪年出生，这些借代是构成含蓄风格的手段，又有鲜明的民族色彩，含载着用十二生肖纪年和生年的传统习俗。比喻、比拟、夸张等，各种语言都很常用，但在构成材料方面却表现出不同的民族文化特征。例如比喻："他说，自己现在是在火炉上，但他属猴，可以像齐天大圣一样炼出个'金睛火眼'。"（《羊城晚报》，1992年1月1日）喻体是汉文化创造物。比拟："杜甫川唱来柳林铺笑，红旗飘飘把手招。"（贺敬之《回延安》）是表达主体的汉文化思想感情在语言表达模式上的投影。夸张："这地方肥得流油。"反映着汉民族的风俗习惯。有些修辞是汉语的"专利"。例如对偶和镶嵌："激励中华浩然正气，奉献神州赤子之心。""有意携樽上玉台，柴门关闭未曾开。出声便恐惊邻舍，卖酒之人快出来！"（嵌入"有柴出卖"）两相成对、结构工整对仗，这是汉人喜欢成双作对的文化心理在语言形式上的投影。谐音："香莲要出嫁，奶奶送给她三双小鞋，说：'待会儿你先把这双紫面白底的鞋换上。紫和白叫百子，赶明儿抱一群胖小子。"（冯骥才《三寸金莲》）以"紫、白"谐"百子"，反映了汉人多子多福的民族传统心态。像这一类反映汉人的谋求吉祥如意的传统意识的谐音辞格比比皆是。

语言风格负载文化信息也体现在话语格调上。各种类型的话语风格，都孕育于民族文化，烙有文化印记，像一面镜子一样能映射出民族文化的各个方面。例如，"西岳峥嵘何壮哉！黄河如丝天际来。黄河万里触山动，盘涡毂转秦地雷。荣光休气纷五彩，千年一清圣人在。巨灵咆哮擘两山，洪波喷箭射东海。"（李白《西岳云台歌送丹丘子》）洪亮的声律、遒劲的词句、夸张的辞式，组合成气势雄伟、意境开阔的意象群，呈现出刚健豪迈的格调，这是中华民族胸襟博大、刚健有力的立志心态的具体体现。"天行健，君子以自强不息"，"地势坤，君子以厚德载物。"（《周易·大传》）这是中华民族的精神和心理定式。"自强不息"就是永远努力向上，奋斗不息；"厚德载物"就是要有淳厚的德行，能包容万物，以宽厚博大的襟怀对待世界。李白、陆游、苏轼、辛弃疾的诗词，孟子、贾谊的政论"如霆、如电、如长风之出谷、如崇山峻崖、如决大川、如奔骐骥"（姚鼐《复鲁絜非书》）都折射出汉民族这种文化精神。

文言文是中国两千多年来通行的、正统的文体，到了五四时期完全被新兴的白话文所代替了。那时，胡适写了一首打油诗："古人叫作'欲'，今人叫作'要'，古人叫作'至'，今人叫作'到'，古人叫作'溺'，今人叫作'尿'，……古人悬梁，今人上吊，古人乘辇，今人坐轿，古人加冠束帻，今人但知戴帽……。"这首诗表现了文言文和白话文迥异的风格，前者典雅，反映了古人讲究用事，以雅为美的文化心理；后者通俗，体现了五四时期人们厌弃文言文，提倡白话文的文化心态。

有些话语格调记录着丰富的风土人情。例如《黄土高坡》："我家住在黄土高坡，大风从坡上刮过，不管是西北风还是东南风，都是我的歌，我的歌。……我家住在黄土高坡，日头从坡上走过，照着我窑洞，晒着我的胳膊，还有我的牛，跟着我，不管过去了多少岁月，祖祖辈辈留下我，留下我一望无际唱着歌，还有身边这黄河……"粗犷、豪放。《信天游》："我低头向山沟，追逐流逝的岁月，风沙茫茫满山谷，不见我的童年，我抬头，向青天，搜寻远去的从前，白云悠悠尽情地游，什么都没改变，大雁听过我的歌，小河亲过我的脸，山丹丹花开花又落，一遍又一遍，大地留下我的梦，信天游带走我的情，天上星星一点点，思念到永远。"缠绵、细腻、优美。我们观照这两种语言格调，也就观照了黄土高原特有的风情、文化韵味和审美情趣。赵树理《小二黑结婚》的语言风格是质朴、平易、富于农村生活气息，我们透过它也可领略到山西农村的封建思想、迷信观念和风土人情、审美情趣。

二、汉文化：汉语风格生成和发展的机制

人们的言语交际活动总是在一定的社会政治文化环境中进行并受其制约的。英国学者布赖恩·福斯特说："语言并非存在于真空之中，社会、政治、经济、宗教和技术等各方面的变动均对语言产生很大影响。"（《变化中的英语》）风格

133

作为运用语言的产物，必然随着社会制度的变革，政治、经济、文化的变动而发生变化。对此，我国古今学者都有论述。例如，刘勰《文心雕龙·时序》说，唐尧、虞舜时代"德盛化钧，政阜民暇"，所以言语作品"心乐而声泰"。明代屠隆论及唐代诗歌语言风格时也说："初唐之政善，其风庞，诗葩而含；盛唐之政洽，其风畅，诗蔚而藻。中唐之政哀，其风降，诗婉而弱；晚唐之政乱，其风敝，诗讽而悲。"（《栖真馆集》卷十）北宋初年的西昆体，语言风格华丽，雕章琢句，玩弄辞章典故。这种语言风格的盛行与形成，正如梁昆所说："盖时又丰泰，民生充裕，始能生艳丽文章，雍和之雅音；苟残伐互迭，民生憔悴，则糊口不暇，安望其文章典雅？西昆诸公，生当飒飒盛世，受境遇之融沐，故于不知不觉中而造成西昆体。"（《宋词派别论》）鲁迅《魏晋风度及文章与药及酒之关系》也精辟地论及由政治文化原因造成的社会生活和社会风尚对文章语言风格的形成具有重要制约和影响作用。由于政治经济文化因素决定语言风格的生成与发展，因而在原始社会，就只有朴实简约的口头文艺语体风格。例如，"断竹，续竹，飞土，逐肉。"（《吴越春秋·弹歌》）进入奴隶社会，出现了文字，便产生了平实简约的书面语体表现风格。例如，甲骨文"今夕奏舞，（有）从雨"。到了封建社会，各种风格已基本生成。梁朝刘勰《文心雕龙》全面概括了已形成的各种语言风格。例如，时代风格："黄、唐淳而质，虞、夏质而辨，商、周丽而雅……"（《时序》篇）语体风格："章、表、奏、议，则准的乎典雅；赋、颂、歌、诗，则羽仪乎清丽……"（《定势》篇）表现风格："一曰典雅，二曰远奥，三曰精约……"（《体性》篇）个人风格："贾生俊发，故文洁而体清；长卿傲诞，故理俊而辞溢，……"（《体性》篇）散文的流浪派风格："孟、荀所述，理懿而辞雅；管、晏属篇，事核而言练；列御寇之书，气伟而采奇……。"（《诸子》篇）随着社会政治、经济文化的发展，唐、宋、元、明、清时期又新生了流派风格和分语体风格，如盛唐体、晚唐体、西昆诗派、豪放派、婉约派、本色派、文采派、台阁体、公安派、神韵派、格调说、戏剧语体风格和杂文语体风格等。

社会政治文化发展到现代，语言风格的类型及其特点发生了很大变化。例如，古代的制、诏、诰、敕等公文语体风格消亡了，八股文的语言风格只作为文化的积淀保存下来，现代的微型小说、报告文学、通讯报道、科学文艺、散文诗、辞书、文摘、电信等分语体风格新生了。此外，如新月派、现代派、火花派、荷花淀派、山药蛋派、意识流派等都是现代社会文化的产物。

哲学思想是民族文化的核心，是在形成民族文化的个性中起主导作用的因素。思维形态是哲学思想的一种具体体现。汉民族思维很早就很注意事理的正反两面及其互存互补、互相生发、引同协异、相映成趣与互相转化。例如，"天下之变万，而要归于两端，两端归于一致"（《老子·衍》）"两不立则不可见，一不可见则两之用息"（张载《正蒙·太和》）"约而能张，幽而能明，弱而能强，柔而能刚"（《淮南子·原道训》）"有无相生，难易相成，长短相形，高下相倾，音声相和，前后相对"（《老子》第二章）等。汉族人民大都是按照这种对立统一、相反相成的思维模式去思考问题，去认识与解释客观事物，去制约言语活动的。语言和语言表达手段是思维工具。作为工具它一般都与思维方式相适应。汉语风格手段系统中有诸多对立统一、相映成趣的言语现象。例如，平仄抑扬协调、单复音词的整齐与错综配置，词语的褒贬易色、升用降用、句式的语序常变、形体长短、组合松紧、结构整散，辞格的对照、反衬、倒反、反缀、同异，话语组织的抑扬法、虚实法、转折法和对比法等，大都是汉人辩证思维方式作用于汉语特点所可利用的语料而形成的，它们既有汉民族哲学思维的特质，又有汉语独具的特点。

汉语表现风格类型都是两两对立而存在的。例如，豪放和柔婉、简约和繁丰、含蓄和明快、绚丽和朴实、庄严和幽默、文雅和通俗等。它们对立之间也存在着互存互补、相辅相成、互以对方的存在为存在条件的现象。其生成、运用以及对它们的认识和解释都是受到辩证思维方式的支配的。

汉民族观念心态文化中一个十分突出的特点就是重和谐。所谓"一上一下，以和为量，浮游乎万物之祖。"（《庄子·山水》）所谓"致中和，天地位焉，万物育焉。"（《中庸》）所谓"中和者，天地之大美也。"（董仲舒）这种"致中和"内涵的核心就是和谐统一。和谐统一的观念心态影响着中华民族的情感心理、审美情趣，影响着艺术创作和语言运用美学要求，反映和表现在语言风格上便是讲求和谐美、对称美、均衡美和整齐美。汉语里很多和谐均衡、对称的语言形式和风格手段，如韵脚同音相协的调音手段、结构匀称均衡的回字格、对偶、镶嵌、比喻排偶化、顶针、回环等，都是在和谐平稳的文化心态和审美意识的土壤里孕育、生长起来的，它们都具有民族风格和语体表现风格的功能。

和谐统一的文化心态作用于风格类型的生成和培养就是讲究适度、得体。例如，表现风格的刚柔兼济、繁简得当、华朴相宜、隐显适度都是和谐、适度、得体的体现。表现风格的存在方式是两两对立而成整体，根据事物发展变化的规律，由量变的积累到一定阶段、条件成熟就会发生质变，事物向它的原定方面转变，即物极必反。因此，表现风格每一组的对立之间，必有一个适度问题，超过了某一限度就会适得其反。刘勰在《文心雕龙·隐秀》中提到"或有晦塞为深，虽奥非隐"。说明深奥导致难懂，并不是真正的含蓄风格，这就需要把握一定的尺度，把握得好，便可达到"内明而外润，使玩之者无穷，味之者不厌"；超过了限度就会流于晦涩，使人不能领会其中的奥妙。但是如果"隐"得不够，又会流于浅露直率，使人读后觉得缺乏余味，所以"隐"要有个适当的限度，含蓄风格的培养、运用必须注意分寸，做到适度。同理，其他各种表现风格的创造

135

运用都必须适度。

每个民族甚至同一民族的不同地域都有其特殊的风俗习惯，风俗习惯是一个民族或一个地域的人民在长期社会实践中创造与形成的文化成果，在民族生活中具有很强的生命力和渗透力，既参与生活、丰富生活，也规范、制约生活。就这个意义上，人无不生活在一定的民俗文化环境之中，而"语言的使用作为政治经济文化生活的重要条件"，它跟民俗有着密不可分的联系，汉语里很多风格现象的生成都是以民情风俗为基础的。

忌讳是民俗的重要组成部分，"是一种信仰习俗中消极防范性的制裁手段或观念。"（乌丙安《民俗学丛话》）它不仅制约人的其他生活行为，也制导着人们的言语行为。例如，民间的封建迷信认为言语吉凶与客观事物有必然的联系，回避不吉祥的言辞，它后面所隐藏的凶、恶、悲、哀、病、死、灾、祸、贫、穷之类的事物就不会出现。因而产生了很多避凶趋吉的言语手段，这种手段有的是用谐音构成，也有的是用婉辞替代。它们都富有民族特色和含蓄的风格色彩。宋代曾敏行《独醒杂志》第二卷有这样一个故事："皇佑元年，何正臣与毛君卿以七岁应童子科。……上偿以梨一颗令二人分食之。君卿逡巡不应。上怪，问其故。对曰：'父母在上，不敢分离。'"因"梨"与"离"同音，故忌讳谐"离"之音。明代陆容《菽园杂记》卷一载："民间俗讳，各处有之，而吴中为甚。如舟行讳住讳翻；以箸为快儿，幡布为抹布；讳离散，以梨为园果，伞为竖笠；讳狼借，以榔槌为兴哥；讳恼躁，以谢灶为谢欢喜。"这种避凶趋吉的表达手段，在现代仍广泛使用，例如，"有人劝这位老倌不立继；开导他说：'你有七亩好地，饱子饱药，百年之后还怕没得人送你还山？'"（周立波《山乡巨变》）用"百年之后""送你还山"避开"死""给你送葬"，就起了委婉表达的作用。

宗教信仰也往往滋生风格手段。汉民族是多神论者，很多表达手段具有迷信色彩。例如，光是鲁迅的《呐喊》和《彷徨》两部小说中就提到社庙、城隍庙、土地庙、土谷祠、静修庵等，而庙里有"三头六臂的蓝脸，三只眼睛……牛头和猪牙齿"。迷信活动有大祭祀、迎神赛会、送灶、请福神爷、拜灶老爷、拜灵官老爷、请风水先生看坟地、请道士驱除缢鬼、请和尚道士做法事、到土地庙捐门槛……这些都是封建迷信文化孕育出来的风格现象，它使文学作品语言呈现出鲜明的民族特色。迷信的人认为吉祥是神灵赐给的，大凡福事，只有虔诚求助于神明庇祐，才能获得。因而表达手段常出现鬼神人化的现象，如："点上香烛，恭请福神爷来享用。""只觉得天地圣众歆享了牲醴和香烟，醉醺醺的在空中蹒跚。"（鲁迅《祝福》）将人际关系的礼仪形式用作人与鬼神交往的礼仪形式和给鬼神以人的动作、行为。

全世界的中华儿女都有欢庆农历春节的习俗。汉语里孕育于春节习俗的风格现象也不少。欧阳山《三家巷》里写了除夕广州市的青少年逛街卖懒的习俗，

136

他们一边逛街，一边唱着"卖懒，卖懒，卖到年三十晚，人懒我唔（不）懒"的歌谣，这歌谣是广州俗文化的产物，语言具有浓郁的地域风味。汉民族每年都有以十二生肖里的一种动物作农历纪年的惯例，因而有"送别通灵金猴，迎来报晓雄鸡"的说法。这里"金猴"是指 1992 年，"雄鸡"指代 1993 年。鸡在十二生肖里被认为是属于吉祥的生肖，因为鸡与吉谐音，预兆着大鸡（吉）大利，而"猴年没（末）尾"则是不吉利的，所以很多年轻人把婚礼推迟到鸡年来办。过春节习惯上讲吉利话，产生了很多口彩语。如过年时吃"年糕"便有"年高年年高"的口彩，吃鱼就讨取"年年有余"的口彩，一旦打破了物品则说"岁（碎）岁（碎）平安"。因民间把鲤鱼视为财神，临近新年时走街串巷卖鲤鱼的商贩就高声叫卖："财神爷来了。"口彩语是民俗活动、民间信仰的产物，富有民族风格色彩和地域韵味。

三、汉文化：汉语风格评析的理据

语言风格是言语交际的产物，言语交际的参与者包括表达主体和接受主体，因此，语言风格学不仅要研究表达主体，也要研究接受主体。接受主体在风格的生成以及命名其成为现实的重要作用，我们另有专文论述。这里只谈接受的理据问题。

前面说过，风格创造是一种文化行为，是受民族文化影响的。风格评析作为与风格创造同构逆向的对应活动，也是一种文化行为，也受民族文化制约。首先，风格理解和阐释离不开文化背景知识。风格手段、风格特点和风格类型都是在一定的文化背景下生成的，它们都有文化烙印，如果缺乏文化背景知识，大都难以理解其深层内涵，阐释就更难说明其所以然。例如，"花"相当于英语的"flower"，但汉语中附加于"花"的文化意义却比"flower"要丰富得多。由"花"构成的风格手段，如"野花""家花""花心""花柳病""寻花问柳""花花公子""花天酒地""花街柳巷""拈花惹草""家花不如野花香"等，都有浓厚的文化色彩。《美洲华侨日报》曾刊登一则小故事：有位"老美"汉语学得不错，一次和一位华人朋友欣赏香港歌曲。歌曲描写一位女子送丈夫出门的情景。内中唱词云："虽然已经是百花开，路旁的野花你不要采。"这位"老美"无论如何也想不出丈夫出门与采花有什么关系。后经华人朋友解释才恍然大悟。

汉语里有很多语篇，通篇风格现象的表达形式和表达内容都是一个隐含着文化信息的统一体，必须从文化学意义上多角度地深入理解，透辟地阐释，才成为可能。例如：

辛苦遭逢起一经，干戈寥落四周星。

山河破碎风飘絮，身世浮沉雨打萍。

137

惶恐滩头说惶恐，零丁洋里叹零丁。

人生自古谁无死，留取丹心照汗青。

（文天祥《过零丁洋》）

这是文天祥抗元战败被俘后，经过零丁洋时表明心志的代表作。其中"起一经"是用典，"干戈"借代战争，全句写战斗。"山河"和"身世"句是比喻，写祖国山河破碎，个人身世飘零。"惶恐"句和"零丁"句用回环形容处境险恶，感叹被俘后的孤独处境。"丹心"指忠心，"汗青"借代为史册，末两句洋溢着"头可杀，志不可屈"的磅礴正气和爱国的耿耿忠心。全诗深沉厚重，含蓄蕴藉地表现了不屈服、不投降，舍生取义的民族气节，折射出中华民族的生命观。中华民族生命观的主流是正义和真理重于生命。孔子说："三军可夺帅也，匹夫不可夺志也。"（《论语·子罕》）孟子说："生亦我所欲也，义亦我所欲也；二者不可得兼，舍生而取义者也。"《孟子·告子上》俗语"宁可站着死，不可跪着生"等集中反映了这种精神和价值取向。古往今来无数英雄和仁人志士唱出的正义歌是这种世界观、价值观的真实写照。例如"伏清白以死直兮，固身圣之所厚。"（屈原《离骚》）"粉身碎骨浑不怕，要留清白在人间。"（于谦《石灰吟》）"我自横刀向天笑，去留肝胆两昆仑。"（谭嗣同《狱中题壁》）"砍头不要紧，只要主义真。杀了夏明翰，还有后来人。"（《夏明翰就义诗》）等。如果不联系以上话语的文化意蕴去体味"人生自古谁无死，留取丹心照汗青"，恐难深刻理解其丰富含义，也难深入阐释《过零丁洋》的语言风格。

其次，审美情趣制约风格评判。风格手段来自语言要素及其语用变体和非语言要素中具有审美功能的表达手段，风格类型是"按照美的规律来造型"（马克思语）的成果。表达主体在风格建构活动中都会有意识或无意识地根据表达对象的特征赋予审美信息，使其含有自身审美个性的美质。表达主体的审美情趣是受民族文化制约的，因而风格必有民族文化的审美烙印。而风格评析不仅限于从语义信息方面揭示风格特征和气氛格调，还要从语用美学的角度揭示其审美信息。而评析主体揭示语言风格的美质必然会受其民族文化的审美情趣制约，因而，只有风格创造主体所赋予言语作品的审美信息和评析主体的审美趣味基本切合时，评析者才能准确获得评析对象的美学信息；如果有矛盾，就难以客观公允地揭示其美质了。

推崇艺术的含蓄美是中国审美文化传统的主流，话语风格尤其是文学语体风格，力主含蓄，认为"含蓄是一种风格，又是其他一切风格的风格"。

不管是什么风格，虽各有其自身的特点，但都要符合含蓄的要求。否则，"豪放失去含蓄，就变成浪荡；沉郁失去含蓄，就变成浅薄；纤秾失去含蓄，就没有光泽；冲淡失去含蓄，就索然无味；悲慨失去含蓄，就变成号啕；婉约失去含蓄，就变得轻浮；谨严失去含蓄，就变得刻板……"（王明居《文学风格十讲》）这是与儒、道两家的思想密切相关的。儒家主张"美""刺"，无论"美""刺"都要求委婉曲折，温柔敦厚，乐而不淫，怨而不怒，不迫不露，不直不粗。道家认为"天地万物生于有，有生于无。"（老子语）"无"为万物之母，"无"是"有"的根本，并认为"大音希声""大象无形"。儒、道两家思想当然是不同的，但也有相通之处，即都重视"无"与"有"、"虚"与"实"、"内"与"外"、"言"与"意"之间的辩证关系。这种相通之处反映在诗文语言风格上，就都以含蓄、蕴藉、空灵为美，以直语、粗语、铺排语、说尽语为不美。姜夔说"语贵含蓄"。东坡云："言有尽而意无穷者，天下之至言也。山谷尤谨于此，……"（《白石道人诗说》）刘大櫆说："文贵远，远必含蓄。"（《论文偶记》）梁启超说："向来写情感的，多半是以含蓄蕴藉为原则，像那弹琴的弦外之音，像吃橄榄的那点回甘味儿，是我们中国文学家所最乐道。"（《中国韵文里头所表现的情感》）由于汉文化传统重含蓄美，所以运用语言，尤其是在文学作品里。含蓄的语言风格普遍存在，深谙汉文化这一审美传统，并能以之制导理解论析含蓄的话语风格者大都能正确领会和阐释其内涵及其美质。例如，"洞房昨夜停红烛，待晓堂前拜舅姑。妆罢低声问夫婿：画眉深浅入时无？"（唐·朱庆馀《闺意献张水部》）新婚洞房，红烛彻夜不息，新娘子忐忑不安地等待着天明去拜见公婆。尽管她着意梳妆，但还是怕得不到公婆的喜爱，只好羞涩地低声问身边的丈夫"我的眉画得是否入时呀"——这就是我们从字面上接收到的表层意义。但主考官张籍心有灵犀，能透过含蓄的语表，领会其辞里的主旨，于是回应："越女新妆出镜心，自知明艳更沉吟。齐纨未足时人贵，一曲菱歌敌万金。"（张籍《酬朱庆馀》）给予满意答复。表达者和接受者两相知音，审美情趣、审美心境相通、相照，所以心领神会诗中的言外之意。这两首诗自古以来流传于海内，深得钟爱，被赞为含蓄精美的千古绝唱，既因诗的语言风格美与中华民族的审美要求相合，也由于接受者、评析者深谙诗成的文化背景及诗的美质。

审美情趣有承传性，更有时代性。不同时代的审美情趣和审美标准往往有别，因而即使是同类的表达对象在不同时代的表达主体的笔下其形象美也有所不同。试比较：

①两弯似蹙非蹙罥烟眉，一双似喜非喜含情目。态生两靥之愁，娇袭一身之病。泪光点点，娇喘微微。娴静似娇花照水，行动如弱柳扶风。心较比干多一窍，病如西子胜三分。

（曹雪芹、高鹗《红楼梦》）

②区桃穿着碎花白夏衣短衫，白夏布长裤，绿油木屐，踏着清脆的步子走进三家巷来。她的前胸微微挺起，两手匀称地、富于弹性地摆动着……她的刘海细细地垂在前额的正中，像一绺黑色的丝带，白玉般的脸蛋儿泛着天然的微微的红

晕，衬着一头柔软的深墨的头发，格外鲜明。她的鼻子和嘴都是端正而又小巧的，好看得使人惊叹。她的细长的眼睛是那样天真、那样纯洁地望着整个的世界。

（欧阳山《三家巷》）

　　③……前边不远的一眼水井的旁边。有个穿件花棉袄的，扎两条辫子的姑娘，挑一担水桶，正在打水。姑娘蹲在井边上，弓下了腰子。两根粗大、油墨的辫子从背上溜下去，发尖拖到井里，舀满了两桶水，她站起来时，辫子弯弯地搭在她丰满的鼓起的胸脯上。因为弯了一阵腰，又挑起了满满两桶水，她的脸颊涨得红红的，显得非常俏丽。

（周立波《山乡巨变》）

　　这是不同时代的作家给不同时代的青年美女画的肖像，她们各有不同的特征。林黛玉胃烟眉、含情目、两靥愁容，泪光点点，娇喘微微……这是封建社会的大家闺秀美，她美如西施，多愁善感，对花流泪，让人怜爱，语言风格富丽、典雅、含蓄；区桃衣着朴素、举止大方、面容清秀、神情天真、目光纯洁，这是二十世纪二三十年代市民青年美女的特征，她美得自然、美得俊秀，令人喜爱，语言格调质朴、细致；盛淑君的美同林、区都有明显区别，她的衣着、举止和外表都美得质朴、美得俏丽、美得健康，这是社会主义时代农业合作化高潮中农村青年美女的特征，白描的语言，质朴亲切，自然流畅，与描写对象的美质吻合，很是诱人神往。三段描写都揭示了表达对象自身的美质，又表现出表达主体的审美情趣，在她们同时代的人们的审美视线里，无疑都是很理想的美女，但是如用现在的审美标准来看倒不一定。有人说："现代美女充满活力，精力充沛，能文能武，美貌与智慧兼备，能歌善舞，充满时代气息，浑身是劲，不断散发着新时代魅力！叶倩文具备了现代美人的标准，她美得温暖、美得自然、美得舒服、美得健康。"（《羊城晚报》）果真如此的话，这就是当代文化审美观的映现，只能制约描写当代美女的话语风格的评价，不宜用来评判古代的、近代的美女形象。同理，古代的公文语体风格以典雅为美，现在则趋于追求庄重、简明、通俗易懂。可见，风格的审美评判活动必须受时代的审美情趣制约，以风格生成时的审美标准为依据。

　　上面我们从三个方面论析了汉语风格与汉文化的关系，它们水乳交融，密不可分，互相依存，互相促进，共同发展。但必须明确，二者毕竟是两类不同的概念范畴。风格自身有不同于文化的发展规律，文化只是引导、制约风格生成发展和运用与评析的一个方面的因素，而不是唯一的因素。如果把语言及其生成的风格完全等同于文化，把语言及其生成的风格的一切都试图从文化中找出影子那是不科学的。

（载于《锦州师范学院学报》1999 年 7 月）

汉语言风格之文化审视的理据

　　中华文化和汉语言风格都是中华各民族劳动创造的文明财富。二者相辅相成，互融互动，关系密切。从文化角度着眼，运用文化理论、方法和资料来研究汉语言风格现象，一方面透过对语言风格现象的分析来观察、了解隐藏在其背后的文化因素；另一方面透过文化背景来观察、了解语言风格的存在状况和演变规律，既缘起于文化与风格的互融互动关系，又是应合人们文化价值取向的现实要求和提高汉语言风格学品位的必需，且是对汉语风格文化传统的继承和发展，因而很有理论意义和实用价值。

一、汉语言风格的文化审视缘起于二者互融互动

（一）文化和汉语言风格的内涵

1. 文化的内涵

　　文化的内涵有狭义和广义之分。本文持广义说，把文化看作人类在认识、改造自然和社会的实践过程中所创造的物质文明和精神文明的总和。而中华文化是指中国各民族共同创造的文化，或称中国文化，其外延分为：①物质文化，指人类创造的种种物质文明，即文化中的技术及其物质产品；②制度文化，指渗透了人的观念的社会的各种制度，以及有关各种制度的理论体系和行为方式、礼仪风俗；③精神文化，指思维方式、思想意识、价值观念、社会心态、审美情趣、宗教信仰、道德情操、民族性格以及科学、艺术等；④语言文化，指语音文化、词汇文化、语法文化和语用文化等，它是制度文化和精神文化作用于物质文化的产物。这四者既有联系，又有区别，它们相互依存、相互制约、相互渗透、相互促进，共同构成一个完整统一体。

2. 汉语言风格的内涵

　　"语言风格"这个术语在我国始见于高名凯的《普通语言学》（增订本），该书认为语言风格指"在某种社会交际场合中，为着达到特殊的交际目的，完成特殊的交际任务，表达特殊的交际内容而运用特殊语言手段所形成的言语气氛或格调及其表达手段"①。1960 年，又说："由于具体运用语言时，受到不同的

141

---

① 　高名凯：《语言风格学的内容和任务》，见北京大学中文系《语言学论丛》编委会编：《语言学论丛》（第四辑），上海：上海教育出版社，1960 年。

交际目的的制约而构成的特殊的言语气氛，称为语言风格"。① 自此以后，语言风格这个术语为我国学者广泛运用，并为它下过种种定义。本人曾对 1949 年以来我国学者的语言风格定义作过比较深入的评论阐释。② 参照各家对风格定义的阐释，吸取汉语风格文化传统的营养，借鉴外国的风格理论，从现代语言学和文化学的角度审视汉语风格现象，我们认为汉语言风格是中华民族语言交际的产物，是交际参与者在主客观因素制导下运用汉语表达手段的诸特点综合表现出来的一种美感形态言语的气氛和格调。它涵盖表现风格、语体风格、民族风格、时代风格、地域风格、流派风格和个人风格等。

（二）汉语言风格与中华文化的互融互动关系

1. 互融关系

马林诺夫斯基说："（语言是）唯一的凭其符号作用而跟整个文化相联系的一部分，但它并不是一个工具的体系，而是一套发音的风俗及精神文化的一部分。"③ 胡裕树先生曾指出："语言是社会文化的一部分，尽管语言有自主独立的系统性，但文化是一种由众多要素构成的复杂系统，语言同文化（尤其是精神文化）的许多要素之间天然地存在着互相渗透、水乳交融的关系。"④ 语言形式包藏的是民族文化的内容，语言和民族文化是不可分开的融合体。汉语和运用汉语所生成的汉语言风格与中华文化都是中华民族心智活动的成果，它们相生相长，相依为命，不可分离。汉语和汉语言风格是中华文化的组成部分，是中华文化的凝聚体，是中华文化的建构和传承手段。汉语言风格手段是中华文化积累和成熟的产物，储藏着汉文化信息；汉语各种类型的话语格调是中华民族的精神文化作用于汉语风格文化的成果，是蕴含着风格主体的思维方式、思想感情、价值观念、审美情趣、法律意识、知识素质、民族习俗、宗教信仰、道德情操等的镜缘，人们可以从其内部反观其凝聚着的中华文化信息。因此，研究汉语言风格，很有必要把汉语风格现象同中华文化现象结合起来考察。

2. 互动关系

语言是人类的一种社会活动现象，它随着社会的产生而产生，随着社会的发展而发展。"社会是以一定的物质生产活动为基础而相互联系的人类生活共同体"⑤，"物质生产活动""相互联系的人类生活"的核心因素是社会文化，因而，人类的社会活动，归根结底是社会文化活动，社会发展变化是社会文化的发展变化。语言既是社会现象，又是文化现象，文化的发展变化就必然会促使语言

---

① 北京大学语言学教研室：《语言学名词解释》，上海：商务印书馆，1960 年。
② 黎运汉：《1949 年以来语言风格定义研究述评》，《语言文字应用》2002 年第 1 期。
③ 马林诺夫斯基著，费孝通译：《文化论》，北京：中国民间文艺出版社，1987 年，第 7 页。
④ 胡裕树：《文化语言学导论·序》，北京：语文出版社，1996 年，第 1 页。
⑤ 裴文：《普通语言学》，广州：广东教育出版社，2006 年，第 316 页。

发展变化；反之，语言既然是文化的建构和传承的重要手段，其发展变化也就不可能不对文化有所影响。这两个方面综合起来，明显可见：语言和文化是共生共存、共长互动的。而汉语言风格作为运用汉语所生成的言语气氛和格调必然也与中华文化存在着极为密切的互动关系。这互动关系也是从中华文化角度审视汉语言风格的缘起因素。二者的互动关系可以从两个方面来看：

（1）文化制约风格。语言风格是交际主体（表达者和接受者）在特定的社会文化环境中进行言语交际的产物。交际主体是民族文化中的人。"文化是人类生活的环境。人类生活的各个方面无不受着文化的影响，并随着文化的变化而变化。"[1] 人们进行言语交际活动，创造和选用什么样的表达手段，采用什么样的组合方式建构话语，从而体现出什么样的语言风格，是受其自身的文化因素和社会文化环境制约的。

（2）风格影响文化。语言是应人类认识、思维、交际和传承文化的需要而创造的文明财富，其主要社会功用和价值，除了充当人类认识客观事物的工具、思维工具、交际工具，还有十分重要的文化价值。语言的文化价值除了表现在它造就了人，使人有了文化，还表现在它在文化的形成和发展过程中起着其他文化因素所不能替代的决定性作用。我国台湾著名修辞学家沈谦教授说："语言文辞，不只是表情达意的工具，更含蕴着丰盈富美的文化内涵与人文精神。"[2] 语言风格手段来自语言文辞中带有风格色彩的手段，储存着丰富的民族文化信息，话语气氛格调是语言文辞使用者本身的文化因素和语用环境中的文化因素以及风格手段的文化意涵相融合的结晶，也蕴含着多种多样的文化信息。

语言风格有成熟不成熟之分，其成熟程度会对文化效应产生作用和影响。因为它是在一定的社会文化背景下生成的，具有影响、制约、负载、传递、表现和理解文化信息的作用。大体来说，成熟的话语风格大都会有利于文化信息的准确传递，不成熟的话语风格就会阻碍文化信息的正确传递。

二、汉语言风格的文化审视是应合人们文化价值取向的现实要求

文化乃历史之血脉、民族之魂魄，历史因文化而长春，民族以文化而传承。世界上每一个民族都有自己独特的文化。民族文化素质的高低，直接体现着民族素质的高低。世界各民族都很注意努力繁荣本民族文化和提高全民族的文化素质。

民族文化有很强的群体性、民族性和制约性。民族文化在一定意义上就是一

---

[1] Edward T. Hall, *The Silent Language*, Anchor Books, Chapter 2, 1993.

[2] 沈谦：《口语修辞的"拙、通、巧、朴"》，见台湾《第一届中国修辞学学术研讨会论文集》，台湾师范大学国文系编印，1999 年，第 36 页。

个群体、一个民族、一个国家共同遵守的思想和言行准则。这个准则可以使全民族的人凝聚力量、增强团结、和谐关系。例如，全世界的中华儿女有一个"追远"（出自孔子的名言"慎终追远"）的民族文化认同感，常于清明节或秋分时拜祭祖先，不忘祖德，不忘中华民族的优秀文化传统，增强兄弟般的团结和情谊。海峡两岸血脉相连，具有不可分割的历史与文化关系，虽因历史等原因造成近半个世纪的隔阂，但中华民族传统文化的基本精神，如天人合一、以人为本、以和为贵等仍将两岸同胞的心紧密联结在一起。1994年笔者随大陆代表团应邀到台湾参加"两岸汉语语汇文字学术研讨会"，当时台湾地区行政管理机构负责人连战先生在祝词中说："中华文化博大精深，源远流长，为我列祖列宗最珍贵的智慧结晶，作为后代子孙的我们，允宜一脉传承，发扬光大。……加强文化交流，善用两岸文化资源，增进文化发展，借文化的融合，促成中华民族的统一和壮大。"海峡两岸关系协会汪道涵会长在祝词中说："两岸专家学者济济一堂，以继承光大中华文化为己任，对汉语语汇、文字进行研讨，这无疑会对教育我们民族的后代，推动祖国和平统一起到积极作用。"研讨会主办单位我国台湾中华语文研习所所长何景贤博士在开幕词中说："汉语为我中华民族先祖留传最珍贵的智慧结晶与遗产，中华文化以汉语为中心，因语言文字的认同，凝聚起民族意识而生生不息。……进行两岸和平统一工作，在文化交流方面，语言文字的统一整合正是首要之急。"2008年12月31日，中共中央总书记胡锦涛在纪念《告台湾同胞书》发表30周年座谈会上就推动两岸关系和发展提出了六点意见，这六点意见洋溢着浓郁的中华文化精神，特别强调"弘扬中华文化，加强精神纽带，两岸同胞要共同继承和弘扬中华文化优秀传统"。国民党主席吴伯雄回应说："两岸同胞同属中华民族的子孙，应以中华文化为基础加强全面接触。"胡锦涛、连战等人的讲话必将在两岸迈向团结、和平、统一的道路上产生深远影响并发挥积极作用。可见，中华文化是凝聚民族意识、维系民族团结、促使国家统一的精神纽带，是无比珍贵的精神财富。

"文化的核心在于价值观。"① 中华文化不仅在促进中华民族团结上有重要作用，而且在激发中华民族创造力，调动全民族建设国家的积极性上也有重大价值。胡锦涛总书记在中国共产党第十七次全国代表大会上的报告中指出，"当今时代，文化越来越成为综合国力竞争的重要因素，丰富精神文化生活越来越成为我国人民的热切愿望。要坚持社会主义先进文化前进方向，兴起社会主义文化建设新高潮，激发全民族文化创造力，提高国家文化软实力，使人民基本文化权益得到更好保障，使社会文化生活更加丰富多彩，使人民精神风貌更加昂扬向上"，并特别强调要"建设和谐文化，培养文明风尚"，"弘扬中华文化，建设中

---

① 张岱年：《文化与价值》，北京：新华出版社，2004年，第8页。

华民族共有精神家园"。他是从建设中国特色社会主义的高度上论述中华文化的价值的。

中华文化还有提高和评判人与物的素质、品位的价值。文化能赋予人力量、勇气和能力,能提供给人以生存的必需表意手段。美国政府华裔部长赵小兰对自己是华裔和能够继承中华传统感到非常自豪:"中华传统当中有很多宝贵的东西,双重文化背景使我在面临生活机遇和挑战时具有优势,中华文化背景给了我力量、勇气和毅力。"① 文化对本民族的人既有约束力,也有鼓励其前进的动力。因此,中华民族的每一个人大都会自觉或不自觉地努力提高自己的文化素质,创造事物也会着力注入文化内涵,增加文化含量,提高文化品位,使其更有价值。2008 年北京奥运会开幕式,由于具有丰富的中华文化内涵,展现了中国的光辉形象,获得了全世界如潮好评:"绚烂辉煌的奥运会开幕式展示了中国的古老文明并向世界传递了友好的信息。"② "近年来,不少地方都掀起了'读经活动',以复兴传统文化为宗旨的书院建设方兴未艾。……在全球西化浪潮的冲击下认同并回归传统文化,已经成为 21 世纪中国人普遍自觉趋向的一股文化潮流。通过对自身文化的认同方式回应,以寻求本民族在精神上的安身立命之源,克服全球化与西方世俗文明冲击波造成的文化焦虑与精神无根感。"③ 文化的重要价值已为广大中国人民所认知,文化的理论已被广泛运用于人文科学的研究领域。例如,哲学、历史学、民俗学、民族学、心理学、社会学、教育学、宗教学、传播学、交际学、语言学、语用学、修辞学等学科的学者都分别在各自的学科领域开展针对自己的学科与文化关系的研讨,或者从文化的角度对各自的学科进行研究,而且取得了可喜的成果,从而产生了诸如文化哲学、美学与文化、教育文化学、文化心理学、文化语言学、文化语用学、文化修辞学、文化语言交际学、跨文化交际学等学术专著。

由上可见,中华文化无论是对内,还是对外,无论是在哪个领域,或者哪个方面,都有无穷无尽的重大价值,现在中华民族已清醒地意识到其重要的价值。而汉语风格作为运用中华文化的特殊因素——汉语的特点综合呈现出来的气氛格调,从中华文化的视角对其研究,以提高学科的文化品位,正是基于应合我国人民文化价值取向的现实要求。

---

① 李学军:《"中华文化背景赋予我力量"——专访美国劳工部长赵小兰》,《参考消息》,2008 年 7 月 1 日。

② 《全球媒体齐赞北京奥运会开幕式——"中国魅力之夜"倾倒世界》,《参考消息》,2008 年 8 月 10 日。

③ 陈苗苗:《新塘永和:"和"文化孕育下的神奇土地》,《广州日报》,2009 年 11 月 20 日。

三、汉语言风格的文化审视是提高汉语风格学品位的必需

德国 19 世纪的哲学家、语言学家洪堡特（Humboldt）说过："民族语言即民族精神，民族精神即民族语言。"① 语言是民族的重要特征，民族的语言与民族的精神密不可分，民族文化是民族之魂，又是民族历史文化的载体和血液。民族语言和运用语言所生成的语言风格与民族文化都是本民族的人创造的文明成果，人、文化、语言风格之间存在着不可分割的本质联系。这种联系决定了风格的形态、面貌和发展的根本属性，也决定了研究语言风格离不开文化，理解语言风格现象必须联系文化。否则，就无法深刻认识其生成、演变的动因，无法准确认识、揭示其本质特征和规律，无法评价其品位。例如，针对朱自清的散文《背影》，季羡林先生从中华文化视角的分析更深刻地揭示了其真谛。"要想真正理解这一篇文章的涵义，不能不从中华民族的文化、中华民族的历史谈起。""中华民族的伦理道德是讲处理人际关系的'和'的精神。""《背影》所表现的就是三纲之一的父子这一纲的真精神。中国一向主张父慈子孝。在社会上孝是一种美德。……然而在西方呢？拿英文来说，根本就没有一个与汉语'孝'字相当的单词，要想翻译中国的'孝'字，必须绕一个弯子，译作 Filial Piety，直译就是'子女的虔诚'。你看啰唆不啰唆。"② 这样从文化角度解读《背影》，挖掘出作品的文化内蕴，就抓住了根本，把握了本质，揭示了文学作品写人的心灵方面的奥秘。可见，从汉文化的视角去考察和研究汉语言风格，无疑有助于深入认识研究对象的本质，提高汉语风格学的品位。

汉语风格现象早在原始社会就已产生。例如，相传黄帝时代唱的《断竹歌》："断竹，续竹，飞土，逐肉。"（《吴越春秋·弹歌》）便明显呈现出口头文学语体的朴实风格。有了风格现象，便会有人对其进行研究，从而产生风格理论。汉语风格理论源远流长，从汉代扬雄《法言·吾子》开始至陈望道《修辞学发凡》，虽还没有独立的风格学，但已有不少关于文体风格、语言时代风格、表现风格、个人风格的论述。1949 年后特别是 20 世纪 80 年代以来，汉语风格研究出现了一片繁荣的新局面，取得了可喜的成果，不仅论文多，而且论著数量也多，更重要的是这些论文论著的质量也较高。其中既有风格学专著，如"被称为'汉语现代风格学的建筑辟'的程祥徽《语言风格初探》、张德明《语言风格学》、郑远汉《言语风格学》、黎运汉《汉语风格探索》，以及唐松波的《语

146

---

① 洪堡特著，姚小平译：《论人类精神结构的差异及其对人类精神发展的影响》，北京：商务印书馆，2004 年，第 32 页。

② 季羡林：《读朱自清〈背影〉》，见《季羡林散文全集》（三），北京：中国广播电视出版社，1999 年，第 183 页。

体·修辞·风格》、王焕运的《汉语风格学简论》、李伯超《中国风格学源流》、黎运汉《汉语风格学》①，以及郑荣馨的《语言表现风格论》，程祥徽、邓骏捷、张剑桦的《语言风格学》，丁金国《语体风格分析纲要》，郑颐寿《辞章体裁风格学》，以及张德明主编的《中国现代语言风格学史稿》等；也有语言风格论文集，如程祥徽、黎运汉主编的《语言风格论集》，以及程祥徽《语言与沟通》、黎运汉《修辞·语体·风格论文选》、郑远汉《修辞风格研究》、丁金国《语体风格认知与读解》中的语言风格论文系列等。但从风格与文化的关系或文化视角去研究汉语言风格的成果却不多。笔者见到的，只有王希杰《语言风格和民族文化》、黎运汉《论汉语风格学传统》和黎运汉《汉语风格学》第三章、第四章、第六章中有关文化的内容，以及丁金国《语体风格分析纲要》、郑颐寿《辞章体裁风格学》中的一些章节涉及文化的内容等。看来，忽略或无视风格与文化之间存在着的天然的本质的密切联系，以致风格研究忽略或不重视文化因素，这是很大的疏漏。从文化视角来研究汉语言风格就是弥补这一缺失的。

四、汉语言风格的文化审视是对汉语传统风格论的继承和发展

汉语传统风格论是指源于汉语古代风格论，经历代流传、扬弃与充实，并在汉语现代风格学论著中沿袭使用或发挥作用的风格学基本理论、概念、范畴，以及风格观和方法论等。

继承传统与创新开拓是语言科学发展繁荣的重要因素，也是语言科学发展繁荣的基本规律及其研究的方法论原则。汉语风格学源远流长，学科传统博大精深，内容丰富，是汉语风格学的宝贵财富，是汉语风格学发展繁荣的导向性因素，从中华文化的角度审视汉语言风格，是对汉语风格学优秀传统的继承和发展。

147

（一）汉语传统风格论凝聚着汉语风格的文化内核——人的因素

（1）"'人'是中国文化的核心。""一部中华文明史，就是世代相传的中国人心路的记录。灿烂悠久的中国文化，就是以人为核心形成的精神物质财富。"②这是对中国世代相传的文化精华的精辟概括。中华文化历来注重人为贵、民为本，尊重人的尊严和价值。先秦思想家已有明确的表达。"惟人，万物之灵。"（《尚书·泰誓》）"人有气，有生，有知，亦且有义，故最为天下贵也。"（《荀子·王制》）唐代刘禹锡《天论》认为："人之所能者，治万物也。"宋代理学家周敦颐说："二气交感，化生万物，万物生生，而变化无穷焉，惟人也得其秀而最灵。"（《太极图说》）清儒戴震说："人之神明出于心，纯懿中正，其明德

---

① 高万云：《20世纪中国修辞学》（下卷），北京：中国人民大学出版社，2007年，第683页。
② 张皓：《中国美学范畴与传统文化》，武汉：湖北教育出版社，1996年，第25页。

与天地合矣。……是故人也者，天地至盛之征也，惟圣人然后尽其盛。"（《原善》）以上观点都揭示了中华文化优秀传统的核心，体现了朴素的贵人、重民的价值取向。因而一直有着旺盛的生命力。

（2）人自身的文化因素是语言风格的内核。① 在中华文化的制导下，中国古代修辞学家、风格学家常把运用语言与社会政治、伦理道德紧密联系在一起，与语用主体人的自身因素紧密联系在一起。《周易》中的"修辞立其诚"是汉语修辞学传统的核心，它强调修辞的主体是人，"人言合一"，非常重视修辞与修辞主体自身的修德、修身、立业的紧密结合，而且强调修辞主体的"诚"对修辞的制导作用。这种传统的修辞文化观反映在汉语风格学里，就是强调言语主体自身的文化因素在语言风格生成中的制导作用。其渊源溯自《周易·系辞》中的风格观："将叛者其辞惭，中心疑者其辞枝，吉人之辞寡，躁人之辞多，诬善之人其辞游，失其守者其辞屈。"这是最早的关于人的情境、心理因素对语言风格产生影响的论述。此后，晋陆机《文赋》云："夸目者尚奢，惬意者贵当，言穷者无隘，论达者唯旷。"认为人的气质、性格不同，语言风格就不同；梁代刘勰《文心雕龙》"体性"篇把文章语言风格归纳为"典雅、远奥、精约、显附、繁缛、壮丽、新奇、轻靡"八种，认为这些不同的风格是由作者内在的"情性"、天生的"才""气"和后天的"学"和"习"这几个方面的不同所造成；宋苏轼的"其文如其为人"（《答张文潜书》）、明代李贽的"盖声色之来发于情性，由乎自然"（《焚书·读律肤说》）等都是有关人的自身因素制约语言风格的论述。现代学者继承和发扬了古典风格论优秀因素，在重视语言物质因素的同时，更强调人的内在文化因素的统帅或制导作用。老舍说："风格与其说是文字的特异，还不如说是思想的力量。"② 郑颐寿认为风格的形成有"内格素"与"外格素"，"内格素"是形成风格的内蕴情志，是风格的内核，包括主观格素：表达者的世界观、思想感情、情操、阅历、知识、文化素养、社会职业，直至性格、年龄等。③ 丁金国认为，"所谓风格是使用语文所形成的交际话语的内在本质的外显形态。"④ 郑远汉《言语风格学》、黎运汉《汉语风格探索》《汉语风格学》等都认为风格主体的自身文化因素是制导风格生成的内核。

（二）汉语传统风格论揭示了汉语风格的主导原则——意辞统一

（1）意辞统一是汉语风格的主导原则。意是辞的内容，辞是意的表现形式，

---

① 黎运汉：《论汉语风格学传统》，《浙江树人大学学报》2003 年第 5 期。

② 老舍：《论创作》，上海：上海文艺出版社，1980 年。

③ 郑颐寿：《论文章风格与语言风格》，见程祥徽、黎运汉主编：《语言风格论集》，南京：南京大学出版社，1994 年。

④ 丁金国：《语言风格学的几个问题》，见中国修辞学会编：《汉语修辞学研究和应用》，郑州：河南人民出版社，1997 年。

意与辞统一或质与文统一或内容与形式统一是汉语风格论的又一优秀传统，它是汉语言风格的主导原则。意与辞关系的研究，在我国已有很长的历史。先秦孔子的"辞达""辞巧"辩证观和"质""文"统一说，揭示了文质兼美的修辞、风格的表达原则；孟子的"不以文害辞，不以辞害志"说提出了话语修辞风格的理解原则。这是意与辞统一风格论的先声。自此之后，历代学者对儒家这一传统学说都有继承和发展，西汉董仲舒《春秋繁露》提出了"志为质，物为文，文著于质"的"质文两备"说；东汉王充《论衡》阐述了"名实相副，文质相称"的观点；晋朝陆机《文赋》的"理扶质以立干，文垂条而结繁"，把意理当作根本、主干，把文辞当作枝叶；梁代刘勰《文心雕龙》提出了"文附质""质待文""文质相称"的论点；唐代韩愈《进撰平淮西碑文表》提出"辞事相称"说；宋代苏轼《跋秦少游书》主张"技道两进"。这些都是关于意与辞统一的汉语风格论。

（2）现代汉语风格学继承和发扬了意与辞统一的原则。古代学者的意辞统一论蕴盈着朴素唯物主义因素，现代学者从修辞风格的角度，强调内容与形式的统一，同时又强调内容决定形式，符合辩证唯物主义关于内容与形式辩证统一关系的基本原理。陈望道《修辞学发凡》说："内容形式原是不能截然分开的。我们无法做到形式变而内容不变，或内容变了而形式不变的地步。"[①] 老舍把思想内容与语言形式之间的关系比喻为血和肉，认为"优秀的文学作品必须是内容既充实，语言又精美，缺一不可"，"高深的思想与精辟的语言应当是互为表里，相得益彰的"。[②] 刘大杰在评述辛弃疾语言风格多样化时说："由于他笔下语言的丰富和自由驱使的能力，适应不同的内容，表现出不同的风格。"[③] 拙著《汉语风格学》说："风格创造因表现对象而异，这是一条基本规律。"这都强调风格创造与读解必须遵循意与辞相统一的原则，这是继承和发展汉语传统风格论的体现。

（三）汉语传统风格论论述了汉语风格的基本原则——得体[④]

（1）得体是汉语风格的基本原则。得体就是得当、适度、恰到好处。在日常生活中，人们讲究穿衣要合适、得体。因为合适、得体，不仅使人看着顺眼，还能给人以美的享受。如同穿衣一样，运用语言进行交际也要合适、得体，才会有好的效果。《战国策·宋卫策》中有一则寓言：

---

① 陈望道：《修辞学发凡》，上海：上海人民出版社，1976 年。
② 老舍：《小花朵集》，北京：人民文学出版社，1978 年。
③ 刘大杰：《中国文学史》（中卷），北京：古典文学出版社，1958 年。
④ 黎运汉：《语言风格得体论》，《暨南学报》（哲学社会科学版）1998 年第 4 期。

卫人迎新妇。妇上车，问："骖马，谁马也？"御曰："借之。"新妇谓仆曰："拊骖，无笞服！"车至门，扶，教送母："灭灶，将失火！"入室见白，曰："徙之牖下，妨往来者。"主人笑之。此三言者，皆要言也。然而不免为笑者，蚤晚之时失也。

新妇说的虽是"要言"，却遭到嗤笑，就因为她说话不合时宜，不得体。

得体是汉语言风格生成的最基本的原则和风格理解、评价的最重要的标准。语言风格的得体原则，包括多方面的内容，从文化的角度看，最重要的是应合社会文化背景，即生成和理解话语风格在社会文化因素方面是正确的、合适的。例如中央电视台 2005 年 4 月 26 日 "连战大陆行"专题节目：

记者：这次旅行会很辛苦，你有没有准备什么东西？

连战：希望能够 "未晚先投宿，鸡鸣看早天"。

这里的 "未晚先投宿，鸡鸣看早天"是出自《增广贤文》的一句古谚语，属中国传统文化精华，具有浓烈的民族韵味，是生成含蓄、典雅风格的手段。它提醒古代旅行者要提早投宿，以免在荒郊野岭露宿；出行前，要看看天气，以免被风吹雨淋。连战谙熟中华文化内涵和两岸的社会文化背景，引用来隐喻两岸关系突破要把握时机，及时进行，不要瞻前顾后、拖泥带水，同时又要注意台湾局势和天下形势的变化。这表明他为出访大陆已做好充分的思想和心理准备。因当时台湾内部矛盾激烈，这些话连战无法明说，引用这句古谚语暗喻从中可以捕捉到连战为赴大陆作了充分准备的潜隐性文化信息。

（2）得体是传承中国传统文化的成果。语言运用和语言风格创造讲究得体，这是汉语修辞学和语言风格学公认的基本原则。这个原则是继承和发扬中国传统文化的成果。从先秦两汉修辞学、风格学萌芽时期开始至现代修辞学、风格学的建立和发展时期，都有许多学者非常重视这个原则，有许多精辟的论述。例如，先秦诸子的 "辞达"（《论语·卫灵公》）、"辞巧"（《礼记·表记》）、"言而当"（《荀子·非十二子》）说，以及 "邦有道，危言危行，邦无道，危行言孙"（《论语·宪问》）、"孔子于乡党，恂恂如也，似不能言者。其在宗庙朝廷，便便言，唯谨尔"（《论语·乡党》）、"蛤蟆蛙蝇，日夜而鸣，口干舌擗然而不听。今观晨鸡，时夜而鸣，天下振动"（《墨子·佚文》）等关于言语适应客观环境论，都是属于言语和语言风格得体论的源头。此后很多学者谈论言语和语言风格得体问题都继承发扬了先秦诸子的得体论。例如，汉代董仲舒《春秋繁露》认为修辞手法不是一成不变的，它 "各有所处，得其处则皆是也，失其处则皆非也"。晋朝陆机《文赋》说："若夫丰约之裁，俯仰之形，因而适变，曲有微情。"意即风格的繁简，词句的取舍，篇章的谋设，都要随具体情境来变通。葛洪《抱朴子·疾谬》认为语言运用要 "依因机会，准拟体例，引古喻今，言微理举，雅而可笑，中而不伤，不枨人之所讳，不犯人之所惜"。即适合机会，应合风格，语辞恰当，切合心理语境。宋代陈骙《文则》引用"黡子在颊则好，在颡则丑""凫胫虽短，续之则忧……鹤胫虽长，断之则悲"作喻说明言辞必须得当，"得其处"，适度则美，"失其处"，不适度则丑。明代吴讷《文章辨体·序说》认为"文辞宜以体制为先"，要符合语体风格规范。现代修辞学者胡怀琛《修辞学发微》关于修辞必须适应不同民族、不同地区的风俗习惯的主张，陈望道《修辞学发凡》的"修辞以适应题旨情境为第一义"的观点等，都是很有见地的适应论。当代学者对修辞、语言风格的得体性研究有了比较强烈的自觉意识，不仅明确提出"得体"为修辞、语言风格的基本原则，而且对其作了多角度、多层次的探讨，取得了令人瞩目的成果。例如，张德明《语言风格学》的"繁简得当""隐显适度""华朴相宜"说；黎运汉《语言风格系统论》提出制导因素与物质因素相互适应、融合生成风格的见解；郑颐寿《辞章学概论》指出"文章的写作要注意到语体、文体、风格得当，这条规律就是得体律"；王希杰《修辞学通论》认为"得体性""是评价话语好坏的最重要的标准，也是决定话语表达效果的最重要的因素"，"得体性"要求"选择最合适的风格"；黎运汉《汉语风格学》设专章论述"汉语风格的得体性"等，都是研究语言运用及其呈现出来的风格讲究得体的重要成果。现代汉语风格学把"得体"列为汉语风格的基本原则，是对汉语传统风格论的继承与发展，是从文化角度审视汉语风格的又一体现。

151

（四）汉语传统风格论论述了汉语言风格的根本范畴——表现风格

（1）表现风格是汉语言风格的根本范畴。语言的表现风格又称为修辞风格，它是从综合运用各种风格手段所产生的修辞效果方面来说的，是对一切言语交际的产物——美感形态的话语气氛和格调从多角度多侧面的抽象概括。例如，着眼于话语气势刚柔的是豪放和柔婉；着眼于话语内容所用语言数量多少的是简约和繁丰；着眼于话语传递信息所用语言曲直的是蕴藉和明快；着眼于话语辞彩浓淡的是藻丽和朴实；着眼于话语趣味强弱的是幽默和庄重；着眼于话语语辞雅俗的是文雅和通俗；着眼于话语结构松紧的是疏放和缜密等。表现风格这个术语广泛适用于汉语各种风格类型，它可以用来概括和表现语体风格、民族风格、时代风格、地域风格和个人风格，又存在于这各种风格的话语之中，任何话语都附着这样或那样的表现风格。例如，既可以说专门科学语体的语言风格是谨严平实的，也可以说汉民族的语言风格是简洁、优美的；既可以说"五四"时代的语言风格是豪放的，也可以说相声和喜剧的语言风格是幽默诙谐的；既可以说郭沫若新诗的语言风格是刚健豪放的，也可以说老舍、赵树理的语言风格是幽默的。因此，汉语表现风格是汉语言一切风格现象最本质的概括，是汉语言风格的根本范畴，是处于最上层位置的共性风格。

（2）表现风格论凝聚了汉语传统风格文化的精华。[①] "表现风格"这个术语是汉语现代风格学提出来的，但表现风格的研究源远流长。汉代扬雄的"诗人之赋丽以则，辞人之赋丽以淫"（《法言·吾子》）便是语体表现风格论的萌芽。梁代刘勰《文心雕龙》总结前人的表现风格论，并开拓创新，提出了较为系统的风格论。他在"体性"篇中说："典雅者，熔式经诰，方轨儒门者也。远奥者，馥采典文，经理玄宗者也。精约者，核字省句，剖析毫厘者也。显附者，辞直义畅，切理厌心者也。繁缛者，博喻酿采，炜烨枝派者也。壮丽者，高论宏裁，卓烁异采者也。新奇者，摈古竞今，危侧趣诡者也。轻靡者，浮文弱植，缥缈附俗者也。故雅与奇反，奥与显殊，繁与约舛，壮与轻乖，文辞根叶，苑囿其中矣。"这里不仅归纳了8种表现风格类型，而且给它们下了定义，还揭示了每组两种风格之间的对立关系，找到了其相互联系。刘勰还在"定势"篇中研究了各种文体表现风格的特点：章、表、奏、议——典雅，赋、颂、歌、诗——清丽，符、檄、书、移——明断，史、论、序、注——核要；在"通变"篇中论述了时代表现风格：唐尧时代语言风格淳厚而质朴，虞舜、夏禹时代语言风格质朴而明晰，商、周时代语言风格华丽而典雅，楚汉时代语言风格夸张而美艳，魏晋时代语言风格浮浅而绮靡，刘宋初年的语言风格诡诞而新奇等；在"体性"篇中探索了作家个人语言的表现风格：贾谊清新，司马相如夸张，扬雄含蓄，刘向明晰，班固绵密，张衡藻丽，王粲明快，刘桢雄壮等。此后，唐代释皎然的《诗式》、司空图的《二十四诗品》，宋代严羽的《沧浪诗话》、陈骙的《文则》，明代屠隆的《鸿苞集》、费经虞的《雅论》、胡应麟的《诗薮》，清代袁枚的《续诗品》《随园诗话》、姚鼐的《诗辨》、刘大櫆的《论文偶记》，以及近代当代的修辞学、风格学论著等，都对语言的表现风格作了研究，有的阐述了其含义和特征，有的归纳了其类型。

现当代修辞学、风格学从语言学的角度切入，着眼于修辞、风格立论，研究表现风格与古人从文体的角度研究表现风格有承传关系，但有质的区别。陈望道《修辞学发凡》从内容和形式的比例、气象的刚强和柔和、话里辞藻的多少、检点工夫的多少等侧面，将语言表现风格分为4组8种："简约和繁丰，刚健和柔婉，平淡和绚烂，谨严和疏放。"并对其特点及其构成的风格手段进行分析、说明。这种表现上的分类，是从语体的不同修辞效果着眼，在"多样性的风格中归纳""共同特点"而建立的风格类型。这种分析、研究的突出特点是从语言表达手段入手研究表现风格，突破了传统的文体表现风格研究的旧套，使表现风格从文体学、文艺学中分离出来成为相对独立于修辞学和风格学之内的表现风格

152

---

① 黎运汉：《论汉语风格学传统》，《浙江树人大学学报》2003年第5期。

论。① 张静主编的《新编现代汉语》"修辞风格"篇正式提出了"表现风格"这个术语，书中说："根据表现手法的异同，可以把语言风格分为几种类型。表现风格，就是这些风格类型的总称。语言的表现风格，是相当复杂纷繁的。……根据我国传统的分析法，结合现代汉语的实际，我们把表现风格分为以下三组相互对立的类型：藻丽—平实，明快—含蓄，繁丰—简约。"② 这里揭示了表现风格的含义，指出了其主要类型。自此以后，现代汉语教材"修辞风格"篇、修辞学、风格学普遍采用这一术语，并从多个方面对其进行阐述。丁金国、郑颐寿的风格学系列论文，张德明、黎运汉、王焕运的风格学专著都有专章论述表现风格。例如，黎运汉的《汉语风格学》对表现风格的渊源、含义、类型、形成和各种表现风格的生成规律都作了比较全面而深入的研究。③ 郑荣馨的《语言表现风格论——语言美的探索》论析了表现风格的定义、研究现状和研究意义、研究方法、形成原因，划分了类型，具体分析了 16 种表现风格等，是一本从语言美的角度探讨语言表现风格的专著。④

汉语风格学历经不断生成、丰富和发展的阶段，有着十分丰富的内容，上述四个方面是其中最重要的优秀传统。它是中华文化优秀传统宝库中的重要成员。现代汉语风格学就是循着继承这一优秀传统并吸收外国的、其他学科的成果后不断创新开拓的规律建立和发展起来的。从文化视角审视汉语风格就是继续沿着汉语传统风格论和汉语风格学发展趋势向前发展，走向成熟，走向科学化。

153

[载于《烟台大学学报》（哲学社会科学版）2010 年 4 月]

---

① 黎运汉：《汉语风格探索》，北京：商务印书馆，1990 年，第 40 页。
② 张静：《新编现代汉语》（下册），上海：上海教育出版社，1980 年。
③ 黎运汉：《汉语风格学》，广州：广东教育出版社，2000 年。
④ 郑荣馨：《语言表现风格论——语言美的探索》，合肥：安徽大学出版社，1999 年。

汉言语风格成因的文化机制

汉言语风格是运用汉语呈现出来的风格，即语言学界常称的汉语言风格或语言风格，简称风格。它是华夏民族言语交际的产物，是交际参与者在主客观因素制导下，运用汉语表达手段的诸特点综合呈现出来的一种美感形态的言语气氛和格调。它涵盖表现风格、语体风格、民族风格、时代风格、地域风格、流派风格和个人风格等。

文化的含义有广义和狭义之分。本文持广义说，把文化看作人类在认识、改造自然和社会的实践过程中所创造的物质文明和精神文明的总和，而汉文化是指以汉民族为主体的中国各民族共同创造的文化，或称中国文化、中华文化、华夏文化。其外延分为：物质文化、制度文化、精神文化、语言文化。这四者既有联系，又有区别，它们相互依存，相互制约，相互促进，共同构成一个完整统一体。

汉言语风格和汉文化都是汉人心智活动的成果，它们相生相长，相依为命，互融互动。汉言语风格是汉文化积累和成熟的产物，是汉文化的凝聚体和汉文化的建构与承传手段。因此，联系汉文化来研究汉言语风格，或者透过汉言语风格来了解汉文化都很有理论意义和实用价值。本文只从汉文化的角度切入，探讨汉言语风格成因的理据。

一、汉文化——汉言语风格生成的制导因素的基因

制导因素包括言语交际参与者、表现对象、交际语境和语体。交际参与者包括表达主体和接受主体，这是主体因素，或叫主观因素；表现对象、交际语境和语体是客体因素，或叫客观因素。

（一）主体因素

1. 表达主体创造风格受自身的文化因素制导

表达主体即言语表达者，分为个体和群体。个体即表达主体个人；群体是指团体、组织、民族、国家的代言人。这是语言风格生成的首位主体因素。

表达主体创造语言风格受自身的文化因素直接影响和制约。法国风格学家布封（Buffon）说："风格即人。"[①] 美学家黑格尔说："法国有一句名言：'风格就

---

① 布封：《论风格》，上海：上海译文出版社，1957 年。

是人本身.'风格在这里一般指的是个别艺术家在表现方式和笔调曲折等方面完全见出他的人格的一些特点."① 二者说话的内涵都涉及风格创造主体的心理文化. 我国《周易》的"修辞立其诚"是中国传统文化的精华, 是汉语修辞学传统的核心. 它倡导修辞"人言合一", 修辞与修德、修身、立业紧密结合, 强调"诚"对修辞的制导作用. 这种修辞观反映在汉语风格学里, 就是强调语用主体自身的内部因素在语言风格生成中的制导作用.《周易·系辞》说:"将叛者其辞慙, 中心疑者其辞枝, 吉人之辞寡, 躁人之辞多, 诬善之人其辞游, 失其守者其辞屈." 这是最早的关于人的自身因素不同造成语言风格差异的论述. 其后, 西汉司马迁评价《离骚》的风格时说:"其文约, 其辞微, 其志洁, 其行廉, 其称文小而其指极大, 举类迩而见义远. 其志洁, 故其称物芳, 其行廉, 故死而不容自疏. 濯淖污泥之中, 蝉蜕于浊秽, 以浮游尘埃之外, 不获世之滋垢, 皭然泥而不滓者也. 推此志也, 虽与日月争光可也."(《史记·屈原贾生列传》) 他认为《离骚》文约辞微, 意旨深远, 与作者屈原高洁的志向密切相关; 梁代刘勰《文心雕龙·体性》把文章风格归纳为"典雅、远奥、精约、显附、繁缛、壮丽、新奇、轻靡"八种, 认为这些不同的风格是作者内存的"情性"、天生的"才"和"气"以及后天的"学"和"习"等方面的不同所造成. 此外, 唐代释皎然的"风格外彰, 体德内蕴"(《诗式》), 宋代苏轼的"其文如其为人"(《答张文潜书》), 元代杨维桢的"评诗之品无异人品也"(《赵氏诗录序》), 明代宋濂的"身之不修, 而欲修其辞, 心之不和, 而欲和其声……决不可致矣"(《文说·赠王生黼》) 等, 都是人的自身因素制约风格生成这种风格文化观的体现. 现代学者继承和发扬了古代风格文化观的精华, 十分强调人自身的文化因素对语言风格生成的统帅或制导作用. 老舍说:"风格与其说是文字的特异, 还不如说是思想的力量."② 郑颐寿认为风格的形成有"内格素"与"外格素","内格素"是形成风格的内蕴情志, 是风格的内核, 包括表达者的世界观、思想感情、情操、阅历、知识、文化素养、社会职业等.③ 丁金国认为,"所谓风格是使用语言所形成的交际话语的内在本质的外显形态"④. 郑远汉《言语风格学》⑤、黎运汉《汉语风格探索》⑥ 等都认为风格主体自身的因素在风格生成中

155

---

① 黑格尔:《美学》(第1卷), 上海: 商务印书馆, 1979年, 第378页.

② 老舍:《论创作》, 上海: 上海文艺出版社, 1980年, 第100页.

③ 郑颐寿:《论文章风格与语言风格》, 见程祥徽、黎运汉编:《语言风格论集》, 南京: 南京大学出版社, 1994年, 第171页.

④ 丁金国:《语言风格学的几个问题》, 见中国修辞学会编:《汉语修辞学研究和应用》, 郑州: 河南人民出版社, 1997年, 第206页.

⑤ 郑远汉:《言语风格学》, 武汉: 湖北教育出版社, 1990年.

⑥ 黎运汉:《汉语风格探索》, 上海: 商务印书馆, 1990年, 第43页.

起制导作用。借鉴中外学者风格理论的精华，我们认为直接制导表达主体创造风格的自身因素最重要的是文化因素，包括自身所属的群体的和个人特有的，诸如思想感情、人格志向、性格气质、文化素养、审美情趣、生活经历等。这些因素对表现风格、民族风格、时代风格、地域风格和个人风格都有影响，而在语体风格中则有不同的影响。大体说来，对谈话语体风格、文学语体风格影响最大，对政论语体风格、演讲语体风格也有影响，而对科技语体风格和公文应用语体风格则影响甚少。

2. 接受主体读解再创造风格受自身的文化因素制约

语言风格是言语交际的产物，言语交际是表达与接受的双向文化交流，其话语的风格是双方的文化价值评判，因此，双方都是风格生成的主体。他们在同一言语过程中相互制约，相辅相成，互为因果，共同生成语言风格。前者是首要创造因素，后者是读解再创造因素。接受主体对风格的生成起着不可或缺的作用：除了制约表达主体创造风格，尤为重要的是使风格成为现实性。钱锺书说："作家的创作过程一旦结束，就出现了物化的审美新现实，它的存在形式就是作品本身，这是一种静态的存在。还有一种动态的存在，这就是作品得以流传、获得生存的存在。"① 表达主体创造风格的过程一结束，风格的本质就客观地存在于表达者的言语作品之中。表达者所追求的理想风格，在其言语作品中只具有可能性，尚未成为现实性。接受美学告诉我们，文学作品的社会意义与美学价值，只有通过接受者的欣赏这一审美再创造的活动才能得到呈现，作为美学形态的语言风格，其美学价值也只有通过接受者的审美再创造活动才能得到呈现。一个语篇、一部作品是什么表现风格，其品格的高下优劣都是靠读者或评论者来揭示、显现的，没有他们的认同、显现，风格仅仅是言语作品中的潜藏现象。

风格创造是一种文化行为，是受表达主体自身的文化因素的影响和制约的；风格读解再创造作为与风格创造同构逆向的对应活动，也是一种文化行为，受接受主体自身的文化因素制约，这可用传播学理论作证。美国传播学研究者雷蒙德·鲍尔认为，在可以获得的大量（传播）内容中，受传者中的每个成员特别注意选择那些同他的兴趣有关、立场一致、信仰吻合并且支持他的价值观念的信息，他对这些信息的反应受到他的心理结构的制约。……现在可以看到，传播媒介的效果在广大受传者中远不是一样的，而是千差万别的。这是因为每个人在心理结构上是千差万别的。② 在语言风格的认知、显现活动中，不同的认知主体由于个人文化因素不同，对同样的风格现象，都常常会出现"仁者见仁，智者见

---

① 钱锺书：《新理性精神文学论》，武汉：华中师范大学出版社，2000 年，第 85 页。

② 中国社会科学院新闻研究所世界新闻研究室编：《传播学（简介）》，北京：人民日报出版社，1983 年，第 95 页。

智"，乃至完全不同的认知结果。

（二）客体因素

1. 表现对象是客观事象在表达主体的精神文化中的折光

表现对象指的是言语作品中所表达的思想内容，即古代所称的"意"。古人十分重视"意"。早在梁代，刘勰等就已提出"意在笔先"，"意"先"辞"后，遣"辞"以"意"为依据的原则。陈望道《修辞学发凡》强调，修辞要讲究"适应题旨情境"。"题旨"就是言语作品的"意"。"意"按《说文解字》："志也。"段注："志即识，心所识也。""志"从何来？《乐记》与《毛诗序》指出："志"产生的根源在于"物"，在于"世""事"（所谓"治世""乱世""一国之事""天下之事"）。这里对"志"源于"物"的解释是符合唯物主义的反映论的。刘勰《文心雕龙·定势》明确指出，风格与言语作品所要表达的对象和意旨密切相关，他说："以模经为式者，自入典雅之懿；效《骚》命篇者，必归艳逸之华；综意浅切者，类乏酝藉；断辞辨约者，率乖繁缛。譬激水不漪，槁木无阴，自然之势也。"所以要根据客观的表现对象，变化主观的"情"，"因情立体，即体成势"。即按照思想感情来确定体制，顺着体制来生成风格。19 世纪德国语言学家、文艺理论家威廉·威克有比刘勰更明晰的说法："风格是语言的表现形式；一部分被表现者的心理特征所决定，一部分则为表现的内容和意图所决定。"① 风格的表现内容源于客观存在的事象。客观事象丰富万千，不同的事象需要不同风格的语言来表现。秦牧说："写各种各样的事物，应该有各种各样的笔墨，写'三万里河东入海，五千仞岳上摩天'一类的事物，和写'小荷才露尖尖角，早有蜻蜓立上头'一类的事物，文字风格怎能一个样呢？我们的笔墨，有时应该像怒潮奔马那样豪放，有时又要像吹箫踏月那样清幽；有时应该像冬冬雷鸣的战鼓，有时又应该像寒光闪闪的解剖刀。"（《散文创作谈》）风格创造因表现对象而异，这是一条基本规律。

表现对象作为话语风格的思想内容，它是客观事物或现象在表达主体的头脑中经过精神文化折光的产物。列宁说："物、世界、环境是不依赖于我们而存在的。我们的感觉、我们的意识只是外部世界的映象；不言而喻，没有被反映者，就不能有反映，被反映者是不依赖于反映者而存在的。"（《唯物主义和经验批判主义》）客观事象是第一位的，没有客观事象，就没有表现对象，就没有言语交际的内容，也就没有语言风格。但是风格现象中所蕴含的事象并非客观事象原形，它是表达主体对要表现的客观事象的认识、感受而反映出来的意象。它源于客观事象，而意涵又比客观事象更加丰富，既包括客观事象的理性意义，又蕴含着表达主体对客观事象的认识、感受以及愿望和感情等文化意义和美学意义。它

---

① 王元化：《文学风格论》，上海：上海译文出版社，1988 年，第 3－6 页。

是表达主体的精神文化作用于客观事象的融合体。所以单纯客观事象没有经过表达主体对其作精神文化折光，就不成为风格的表现对象。客观事物或现象成为风格现象中的表现对象，体现出表达主体所要表达的思想内容是受到表达主体的思想感情、价值观念、审美情趣等文化因素制约的，表现对象受这些因素制约所形成的思想内容也就带有民族文化的烙印。不同民族的表达主体，其笔下的同一表现对象是这样，同一民族的表达主体由于各自的文化特征，对同一客观事象反映的思想内容也会不同。由其生成的语言风格也就有差异。例如，《水浒传》的作者认为梁山好汉是劫富济贫、替天行道的大英雄、大豪杰，深为他们的侠义精神所感召；而《荡寇志》的作者则认为他们是杀人放火、无恶不作的强盗，对其深恶痛绝，因此，二者描写他们的话语风格明显有别。

2. 交际环境的核心因素是社会文化

交际环境含多种因素，而社会文化是其核心因素。社会文化中最重要的是政治文化和心理文化。政治文化属于制度文化范畴，它在制度文化诸因素中处于核心地位。它具有制导性功能，汉语里很多风格手段，以及由其生成的气氛格调，都是在政治文化制导下生成的。

北宋初年的西昆体，语言风格华丽，雕章砾句，玩弄辞章典故，其动因正如梁昆所说："盖时又丰泰，民生充裕，始能生艳丽文章，雍和之雅音；苟残伐互迭，民生憔悴则糊口不暇，安望其文章典雅？西昆诸公，生当飒飒盛世，受境遇之融沐，故于不知不觉中而造成西昆体。"（《宋诗派别论》）在封建社会里著书立说的人怕得罪统治者，遭受杀身之祸，所以写文章常常如董仲舒评论《春秋》时所指出的，不能不借助于"微其辞"的表达方式，把文章写得隐晦曲折，让人不易从字面上看出来。鲁迅杂文语言风格大都很隐晦曲折，正如他自己所说："这些短评，有的由于个人的感触，有的则出于时事的刺戟，但意思都极平常，说话也很晦涩……"（《〈伪自由书〉前记》）其原因盖出于当时的政治文化背景，那时他处于黑暗势力统治下，言论不自由，所以写文章只好借助于"微其辞"的表达方式，写得隐晦曲折。

心理文化是人类改造主观世界的活动方式及其产物，是对客观事物的反映。这种文化对人们的言行举止直接起制导作用，语言风格的创造与读解都受其制约。

心理文化，包括社会心理、民族心理和个人心理。社会心理是群体心理，是指生活在同一社会中的人们的心理共同现象。例如，社会政治思潮、社会价值观念、社会道德观念、社会审美情趣等。社会心理是处于人们心理形态的最高层面的现象，它影响和制约着同一社会人们的一切社会行为。语言风格的创造和读解属人们的社会行为，当然也受到社会心理影响和制约。民族心理是社会心理扩展到国度、民族层面的一种群体心理，是同一民族人们共同的心理现象，包括民族情感、民族思维方式、民族价值观念、民族道德观念、民族审美心理等，它也对语言风格的创造和读解起影响和制约作用。拿风格手段来说，指称同一事物的话语在不同民族、不同国家的人看来，其内涵往往有差别，特别是话语的附加意义。个人心理是在社会心理、民族心理的主导下，因个人因素的不同而呈现出来的社会个体自身的心理现象。例如，个性价值观念、个性伦理道德观念、个性审美观念，以及个人的气质、意志、需要、情感等都属于个人心理范畴。在话语风格创造中，表达主体说什么、写什么，为什么说、为什么写，如何说、如何写以及接受主体对表达主体的话语风格如何理解、如何阐释，也同个人的心理因素密切相关。

3. 语体是规范风格的客观文化因素

语体是因交际领域、交际目的、交际对象和交际方式的不同而形成的言语特点的综合体。它是民族文化的历时性积淀，是全民族约定俗成的语用结晶，具有相对的稳定性、客观存在性和社会约定性。它对人们的语言运用大都有制约性，因而，运用语言创造风格"先须辨体"①，注意"语不离体""明体定势""即体成势"。否则，"失其体制，虽浮声切响，抽黄对白，极其精工，不可谓之文矣"（宋儒倪思语，见明吴讷《文章辨体序说》）。

例如，湖南石门县宣传部曾发公函："卑鄙小人，犹如一条丧家之犬；他的眼光阴冷可怕，面貌令人可憎，让人第一眼看了就觉得是个黄鼠狼，不是个好东西。"（《官方公文岂能学泼妇骂街》，《广州日报》，2009 年 11 月 8 日）这些字眼都用来形容《中国妇女报》湖南记者站的一名工作人员。公函属公文语体的分支，具有很强的实用性和严肃性。它遣词文雅，用句朴实，不设格，有一定格式，风格基调是简洁、质朴、庄重，切忌冗长芜杂、辞藻华丽、粗俗无礼。而上引语例却用了咒骂、丑化、侮辱表现对象的粗俗词句和辞格，语言格调繁杂、庸俗低下，很不得体。其错误就在于用文艺语体的笔调去写公文，用的风格手段及其综合呈现的格调都与公文语体风格相悖。

同理，读解言语作品，评判语言风格也须"辨体"，因为任何言语作品都归属于一定的语体，不同的语体有不同的表现风格，语体风格不同，内涵信息也就有别。如果把风格绚丽繁丰的文艺作品错作公文或科技作品去读，就不可能正确理解其真正内涵和美学信息；反过来，如果把公文、科技作品当作文艺作品读解，认为它枯燥乏味，就会误事。因此，听读理解言语作品也要如刘勰所说，把"观位体"摆在首位："将阅文情，先标六观：一观位体，二观置辞，三观通变，四观奇正，五观事义，六观宫商。斯术既形，则优劣见矣。"（《文心雕龙·知音》）古人的"辨体""位体"的"体"指的是文体。现代语言学也重视"体"，

① 吴讷：《文章辨体序说》，北京：人民文学出版社，1962 年，第 9 页。

但指的是"语体"。1956—1962年全国语言科学规划指出："这项研究（语体研究）对语言实践有着重大的指导意义，必须逐步展开。"张弓先生说："学习语文而不懂得语体的功能和特点，就不会使用汉语。我们的日常谈话，写文章都离不开语体，可以说语体是我们用汉语表达思想和言语交际必须遵守的体式。"①程祥徽说："在交际中不论你使用何种语言，首先要服从的是语体""语体风格是最重要的风格，它在各种风格中居领先地位"。② 丁金国认为，"语言运用的核心是语体意识"，语用必须"明体定势"。③ 各种语体之间在风格手段的使用上有不同的要求和内部特征的区别。因此，不同的语体对不同的修辞手段和风格手段都有不同的适应性和封闭性，呈现出不同的特点和气氛格调。从总体上说，风格手段的运用和气氛格调的构建，都必须遵守语体规范，为语体服务。

二、汉文化——汉言语风格生成的物质因素的母体

风格形成的物质因素指的是风格手段，它主要由语言三要素表达手段及其语用变体中具有审美功能即风格色彩的成分和没有风格色彩与具有风格色彩的成分配合，也能体现风格的成分组成，超语言要素中具有风格色彩的表达手段也是其组成一员。

汉语要素和超语言要素之中都有丰富多彩的风格手段，它们产生的母体都是汉文化，这集中表现在两个方面。

（一）孕育于汉语言文化

汉语言文化包含汉语三要素文化（语音文化、词汇文化、语法文化）和超语言要素文化，它是制度文化和精神文化作用于物质文化的产物，又是物质文化、制度文化、精神文化的载体和表征。汉语三要素和超语言要素都有自己的民族文化特点，孕育于其特点，可生成丰富多彩的风格手段。

1. 孕育于汉语要素文化特点

汉语的音节结构分声、韵、调三个部分，元音在音节中占主要地位，容易合辙押韵，响亮悦耳；声调分平仄，能产生抑扬顿挫的音乐美；双音节词占优势，单音节词和多音节词并存，组合灵活，容易造成音节和谐匀称的音律效果。根据这些特点，可以构成各种风格手段。例如，按声调变化和音节长短，人们将四声分为平仄。协调平仄是汉语音乐美的一种特有的风格手段，它能使话语表现出鲜明的民族风格，常为文学语体特别是其韵文体所用，生成生动性、音乐性的风格

---

① 常敬宇：《语体的性质及语用功能》，《修辞学习》1994年第4期，第25页。
② 程祥徽：《语言与沟通·语体先行》，澳门基金会，1995年。程祥徽、黎运汉主编：《语言风格论集》，南京：南京大学出版社，1994年，第22、109页。
③ 丁金国：《语体风格分析纲要》，广州：暨南大学出版社，2009年。

特点。用韵，既可体现表现风格，也可体现语体风格。例如，韵母较为洪亮的中东韵、江阳韵等通常用于表达赞美、勇敢、坚强、愉快、兴奋、慷慨激昂的感情，表现出豪放、雄壮的风格；韵母比较柔和、细微的一七韵、姑苏韵等通常用于表达缠绵、忧郁、悲痛、哀怨的感情，表现出柔和、纤细的风格。押韵是文学语体，特别是其韵文体常用来构成音乐美的手段。

周祖谟说："风格是指从语言实际运用中表现出来的修辞色彩来说的，不同的词具有不同的风格是有一定的社会性的，风格学所要研究的就是带有不同色彩的形式（包括词、词组和句法）在使用上的规律性。我们了解了词在使用上的不同风格，在运用语言表达思想感情的时候就可以恰当地选择我们所需要的词。"① 高名凯认为："许多风格色彩和表情色彩都是由同义词表现出来的，不论这种风格色彩或表情色彩是由隐喻、对比或换喻等方式表现出来的，……此外，对运用古语词汇成员、新词汇成员、外语词汇成员、社会方言词汇成员、口语词汇成员等研究也与风格有关，只要这些成分被用来构成某种言语风格。"② 二位如此重视词汇风格手段在语言风格生成中的重要作用，并明确指出哪些词汇具有风格色彩成分，这是很有见地的。

在汉语丰富的词汇宝库中，有各种各样的风格色彩的词语可作风格手段。例如，很多成语、谚语、歇后语、惯用语以及反映特有事物和民族习俗的词语，其母体都是汉文化，都有特定文化意蕴和浓厚的民族色彩，用于说话写文章很能体现出民族风格。有些词汇是在特定的时代产生和使用，反映特定的社会生活内容的，而这样的词汇大都有特定的文化内涵和时代风味，是构成语言时代风格的重要因素。有些词语除了表达一定的理性意义之外，还具有色彩意义。具有不同色彩意义的词语，都可以用来体现不同的语言风格。例如，具有语体色彩的词语，可用于不同的语体体现不同的表现风格；具有形象色彩的词语，能给人具体形象的感受，常用于文学语体，体现优美绚丽的风格；具有地方色彩的词语，用于文学语体既可表现地域风味，也能体现个人风格特点；专门词汇如科学术语、政治术语、公文术语也具有风格色彩，可以表现语体风格；科学术语是应科学上的发明创造而产生的，具有时代色彩，运用于科学语体，能体现时代风格。

语法风格手段最突出的有短句和长句、常式句和变式句。短句是汉语优良传统之一，最能体现汉语言民族风格；它节奏明快，干脆有力，又是造成语言短促、雄壮气势的要素；它结构单纯，短小精悍，构成简洁风格。长句结构复杂，内涵丰富，能严密地论述问题，有较强的逻辑力量，多用于书卷语体，尤其是政

161

① 周祖谟：《汉语词汇讲话》，北京：人民教育出版社，1958年，第84页。

② 高名凯：《语言风格学的内容和任务》，见北京大学中文系《语言学论丛》编委会编：《语言学论丛》（第四辑），上海：上海教育出版社，1960年，第32页。

论语体和专门科学语体。它是构成精确性、严整性、逻辑性的风格手段，又是体现丰繁风格的成分。常式句适用于各类语体，构成平实自然的风格；变式句有突出强调的作用，常给人以奇巧之感，是文学语体常用的风格手段。书面语句式与口语句式、文言句式和白话句式等，也都各有不同的风格色彩，或是庄重或是活泼，或是典雅或是朴素，或有异域风味或有民族特色等。

综上可见，孕育于汉语要素文化特点的风格手段是十分丰富的，它们是汉言语风格手段系统的核心部分。

2. 孕育于超语言要素文化特点

人们进行交际，不仅选用语言要素中的表达手段，而且使用语言要素之外的表达手段。因此，形成语言风格的物质因素，不仅有语言要素方面的，也有超语言要素方面的。所谓超语言要素的风格手段，是指超出了语音、词汇和语法范围的风格手段。

汉语中孕育于超语言要素文化特点的风格手段也是丰富多彩的。其中修辞格是最主要的。古罗马的美学家郎古努斯在《论崇高》一文中曾指出，形成崇高风格的因素之一是"修辞格的妥当运用"①。张寿康说："现在政论语体存在着成系统地运用排用修辞形式的现象。……这种成系统的排用修辞形式是构成政论语体的语言风格的一种因素。"② 汉语修辞格丰富多彩，富有艺术魅力，它们在汉语言风格的形成中具有十分重要的作用。大体说来：运用夸张、排比、反复、反诘和联珠等有助于形成豪放、雄浑的风格；运用婉曲、双关、拈连、反语、借代和比喻等有助于构成蕴藉含蓄的风格；运用仿拟、反语、双关、借代、拈连、夸张、比喻、降用、析字等有助于构成幽默的风格；运用比喻、比拟、夸张、摹拟等能表现出藻丽的风格。汉语特有的修辞格如镶嵌、仿词、对偶、拆字、析词、飞白等是汉语言民族风格的标志。新生的辞格，如换算、别解、新典等可以体现时代风格。

文章的篇章结构，我国传统的辞章学称为"章法"。章法中有各种各样的风格手段，可以体现不同的风格特点。例如，诗歌在章法中很讲究分行排列美。而采用什么方式排列，就体现出不同的风格特点。例如郭小川常用半自由体，贺敬之则常用楼梯式。

不同的语体，对篇章组织有不同的要求，采用不同的构篇手段，生成不同的风格。例如，标题、文学语体常用修辞格，如《暴风骤雨》（比喻），《不老松》

---

① 张德明：《试论语言修辞和语言风格》，见中国修辞学会编：《修辞学论文集》（第二集），福州：福建人民出版社，1984 年，第 146 页。

② 张寿康：《政论语体的排用修辞系统》，《语言论集》（第一辑），北京：中国人民大学出版社，1980 年，第 56 页。

162

（借代），《爱情啊，你姓什么》（呼告），体现出形象、生动的风格特点；公文事务语体的标题不用修辞格，如《中华人民共和国宪法》《中华人民共和国全国人民代表大会公告》就表现出平实的风格。文学语体在组段成篇中经常选用各种风格手段形成语言波澜。而公文、科学论文却侧重于对形成段落连贯、结构严密的风格手段的选用，增强语言的严密性。此外，层次的安排、开头和结尾等都有不同的风格手段。例如，结尾寥寥数语，戛然而止，便表现简洁、明快的风格；收尾后再叙，循环再论，则表现疏放、繁丰的风格。此外，利用汉字形体和标点、图形和符号等的特点创设辞趣都可生成各种表现风格手段。

（二）导因于物质文化、制度文化和精神文化

汉语风格手段无论是孕育于语言要素的，还是出自超语言要素的，其产生的导因都是汉民族的物质文化、制度文化和精神文化。所谓导因即由于反映和传承某种文化现象的需要，而在某种物质文化或制度文化或精神文化的导引下，根据语言文化的某种特点创造某种风格手段。

1. 导因于物质文化

物质文化是指人类创造的物质财富的总和，它"是人针对自然界而创造的，是经过改造了的自然存在物"①，既包括人类利用自然条件而创造出的为人们生活所需要的各种有形实物所表现出来的文化，也包括与特定地区的人们生活十分密切而使人们对之产生各种不同感情和认知的自然物与自然现象所表现出来的文化。物质文化所反映的是人与自然的关系，具有获取与创造的功能，它是整个文化系统不断发展的基础和动力。② 物质文化与人们的社会生活息息相关，是人类赖以生存和发展的物质基础，人类需要反映和传承这类物质文化，就需要创造它的载体语言，也就是说反映和传承物质文化的需要，促使蕴含物质文化的语言现象的产生。

汉民族的物质文化非常发达，导因于物质文化的语言手段丰富多彩，它们都带有这样或那样的风格色彩，可作各种语言风格手段。语例：

①口中问饮食，腰间索孔方。

（邱暖《投笔记》十六）

②光阴流逝如箭，科技迅猛发展，计算机技术跨入时代的 1993 年。我们未曾忘记对广大用户的承诺，更无法割舍对老朋友如丝如缕的挂念。

（计算机软件广告）

③台湾邮政部门曾在 1999 年 8 月发行了以祖国八大菜系为主题的美食邮票，

---

① 何云波、彭亚静：《中西文化导论》，北京：中国铁道出版社，2000 年，第 65 页。
② 邢福义：《文化语言学》，武汉：湖北教育出版社，1990 年，第 2 页。

163

每套8枚，共发行250套。其中第一枚为台湾菜"牡丹龙虾"，承袭了闽菜特色；第二枚是福建菜"佛跳墙"，以清淡酸甜为主，传说这道菜起源于宋代，是用海参、鲍鱼、干贝、鱼翅、鱼唇、鸽蛋等十八种高档原料密封在酒坛中微火煨制而成的；第三枚是广东菜"广式拼花"，收有各地菜系的精华；第四枚是江浙菜"东坡肉"，注重原汁原味，讲究火候；第五枚是上海菜"红烧下巴"，卤汁醇厚，色泽鲜亮；第六枚是湖南菜"宝贵鸡"，芡大油重，讲究入味；第七枚是四川菜"鲤跃龙门"，以麻辣见长；第八枚是北京菜"北京烤鸭"，精雅华贵，讲究色形香味及营养。这八大菜名，充分显示了汉民族饮食文化的丰富多彩。

（黄碧云《中华美食与美辞》）

④万笏朝天：笏是古代文武百官上朝时捧在手里，用来指通或者记事的狭长的板子，是用玉石或者竹子做成的。这一片石林拔地而起，竖着看如虎牙，横着看如锯齿，从下往上仰视，就如万官朝贺天尊时手持的玉笏，人称万笏朝天。

（江西上饶《三清山景点导游词》）

例①"孔方"原指铜钱中的方孔，以"孔方"指钱是借代，是导因于古代钱文化的物质成果。它言此意彼，既是汉语言民族风格的标志，又是生成含蓄、典雅表现风格的手段。例②弓箭是古代人们发明的一种常用于狩猎、作战的工具。人们在制造、使用箭的过程中，对箭有着深刻的认识，并赋予它多种文化含义。中国古代人们认为箭是速度最快的，常用箭来比喻速度快，成语"光阴似箭"和这里变化为"光阴流逝如箭"都是源于箭文化。它是生成汉语言民族风格的手段。"计算机技术"和"计算机软件"源于现代科技文化，能体现汉语的时代风格。例③的"牡丹龙虾""佛跳墙"等美食名字是导因于"吃文化"的美辞。俗语说"民以食为天"，汉民族素来崇尚"吃文化"，因而"中华民族有两样绝活——美食和美辞，被公认为世界第一"[1]。汉语里反映美食的美辞丰富多彩，它们都有特定的文化意蕴，很能体现出汉语言民族风格，而且具有优美、含蓄、有趣的韵味。例④"笏"是古代的物质文明，"如虎牙""如锯齿"的"石林"是自然存在物，导游取"石林"和"万官朝贺天尊时手持的玉笏"的相似点，称"石林"为"万笏朝天"，便成为改造了的"第二自然物"。这是缘起于汉民族物质文化而生成的体现汉语言民族风格和优美风格的手段。

2. 导因于制度文化

制度文化是指人们改造社会的活动方式及其产物。它是人们在处理人与人、个体与群体在物质财富创造过程关系中所形成的种种制度，以及与之相关的理论、规范等。而语言作为个人与他人、个体与群体之间进行社会交际活动的工

---

① 沈谦：《修辞学·自序》，台北：敦绎文化事业股份有限公司，1992年，第1页。

具，正如英国学者布赖思·福斯特所说："（语言）并非存在于真空之中，社会、政治、宗教和技术等各个方面的变动均对语言发生很大影响。"（《变化中的英语》）语言风格作为运用语言的产物，它必然受到制度文化的影响和制约。汉语里孕育于制度文化的风格手段是无法胜数的。例如：

⑤天子之妃曰后，诸侯曰夫人，大夫曰孺人，士曰妇人，庶人曰妻。

（《礼记·曲礼》）

⑥特区是个窗口，是技术的窗口、管理的窗口、知识的窗口，也是对外政策的窗口。

（邓小平：《办好经济特区，增加对外开放城市》，1993 年）

⑦"父母之命，媒妁之言"，这是中国古代婚姻的特色，后来，媒妁之言依然以各种形式存在，比如亲友做媒、报刊征婚、婚姻介绍所……

媒人在传说中的形象不错，如月老、老槐树、红娘等，不过在现实生活中往往不是正面人物。戏剧中媒婆的造型，绝大多数看起来可笑或者可恶。

QQ、MSN、BBS，如今这些网络媒婆让现代男女选择面大大扩展。

（朱辉：《媒妁之言》，《广州日报》，2009 年 7 月 19 日）

⑧家中却一律忙，都在准备着"祝福"。这是鲁镇年终的大典，致敬尽礼，迎福接神，拜求来年一年中的好运气的。杀鸡，宰鹅，买猪肉，用心细细的洗，女人的臂膊都在水里浸得通红，有的还带着纹丝银镯子。煮熟之后，横七竖八的插些筷子在这类东西上，可就称为"福礼"了。五更天陈列起来，并且点上香烛，恭请福神们来享用；拜的却只限于男人，拜完自然仍然是放爆竹。年年如此，家家如此，——只要买得起福礼和爆竹之类的，——今年自然也如此。

（鲁迅《祝福》）

上述例⑤、⑥、⑦、⑧是分别导因于政治、经济、婚姻和习俗文化的言语现象，丰富多彩，既有规范修辞，也有变异修辞，都富有中华文化的内涵，都可作汉语言民族风格、时代风格手段和语体表现风格手段。

3. 导因于精神文化

精神文化是人们改造主观世界的活动方式及其产物，是对客观事物的反映，诸如思维方式、价值观念、社会心态、审美情趣、道德情操和文学艺术等都属精神文化的范畴，它是在物质文化、制度文化的基础上形成的有关观念形态方面的文化。这种文化在民族文化系统中占有十分重要的地位；它对人们的言行举止直接起着制导作用，众多的风格手段都是在精神文化的导因下产生的。例如，思维方式是人们看待和处理客观对象的比较稳定的思维模式和方式方法，是"对人类文化行为起支配作用的稳定因素"，是"决定民族文化如何发展的一项重要的

165

控制因素"①。语言风格手段是整体文化的组成部分，又是其他文化因素的载体和表征，它的生成与发展必然受到思维方式的控制与支配。汉民族思维很早就很注意事理的正反两面及其互存互补、相互生发、引同协异、相互转化的关系。例如："立天之道，曰阴与阳，立地之道，曰柔与刚；立人之道，曰仁与义，兼三才而两之。"（《周易》）"凡天下之事，一不能化，惟两而后能化。"（《朱子语录》）"约而能张，幽而能明，弱而能强，柔而能刚。"（《淮南子》）"有无相生，难易相成，长短相形，高下相倾，声音相和，前后相对。"（《老子》）。汉族人民大都是按上述对立统一的辩证思维方式去思考问题，去认识事物，去制约言语活动的。汉语体系中有很多对立而有异于别的民族的语言现象，而辩证思维方式作用于自身对立统一的语言现象而构成的风格手段，都有鲜明的民族烙印，蕴含着丰富的汉文化内涵。例如，利用音节声调结合在元音上显示出升降抑扬的特点构成的平仄手段；利用同音异义、词的多义现象构成的谐音与语义双关；利用语序的常变构成的常式句与变式句；利用汉字形体整与拆的特点构成的拆字，以及辞格中的对照、倒辞、反缀、反衬、同异。组段谋篇中的抑扬法、虚实法、转折法、对比法等，都是汉语自身的对立统一形式适应汉人对立统一思维模式的需要而形成的风格手段。它们既有汉民族哲学思维的特质，又有汉语独具的特点。

观念心态文化反映的是人与自身的关系，是人改造主观世界的产物，包括理想、愿望、情感、价值观念、心理导向等。汉语风格手段很多都是这些文化因素导引的产物。例如，自古以来，汉民族人与人之间总是讲求中庸平和，人体之内也讲求调和养颐。因而，汉民族传统观念心态的一个突出特点是：求和，以和谐为理想境界。所谓"天中有人，人中有天"（《易·乾》）、"礼之用，和为贵"（《论语·学而》）、"致中和，天地位焉，万物育也"（《中庸》）、"天时不如地利，地利不如人和"（《孟子·公孙丑下》）、"天地与我并生，万物与我为一"（《庄子·齐物论》）等等都是和为贵、和为上、和为美观念心态的具体体现。这种心态内涵的核心就是天人合一，顺应自然，中庸谐和。和而不同协调兼顾，和谐统一，和和美美。对"和"的崇尚，昭示了中华民族兼容并蓄、海纳百川的包容精神与博大胸怀。两千多年来，这种重和谐统一的观念心态，已成为汉民族普遍认知的价值取向，一直影响着中华民族的艺术创作和语言运用的美学情趣，反映和表现在语言风格上便是讲求和谐美、对称美、中和美、均衡美。汉语里很多和谐、均衡、对称的风格手段都是在和谐平衡的文化心态下生成的。例如，调配音节，使之匀称，造成节奏均衡美；安排同一韵母的字音在句末重复出现，造成韵脚同音相协和谐美；利用两个节拍的四音节格式——如"读《李自成》，像是享受一顿精神上的盛宴。有一种艺术欣赏上的巨大快感，它真是波澜壮阔，气

---

① 张岱年：《中国思维偏向》，北京：中国社会科学出版社，1991年，第185页。

象万千，鞭辟入里，荡气回肠"（秦牧《读长篇历史小说〈李自成〉》）——使语言组合成双成对，形成音节平衡和谐的音乐美；以及使用结构均衡、匀称的修辞格，如对偶、排比、顶针、回环、镶嵌、对照等，都是植根于汉语言文化的土壤吸收汉民族和谐心态的文化营养而生长起来的，它们都富有民族风格色彩、语体风格色彩和表现风格色彩。中华民族素有崇尚美辞的强烈意识和追求话语美的优良传统。从"言语之美，穆穆皇皇"（《荀子·大略》）至"诵要好，听要好，观要好；诵之行云流水，听之金声玉振，观之明霞散绮"（谢榛《四溟诗话》）到现在的"五讲四美"这一脉相承的语用美学观一直导引着汉人的语言运用和风格创造。因而"汉文的修辞现象多姿多彩，是世界任何一国的修辞现象所不易有、不能有的"（新加坡郑子瑜《中国修辞学史稿》）。我国最早的一部《诗经》就可歌、可舞、可诵，开了语用美之先河。自此以降的论著，文学的、政论的、科学的、应用的，其语言都各有其美，或藻丽，或朴实，或简约，或繁丰，或明快，或含蓄，或庄重，或通俗，虽各有不同，或各有侧重，但都美。语言风格是语言美学形态的升华，汉语风格是汉语诸多美的风格手段的集中表现，是汉人"按照美的规律来造型"（马克思《1844 年经济学哲学手稿》）的成果。

推崇艺术的含蓄美是中国审美文化传统的主流，"藏""曲""隐"是中国传统文化的显著特色。在这种传统文化的导引下，汉民族运用的语言历来讲求和推崇含蓄美。《孟子》说："言近而旨远，善言也。"陆机《文赋》主张创作要"曲尽其妙"。刘勰《文心雕龙》认为优秀的文章"有秀有隐"，赞赏"深文隐蔚，余味曲包"。姜夔《白石道人诗说》谓："语贵含蓄。东坡云：'言有尽而意无穷者，天下之至言也。'"刘大櫆《论文偶记》认为"文贵远，远必含蓄"。梁启超《中国韵文里头所表现的情感》"向来写情感的，多半是以含蓄蕴藉为原则，像那弹琴的弦外之音，像吃橄榄的那点回甘味儿，是我们中国文学家所最乐道"。俗语"直道好跑马，曲径可通幽"，都把含蓄看作至高的美学要求。由于汉文化传统重含蓄美，所以运用语言生成风格，尤其是文学语体表现风格，力主含蓄，认为"含蓄是一种风格，又是其他一切风格的风格，不管是什么风格，虽各自有其本身的特点，但都要符合含蓄的要求。否则，豪放失去含蓄，就变成浪荡；沉郁失去含蓄，就变成浅薄；纤秾失去含蓄，就没有光泽；冲淡失去含蓄，就索然无味；悲慨失去含蓄，就变成号啕；婉约失去含蓄，就变得轻浮；谨严失去含蓄，就变得刻板……"（王明居《文学风格十讲》）中国传统风格论追求含蓄美与整个民族心理气质有关。中国封建社会长期延续，千百年来汉族人民在宗法政治和礼教意识一体化结构的禁锢之下，慢慢形成了一种偏于内向、沉静的心理气质。这种心理气质影响着人们的艺术思维，影响全民族的美学情趣，使人们在运用语言创造风格上更加积极地追求和推崇曲和柔。而生成曲和柔风格手段的方法，清人沈祥龙认为"不外寄言"（《论词随笔》）。所谓"寄言"就是

"言在此而意在彼"。汉语风格现象中有各式各样言在此而意在彼的风格手段。这种风格手段是采用与语言常规相背离的具有特殊交际效果的积极表达手段生成的。例如，语音偏离中的同音别用；词语偏离中的词语转义与词语易色；语法偏离中的变序组合和变性组合；辞格系统中的折绕、双关、反语、借喻、比拟、借代、别解、婉曲、拆字、析词，以及故事、传说、成语和典故的引用，篇章组织中的象征、藏词、讽喻和抑扬等，它们都是"兴发于此而意于彼"的风格手段。这种风格手段的产生和存在都有着深厚而坚实的传统审美文化根基。

　　总之，应合反映和承传汉物质文化、制度文化、精神文化的需要，植根于汉语言文化，可以生成各种各样的风格手段。风格手段是汉言语风格得以生成的物质基础。运用汉语进行交际，在制导因素的影响和制约下，选用不同的风格手段，使之有机地结合起来，就能生成某种特定的汉言语风格。

（载于《毕节学院学报》2010 年 6 月）

语言风格解构的文化理据

语言风格是言语交际的产物，是言语交际的参与者在主客观因素制导下运用语言表达手段的诸特点综合表现出来的气氛和格调。言语交际的参与者是民族文化人，制导因素的核心是文化，表达手段是语言文化。因此，风格的根基是文化。文化是人类在认识和改造自然与社会的实践过程中所创造出的物质文明和精神文明的总和，其外延分为物质文化、制度文化、精神文化和语言文化。语言风格与文化都是人创造的文明成果，二者紧密地交织在一起，关系千丝万缕、错综复杂。语言风格本身是一种文化现象，它蕴含着丰富的文化信息，在一定程度上又是其他文化现象的载体和表征，而且也作用于文化，对文化起传扬和巩固作用；文化是风格生成和发展的机制，又是风格得以被理解与解构的理据。语言风格与文化互融互动、共生共存共长，因此研究文化不能忽视语言风格现象，创造、研究或理解、解构语言风格必须联系文化。鉴于此，本文试以汉文化为理据来解构汉语言风格。

一、语言风格解构的内涵、特点和作用

（一）风格解构的内涵

语言风格解构是指解构主体在主客观因素的导引下认知和把握客观存在的特定话语的风格。

风格手段、风格特点和气氛格调都是语言风格的组成要件和其所显现的文化标记，其状貌都属风格解构的范围和内容。风格手段是构成和体现风格的基本物质单位，包括语言要素及其语用变体中具有审美功能即风格色彩的表达手段和非语言要素中的风格手段。风格特点由风格手段构成，是一系列功能相同的风格手段相融合的结晶。气氛格调是多个功能相同的风格特点相聚合的美学形态。三者都包括口头语体和书卷语体，都包括个人风格和共性风格，都蕴含着信息意义、风格意义和审美意义，根基都是文化。

（二）风格解构的基本特点

唯物辩证主义哲学认为："无论什么矛盾，矛盾的诸方面，其发展是不平衡的。……矛盾着的两个方面中，必有一方面是主要的，其他方面是次要的。其主

要的方面，即所谓矛盾起主导作用的方面"①。在语言风格中，建构和解构是矛盾统一体的两个方面：建构是矛盾的主要方面，处于主导地位，解构是矛盾的次要方面，受制于建构。因为解构要以建构为依据，先有话语信息的发出，然后才可以有话语信息的接受，信息的发出是主动的，信息的接受是被动的，被动要受主动制约，所以风格解构有受制性。

风格解构具有受制性特点，并不意味着解构是一种完全消极的被动行为。事实上，解构主体理解、追索、呈现言语作品的语言风格跟建构主体创造语言风格一样，也是积极主动的文化行为，在风格建构创造的制约下，具有相当大的能动性。同样的风格现象，不同的解构者对其理解、认知和显现往往不同，这既决定于解构者的思想感情、学识素养、审美情趣、风格感、认知力等个性文化因素，也与解构者是否发挥主观能动性密切相关。美国传播学研究者雷蒙德·鲍尔认为：在可以获得的大量（传播）内容中，受传者中的每个成员特别注意选择那些同他的兴趣有关，同他的立场一致，同他的信仰吻合，并且支持他的价值观念的信息。他对这些信息的反应受到他的心理构成的制约……现在可以看到，传播媒介的效果在广大受传者中远不是一样好的，而是千差万别的。这是因为每个人在心理结构上是千差万别的。② 话语风格的解构活动中，解构作为一种风格显现方式，解构者心理结构上的差异同样会通过自我心理调控，对解构效果施加影响，从而使解构活动带有一定程度上的主观能动性。受主观能动性的驱使，解构主体对风格现象的理解、阐释往往如刘勰《文心雕龙·知音》所说："知多偏好，……会己则嗟讽，异我则沮弃，各执一隅之解，欲拟万端之变，所谓'东向而望，不见西墙'也。"可见，风格解构既有受制性，也有能动性，受制性与能动性辩证统一，是风格解构的一个最基本特点。

（三）风格解构的作用③

风格解构最突出的作用是可使风格存在的可能性成为现实性。

笔者在《修辞学研究对象的文化透视》中说过："修辞有好坏美丑之分，修辞效果也就有优劣高下之别，这好坏美丑、优劣高下出自言辞或文辞表达者的主观努力，反馈于言辞或文辞接受者的客观评定。表达者进行修辞活动的目的是要获得理想的表达效果，实现交际目的。但实际效果如何并不完全取决于表达者一方，交际目的是否达到，则只有通过接受者的反馈才能知道。因为修辞活动存在于交际过程之中，交际是双边行为，修辞效果实质上是产生于表达者的修辞成

---

① 毛泽东：《矛盾论》，《毛泽东选集》（第一卷），北京：人民出版社，1957 年，第 3 页。
② 中国社会科学院新闻研究所世界新闻研究院：《传播学》，北京：人民日报出版社，1983 年，第19 页。
③ 黎运汉：《汉语风格学》，广州：广东教育出版社，2000 年，第 82 页。

品，而作用于其接受者的价值，价值如何要由接受者检验分析后作出评定、估量。主观表达与客观接受互相制约，相辅相成，修辞效果便是在言语交际过程中由表达者主观因素与接受者客观因素相互作用的产物。"① 语言风格作为修辞活动的结果，显然不是建构主体单方生成的。

别林斯基说："一切艺术作品的本质在于他们存在的可能性变为存在的现实性这一有机的过程。"（《别林斯基文学》）建构主体创造风格的过程一结束，风格的本质就客观地存在于建构者的言语作品之中。建构者所追求的理想风格，在其言语作品中只具有可能性。西方接受美学也告诉我们，作品的社会意义与美学价值，只能通过读者的欣赏这一审美再创造活动才能得到呈现。作品只有与欣赏结合才是最终完成，也才是真正意义上的完成。作为语言美学形态的语言风格，其美学价值也只有通过解构者的审美再创造活动才能得以实现。如果不经解构呈现，它就没有任何意义，也没有生命。"读者群是文学的最高法庭，最高裁判。"（《别林斯基文学》）文学语体风格是这样，其他语体风格也如此。语言风格的高下优劣最终是由读者裁定的，一种语体是什么表现风格、一个作家的作品或一篇作品的语言风格是什么样的本质，都是靠读者或评论者来解构、显现的，没有他们的解构、显现，风格仅仅是言语作品中的潜藏现象，只有通过他们的解构、展示才能成为现实性。

常说文学评论有益于文学的繁荣发展，而语言风格的解构不仅可使风格存在的可能性成为现实性，而且可助益于建构者对其言语作品风格的认知。秦牧在为我们的《秦牧作品语言艺术》② 写的序言《他们讲出了我的努力的方向》中说："对黎运汉先生和他的学生在本书中的论述，我高兴地发现，他们的确是讲出了我所努力的方向。我在文学语言的运用上取得的成绩，实际上大概不如他们所说的那么好。但是，仅仅就他们阐明了我努力的方向这一点来说，本书对于广大读者，自有一定的借鉴意义。"毋庸讳言，我们确实是比较全面地研读过秦牧作品的语言艺术，而且在比较深入理解认知的基础上，揭示和显现了其作品的语言风格的鲜明主调——"平易明快，质朴优美"和多姿的众调——"幽默讽刺""婉转含蓄""繁丰富丽""雄健奔放"。因此，秦牧先生说的话虽然是自谦之辞，但也从一个侧面说明了风格解构对建构者也颇有裨益。此外，风格解构还有助于提高人们对话语风格的鉴赏以及模仿、创造和教学能力。张寿康先生在为《作家语言研究丛书》③ 一书所作的序言中说："开拓语言艺术研究的领域，着眼于倾注和咀嚼作家语言基调的选择，探讨锤炼语言的痕迹，根据作家在运用语言上的

---

① 黎运汉：《修辞学研究对象的文化透视》，《暨南学报》（哲学社会科学版）1994 年第 3 期。

② 黎运汉、李剑云：《秦牧作品语言艺术》，南宁：广西教育出版社，1992 年，第 3 页。

③ 张寿康：《作家语言研究丛书》，南宁：广西教育出版社，1992 年，第 4 页。

成就，给文学、文章的爱好者、语文学习者和教师提供在运用语言上的范例，便于人们学习语言、掌握语言，提高语言素养。这一工作既有理论意义，也有指导语言实践的实用意义。"解构言语作品的语言风格，揭示典范风格的基本规律，并作出系统的理论的说明，有助于人们提高运用语言的能力，培养好风格；有助于人们提高语用分析和鉴赏风格的能力；有助于教师提高语言风格教学的能力，确实毋庸置疑。

二、风格解构的原则

风格解构作为风格审美再创造的活动，也应遵守一定的规则或依据一定的标准，否则，对同一风格现象见仁见智，就无法判断出谁是谁非，造成解构的混乱落空。风格解构应遵循什么原则呢？最重要的是下面三条。

（一）原貌原则

原貌原则就是指解构必须以具体的言语成品及其风格建构活动为对象，对其面貌作客观地展示，一本其原样。具体来说，就是要以建构主体的言语成品，即其说出的话语、所写下的文章为依据。因为言语成品是包装和承载风格建构主体所要表达的情意的最基本形式，是联系建构主体与解构主体的最主要纽带；建构主体所要表达的语体类型、风格形态、语义信息和文化意涵，绝大多数都包装寄寓在其言语作品之中。虽然语境对风格解构具有重要参考价值，但语言形式所负载的意涵始终居于首位。风格解构虽然有主观能动性，解构主体对解构对象的理解和阐述有充分的自由和广阔的空间，但风格毕竟是凝聚于建构主体的言语作品之中的客观现象，它不会因解构认知的主观随意性而变异，相反，解构认知活动始终受着作品风格定性所制约，所以风格解构必须囿于解构的言语作品，力求认知、展示的语体类型、风格形态、语义信息和文化意涵与解构对象的原貌相符或基本一致。

以建构主体的言语作品为依据，就是要准确、全面、透彻地认知、索解言语作品的语言文化意义：语音、词语、句子、辞格、语篇和体态语、表格符号等语体类属、风格形态，语义信息和文化意涵，做到不捕风捉影，不凭空虚构，不先入为主，不固执己见，不篡改，不增损，不扭曲，以保证理解、阐释不走样。同时，还必须按照建构主体所使用的语言的具体规范来解构，正如德国哲学家施莱尔·马赫指出的那样："每一在一给定文本中需要充分确定的东西只有参照作者与最初的公众共有的语言领域才能确定位置。"① 解构对象可能是用汉语表现的，也可能是用某种少数民族语言或外语表现的；可能是用现代汉语表现的，也可能是用古代汉语表现的；可能是用标准普通话表现的，也可能是用不标准的"酸

172

---

① 张汝伦：《意义的探究——当代西方阐释学》，沈阳：辽宁人民出版社，1987年，第13页。

溜普通话"或方言表现的。为了准确理解和呈现解构对象的各种意义，解构主体应当按照建构主体所使用的语言的具体规范来进行解构。而不是一律按照现代汉语标准普通话的语言规范来解构。只有这样，解构的成果才能与解构对象的原貌相符合或基本相应，才有社会价值。

以建构主体的言语作品为依据，还必须认知、把握言语作品蕴含的物质、制度和精神文化的意义，许嘉璐先生说："语言理解包含着文化理解，同时语言理解需要文化理解；语言理解的层次越高，文化理解也就越高，需要的文化理解也越高。"① 语言风格是处于语言运用的最高层面的言语现象，对其理解与阐释，更要紧扣言语作品的语言文化，索解物质、制度、精神文化意义。因为语言风格手段、特点和类型都是在这些文化因素的制约下生成的，它们都有这些文化的烙印，如果缺乏这些方面的文化知识或忽略这些方面的文化因素，就难以理解甚至无法理解其深层内涵和风格意义。杨光治在《"狼逃尽"之类的幽默》中说："一位评论家在文章里引用了贾宝玉说的'女儿是水作的骨肉，男子是泥作的骨肉。'(《红楼梦》) 某编辑看了，认为此说不合理，于是改'水'为'冰'，改'泥'为'铁'。"② 引文是贾宝玉的名言"女儿是水作的骨肉，男子是泥作的骨肉，我见了女儿便清爽，见了男子便觉得浊臭逼人"中的两句，含蓄蕴藉的风格意味非常深厚，再三咀嚼，也感到其味无穷，改了就失去了"水"和"泥"的精神文化内涵。

（二）语境原则

语境是语言运用的条件和背景，对语言运用有重要的影响。"一个词语只有在语句的环境中才具有意义"③，"不仅一句话好不好在很大程度上取决于语言环境，甚至连对不对离开语言环境都很难判断"④。语境对言语作品的信息意义、语体意义和风格意义都起着重要的制导作用，表达主体选择风格手段，建构风格的每一个环节都离不开语境因素的影响和制约。风格解构作为风格建构的逆向认知理解活动，也必然受到语境制约，因此风格解构也必须遵循语境原则，力求尽可能地全面认知解构对象所由生成的特定语境，并充分利用特定语境因素去理解、推导和评价，这是正确解构风格的基础和前提。

语境是个复杂系统，包含多个因素。而影响风格解构最重要的是社会文化环境、情景语境、语篇语境与交际领域。

社会文化环境的核心因素是政治文化环境，任何风格建构都是在自身所处的

① 许嘉璐：《语言与文化》，《中国教育报》，2000 年第 10 期。
② 《羊城晚报》，1997 年 1 月 8 日。
③ 弗雷格：《算术基础》，北京：商务印书馆，1998 年。
④ 张志公：《语境研究论文集·序》，北京：北京语言学院出版社，1992 年。

政治文化环境中进行并受其制约的。在封建社会里著书立说的人怕得罪统治者，招致杀身之祸，所以写文章常常如董仲舒论《春秋》所指出的，不得不借助于"微其辞"的表达方式，把文章写得隐晦曲折，让人不易从字面上看出来。鲁迅先生在《为了忘却的记念》中写道："年青时读向子期《思旧赋》，很怪他为什么只有寥寥的几行，刚开头却又杀了尾。然而，现在我看懂了。""懂了"什么？懂得了政治文化专制统治下的严酷和黑暗，在那"长夜难明赤县天"的日子里，"一言可以丧身"，人们必须"慎于言"。鲁迅明白了这个因由，所以能读懂古人的"慎言"文章，而且写杂文，例如《论"费厄泼赖"应该缓行》等大都借《春秋》笔法，用"微其辞"的表达方式写得含蓄隐晦，原因正如他在《野草（英文本）》序言中所说："那时难于直说，所以措辞就含糊了。""五四"时期语言风格雄浑、豪迈，抗战时期语言风格清新、刚健、悲壮，"文革"时期用"曲笔"表意，语言风格含蓄、隐晦等，都是当时特定社会政治文化环境的产物。解构这些时期的言语成品的语言风格，必须紧密结合和充分利用各自所由产生的政治文化环境来理解和阐释，脱离了特定政治文化环境，就无法解构言语成品的真正风格。例如：

①老管觉得这里的气氛和天安门前，完全是两个时代，两个世界，很有点气闷，忍耐不住，又说了半句："这人民的意志……"茶镜把表壳伸到老管面前说："你尝一点？"将军站起来点点头说："西边月季园的月季开了，血点红，凤头紫，照夜白，各按各的意思开，合在一起就成了春天。你看他们在冬天全都残枝败叶，原来心里在暗使劲呢！"说完他冲老管神秘地一笑。

（邓友梅《话说陶然亭》龙源国际书网）

这是几位老者在公园晨运，谈到政治文化形势的一段对话。根据当时所处的政治文化环境，这位将军恰当地运用了模糊的比喻使话语的表层意义与深层意义产生了离异，巧妙地传递话语的言外之意，要想准确地理解将军话语的深层意义，捕捉其风格韵味，必须紧扣当时的"文革"背景。这里的"冬天"是指"四人帮"的白色恐怖和高压政策；"春天"是指打倒"四人帮"的美好前景，各式各样的月季是指悼念周总理、痛恨"四人帮"的全国人民。由于这些话语的"辞面子和辞里子之间"的意义产生的"离异"①造成格调含蓄蕴藉，所以认知解构时，必须把其放置到它所由产生的政治文化环境中去揣摩、推究，不能仅就语辞论风格。

情景语境是指表达主体的意图、动机、情感、心态、时空环境；语篇语境是

---

① 陈望道：《修辞学发凡》，上海：上海教育出版社，2001年，第9页。

指话语连接的时空顺序（上下文或前言后语）等。这些因素对语言风格的建构都会产生重要的影响和制约作用。与风格建构相同，风格解构也受这些因素的影响和制约。所以风格解构主体对话语风格理解解构时"往往只能从情境上去领略它，用情感去感受它，又须从本意或上下文的连贯关系上去推究它，不能单看辞头，照辞直解"①。例如：

（2）（语境：贼兵围困，崔夫人向人求助并许诺：有退得贼兵者，愿送女儿莺莺与他为妻，张生退了贼兵，前来求夫人践诺，夫人赖婚之意已定，只是不便出口，改用言外之意传递。）

夫人云：小姐近前拜了哥哥者！

末背云：呀，声息不好了也！

旦云：俺娘变了卦也！

红云：这相思又索害也！

（王实甫《西厢记》）

这里表达主体夫人的"小姐近前拜了哥哥者"蕴含的是言外之意：莺莺拜张生为兄，即二人成为兄妹，按中华民族文化传统，兄妹不能通婚，即二人不能成婚，崔夫人意图赖婚，但不明说，而是用言外之意传递。末、旦、红三人的话显示了表达主体含蓄话语的真正意涵，显然是利用情境和语篇语境推导出来的。

交际领域是语体形成的最重要的外部制约因素。人们社会交际的活动范围是很广阔的，它涉及日常生活、公私事务、科学技术、政治思想、文学艺术、新闻报道和演讲、广告等各个领域。交际领域不同，运用语言手段便有差异，从而表现出不同的语言特点。顺应不同交际领域的需要，运用语言手段形成的语言特点体系，便是语体。语体一般分为谈话语体、公文语体、科技语体、政论语体、文学语体、新闻报导语体、演讲语体、广告语体等基本类型，各种语体都有独特的表现风格。语体和语体表现风格都是在民族文化制导下运用民族语言的历时性积淀，是全民族约定俗成的语用结晶，具有相对的稳定性、客观存在性和社会约定性，对人们运用语言建构风格以及对其理解、认知、解构都起着重大的影响和制约作用。现实的任何言语成品都是某种特定语体的言语成品，都有依附于特定语体的表现风格。要准确、无误地解构言语作品风格"先须辨体"，运用语体知识分析解构对象的各种语言手段的信息意义和语体意义，综合归纳出语体特点系列，确定语体类属；然后循体索势，运用风格知识，捕捉风格意义，揭示风格属性。不知道辨体和循体索势，风格解构就带有很大盲目性，瞎猜乱撞，张冠李

---

① 陈望道：《修辞学发凡》，上海：上海教育出版社，2001年，第9页。

戴，就会导致解构失败。

（三）整体原则

语言风格是交际参与者在主客观因素制导下运用语言表达手段的诸特点综合表现出来的气氛和格调。"诸特点综合表现出来的气氛和格调"表明风格犹如一棵树，有干有枝，又如一张网，有纲有目，它是互相作用、互相联系的风格三要件：风格手段、风格特点、风格类型组成的有机整体。风格手段是构成风格特点的基本物质单位，但零碎的、个别的风格手段不能生成风格特点，任何风格特点都是一系列功能相近的风格手段的组合体，风格类型不是单一风格特点的体现，而是由两个或两个以上可以互相区别又可以融合的风格特点构成的统一体。风格语料集合体构成风格手段，风格手段集合体构成风格特点，风格特点集合体构成风格类型，每一种风格类型都是一次完整的口头语话或全篇文章，或整部作品乃至一系列同类作品运用各种风格手段所形成的风格特点综合表现出来的总气氛和格调，这就展示出风格具有整体性特征。

风格的整体性特征决定我们在分析和认知风格手段时，要把握风格特点，揭示风格类型和属性时必须遵循整体原则，对同一类型的一系列言语作品要从调音、遣词、择句、设格、谋篇等方面进行考察，从中认知其具有共同风格功能的风格手段，抽象出特点，升华出格调。我们在《汉语语体修辞》①中认知公文语体的表现风格就是这样的解构成果。例如：

（1）简洁：①词语精炼——广泛使用专用词语、习惯用语和文言词语，经常使用概括性、抽象性的词语，适当使用简缩语；②句式简洁——普遍而大量使用成分共用句，适当使用省略句和"的"字短语；③篇幅简约——篇幅一般比较短小，谋篇手段简练；此外，还常用附件、图表和符号来代替语言的叙述，使人一目了然。

（2）朴实：①词语单纯平实——主要使用通用词语的本义，少用转义，大量使用专用词语。②句式单纯平实——单句多为陈述句、肯定句、主动句；复句以并列、承接、假设关系的居多，一般都用常式句，常用长附加语句，附加语大都是说明性的。③辞格平实——多用句式类和比较类的修辞格，如排比、对偶、层递、对照等。

（3）庄重：①词语庄重、文雅——主要使用规范的书面词语，大量使用专用词语、惯用词语和成语，适量运用文言词语；②句式严谨缜密——较多使用带有较长且复杂的说明性介词短语附加语的长句，多用主谓句，非主谓句只限于动词性非主谓句，经常使用文言句式；③辞格庄重典雅——较常用的是排比、对偶、层递和对照等。

---

① 黎运汉、盛永生：《汉语语体修辞》，广州：暨南大学出版社，2009年，第9页。

必须明确，整体解构言语作品的风格全貌，必须注意分清主次。张涤华，胡裕树等主编的《语法修辞词典》认为："一个具有个人风格的作家一般都有一种基本语言格调，但同时也不排斥多种笔墨的运用。"①古今有成就的作家，他们作品的语言风格都是既有体现风格的主调，又有体现多种"笔墨"的众调。辛弃疾的词，既具有奔放豪迈的主导风格，如《永遇乐·京口北固亭怀古》等，又有蕴藉含蓄的《丑奴儿》和质朴清新的《清平乐》等众调。鲁迅作品的语言也不失本调而兼得众调。茅盾先生对此有精辟的论述，他在概括鲁迅作品独特的风格为"洗练、峭拔而幽默"时，又指出："统一的独特的风格只是鲁迅作品的一方面，在另一方面又是'多种多样'的。"我们在《秦牧作品的语言艺术》中说"平易明快，质朴优美"是体现于秦牧的全部作品之中的鲜明主调，而在这个主调的笼罩下，又有"幽默讽刺""婉转含蓄""繁丰富丽""雄健奔放"等众调，这话得到秦牧先生在他为本书写的序言《他们讲出了我的努力的方向》中由衷赞许，就因为它符合了秦牧作品的客观实际。笔者认为，解构作家个人语言风格应分清主次，认知、阐释共性风格如语体风格、民族风格、时代风格等，也应如此。

风格解构的整体原则，还启示人们在理解和解构语言风格的语言文化（物质）因素时，必须抓住主要倾向，不要被个别或少数特殊的风格手段所迷惑。例如，公文语体的一些分体有时用上少数描绘类的风格手段，文学语体夹用少数科学语体风格手段、谈话语体间入个别庄重典雅的风格手段，或者通俗明快的作品中杂有少数言此意彼的含蓄手段等，它们无碍于风格全貌，解构时宜剔除在外。

三、风格解构的文化理据

基于对上述风格解构特点和原则的理解与认知，下面探求风格解构的文化理据。探求风格解构的理据，就是以文化为视点，来爬梳文化因素对风格解构的影响和制约作用，揭示解构主体如何实施风格解构的文化缘由。

文化，如前面所说，其外延分为四个层次，而每个层次的文化因素对风格的解构都起着重要的影响和制约作用。

（一）物质文化对风格解构的导引

物质文化是以"满足人类最基本的生存需要——衣食住行为目标"而创造的"具有物质实体的文化事物"。②"它既包括人类利用自然条件而创造出的为人们生活所需要的各种有形实物所表现出来的文化，如服饰、日用器、食品、饮

①　《〈语法修辞词典〉语体风格词条选登》，《修辞学习》1985年第4期。

②　张岱年、方克立：《中国文化概论》，北京：北京师范大学出版社，2004年。

料、建筑物、劳动工具、交通运输工具、科学技术、医药卫生、文娱活动中表现出来的文化，也包括与特定地区的人们生活十分密切，而使人们对之产生各种不同感情和认知的自然物与自然现象中表现出来的文化，如园林、山川河流、动植物、矿物质等被人们融入感情后所表现出来的文化。物质文化所反映的是人与自然的关系，具有获取与创造的功能，它是整个文化系统不断发展的基础和动力"①。这些物质文化无不蕴含着民族的智慧，它与民族的生存和发展息息相关，不仅为民族的社会生活和繁衍打下了物质基础，而且也为民族语言的产生和运用提供了前提。衣食住行语言以及对其运用所生成的语言风格都是物质文化影响和制约的产物，它们都有物质文化的烙印，如果缺乏物质文化背景知识，大都难以理解其深层内涵，阐释就更难说明其所以然。例如"花""茶""酒"，分别相当于英语的"flower""tea""liquor"，但汉语中附加于"花""茶""酒"上的文化意义却比"flower""tea""liquor"要丰富得多。产生于"花""茶""酒"的风格手段，既有本义的，如"牡丹花""菊花""普洱茶""乌龙茶""白酒""葡萄酒"等导因于"花""茶""酒"物质文化常规用法的、体现平易朴实风格的手段；也有转义、比喻义的，如"野花""家花""花心""花街"，"茶礼""茶联""喝花茶""饮花酒""花天酒地""发酒疯"等导因于"花""茶""酒"物质文化变异用法的、体现优美表现风格的手段。1996 年我应邀到台湾"中华语文研习所"给外国学生讲"语用与文化"，课后所长何景贤博士邀我和两位美国学生到台北圆山饭店用餐，一进门看见"花与茶"的匾幅，写着"喝花茶，饮花酒，游花街，坐花丛，花多眼乱，讲花话，说花事，花天酒地，家花不如野花香，野花害家花"。我觉得其中蕴含着浓厚的中华文化信息和优美、形象、有趣的风格色彩，体现了汉语言民族风格和表现风格的手段，很有价值，于是把它抄录下来。而在旁的外国学生看了莫名其妙，问我是什么意思，后经我多方解释，才恍然大悟。究其缘由是我具有并懂得利用这些物质文化知识去认知和理解这些风格现象，而外国学生则缺少这方面的文化知识。

（二）制度文化对风格解构的制约

制度文化是指人们改造社会和自然的活动方式及其产物。它既包括人为制定的大家共同遵守的规程和行为规则，也包括在一定历史条件下约定俗成的社团规约和行为习俗等。政治制度、法律制度、经济制度、教育制度、家族制度、婚姻制度、生活制度、社团规约，以及与之相关的各种理论体系和行为方式、礼仪习俗等，都属制度文化范畴，这些制度、规约、方式、习俗导引着人的言行举止和语言风格建构，也制约着风格解构。诸多风格手段和话语格调都是在制度文化的导引下生成的，都含有特定的制度文化烙印，对其解构、阐释，脱离了制度文化

---

① 邢福义：《文化语言学》，武汉：湖北教育出版社，1990 年。

背景就难有深度，甚至无法理解。汉语语用文化传统，早在汉代就有学者利用汉语声、韵、调的特点，创造了词语对偶、声韵和谐，既有节奏韵律美，又能增强语言气势，展现民族风格和豪放优美风格的排偶手段。而"文革"期间，极"左"思潮泛滥，"棍子""帽子"满天飞，说话、写文章稍有不慎就可能被批判，甚至被打成"现行反革命分子"。所以很多人不敢阐述自己的看法，而是重复报刊、书籍上被公认为"正确"的观点，于是套用、重复、引用或者变换一下形式来表现大同小异的内容，造成大量胡乱引用和堆砌重复的排偶、反复现象。例如"最大的关怀，最大的鼓舞，最大的支持，最大的鞭策"之类的习用套语到处泛滥；为了强调夺权的重要性，于是出现了"脑子里想的是夺权，眼睛里看的是夺权，双手干的是夺权，夺权！夺权！夺权"；为了表明感情的浓厚，态度的坚决，观点的不可更改，便出现了"文化大革命好，好，好，就是好""照办！照办！坚决照办""不行！不行！一千个不行！一万个不行"之类武断专横、蛮不讲理的习用语辞。这是"文革"政治专制文化制约下产生的语体怪胎，是歪风劣格，而不是中国传统文化上利用排偶反复生成豪放、优美风格的传承。

（三）精神文化对风格解构的支配

精神文化是人们改造主观世界的活动及其产物，是"由人类社会实践和意识活动中长期绌缊化育出来的价值观念、审美情趣、思维方式"，[1] 心理状态、社会意识、宗教信仰、道德情操、伦理纲常、民族性格气质和科学艺术等所铸就的观念形态方面的文化系统，这个文化系统是一个民族长期以来在社会实践活动中形成的认知世界、社会、人生和现实的较为稳定的共同心理表征，它是在物质、制度、语言文化的基础上形成的，是整个民族文化的核心，既蕴含民族文化的精华，又具有时代特色，直接支配着人们的言行举止和语言风格的创构，也同样支配着语言风格的解构，因为风格解构是一种主观的领会和解释的言语活动，这种活动往往因人而异，而人的心态文化因素，各有不同。鲁迅先生说："世界上爱牡丹的或者是最多，但也有喜欢曼陀罗花或无名小草的。"[2] 心态文化不同对话语风格的欣赏、取向就往往不一样，即使是对同一风格现象甚至是同一作者的同一作品的语言风格，也可能"仁者见仁，智者见智"。鲁迅先生曾说，欣赏《红楼梦》时，"单是命意，就因读者的眼光而有种种：经学家看见《易》，道学家看见淫，才子看见缠绵，革命家看见排满，流言家看见宫闱秘事"。汉语风格现象中有丰富多彩的和谐、均衡、对称的风格手段。例如：

179

---

[1] 陈松岑：《"文革"语体初探》，《中国语文》1988 年第 3 期，第 3 页。
[2] 《鲁迅全集》（第 3 卷），北京：人民文学出版社，1956 年，第 274 页。

①绿、鲜绿、浅绿、灰绿，各种的颜色，联接着，交错着，波动着，一直绿到天边，绿到山脚，绿到渔帆外边去。风不凉，浪不多，船慢慢地走，燕子低低地飞，街上的花香和海上的咸味混到一处。

（老舍《五月的青岛》）

②他们到处插手，煽风点火，造谣惑众，破坏捣乱，顺我者昌，逆我者亡。为所欲为，称王称霸，崇洋媚外，里通外国，祸国殃民，罪大恶极。

（成都部队声讨"四人帮"电文中的一段，见《人民日报》1976年10月31日）

③有的岩石如雄狮、如猛虎、如骏马、如驯鹿；有的如菜、如瓜、如花、如果；有的如宝剑刺天、有的如利戟戳地，还有的如老人、如孩童、如罗汉、如仙女……钟乳石或如吊灯高悬，或如珠帘泻地，或如雨后春笋，或如擎天孤柱，或如帷幕低垂，或如缨络流苏……

（华莎《母女浪游中国》）

例①是利用词分单双音节和多音节的特点生成的音节匀称均衡、节奏和谐优美的风格手段，构建富含民族风格色彩和优美、刚健的表现风格，抒发赞美华丽青岛之激情的语例。例②利用汉语词汇中两个节拍并列式四字格，构织音节平衡和谐、结构紧凑、简洁凝练的语篇，声讨"四害"，格调优雅、简洁，民族色彩十分鲜明，极富气势和表现力。例③利用结构相同的简短语句生成对仗、整齐，节奏和谐，气势浑浩的排比，套用优美的比喻，建构雄健豪放、绚丽华美的表现风格描绘壮丽的景物，抒发激越的赞美之情，颇能给人以壮美、华美的享受。这些风格现象都是构建主体在传承中华民族和谐、平衡文化心态的土壤里孕育、生长起来的。中华民族传统观念心态之一是重"和"、求"和"，以"和"为最理想的境界。庄子《山水》曰："一上一下，以和为量，浮游乎万物之祖。"《中庸》云："致中和，天地位焉，万物育焉。"董仲舒说："中和者，天下之大美也。"《孟子·公孙丑下》认为："天时不如地利，地利不如人和。"这种尚和的观念心态一直成为中华民族普遍认知的价值取向，一直支配着中华民族的情感心理、审美情趣，昭示着中华文明兼容并蓄、海纳百川的包容胸怀，影响着中华民族的艺术创作和语言运用的美学要求，反映在风格建构上，便是讲求形式和谐美、均衡美和整齐美，讲求格调的绚丽美和雄壮美。我们认为上述话语风格是建构主体在民族心态文化制约下，注入个人心态文化因素的成果，对其作上述认知、解构也是在民族心态文化制约下融合个人心态文化因素的产物。如果不从心态文化的角度去体味、判断，恐难深刻理解其丰富的语义信息和风格意蕴，更难阐明其生成的缘由。因而，风格解构既受建构主体对建构对象所赋予的心态文化制约，也受解构主体的心态文化支配，只有当建构主体所赋予的心态文化因素和解构主体的心态文化因素基本切合时，解构主体才可能准确获得解构对象的语义和风格信息；如果有矛盾，就难以客观公允地揭示其语义和美学风貌了。

（四）语言文化对风格解构的影响

语言文化是民族文化的一个特殊因素，它是制度文化和精神文化作用于物质文化的产物。语言文化是语言风格生成的物质基础和展示的物质标志。没有物质因素，就无所谓语言风格，任何语言风格都是通过物质标志来展示的。语言风格的物质因素指的是风格手段，语言三要素表达手段及其语用变体中具有审美功能的因素是其主要成员，非语言要素表达手段中具有审美功能的因素也属其范畴。它们产生的母体是中华文化的语言文化。如前面所述，汉语三要素和超语言要素都有自己的民族特点，孕育于其特点可生成丰富多彩的风格手段。一般说来，不同的格调气氛体现于不同的风格手段，因此，风格解构必须着眼于解构对象的语言文化中具有审美功能的风格现象，归纳其相同属性，升华为格调。我们在《汉语风格学》中说，柔婉风格的语言文化标志：①音律柔和：大都押"一七""灰堆""姑苏""乜斜"韵。②语句优美：词语清新秀丽，句式精雕细刻，语调温柔亲切，感情深沉细腻；大量运用叠字叠词，描绘景物，绘声绘色，清新自然。③辞格新颖：经常运用描绘类辞格，如比喻、拟人和反复等，新颖别致，充满诗情画意，综合呈现出柔和秀丽之美。这是从众多同类言语成品的语言风格文化现象中抽象概括出来的成果，是受语言文化影响制约的产物。可见，风格解构要想取得比较理想的成果，解构主体必须具备一定的语言风格文化知识，要有一定的风格感受力和风格想象力，能了解和捕捉各种风格的语言文化特征，并善于将解构成果用语言文化展示出来。

181

（载于《毕节学院学报》2014 年第 5 期）

模糊语言风格文化窥探

    文化是人类在认识、改造自然和社会实践中所创造的物质文明和精神文明的总和，汉文化是以汉民族为主体的中国各民族共同创造的文化，其外延分为物质文化、制度文化、精神文化和语言文化。语言是文化的产物，是人类认知、思维、交际、实践、创造的工具和文化凝聚体及建构与传播的手段，是明晰与模糊的融合体；汉语言风格是中华民族言语交际的产物，是交际参与者在主客观因素制导下运用汉语言表达手段的诸特点综合呈现出来的一种美感形态的气氛和格调。中华文化、汉语和汉语言风格都是中华民族心智活动的成果，它们共生、共存、共长，相依为命，天然地存在着极为密切的互融互动关系。这是本文从汉文化角度窥探汉语言模糊现象以及对其运用而生成模糊风格的缘起。

一、模糊语言的含义与属性

（一）模糊语言的含义

    模糊语言是指核心意义清晰明白，而外延边界或性状不确定、不明晰的语言。它意蕴客观世界的自然、社会和人类思维中的模糊现象，涵盖语言要素和超语言要素中的模糊现象。它根植于文化土壤，存在于各种语体的言语作品之中，蕴涵丰富、深沉，耐人寻味。例如：

    "让幸福像花开在家门口、让幸福像果甜在心里头"（《广州日报》标题，2011 年 2 月 23 日），其中"幸福"是模糊词语，"幸福像花……"是模糊辞格，它们是传统文化和制度文化、精神文化作用于现实社会现象的模糊语言手段。按《现代汉语词典》的解释："幸福是使人心情舒畅的境遇和生活。""（生活、境遇）称心如意"核心意涵是清晰明白的，但外延边界却因个人文化素养或视角不同而有不同的理解。陈鲁民说："前几天，我接一个住院的朋友出院，他因急性肾炎住院近一个月。他紧握着我的手，老泪纵横，感慨万千：'我算是想明白了，什么是幸福？不在医院躺着就是幸福。'"一个退休老工人，没什么文化，却不乏睿智深刻之见。他说："幸福就是医院里没躺着咱家的人，监狱里没关着咱家的人，夜里睡觉不怕有人敲门，白天不怕反贪公安请喝咖啡。"而华人首富李嘉诚谈到自己的幸福观时说："能不带保镖，一个人到公园里转转，和游客聊

182

聊天，那就是幸福。"① 著名心脑血管病专家、保健养生专家洪昭光认为："对现代人来说，能有一个平静的心情是最大幸福。"澳门大学人文学院程祥徽教授说："老人幸福的标准是三老：老伴、老友、老本。"不同的人对"幸福"有不同的理解，就是模糊幸福文化观对幸福模糊现象的折光。

（二）模糊语言的属性

语言是反映客观世界和表达人类思维的社会现象。客观世界丰富多彩、瞬息万变，客观事物纷繁多姿，错综复杂，既有明晰现象，也有模糊现象。二者相互联系，又有区别。人类既能抽象思维和明晰思维，也会形象思维和模糊思维。前者对明晰现象折光或两相统一，便会生成明晰语言；后者对模糊现象折光或两相统一，便会生成模糊语言。明晰语言与模糊语言相对，二者对立又辩证统一于语言体系以及对其使用之中，"构成语言的两种相互对立又相互联系的属性"。② 语言的明晰和模糊现象是一种普遍现象，它客观地存在于语言交际活动中，明晰和模糊是语言的重要属性，这是汉民族对客观事物和客观现象相反相成辩证关系的认知的外现。下面仅谈模糊语言。

模糊是语言的一个重要属性，这可见证于出自语言三要素以及对其运用所生成的众多模糊现象。

1. 语音系统的模糊现象

语音是语言的物质外壳，是一种具有一定意义的、用来进行社会交际的声音。它具有由社会成员约定俗成的表意功能、民族特征或地域特征，因而具有模糊性。这可见诸语音的四要素和音节以及对其运用之中。

语音四要素是指音高、音强、音长、音色，而声音的高低、强弱、长短和音色都没有量化标准，是模糊现象。

音节是语流里最自然的语音单位，根据使用的频率不同，可分为高频、中频、次频和低频音节。高、中、次、低都不是绝对的，都有过渡地带。

汉语音节由声、韵、调三部分组成。根据声、韵、调的特点，可生成押韵和平仄。汉语里韵文大都要求押韵，而古汉语、近体诗要求严格，规矩较多；现代诗歌押韵比较宽松，句句押、隔句押、押平声韵、押仄声韵、不押韵的都有，这种灵活自由性，正是模糊的体现。汉语以现代普通话的语音为标准音，把同韵字放在一起，形成了切合口语的韵辙，现在比较通行而又比较简明、便于应用的韵辙为"十三韵"。"十三韵"根据韵母的元音开口度的大小分为洪亮级、细微级、柔和级。开口度大和小，洪亮、细微、柔和，都没有明确的分界点，相互之间都存在着过渡的状态或阶段，所以也是模糊现象。

① 陈鲁民：《什么是幸福?》，《广州日报》，2011 年 12 月 3 日。
② 黎千驹：《模糊语义学导论》，北京：社会科学文献出版社，2007 年，第 27 页。

平仄是通过声调的有规律变化来实现的，汉语每个声调都有高低变化不同的四声。四声又分为平声和仄声，简称平仄。四种声调的读法描绘出来就是"平声平道莫低昂，上声高呼猛烈强，去声分明哀远道，入声短促急收藏"（明·释真空《玉钥匙歌诀》）。平声、仄声不仅有音高的区别，音长也不一样。平声语调平缓洪亮，仄声语调曲折爽脆，而平缓洪亮、曲折爽脆都是模糊的，因而配调平仄也是模糊语音手段。

汉语词分单音节词、双音节词和多音节词。单双音节词安排合理，或交错运用，或让同一个词的单音、双音形式分别出现，都能造成音节整齐匀称、富于节奏感的语言结构。单音节词和双音节词是同义手段，相互变换和组合都有灵活性，这也是模糊性的体现。此外，同音、叠音、谐音、拟声、双声、叠韵、节奏等的运用，也是造成语音美的手段，也都具有一定的模糊性。

2. 词汇系统的模糊手段

词汇是语言的建筑材料，其生成、发展、演变的整个过程都是处于赖以生存的社会文化环境之中的，它属于社会文化现象，具有历史、民族、概括、模糊等主要基本属性。

词汇是个开放型的复杂系统，它由明晰词语和模糊词语两个子系统组成。汉语词汇系统大量地、普遍地存在着模糊现象。这突出地表现在两个方面：一是举凡所指对象的意义外延存在不确定性或性状存在交叉地带的词语，诸如，表示事物范畴和性状，表示一定时段没有精确起止时间，表示空间和地域没有精确范围界限，表示估量、概数、程度、地域没有精确范围界限，以及表示颜色的词语，例如，树木、文化和冷热、优雅、善良、凌晨、中午、傍晚、深夜、上空、地下和长江流域、沿海，多、少、大概、非常和前后、东边、西边，以及红、黄、粉红、米黄等都有模糊性；二是举凡表示色彩的词语，诸如感情色彩、形象色彩、语体色彩、风格色彩、地域色彩、宗教迷信色彩、民族色彩的礼俗词语、象征词语、熟语，以及时代色彩的词语，例如爱、恨、乐观、自高自大，火舌、羊肠小道、红艳艳，会谈、谈话、诗歌、散文、豪放、柔婉、上品、下品、返璞归真，冰棒（武汉话）、雪枝（客家话）、雪条（广州话），孔庙、土地庙、风水先生、道士，吉祥如意、鸳鸯、吃粉笔灰，狗眼看人低、懒婆娘的裹脚布——又长又臭、老马识途、农民工、中国梦、三个代表等，它们或为多义词，或为同义词，或为反义词语，或为同音异义词，其核心意义是明确的，但边缘模糊或性状亦此亦彼，所以都属模糊性词语，都是社会文化的产物，是模糊语言的核心成员。

3. 语法系统的模糊现象

语法是语言的构造规则，它具有抽象性、生成性、民族性等基本特质。这些特质决定其必然具有一定的模糊性,对此,吕叔湘[1]和王力[2]二先生都具有精辟的论述。这突出地表现在词类和句子以及对其运用所生成的模糊语法现象之中。

词类是词的语法分类。词根据什么标准分类,词法学界见仁见智,而黄伯荣、廖序东主编的《现代汉语》(增订五版)认为汉语里给词分类"语法功能是主要依据"。"词的语法功能主要是指词在语句里充当句法成分的能力与词的组合能力。""汉语的实词如动词、形容词,大都是多功能的,即每类词大都能充当多种句法成分。"[3] 这就缘于语法具有灵活性。我们对实词作组合能力分析时常常会遇到"不确定"的情况,对词进行语法性质分类时会碰到兼类现象,原因就在词类边界的本质是模糊的。

句子是语言的使用单位,人们对其认识和分析都存在着诸多模糊性。首先,表现在句子的分类上。句子按结构模式分为单句和复句。单句分为主谓句和非主谓句。前者分为名词性、动词性、形容词性谓语句,后者分为名词性、动词性、形容词性和特殊非主谓句。复句分为联合复句和偏正复句。前者含并列、连贯、递进、选择和解说复句,后者含因果、条件、转折、假设和目的复句。句子按语气功能,分为陈述句、疑问句、祈使句和感叹句,这些还都有再分类。这些分类都是相对的,彼此之间都没有绝对分明的界限,都存在着相互过渡的状态。其次,表现在句子成分的排列上。汉语句子成分的排列通常是主语在谓语之前,宾语在谓语动词之后,定语、状语在中心语之前,补语在中心语之后,这样生成的是常式句,但它们的位次并不是僵化的,都有一定的灵活性,都可变序生成变式句。如"祖国的山河多美啊!"和"多美啊,祖国的山河!",常式句和变式句是同义句。俗话说:"一句话,百样说。"一句话的意思可以用多种句式说出来,这多种句式就是同义句。同义句核心意义相同,但结构不同,外延意义也有别,这就是句子模糊性的体现。汉语里利用语序变位、语气变换、句式单复变化,可生成大量的模糊同义句。同义句都有模糊性。此外,如把字句和非把字句、被字句和非被字句、紧句和松句、繁句和简句、整句和散句等同义句,以及独立语与"的""地""得"的灵活运用都是语法系统的模糊现象。

4. 辞格系统的模糊现象

修辞格是人们在运用语言的长期实践中创造的有助于增强语言表达效果的固定格式。这是根据语言三要素及其书写符号——文字的特点,借助联想而用变异手法构成的言语现象,它们大都具有模糊性,对此,伍铁平[4]和黎千驹[5]都有开

① 吕叔湘:《汉语语法分析问题》,北京:商务印书馆,2006 年。
② 王力:《词和仂语的界限问题》,《中国语文》1953 年 9 月号。
③ 黄伯荣、廖序东主编:《现代汉语》(增订五版)下册,北京:高等教育出版社,2011 年,第 7 页。
④ 伍铁平:《模糊语言学》,上海:上海外国语出版社,1999 年,第 558 页。
⑤ 黎千驹:《模糊修辞学导论》,北京:光明日报出版社,2006 年。

拓性研究。

修辞格的模糊性突出地表现在辞格的分类和辞格自身的构成上。前者如学者们对辞格和非辞格的区别；辞格按什么标准分类，分多少类；某些辞格相互间有哪些联系和区别等问题的把握，常常举棋不定，存在着或此或彼的犹豫性，原因就在于辞格的类型存在着模糊性。后者，如比喻"别把白云山当作金山银山"（《广州日报》标题，2013 年 9 月 19 日）重在本体和喻体的相似性；比拟"哭声震荡着血红的河水，青山发出凄怆的共鸣"（冯德英《苦菜花》）重在把甲事物当作乙事物来描绘；借代"中国百姓荷包年年见涨"（《广州日报》标题）重在本体与借体的相关性；夸张"姑娘一闪身向外溜跑，院子里连扫帚也在欢笑"（李季《报信的姑娘》）是故意扩大或缩小客观事实。四者原则上是有区别的，其核心意蕴也是确定的，但其中有的本质特征如"相似""相关"就存在模糊性，"相似""相关"到什么程度，没有量化标准；有的既有相关性，也有相似性，还有扩大性，如《报信的姑娘》是借代，是比拟，是夸张，还是"兼用""套用"都有道理。四者的修辞和风格功用有同也有异，同一辞格有多种修辞和风格功用。在不同的语境里功用都有异，而且它们生成的文化心理机制都是联想，而联想根植于模糊思维，往往因人而异，具有不确定性，受这种不确定性的影响，用语言表达对事物联想的结果，就不可避免地具有不明晰性。此外，诸如排比与层递、排比与反复、反问与设问、衬托与对照、较物与比喻和夸张、反语与异色、拟物与拈连等相互之间边界都不明晰，都在一定程度上存在着亦此亦彼、非此非彼性。

5. 辞趣系统的模糊现象

辞趣是有别于辞格而富有表现力的语言文字的情趣，这是利用词语的意义和声音，文字的形貌和书写款式，以及图符等自身的情趣造成的修辞现象。它是个开放、灵活的系统，包括意趣、音趣、形趣。辞趣含义丰富，具有亦此亦彼的特点，是一种富有语用功能和审美情趣的模糊现象。

①常说文人相轻，其实香港人也相轻。

"你说香港人管理香港？究竟是哪一位或哪几位港人？他，他，还是他？……"

（理由：《九七年》，《文汇月刊》1986 年第 11 期）

②应声说："这好极！他，——怎样？……""我这时很兴奋，但不知怎么说才好，只是说'阿！闰土哥，你来了？……'"

（鲁迅：《故乡》）

例①是利用指代范畴的词语构成的意趣。指代词语具有既可确指，又可不定指的特点。此例故意使三个词形相同的"他"后带问号和省略号，明显是虚指任何人而非一人，"他"等于"张三""李四"，"王五"或者"陈六""邱七"。虚指，泛指的是模糊的体现。例②是利用标点符号造成的图符趣。标点"之于言文有同等的重要，甚至远在其上"（郭沫若《沸羹集·标点符号》）。标点有的确指，有的虚指，有的形同意异，对它的使用，既有规范性，也有灵活性，恰切地与文字相配合。标点符号融合描述事物，所包含的信息往往超过纯文字的表达，且能增强语言情趣。此例带点的两处词语都用了完全相同的五个标点符号，表达了难以述说的极为复杂的思想感情，但极不相似："我"30 年前在故乡认识的闰土是个十一二岁天真、勇敢、聪明、充满活力的小英雄，现在重回故乡，得知将能见到久别的好友的信息，当即应声大叫："这好极！"感叹号表示出强烈语气和无比高兴与喜悦。20 年不见了，自然急欲知道他的景况，于是接着追问说："他，"但一时又不知道问些什么好，所以用逗号表示停顿。过了一会儿还想不出来，用破折号表示语言戛然而止和语意的转换，模糊地问"怎样？"用了问号，但许多话一时不知从何说起，使用省略号，表示余音未尽。后来闰土出现在眼前时，"我"虽然一见便知道是闰土，但不是记忆里的闰土，不由得叫出"啊！"一个感叹号表示无比的惊讶和诧异，叫他"闰土哥"后，便不知说什么好，用逗号表示停顿，再用破折号表示改变话题，然后似问非问地说："你来了？"一个问号表示了作者对闰土的偌大变化，怀着万分诧异和不安，怀疑为何竟至变化如此之大；最后使用省略号表示自己千言万语难以说尽的悲凉和对闰土的同情和怜惜。几个标点符号的灵活巧用，蕴涵着对封建社会政治文化给农民精神上的毒害和摧残的控诉，寄寓着作者对改变农民命运的热烈企求，发人深思，给人启迪，足见标点情趣的巨大模糊功用。

由上可见，语言三要素系统以及对其运用而生成的超语言手段都普遍存在着模糊现象，所以不少研究模糊语言的论著都以模糊的同义手段称"模糊是自然语言的重要属性""模糊是自然语言的本质特征之一""模糊性是语言的一种无法避免的自然属性""语言是明晰与模糊现象的对立统一体"等，都有可信的语言文化理论和语言文化实际作依据。

二、模糊语言风格

俗话说"木不钻不透，话不说不明"。说话是为了表达情感，交流信息。清楚明白，让人痛快；模糊朦胧，耐人寻味。法国人为法语的表达明晰而骄傲，日本人为日语的表达暧昧而自豪。在言语交际活动中，既用明晰语言，也用模糊语言。明晰语言与模糊语言各有语用功能，同等重要。既用明晰语言与模糊语言，也就必然有明晰语言风格与模糊语言风格。这里只说模糊语言风格。

模糊语言风格是运用模糊风格手段所形成的诸特点综合呈现出来的气氛格

调。风格手段是风格形成的基本单位，是体现风格的外部标志。气氛格调是风格手段聚合的结果，是体现风格面貌的美学形态。二者是生成和展现模糊语言风格的语言文化因素。

（一）模糊风格手段

语言风格手段是个系统，它主要由语言三要素及其语用变体中具有审美功能即风格色彩的表达手段组成，而语言三要素及其语用变体中的模糊手段，都具有审美功能，可作各种风格手段。

1. 模糊语音风格手段

汉语是富有音乐美的语言，利用音乐美的特点，如前所说可以生成各式各样的模糊语音手段。模糊语音手段都有风格色彩，可作生成模糊表现风格、语体风格和民族风格的语言文化手段。例如：

①剑外忽传收蓟北，初闻涕泪满衣裳。却看妻子愁何在，漫卷诗书喜欲狂。白日放歌须纵酒，青春作伴好还乡。即从巴峡穿巫峡，便下襄阳向洛阳。

（杜甫《闻官军收河南河北》）

②门口的兵士，在胸前各各绣上一个大"勇"字，打着绑腿，佩着枪刀，守卫城门。进城出城的人多极了，抬轿的，骑马的，挑瓜贩菜的，引车卖浆的，徒手的，提篮的，人来人往，好不热闹。

（秦牧《愤怒的海·省城风光》）

③青青河畔草，郁郁园中柳。盈盈楼上女，皎皎当窗牖。娥娥红粉妆，纤纤出素手。

（《古诗十九首·青青河畔草》）

例①是押韵的语例。押韵是中国文化传统的一种重要修辞手段，是体现语言民族风格的鲜明标志，是文学语体常用以生成豪放、柔婉和优美表现风格的手段。杜甫用发音开口度大的洪亮级表现"闻官军收河南河北"的兴奋快乐情绪，让人"念起来就像汤汤流水、洋洋琴韵；又像振翅凌空，翱翔蓝天白云中"，"通首一气奔驰，如洪泉下注"，"文势、音调迅急有如闪电，准确地表现了想象的飞驰"，给人一种难以言传的朦胧壮丽美的享受。例②是音节协调配合的语例。单、双音节词和多音节词协调配合，造成节奏优美的旋律，是汉语音乐文化特有的一种普遍的节奏现象，很能体现语言的民族风格。古人谈音节的组合，提到"偶语易安，奇字难适"。汉语音节组合多取偶数形式，有些奇数音节组合，也常常喜欢并列起来使用，以起化奇为偶的作用，而"易""难""多""有些""常常"等都说明音节组合是模糊语音风格手段。此例是长篇小说开头一段中的情景描写，作者交替使用四音节、三音节、五音节的词语组成两两对称的句式，语言节奏明快，音节匀称，又富有变化，既平稳，又不失跌宕，使人对历历如绘的情景神思飞荡，如收眼底，留下简洁、明快、优雅的强烈美感。例③是叠音（复叠）自然、形象优美的语例。台湾修辞学家董季棠说："复叠的好处是，用在论说，能增强文章的气势；用在抒情，能给人一种'情韵回环、风致缥缈'的感觉。读起来也就言有尽而意无穷的了。"① 叠音是动用模糊的语言手段。大量运用这种语音手段是我国词曲文化的优良传统，现代文学语体叠音手段也用得很普遍，它是富有风格功能的模糊手段，运用自然、恰当，既可表现出鲜明的民族风格，也可体现出语体风格和表现风格。《青青河畔草》用六个叠音词描写思妇春日寂寞，登楼遣闷的情景："青青""郁郁"分别摹写春草之苍翠，春柳之茂盛，展现出一片春光逗人的景象，为下文起兴。"盈盈""皎皎""娥娥""纤纤"从不同的侧面分别描绘思妇丰盈白皙、美艳姣好的仪态，生动地刻画了一个艳妆少妇凭窗凝望的形象，美好景色与美的人物彼此配合，声情与文情相互调匀，格外凸显出描写对象的仪态和神情，画面多彩烂漫，音节和谐悦耳，格调清新优美。

2. 模糊词语风格手段

汉语词汇如海洋，丰赡优美，广积荟萃，文采缤纷，而这丰赡的词汇海洋中如前所说，有丰富多彩的模糊词语手段，模糊词语手段都有风格色彩，可作各种模糊语言风格手段，例如：

④德天大瀑布气势磅礴、水势激荡，既雄奇瑰丽，又变幻多姿，被评为中国最美的六大瀑布之一。

德天大瀑布河水时急时缓，时分时合，迂回曲折于参天古木之间。

加之花草掩映，百鸟低徊，如遇朝阳东升，还可见彩虹、银瀑同时展现，更显得秀丽壮观。远眺飞泻而下的瀑布，只见滚滚洪流连冲三关，蒸腾之水汽直上云霄，瀑顶群峰浮动，瀑水飞溅如万斛明珠，瀑声远震数里，而且碧水长流，终年不涸。无论其魄力，或气势，或风采，或震声，莫不动人心弦、摄人心魄，令人赞叹不已。

德天瀑布分三层。第一层河水沿笔直的山势、俯冲百多米而落入山潭之中，银瀑飞泻，动人心魄；第二层比较低缓，由第一层猛冲而下的瀑布，"在此经过一个几十米的台阶，使之有一个喘息之机，然后蓄势而发，形成更为壮观的第三层瀑布；在第三层，由于汇聚了从源头流出的所有河水，所以瀑布几乎是垂直倾泻而下，直落宽广的河面，流淌出一幅掩映在绿树怀抱中的天然水幕画卷。

（梁必骐《壮观的德天跨国大瀑布》，《广东老教授》2013 年第 3 期）

① 参看黎运汉、盛永生：《汉语修辞学》（修订版），广州：广东教育出版社，2010 年，第 352 页。

189

⑤与老年人分开居住的家庭成员，应当经常看望或问候老年人。

（《中华人民共和国老年人权益保障法》）

⑥身着深色西装，佩带红色领带，胸挂出席证；身材高大的习近平微笑站立，从容自信。清朗而浑厚的声音，坦诚而刚毅的目光，透出激奋人心的力量。

（《中国梦，人民的梦——国家主席习近平在十二届全国人大一次会议闭幕会讲话侧记》，《人民日报》2013年3月10日）

例④中不少词语或表示事物的范畴，如瀑布、花草、百鸟、朝阳；或表示时段，如时急时缓，时分时合；或表示空间，如云霄、东升；或表示估量、概数、程度，如群峰、数里、百多米、比较低缓、更美；或表示颜色，如彩虹、银瀑、绿树；或表示形象，如秀丽、滚滚洪流、飞溅；或表示风格色彩，如气势磅礴、雄奇瑰丽等，都属模糊词语，常作文学语体风格和藻丽优美表现风格手段。例⑤"经常看望"等是模糊词语风格手段，它们跟当代一首流行歌曲的首句"常回家看看"的模糊语句相通。法律语体用来构造话语，表述保障老年人的权益，既是承传中华民族敬老的孝道文化传统，又与法律职能相应。法律条文不适宜也不可能硬性要求家庭中哪些人探望多大年纪的老人。模糊语言切合法律语体风格，简洁而又切合实际的规范，而且灵活，有弹性，便于家庭成员根据具体情况执行，合情合理，能为广大人民群众所拥护。例⑥是记者对国家主席习近平《中国梦，人民的梦》的讲话侧记中描述习主席外貌形象的语段摘录，属新闻语体的通讯。例文中使用带有描绘色彩和褒扬敬重色彩的模糊词语"深色""红色""高大""微笑""从容""自信""清朗""深厚""坦诚""刚毅""激奋"等，不仅让受众有身临其境之感，而且使受众体味到作者的判断价值、观点和感情。通讯体借助模糊词语风格手段的使用，增强了新闻的生动性、可读性和感染力。

3. 模糊句式风格手段

前面说过，汉语利用句子成分在句中位次的常规性和灵活性，虚词的增减和语气变化的灵活性，可以生成各种各样的同义模糊句，同义模糊句都有这样或那样的风格色彩，可作或此或彼的模糊风格手段。例如：

⑦南方，遥远而美丽的！

南方是有榕树的地方，榕树永远是垂着长须如同一个老人安静地站立，在夕暮之中作着冗长的低语，而将千百年的过去都埋在幻想里了。

晚天是赤红的。公园如同一个废墟，鹰在赤红的天空之中盘旋，作出短促而悠远的歌唱，嘹唳地，清脆地。

鹰是我所爱的，它有着两个强健的翅膀。

（丽尼《鹰之歌》）

⑧手，伟大的手，神奇的手！人类靠着它，在高山峻岭开辟了道路，把荡荡平原变成了锦绣，建起了城市，疏浚了河流。伟大的手，神奇的手！人类靠着它，播种了谷物，驯养了家畜，烧制了陶器，冶炼了五金，创造了千千万万种产品，使生活变得文明和富裕起来。伟大的手，神奇的手！人类靠着它，制造了种种机械和仪器，可以穷究从"至大"到"至小"事物的奥秘。

（秦牧《神奇的手》）

⑨我们这文坛是一个百戏杂陈的"大世界"。有"洪水猛兽"，也有"鸳鸯蝴蝶"；新时代的"前卫"唱粗犷的调子，旧骸骨的"迷恋者"低吟着平平仄仄；唯美主义者高举艺术至上的大旗；人道主义者效猫哭老鼠的悲叹；感伤派喷出轻烟似的微哀；公子哥儿沉醉于妹妹风月。

（茅盾《我们这文坛》）

例⑦文中融合了三组模糊句：变式句"南方，遥远而美丽的""作出短促而悠远的歌唱，嘹唳地，清脆地"；长短句"南方有榕树的地方，榕树永远是垂着长须，如同一个老人……幻想里了"；跳跃句"晚天是赤红的。公园如同一个废墟"。它们灵活多变，交叉使用，错综成文，语势有缓有急，波浪起伏，呈现出华丽多姿的风格文化品位。例⑧用的是整散句式相结合的风格手段。整齐和疏散是可以灵活互变的同义句。它们结构不同，功用有别。大体来说，整句对仗和谐，富有气势，便于表达舒缓的语势和奔放的感情，但是用得过分了，反伤于凝滞，缺乏多姿的风采；散句音节参差，调遣自如，灵活多变，宜于表现行云流水般的叙述和急剧变化的情景，但是清一色的散，没有整齐句式的点缀，则伤于烦琐。文章语言只有整散交错，才会灵活洒脱，缓急有致。朱熹、归有光、李涂等均主张文章须错综见意，曲折生姿，认为语言须有数行整齐处，数行不整齐处。整句与散句没有截然的界限，整散交错没有一成不变的定规，数行也没有定量标准，这是模糊同义句。秦牧此例整句反复"伟大的手，神奇的手"和排比"变成了锦绣，建起了城市，疏浚了河流……"错综运用，气势浩瀚流转，语言雄浑奔放，从中间以参差的散句"在高山峻岭开辟了道路""创造出了千千万万种产品"等，就使雄伟奔放的语言有变化、有波澜，既有整齐美、豪放美，又有参差美、柔和美，淋漓尽致地展现出赞美之情，体现出豪放、柔和模糊风格手段相错综的美感价值。例⑨"有洪水猛兽……妹妹风月"是同类性质的一连串模糊语句，作者不用关联词语，而用并置法连续描绘出一个百戏陈杂的文坛大世界，明显呈现出它是集中而细腻地描绘事物，增强繁丰细腻美的模糊风格手段。

4. 模糊辞格风格手段

前面说过，汉语修辞格丰富多彩，它们自身都存在着模糊性，不少辞格相互之间都存在着或此或彼的不确定性，所以修辞格大都具有明显的模糊性，可以充当各种模糊风格手段。下面看几个语例：

⑩年年岁月如痕，家家亲情似水。

（亲情似水网站广告）

⑪《中国人民志愿军要爱护朝鲜的一山一水一草一木》

（毛泽东同志给中国人民志愿军的指示标题）

⑫夜正长，路也正长，我不如忘却，不说的好吧。

（鲁迅《为了忘却的纪念》）

⑬问君能有几多愁？恰似一江春水向东流。

（李煜《虞美人》）

例⑩"年年岁月""家家亲情"语意模糊深沉，难以确表，似可意会，难以言传，说其"如痕""似水"，便是用模糊比喻来描绘该网站如同温暖的家一般。格调优雅、凝重、蕴藉，能引人遐思联想，体现出模糊朦胧美之文化品位。例⑪属公文语体的公报体，用的是借代格。"一山一水一草一木"是财物的一部分，以之替代"任何财物"是模糊表述，比"任何财物"具体形象可感，具有新颖有趣的风格品位，蕴涵着国际主义精神文化意涵。例⑫属文学政论交融的杂文体，"夜正长，路也正长"是语义双关，"指物借意"，关涉到表里两层意思，"夜"表面上指黑夜，实际上指反动统治；"路"表面上指水路、陆路，实际上指人生的道路，亦此亦彼，明显地带有模糊性，是曲折地表达思想感情，造成语意含蓄、耐人寻味的风格手段，此例用于反动统治的政治文化环境，十分恰切、得体。例⑬开首以模糊句设问，掀起语言波澜，接着将"愁"先夸张地比作"一江春水"，再把"愁"的力量，夸张成"一江春水向东流"，突出愁苦之大，愁苦之力量无穷。这是人为地与现实严重背离而再现现实的夸张修辞。夸张是受人的主观意愿或情绪的支配而形成的"激昂之言"，诗人用来极度放大愁苦，很能引人神思飞荡，视野开阔，想象中的愁苦如"一江春水向东流"展现在眼前，语言气势浩瀚，格调奔放雄健。

5. 模糊辞趣风格手段

辞趣是一种富有修辞功能和审美情趣的修辞手段，它既可以用来示意，也可用于描绘和抒情，使语言含义丰富，而又形象、生动、有趣，它可以充当各种模糊风格手段。例如：

⑭鲁迅先生当年一句"无聊才读书"的讽刺，恐怕今天恰恰要变成"无才聊读书"了。……于是，人们由"无聊才读书"逐渐演变成"无聊书才读"。……既然"无聊书才读"，读书就谈不上；既然"无书才聊读"，聊也不过是空聊。

（《文汇报》1993 年 4 月 16 日）

⑮再从外面炸进来，这"生命圈"便收缩为"生命线"，再炸进来，大家便都逃进那炸好了的"腹地"里面去，这"生命圈"便完结而为"生命0"。

（鲁迅《中国人的生命圈》）

例⑭是利用汉语语法结构的灵活性，有意变换词法顺序以形成不同的语句所生成的组合趣。由本体"无聊才读书"仿造出三个结构和意义上有联系而又有区别的新词语："无才聊读书""无聊书才读""无书才聊读"，不仅显示出特有的情趣，而且意蕴厚丰，是生成新奇、有趣、简约的风格手段。例⑮是利用图形符号造成的图符趣。图形符号本身并不具有确切具体的意义，也没有固定的读音，只是形状相似相关而已，但与文字配合，可以作文字的辅助工具去表情达意，体现出模糊手段的价值。这里的"0"不是表示"圈"，而是表示"零"，生命"0"即"没有生命"的意思。这种模糊辞趣的恰切运用，非常明显地表现出鲁迅幽默含蓄的语言表现风格。

（二）模糊风格类型和气氛格调

1. 模糊风格类型

语言风格，通常分为表现风格、语体风格、民族风格、时代风格、地域风格、流派风格和个人风格等基本类型。依此标准再往下划分，有些风格类型还可分出下位层次的若干不同类型，如表现风格可分为豪放与柔婉、繁丰与简约等。这些类别正如陈望道《修辞学发凡》所说："只是假定的两个极端或两种倾向，实际多是位于这两种倾向中间的。"各种类型的风格之间，没有截然的分明界限，相互之间都存在着过渡的现象，这是风格类型界限上体现出来的模糊性。

2. 模糊气氛格调

各种类型的风格，都有特定的气氛格调。气氛格调是在文化因素制导下综合运用风格手段所呈现出来的美学形态。而作为美学最基本的范畴，"美"的核心意蕴是美丽好看，令人心旷神怡，但其外延是不稳定的。在中国传统文化中，"美"常指有味、有趣、完善、和谐、漂亮、潇洒、丰满、绮靡、秀丽、可爱、奇妙的创造与愉快的享受，等等。这种种既有联系又有区别的外延意蕴，表明"美"是一种模糊现象。因而，美学形态也必然是模糊现象。美学形态升华没有量化标准，不易把握，升华的结果气氛格调，就成为只可意会难以言传的了。古代学者论述风格都是用模糊的语言手段来表现的。例如，刘勰《文心雕龙》："黄、唐淳而质，虞、夏质而辨，商、周丽而雅。"（时代风格）"章、表、奏、议则准乎典雅……"（文体风格）"贾生俊发，故文洁而体清……"（个人风格）"一曰典雅，二曰远奥，三曰精约……"（表现风格）豪放就是"行神如空，行气如虹"（司空图《二十四诗品》）"如雾如电，如长风之出谷，如崇山

193

峻崖，如决大川，如奔骐骥"（姚鼐《复鲁絜非书》）。含蓄就是"意木浅露，语不穷尽，句中有余味，篇中有余意，其妙不外寄言而已"（沈祥龙《论词随笔》）。现代学者论述表现风格，例如陈望道《修辞学发凡》："平淡和绚烂的区别，是由话里所用辞藻的多少而来。少用辞藻，力求清真的，便是平淡；全用辞藻，力求富丽的，便是绚丽。"张瓘一《修辞概要》把作品的语言风格分为："简洁和细致""明快和含蓄""平实和藻丽"等类型。倪宝元主编的《大学修辞》："豪放是气势磅礴，格调高昂，境界雄浑，感情激荡……柔婉是笔调柔和，感情纤细，委婉缠绵，意味深美。"张德明《语言风格学》："繁简得当""隐显适度""华朴相宜""亦庄亦谐""严疏并用"。王希杰《修辞学通论》："藻丽风格追求语言本身的美，尽量运用华丽的辞藻和整齐的句式，词语艳丽多姿，句式繁丰多姿，修辞格多样而奇巧，节奏和谐，声情并茂，富于音乐的美。"郑荣馨《语言表现风格论》："幽默是一种诙谐轻松，妙趣横生的言语风格。"黎运汉《汉语风格学》："含蓄的表现形式主要是意在言外，意藏辞中，委婉曲折。"这些论述都承传了古代学者运用模糊语言表述语言风格的文化传统，就缘于语言风格的模糊性特质。

三、模糊语言风格的文化成因

汉语言风格的成因，包括制导文化因素和语言文化因素，模糊语言风格也是这两个方面的因素相互作用的产物。语言文化因素，前面已有论述，下面谈制导文化因素。

制导文化因素是指对风格的生成起决定和制约作用的因素。它包括主观和客观文化因素。

（一）主观文化因素

主观文化因素，是指交际主体（表达主体和接受主体）所属的民族文化和个人特有的文化因素。交际主体是文化的动物，是社会的人、民族的人。风格创造和读解都是人的一种文化行为，都受民族文化和个人特有的文化因素影响和制约。文化因素是个多元体，而对模糊语言风格的创造和读解起最重要制导作用的是民族文化传统、思想意识、思维方式、认知能力和审美情趣。例如"九二共识，一中各表"①，"一中"是体现简约和含蓄风格的模糊手段，"一中"指两岸同属一个中国，核心内涵明确，其基因是中华文化：两岸是中国不可分割的领土，居住在两岸的是骨肉同胞，是同种同语的兄弟姐妹，但政治文化不同，思想意识有异，所以导致"一中"的外延或此或彼，但符合在台湾执政的国民党和在大陆执政的共产党，以及两岸广大同胞的共识（认知能力），所以成为两岸关

---

① 《台湾蓝绿"正面交锋"九二共识》，《参考消息》，2013 年 7 月 26 日。

系向着和平发展方向迈进、两岸人民友好交往与日益密切的基础。如果改为明晰语言"九二共识，一中指中华人民共和国或中华民国"，大陆和台湾都不会同意，海峡两岸就不会有现在这样的大好局面了。可见，在传统文化和表现主体自身的政治文化和认识能力制导下生成的模糊风格手段，符合客观事物实际，能取得比明晰风格手段更好的表达效果。前面第二小节中例⑤的模糊风格手段也是承传中华民族孝道文化传统，又符合现在人们思想感情和认知能力的优质的模糊风格现象。

思维是认识客观世界时进行比较、分析、综合以认识客观事物的能力，而人们认识客观事物的能力，总要受到一定条件的限制，所以用语言表达认识的结果时，就往往采用抽象概括的办法，使用含糊的语言形式；同时，人们对客观事物的边界、情态的把握，又往往存在着某种不确定性，受这种不确定性的影响，人们在进行逻辑思维时，往往无法精确地确定一定思维对象的内涵和外延，这种思维的结果要表达，也就不可避免地要用近似的表达手段，去勾勒思维对象的轮廓，对其作出近似的、灵活的论断。例如：

①王小玉便启朱唇，发皓齿，唱了几句书儿。声音初不甚大，只觉入耳有说不出来的妙境：五脏六腑里，像熨斗熨过，无一处不伏贴；三万六千个毛孔，像吃了人参果，无一个毛孔不畅快。唱了十数句之后，渐渐的越唱越高，忽然拔了一个尖儿，像一线钢丝抛入天际……

（刘鹗《老残游记》）

刘鹗的写法绝妙，让我们今天读来还能品味到白妞独特唱腔的无穷韵味。这妙就妙在恰当地运用模糊语句"声音……妙境""渐渐……一个尖儿"和模糊比喻"五脏六腑里，像……"等。正由于模糊的表达，只是略写其风韵，令人仿佛如灯镜传影，了然目中，却又捉摸不得，只能遐思。"五脏六腑……无一处不伏贴""三万六千个毛孔……无一个毛孔不畅快""忽然拔了一个尖儿，像一线钢丝抛入天际"，究竟是什么样子？让读者自己去想象，就给读者的创造性想象留了广阔的空间。人们尽可以根据自己的文化体验，创造出自己心目中的白妞来。如果说有一个读者就有一千个哈姆雷特的话，那么有一个读者也就有一千个白妞。这就是在模糊思维制导下运用模糊风格手段所生成的模糊风格的魅力所在。

追求美、创造美、欣赏美和接受美是人的最根本的天性。中华民族素有崇尚美的强烈意识和追求话语风格美的优良文化传统，古今汉人在创造模糊言语风格成品时，大都会自觉或不自觉地在自身的审美情趣制导下根据接受主体的审美情趣，选用具有审美功能的模糊风格手段，生成模糊的气氛格调，使其既含语义信息，又有美学情味，让读者在对其的揣摩中，既能接收到语义信息，又能获得美学享受。例如：

②心语 7360 手机正向你展现画面中最抢眼的部分，那就是今冬流行的水晶紫和闪光银——最使多梦女孩感动的梦幻时尚色彩。淡雅及至单纯，耀眼及至妩媚。此外手机的外型设计窈窕有致，楚楚可人，非常适合人的手型，恰可盈握……

（摩托罗拉手机广告）

这里很多的词语都是充满形象美、色彩美和动态美的模糊风格手段，它们综合生成优美的模糊格调，既是受制于表现对象自身的模糊特点，又是迎合女性消费者对商品外在形状、色彩、样式、花色的审美需求。它语词模糊优美，蕴意深刻，耐人寻味，使得受众在欣赏和咀嚼优美的艺术品中，既能收到语义信息，又能获得美学享受，无疑会心动。这是广告主体和接受主体的美学情趣相互作用而生成的模糊广告语言风格的良好效应的体现。

（二）客观文化因素

客观文化因素是指表现对象、交际语境、语体和交际需要。

表现对象是指风格所蕴含的思想内容，它是表达主体的精神文化作用于客观对象的融合体。模糊风格是模糊表现对象决定的，是模糊思想内容在语言风格中的表现。客观事物存在着模糊属性，人们对客观事物的认识和反映也存在模糊性。这二者相结合就决定了作为反映客观世界和表达思维结果的语言及其呈现出来的气氛格调，也就必然具有模糊性。例如《中国梦，人民的梦》[1]，"梦"，按《现代汉语词典》的解释："睡眠时局部大脑皮质还没有完全停止活动而引起的脑中的表象活动"，以及"比喻幻想。"梦的本质特征是模糊的，所以词典对其诠释也是模糊的，正因为它模糊，所以正如报上所说："'梦'——2012 年中国年度汉字，简简单单一个字，饱含亿万人民对生活的美好憧憬，饱含一个国家对未来的无比信心。富强中国、民主中国、文化中国、和谐中国、美丽中国……无限愿景，'梦'字囊括 2012 年中国年度大事记。"[2] 习近平在十二届全国人大一次会议闭幕式上说："实现全面建成小康社会、建成富强民主文明和谐的社会主义现代化国家的奋斗目标，实现中华民族伟大复兴的中国梦，就是要实现国家富强、民族振兴、人民幸福……"[3] "中国梦"三个字蕴涵这么大的信息量，可谓

---

[1] 《广州日报》，2013 年 3 月 18 日。
[2] 《同心共筑中国梦》，《人民日报》，2012 年 12 月 27 日。
[3] 《广州日报》，2013 年 3 月 18 日。

言简意赅之至了。

交际语境是指语言风格生成过程中，影响、制约着表达主体选择风格手段、构造话语、展现气氛格调的言语环境，其核心因素是社会政治文化、经济文化、地理文化、交际对象的心理文化、审美文化特征等因素。例如前面讲到的"九二共识，一中各表"就是大陆和台湾不同政治文化的产物，"幸福""中国梦"是根植于现代社会政治文化、经济文化的成果，《壮观的德天跨国大瀑布》是个人文化因素作用于地理文化风光的物质体现。

语体是为了更加有效地实现语言交际功能而产生的语言表达体式，它的发生和发展变化都根植于特定的文化土壤，是民族文化的历时性积淀，是全民族成员约定俗成、对人们的言语交际都具有一种潜在的无形约束力的语言范式，是规范语言风格创造和读解的客观因素。因此，风格创造和读解都"先须辨体""明体定势"和"观位体"，受语体制约。语体有多种不同的类型、不同的语体，由于交际目的、交际功能和风格基调不同，对模糊风格现象的需求和制约也不同。笼统说来，谈话语体对模糊语言开放性较大，制约性很小；公文语体不排斥，甚至不可避免地使用模糊语言，但制约性很大；科学语体跟公文语体一样对模糊风格现象制约性很大，但由于有些科学现象具有模糊性特点或者其他原因而不完全摒弃模糊语言；政论语体对模糊手段的选用既制约又开放，是处于公文、科技与文学语体之间的状态；新闻语体对模糊语言既制约又开放，模糊与明晰语言在其中是辩证统一的；文学语体对模糊语言是极为开放的，几乎不制约；广告和演讲语体对模糊现象都具有相当大的开放性，但没有文学语体那么大，大略与政论语体相当。

交际需要是指必须使用模糊语言，或者使用模糊语言比使用明晰语言效果更好。言语交际总是在特定言语环境中进行并受其制约的。在特定言语环境使用模糊语言，表达者和接收者都不会觉得它是模糊的，因为它们不但不会妨碍交际，而且是不可缺少的。例如前面提到的"九二共识，一中各表"，又如《老年人权益保障法》只能用模糊语言规定"与老年人分开居住的家庭成员，应该经常看望或问候老年人"合情合理，为广大人民群众所拥护。江苏无锡市北塘区人民法院对一起赡养案进行审判处理，明确宣判被告人马某（女儿）、朱某（女婿）除承担储某（母亲）赡养费外，"马某每两个月至少需至储某居住处看望问候一次，端午节、重阳节、中秋节、国庆节、元旦这些节日，马某也应当至少安排两个节日期间内对储某予以看望。众多网友对此规定议论纷纷：有支持者，有反对者，也有献计献策者"。① 这是判决的语言过于明晰，不符合《老年人权益保障法》的实质所导致的后果。可见《保障法》的模糊语言是比无锡判决书明

① 《"不常回家看看"，今起违法》，《广州日报》，2013 年 7 月 1 日。

晰语言简洁而又切合客观实际且效果更好的风格手段。有些客观事物本身具有模糊性，根本无法明晰表达。例如："往身上洒一点，任何事情都可能发生。"（国外香水广告）"香水"本身就非常美妙，给人的主观感受更是见仁见智。这种涉及主观精神的产品，广告主体完全不可能对其进行明晰的表述，而使用夸张的语言作模糊的表达，既能突出宣传对象的特点，加深受众对该产品的认识，又能给受众以猜测与遐想空间，让他们在对模糊含蓄的语言寻味中，增添品评广告的乐趣，得到美的享受。康德说过："模糊概念要比明晰概念更富有表现力……美应当是不可言传的东西，我们并不总是能够用语言表达我们所想的东西。"① 这则广告的模糊语言交际效果用明晰语言替代是难以达到的。有些客观事物，其意蕴是确定的，表达主体也能对其进行精确明晰的表达，但在特定的文化语境中，表达主体因为某种特殊需要，故意用模糊语言表述。例如：外交场合的模糊语言、出于忌讳需要或礼貌原则的模糊语言等。

总之，任何事物都有模糊性，模糊性是语言的本质特征之一，模糊语言现象广泛存在于语言三要素以及对其运用之中。既有模糊语言，就必然有模糊语言风格。然而，我国传统风格论与现代汉语风格学论著都未见明确提出模糊语言风格问题。伍铁平《模糊语言学》称"风格也是一种模糊现象"。② 秦秀白《论语言的模糊性和模糊的言语风格》说："人们在运用语言进行交际时，有时并不需要做到准确，有时却也故作'模糊'，因此产生了模糊言语风格。这种言语风格主要是通过选用模糊的语言实现的。"③ 这些都是开拓性的见解，虽然都未展开具体论述，但对人们拓宽研究语言风格的视野，全面深入认识语言风格的本质特征，把语言风格研究进一步引向深入，颇有启迪。从模糊性的角度研究汉语言风格现象，是一个拓荒性的课题，这里试从文化的视角对汉语言风格的模糊现象作初步探讨，恳望学者们教正。

[载于《平顶山学院学报》2014 年第 3 期；黎千驹、冯广艺主编：《模糊语言研究》（第一辑），北京：中国社会科学出版社，2014 年]

198

---

① 康德著，邓晓芒译：《判断力批评》，北京：北京人民出版社，2002 年。
② 任铁平：《模糊语言学》，上海：上海外国语出版社，1999 年，第 558 页。
③ 秦秀白：《论语言的模糊性和模糊的语言风格》，《外国语》，1984 年第 6 期。

1949 年以来语言风格定义研究述评

　　语言风格（以下简称风格）是语言风格学（以下简称风格学）的核心术语，它的定义内涵是风格学研究者对风格的本质特点、成因以及覆盖范围认识的总结和巩固，对其认识和理解关系到风格学研究的一连串问题。其重要性决定了它是风格理论研究必须回答的首要问题，不少风格学论著都很重视对风格定义的界定。

　　1949 年以来，我国学者给风格下的定义多种多样，概括起来有九种说法：

　　（一）言语气氛格调说

　　高名凯："语言中的风格就是语言在不同的交际场合中被人们运用来进行适应交际场合、达到某一交际目的时所产生的特殊的言语气氛和言语格调。"[1] 胡裕树："语言风格是指由于交际环境、交际目的的不同，选用一些适应于该情境和目的的语言手段所形成的某种气氛和格调。"[2] 这种观点继承和发展了我国传统文体论关于"体势"的说法。

　　（二）言语特点总和说

　　北京大学中文系汉语教研室："语言风格是不同的民族、不同的时代、不同的流派以及个人在运用语言时所表现出来的各种特点的总和。"[3] 张静："语言风格是指运用语言所表现出来的各种特点的总和。"[4] 这种说法影响较大，学术界比较熟悉。

　　（三）言语特点综合表现说

　　郑远汉："言语风格是语言由于使用中受不同交际环境的影响或制约而形成的一系列言语特点的综合表现。"[5]

　　（四）表达手段体系说

　　方光焘："风格应该是狭义的，是一定的世界观表达手段的体系。"[6] 这种论

---

　　[1]　高名凯：《语言论》，北京：科学出版社，1963 年，第 413 页。

　　[2]　胡裕树主编：《现代汉语》（增订本），上海：上海教育出版社，1981 年，第 548 页。

　　[3]　北京大学中文系汉语教研室编：《现代汉语》（中册），北京：高等教育出版社，1958 年，第 121 页。

　　[4]　张静主编：《新编现代汉语》（下册），上海：上海教育出版社，1980 年，第 229 页。

　　[5]　郑远汉：《言语风格学》（增订本），武汉：湖北教育出版社，1998 年，第 1 页。

　　[6]　方光焘：《语言和言语问题讨论的现阶段》，见上海教育出版社编：《语言和言语问题讨论集》，上海：上海教育出版社，1963 年，第 158 页。

点在苏联学者中很流行。

（五）变异说

叶蜚声等："语言还可以因使用场合的不同而表现出不同的变异。同一个人在不同的场合对不同的对象讲话往往有不同的特点。……这类变异叫做语言的风格变异。"① 这种说法在欧美影响较大。

（六）语言和言语特点综合说

张德明："语言风格，是指语言体系本身的特点和语言运用中各种特点的综合表现。"②

（七）系统性特征说

胡范铸："语言风格是在语言使用者的主观心理、语言所反映的内容等各种因素的综合制约下，运用某一语言表现出来的具有系统性的特征。"③

（八）综合言语个性或区别性特征总和说

王焕运："在一种或一篇语言式样中，在语音、词汇、语法以及修辞诸方面表现出来的具有个性区分作用的综合言语个性叫语言风格。"④ 王希杰："言语风格，就是语言运用中所表现出来的区别性特征的总和。"⑤

（九）美学风貌说

宗世海："言语风格是制导于言语表达者个人审美趣味，由具有不同审美功能的语言要素和语言表达手段所传达出的言语作品的整体美学风貌。"⑥

以上各说体现了各位研究者的风格观，有同有异，或曰语言风格或称言语风格，都是主要从语言运用的角度审视语言风格现象，从不同的视角或侧面揭示了语言风格的某些本质特征和形成因素，但概念内涵、侧重点和外延都有一定差异。首先是，有的基于社会语言学和语言学对风格现象的认识，强调语言外部因素对语言运用的制约作用，认为风格是在特定的语言外部因素制约下运用语言所产生的结果，如（一）（三）（五）（七）；有的基于语言学对风格现象的认识，注重外现形态的言语因素，认为风格是使用语言所产生的结果，如（二）（八）；有的基于语言学对风格现象的认识，持广义论，认为风格是民族语言本身的特点和语言运用中各种特点的综合表现，如（六）；有的基于美学和语言学对风格现象的认识，认为风格是个人审美趣味作用于语言运用所产生的结果，如（九）。

---

① 叶蜚声、徐通锵：《语言学纲要》，北京：北京大学出版社，1981 年，第 12 页。
② 张德明：《语言风格学》，长春：东北师范大学出版社，1984 年，第 25 页。
③ 胡范铸：《语言风格说略》，《修辞学习》1987 年第 2 期。
④ 王焕运：《汉语风格简论》，石家庄：河北教育出版社，1993 年，第 2 页。
⑤ 王希杰：《修辞学通论》，南京：南京大学出版社，1996 年，第 498 页。
⑥ 宗世海：《论言语风格的定义》，见黎运汉、肖沛雄主编：《迈向 21 世纪的中国修辞学研究》，广州：广东人民出版社，2001 年，第 395 页。

其次是，同一说法而每个人所指对象的内涵不尽相同。例如，同是强调外部语言因素制约作用的，高名凯的制约因素指"交际场合"，气氛格调涵盖"一般的交际功能的言语风格""文艺作品的言语风格"和"个人的言语风格"；胡裕树的制约因素是"交际环境、交际目的"，气氛格调涵盖"语言的民族风格""语言的时代风格"和"语言的个人风格"；胡范铸的制约因素指"语言使用者的主观心理、语言所反映的内容"，特征系统是指"语体风格""表现风格""个人风格""社区风格"和"流派风格"的种种特征组合的系统；宗世海的制约因素是"言语表达者个人审美情趣"，美学风貌只涵盖"表现风格"。又如，同是注重外现形态因素的，北京大学中文系汉语教研室的特点总和涵盖"民族风格""时代风格""流派风格""个人风格"和"文体的语言风格"；张静的特点总和涵盖"民族风格""时代风格""个人风格""语体风格"和"表现风格"；张德明的特点的综合表现涵盖语言风格的"民族风格"和"时代风格"，言语风格的"语体风格""流派风格""表现风格"和"个人风格"等。

以上分歧是正常现象，在国外，语言风格的定义也是五花八门的。大凡新兴的学科，在创立时期乃至发展中，其核心术语的定义都难免人言人殊。"文化语言学"中的"文化"是 20 世纪以来充满争论的概念。美国著名的人类学者克鲁伯曾搜罗并列举了西方近现代 160 多位学者对"文化"所下的不同定义进行研究，如果加上东方学者的定义共有数百种之多[1]。语用学的定义也还没有比较一致的看法，"从许多不同的角度进行研究，其结果影响到人们对语用学下不同的定义。"[2] 学者们给"修辞"所下的定义也纷繁多样，甚至在对其内涵的大体相同的认识之下，表述都有所不同。风格学是从修辞学中脱胎出来的新兴学科，风格现象是语言现象中一种错综复杂的现象，要科学地界定其定义内涵绝非易事，必须在对其本质认识不断深化、研究不断深入和开拓之后，才能得到比较合理的解决。宗世海在《论言语风格的定义》[3] 中对张德明在《谈"语言风格"的定义及其特点》一文中概括的 4 种定义作了评论，认为以高名凯和胡裕树为代表的"格调气氛"论"最接近言语风格美学气氛的内涵，但由于它强调言语风格与言语交际环境的必然联系，从而导致言语风格与语体的无法区分"。以张静等为代表的"综合特点"论强调了言语风格的综合表现性，不致使人把言语风格理解为各种特点的简单相加，以方光焘为代表的"表达手段体系"论"揭示了言语风格营造的物质因素，便于人们从表达手段系列、表现方法体系的角度理解

201

---

① 戴昭铭：《文化语言学导论》，北京：语文出版社，1996 年，第 4 页。
② 何自然：《语用学对修辞学的启示》，见黎运汉、肖沛雄主编：《迈向 21 世纪的修辞学研究》，广州：广东人民出版社，2001 年，第 486 页。
③ 宗世海：《论言语风格的定义》，见黎运汉、肖沛雄主编：《迈向 21 世纪的修辞学研究》，广州：广东人民出版社，2001 年，第 395 页。

言语风格类型",但二者都"缺乏'气氛格调'那样的言语风格表现的规定,因此,其'各种特点''表达手段'都容易被理解为一般的修辞特点,扣不到美学风貌上去,也不能与语体剥离开来"。以叶蜚声等为代表的"常规变异"论"既缺乏美学格调、言语手段方面的限制,又没有言语属性及个人表现方面的界说,而仅仅着眼于变异、变体",因此,"不但混淆了个人变异与集体变异的界限,导致风格与语体的难以区分,而且连语言与言语的基本界限也抹杀掉了,把风格、语体与语言、方言混为一谈"。这一评论是比较公允、有见地的,它反映出评论者对风格的本质特点有了比较深刻的认识。为了区别于以上各说,他把风格定位为表现风格,是美学风貌,这是很大的进步。

目前,我国有些学者把语言风格等同于语体风格或语体,或者等同于修辞,把风格理解为"一般的修辞特点的总和"或"表达手段的统一体",认为"语言风格学便是修辞学",① 似乎无不源于以上各种风格定义说的影响。语言风格与语体风格和语体既有联系,更有根本区别。语言风格是表现、语体、民族、时代、地域、流派、个人等各类语言风格的总称,语体风格是语体的表现风格,是语言风格系统中的一个重要类型,而不等于整个语言风格。语体是适应不同的交际领域、目的、对象和方式需要,运用全民语言而形成的言语特点体系。例如,广泛使用科学术语;大量使用限制性的附加成分,句法完整,复句较多;很少使用描绘性的修辞方式;广泛使用科学符号等,这是专门科学语体的言语特点系列,而这些言语特点综合呈现出来的格调气氛——谨严、平实、庄重,便是专门科学语体风格。语体风格是居于语体之上的言语现象,它与语体是上下位关系,而不是等义关系。因此,不宜以运用语言而形成的言语特点体系或表达手段系列——语体,等同于语体风格或等同于语言风格。语言风格也不等同于一般修辞特点或运用语言特点。例如,珍溪《论刘白羽散文的语言风格》说刘白羽的语言风格是:气势豪放、色彩艳丽、新颖明快。② 陈淑钦《赵树理小说的语言风格》说赵树理小说的语言风格体现在:第一,用词方面(通俗化、口语化;通俗而生动);第二,句型和句类运用方面(选用短句多;多用主谓句型的陈述句);第三,各种修辞手段的综合运用方面(比喻运用的独特性;借代的广泛应用;错综手段的运用)。③ 二者名为语言风格,其实仅前者是语言风格研究,名副其实;后者只是修辞特点分析,名不副实。

语言风格是一个开放的复杂的动态系统,是一种客观存在的事实。语言风格的定义是主观的产物,是研究者对其所研究的客观事实认识的升华概括。而

① 唐松波:《语体·修辞·风格》,长春:吉林教育出版社,1988年,第41页。
② 中国华东修辞学会编:《修辞学研究》(第四辑),厦门:厦门大学出版社,1988年,第204页。
③ 中国修辞学会编:《修辞学论文集》(第五集),郑州:河南大学出版社,1990年,第178页。

"事实与定义之间总永远存在着一段距离，完全符合事实是不可能的。这里便衍生出文学术语的许多困扰，许多争论。无论任何定义，总有若干事实为基础；无论任何定义，也都留有若干事实无法概括，以致任何人提出一个定义，总有人可以鼓励相反的事实予以破证。"① 这话是有道理的。对语言风格的定义，不仅不同的研究者有仁智之争，同一研究者后说与前说也常有变化，甚至有较大更新、改进。例如高名凯 1960 年在《语言风格学的内容和任务》中说："风格是语言在特殊的交际场合中为着适应特殊的交际目的而形成的言语气氛或格调及其表达手段"。② 1963 年他在《语言论》中则认为："语言中的风格就是语言在不同的交际场合中被人们用来进行适应交际场合，达到某一交际目的时所产生的特殊的言语气氛和言语格调。"③ 后者删去了"表达手段"说，就单纯是"格调气氛"说了。又如程祥徽在《汉语风格论》中说："语言风格是语言本身特点和语言运用特点的综合。"④ 后来他对风格有了新的理解，在《风格的要义与切分》中修正了前文对风格外延的界定，认为语言风格是"交际者在具体运用语言时受到不同的交际场合和不同的交际目的制约而构成的特殊的言语气氛。"⑤ 这里摒弃"语言本身特点"，改"特点的综合"说为"言语气氛"说，就对我国传统文论中对"风格"的理解具有继承性，更符合中国人的风格感受。张德明 1985 年在《语言风格的定义和特点》中说："语言风格是语言体系本身的特点和语言运用中的各种特点的综合表现。"⑥ 1994 年在《风格学的基本原理》⑦ 中也持这种观点，但最近在《语言风格学理论的应用价值》中则说："所谓语言风格就是语言运用中的各种特点的综合表现。"⑧ 这里割爱了"语言体系本身的特点"，突显了语言风格是运用语言的结果这一本质属性，体现了风格观的更新。丁金国 1984 年认为："语言风格是人们在特殊的交际环境中，为了完成特定的交际任务，运用具有相对封闭性的表达手段系统所产生的言语格调。"1997 年则如是说："所谓风格，我们的理解是人们使用语言所形成的交际话语的内在本质的外显形态。"并诠释说"交际话语的内在本质是指特定交际场合、特定的交际目的、内容和任务等风格产生的外在条件，以及话语形成的一切主观条件，即话语创造者

203

---

① Peter Dixon 著，颜元叔译：《论修辞·序言》，台北：黎明文化事业股份有限公司，1973 年。

② 北京大学中文系语言学论丛编辑部编：《语言学论丛》（第四辑），上海：上海教育出版社，1960 年，第 180 页。

③ 高名凯：《语言论》，北京：科学出版社，1963 年，第 411 页。

④ 程祥徽：《汉语风格论》，《青海民族学院学报》1979 年第 1 期。

⑤ 程祥徽、黎运汉主编：《语言风格论集》，南京：南京大学出版社，1994 年，第 24 页。

⑥ 中国修辞学会编：《修辞学论文集》（第四集），福州：福建人民出版社，1987 年，第 203 页。

⑦ 程祥徽、黎运汉主编：《语言风格论集》，南京：南京大学出版社，1994 年，第 24 页。

⑧ 黎运汉、肖沛雄主编：《迈向 21 世纪的中国修辞学研究》，广州：广东人民出版社，2001 年，第 381 页。

自身的阅历、教养、气质、情趣及临境心理诸因素；'外显形态'不是指语言体系本身，而是指语义结构所宣泄出来的为具备相近主客观条件的交际参与者所共识的气氛或格调。"① 显然，后说不仅比前说更正确揭示了风格的某些本质特征和风格生成的主客观因素，更可贵的是提出了"具备相近主客观条件的交际参与者所共识的气氛或格调"，即"表达主体的自我感受、话语客体的风格意义与接受主体所理解的意义出现了一致或基本一致，气氛或格调才能成为现实"这一新见解，突破了风格成因研究限于表达的角度，开拓了风格研究的新领域。笔者随着语言风格学的发展，随着对研究对象认识的深化，也不断地改进、更新风格的定义。例如在与张维耿合著的《现代汉语修辞学》中说："语言风格就是人们在言语活动中，由于交际场合和交际目的的不同而运用语言表达手段形成的诸特点的综合表现。"② 在《修辞学·语体学·语言风格学》中改为："语言风格也叫言语风格，是在主客观因素制导下运用语言表达手段的诸特点综合表现出来的言语格调和气氛。"③ 而在《汉语风格学》中认为："汉语风格是汉人言语交际的产物，是交际参与者在主客观因素制导下运用汉语表达手段的诸特点综合表现出来的气氛和格调。"并对其内涵作了新的多元的诠释："①语言风格是语用的结果；②语言风格是多元因素的统一体；③语言风格是语言美学形成的升华；④语言风格是表现风格"。我们在 20 世纪 80 年代中期、20 世纪 90 年代初期和 2000 年初三次更新风格的定义，"表现了我们不断探索风格定义的过程，这是对风格本质特点认识的不断深化的体现，是有利于风格学研究的深入和发展的。"宗廷虎、吴礼权在《扎实深入地推进汉语风格学研究——评黎运汉著〈汉语风格学〉》中说："第一章对汉语风格的定义的内涵所作的多元诠释，反映了最新的学术见解。"郑颐寿教授在《汉语风格学的新开拓——评介黎运汉〈汉语风格学〉》中说："对汉语风格的定义作了新的多元的诠释，这一诠释其内涵与外延都揭示了所指对象的本质特征，而且论述得深刻、全面而又新颖，体现了作者新的语言风格观。"④ 这些都是肯定、赞扬之语。

借鉴我国传统风格理论和现代语言理论，观照上述各家的风格定义理论，结合本人 40 多年来研究风格的心得，笔者认为语言风格是人们言语交际的产物，是交际参与者在主客观因素制导下运用语言表达手段的诸特点综合表现出来的气氛和格调，它涵盖表现风格、语体风格、民族风格、时代风格、地域风格、流派风格和个人风格等。这是语言风格学的核心术语，其概念内涵包括：

---

① 丁金国：《关于语言风格学的几个问题》，见吴月珍、柴春华主编：《汉语修辞学研究和应用》，郑州：河南人民出版社，1997 年，第 209 页。
② 黎运汉、张维耿编著：《现代汉语修辞学》，香港：香港商务印书馆，1986 年，第 201 页。
③ 程祥徽、黎运汉主编：《语言风格论集》，南京：南京大学出版社，1994 年，第 78 页。
④ 黎运汉：《汉语风格学》，广州：广东教育出版社，2000 年，第 7 页。

（一）风格是语言运用的结果

语言风格产生和存在于语言运用及其言语成品之中。没有语言运用，就没有语言风格；离开了言语成品，也无语言风格可言。语言风格不是语言体系自身的状态，不是语言材料或言语特点的总和或语言手段的体系，而是人们在主客观因素制导下运用语言风格手段所形成的各种特点综合表现出来的格调气氛。风格手段生于语言材料，是风格生成的基本物质单位。风格手段构成风格特点，但零碎的、个别的风格手段不能构成风格特点。风格特点也不是各种风格手段简单加合的总和，而是一系列功能相同或相近的风格手段融合成的结晶。风格特点形成格调气氛，但一种特点不能形成一种格调气氛，几种特点简单加合也不能呈现出统一的格调气氛，只有相互融合才会呈现出一种统一的格调气氛。因此，风格是运用风格手段生成风格特点，呈现格调的结果，是一种动态的言语现象，不是静止的语言现象。语言学界常说的语言风格，实为言语风格。

（二）风格是表达主体与接受主体共同创造的成果

语言风格是言语交际的产物，言语交际是表达与接受的互动行为，互动者双方都是风格创造的主体，表达者要创造某种语言风格，以取得理想的交际效果，绝非仅是其单方面可以完成的，必须经接受主体对其言语作品的风格现象进行创造性解读、体验、理解、确认，并揭示出来，才能完成。因此，表达主体创造、追求什么样的语言风格，只在其言语运用及其言语作品中提供了可能，必须靠接受主体认知、揭示，才能使提供的可能变为现实。没有接受主体的认同、显现，表达主体创造、追求的语言风格仅仅是言语运用及其言语作品中的潜藏现象。因此，风格的定义包含接受主体的因素。

（三）风格是制导因素与物质因素相互作用的产物

风格包括三个因素：制导因素、物质因素、制导因素与物质因素相互作用的产物——气氛和格调。制导因素是非语言因素或外部因素，包括交际参与者的条件、特点等主观因素和交际环境、交际对象、交际方式等客观因素，这是对风格形成起制约或导向作用的因素。物质因素是语言因素或内部因素，包括语言三个要素中的风格手段和非语言要素中的风格手段，这是风格形成的物质基础，没有语言因素就无所谓语言风格。制导因素是外部因素，物质因素是内部因素，光有外部或内部因素都不能生成风格，只有外部因素与内部因素相辅相成，相互作用，互为因果，辩证统一，呈现出一种气氛格调，才是语言风格，二者缺一，就不能形成风格。因此，风格定义的内涵包括风格形成的制导因素和物质因素。

（四）风格概括体现为表现风格

表现风格是综合运用各种风格手段所产生的修辞效果的概括体现。从调音、遣词、择句到设格、谋篇等风格手段，综合地反映在一篇文章（或一个话篇）或一部作品，或一种语体，或一个作家作品，或一个地域的作家作品，或一个时

205

代的作家作品，或一个民族的作家作品里的修辞效果集中表现出来的各式各样的气氛和格调，便是它们各自的表现风格，对各式各样的言语作品的气氛和格调从不同的角度进行抽象概括，便得出不同类型的表现风格。例如，着眼于话语气势刚柔的是豪放和柔婉；着眼于话语表达内容所用语言数量多少的是繁丰和简约；着眼于话语传递信息所用语言曲直的是蕴藉和明快；着眼于话语辞彩浓淡的是藻丽和朴实；着眼于话语趣味强弱的是幽默和庄重；着眼于话语语辞雅俗的是文雅和通俗；着眼于话语结构松紧的是疏放和缜密等。它们既有区别，又有联系，共同构成表现风格系统。表现风格由于是从各式各样的言语作品的格调气氛中抽象概括出来的，所以它们既存在于各种风格如语体风格、民族风格、时代风格、地域风格、流派风格和个人风格之中，又可用以概括和指称这些风格，因此，表现风格是语言风格的概括体现。

（五）风格是语言美学形态的升华

语言自身同时具有实用和审美两种功能，而生成语言风格的物质手段系统，主要是由语言系统中具有审美功能以及没有审美功能而在特定语境中与具有审美功能的成分配合也能体现审美功能的表达手段组成。表达主体选择什么风格手段和组合方式构成话语，追求什么样的话语格调和气氛是受到其审美情趣的制约的，甚至可能有意识或无意识地根据表达对象的特征赋予审美信息，使其含有自己审美个性的美质。接受主体解读言语作品，认知、揭示语言风格的特征及其美质，也会受其审美情趣的制约。因而，表达主体的审美观作用于具有审美功能的风格手段而营造出来并经接受主体渗入自身的审美情趣，使之成为现实的语言风格便是语言美学形态的一种升华。学者们说的风格是一种言语的气氛格调，就是语言审美的价值取向。我国传统语言风格论和现代汉语风格学从言语交际产生的言语作品中抽象概括出来的表现风格，豪放和柔婉、繁丰和简约、蕴藉和明快、藻丽和朴实、庄重和幽默、典雅和通俗、疏放和缜密等是言语审美形态上的分类，是运用语言艺术成熟的标志，是美辞的最高境界。

以上五个方面的内涵既有区别又有联系，共同构成了语言风格定义的整体，它既揭示了语言风格的本质特征和成因，又覆盖了其外延范围。

（载于《语言文字应用》2002 年第 6 期）

近二十多年来汉语风格学研究的
成就和发展趋势

汉语风格学研究自 20 世纪 80 年代以来发展相当迅速，取得了可喜的成就，并逐步向新的深度、广度和高度发展。

一、学术研究成果可观

（一）探讨风格学的论文大量涌现

据统计，独立发表的单篇风格学论文共有 300 多篇，数量大、涉及范围广，且有不少是颇有分量、有理论深度、富于开创性的。其中有探讨基本理论问题的，如张德明《论风格学的基本原理》、丁金国《关于语言风格学的几个问题》；有探讨表达手段的，如黎运汉《语言风格手段初探》、郑颐寿《"格素"论》；探讨研究方法的，如林兴仁《风格实验法是语言风格学研究的基本方法》；探讨风格学与相关学科的关系的，如唐松波《文体、语体、风格、修辞的相互关系》、王希杰《语言风格和民族文化》；研究风格学史的，如张德明《试谈"中国现代语言风格学史"的分期问题》等。这些论文在修辞风格学界产生了较大的反响，对汉语风格学的研究和发展起了有力的推动作用。

（二）现代汉语教材和修辞学专著中大都有相当分量的风格论

二十多年来出版的现代汉语教材大都有风格学的内容。如胡裕树、张静分别主编的全国高校通用的《现代汉语》，都讲了风格的定义、构成要素、民族风格、时代风格、功能风格、个人风格和表现风格。张志公主编的中央广播电视大学通用的《现代汉语》，陈垂民、黎运汉主编的高等师范专科学校通用的《新编现代汉语》，刘兰英等主编的高校外语院系通用的《语法与修辞》等，也都涉及风格的定义、成因、类型和功用等知识。

修辞学专著中的风格论，内容更加丰富多彩，既注重风格学的理论创新，又注重风格语料的佐证，并与修辞学的新探索相结合。如黎运汉、张维耿《现代汉语修辞学》，宗廷虎等《修辞新论》，王德春、陈晨《现代汉语修辞学》，郑颐寿《文艺修辞学》，倪宝元主编《大学修辞》，王希杰《修辞学通论》等，都有丰富的风格学内容，而且都有不同程度的创新性。以《大学修辞》为例，该书第八章"风格"，论述风格的含义、成因，风格学的对象、内容和方法，民族风格和时代风格、表现风格、作家风格，风格的多角度研究等共五万多字，论述相

207

当全面、具体而深入，颇能给人以新的启示。

（三）语言学专著、文学语言研究论著中研究风格的成果喜人

语言学专著中的风格论和语言学新学科的探索相结合，很有特色，从不同学科的角度丰富了风格学理论。如宋振华等《语言学概论》专章讲授风格学的对象和任务，风格的本质、作用、形成、类型和个人风格等，建立了比较完整的风格学理论体系；黎运汉等《公关语言学》，专章讲公关言语风格与公关形象、公关言语的基本格调和多样化风貌；冯志伟《应用语言学综论》专章讲风格的定义，风格学的研究任务，风格的本质、形成和变化、类型、研究方法及《文心雕龙》的风格类型论等。

文学语言研究论著中的风格研究也取得了引人注目的成果。如张静《文学的语言》论述了文学语言风格的定义、构成、类型等；张德明《文学语言描写技巧》论述了文学语言风格和文学语言技巧的关系，比较了不同语言风格的语言技巧，作家语言风格与作品语言风格的关系，作家语言风格的主要类型及其语言技巧，语言风格分析应注意的问题等；黎运汉、李剑云《秦牧作品语言艺术》论述了秦牧语言风格鲜明的主调和多姿的众调；卢兴基、高鸣鸾编《〈红楼梦〉的语言艺术》论述了《红楼梦》语言的表现风格等，都颇有深度，见解精辟，对研究个人风格、作家作品风格和文学语体风格都很有帮助。

（四）一批各具特点的风格学专著相继问世

1985年至1990年，有四本风格学专著问世：程祥徽《语言风格初探》，全书6万余字；张德明《语言风格学》，25万字；郑远汉《言语风格学》，28万字；黎运汉《汉语风格探索》，18万字。于根元等学者认为，这四部专著同传统的汉语风格研究有了质的分界，共同构成了汉语现代风格学体系基本一致而又各具特点的一组建筑群。

1993年至2000年，又出版了五本风格学专著。王焕运《汉语风格学简论》，16万多字，回顾了风格的研究历史，并论述了风格的一般理论问题及语体风格、表现风格、民族风格、时代风格等。郑远汉《言语风格学》（修订本），32.9万字，是作者根据一定的理论认识，具体深入地分析有关语言实际，将原著修改而成的修订本，比原著的科学性更强了。郑荣馨《语言表现风格论——语言美的探索》，21.9万字，论析了表现风格的定义、研究现状、研究意义、研究方法、形成原因、类型并具体分析了16种表现风格等，是一本从语言美的角度探讨表现风格的专著，颇有开创性。黎运汉《汉语风格学》，全书42万字，是在《汉语风格探索》基础上作新的探索。丁金国、郑颐寿等教授评价该书为汉语风格学构建起一个较为系统、合理的理论体系，系统地吸收、运用了语言学和其他相关学科的理论思想，全方位、多角度地论析风格，科学地选择与运用多种分析原则和方法，对风格事实进行了较为全面、系统的整理和归纳，是汉语风格学建立

以来一部最具代表性的著作。程祥徽等的《语言风格学》，全书12.9万字，是程祥徽《语言风格初探》的充实提高和完善。其中从现代语言学研究的高度阐述风格学的理论基础，从宏观方面去梳理孔子、孟子的风格观，突出语体风格领先等内容，是该书的精华，有益于21世纪汉语风格学走向成熟。

二、学科建设成绩显著

学科建设成绩，集中表现为汉语现代风格学已具备了独立为"学"的四个基本条件。

（一）构建了较为系统、合理的风格学理论体系

独立的理论体系是学科成立的首要条件。汉语风格学已构建了较为系统、合理的理论体系，包括定义、性质特点、成因、类型和风格学的研究对象、学科性质等。

1. 定义

风格是风格学的核心术语，对其的理解关系风格学研究的一连串问题，因此是风格理论研究的首要课题。学者们对风格定义的阐释，主要说法有六种：风格是运用言语的气氛和格调；风格是言语特点或语言、言语特点的综合表现；风格是语言的变异或变体；风格是运用语言表现出来的具有系统性的特征；风格是言语表现出来的区别性特征的总和；风格是言语作品的整体美学风貌。这些说法，内涵大同小异，都有风格作为核心术语，其定义内涵和外延必须揭示所指对象的本质属性、特点、成因和范围。因此，拙著《汉语风格学》认为："风格是人们言语交际的产物，是交际参与者在主客观因素制导下运用语言表达手段的诸特点综合表现出来的气氛和格调。"

2. 性质特点

任何学科的研究对象都有自己的特殊性质和特点，对其正确认识，对于研究这门学科有着十分重要的作用。几本风格学专著对这一问题都有论述。郑远汉认为风格的性质是语言——言语性、个性和社会性、系统性；王焕运认为风格是一种稳定的言语现象、创造性的言语现象、整体性的言语现象，具有统一性与排他性；张德明认为风格的特点是整体性、特征性和综合性；笔者认为风格的本质特征是类聚性、封闭性和开放性。这些论点有同有异，都有助于我们深入研究风格的性质特点，有助于正确认识风格现象。

3. 成因

正确认识风格的成因，对划分风格类型和启迪人们创造独特的风格，都有着重要作用，因而研究风格成因也是风格理论的重要内容。我国学者对风格的成因有四种看法：程祥徽、丁金国、袁晖、林兴仁和黎运汉认为风格的形成因素是制约因素和语言因素；郑远汉、郑颐寿、王希杰认为是语言因素，但也强调非语言

209

因素的制约作用；王焕运认为是语言美学观、个人才学、时代政治和社会风气；张德明认为是语言系统本身因素和言语因素、主观因素和客观因素、内容和形式因素的完美统一。看来，大都认为风格形成不可缺少制约因素和语言因素，而哪一因素是最主要的，哪一因素包括哪些成分，看法则有分歧。笔者认为风格的形成是制导因素和物质因素的统一。前者起引导、控制和影响作用，后者是物质基础，二者互相依存，互为因果，缺一就不能形成风格。

4. 类型

风格依什么标准分类，分多少类，学者们的主要看法是：按言语功能分类，程祥徽依此把风格分为：日常交际、公文程式、科学论证、文艺作品的言语风格；根据外观形态分类，郑远汉分为：民族风格、时代风格、交际风格和功能变体；从多角度分类，张德明分为：民族风格、时代风格、语体风格、流派风格、表现风格和个人风格。笔者认为，风格分类应依成因标准，从多角度不同层面来概括。因为形成风格的制导因素和语言因素都有独特的个性，这个性差异使不同的类型区别开来，所以依此可分为：表现风格、语体风格、民族风格、时代风格、地域风格和个人风格等。

5. 风格学的研究对象

独特的研究对象是学科之间相互区别、各自独立的根本条件。因此，一门学科的建立，明确研究对象至关重要。风格学的研究对象是什么？程祥徽认为是语言使用中产生的风格现象；张德明说是民族语言本身的特点及其运用中各种特点的综合表现；郑远汉认为其核心是语言—言语；黎运汉认为是风格现象，即交际主体运用语言所形成的话语的气氛和格调。大体看来，风格学的研究对象是言语风格现象，而不包括语言系统中备用的风格现象，这是比较可取而又为较多学者所认同的。

6. 学科性质

关于风格学的学科性质，学术界有四种说法：程祥徽、郑远汉认为风格学是语言学的分支学科；吕叔湘、丁金国认为是语言学与文学之间的边缘学科；张德明认为是语言学的一个分支，也带边缘性；王焕运认为是美学范畴的一种观念形态。笔者认为学科的性质取决于它的研究对象与主要的理论基础。风格学的研究对象是言语风格现象，在阐明风格现象及揭示其规律时主要是运用普通语言学和语用学理论，但也借助美学、文艺学、心理学和哲学等学科原理，而且与文艺学、文章学有明显的交错性，同时风格现象又带有美学形态，因此风格学是言语学中的一个带有边缘性、特殊性的分支学科。

可见，这二十多年来，我国学者研究风格学理论所取得的成就是显著的，从风格定义到风格学性质的方方面面都有了比较广泛而深入的论述，虽然还有分歧，但也有很多共识，已基本上建立了一个比较科学而合理的理论体系，这就为汉语风格学在21世纪走向成熟打下了比较坚实的理论基础。

（二）建立了较为系统、完整的风格规律体系

风格学要成为独立的学科，还必须有其研究对象——风格现象本体内部规律的体系。汉语风格学对风格本体规律的研究，也取得了显著的成绩，这主要表现在两个方面。

1. 建立了风格手段规律体系

风格手段是生成风格的物质因素，是体现风格特点和气氛格调的语言标志。我国古代的一些文艺论著，如刘勰的《文心雕龙》关于风格的论述都比较空泛，让人感到玄虚，难以捉摸，主要是因为其忽视语言因素。汉语现代风格学被认为具有科学性，叫人感到可以意会，可以言传，主要是因为其使风格现象物质化了。程祥徽、张德明、郑远汉、黎运汉的风格学著作都有专章或专节论述风格手段规律体系。以拙著《汉语风格学》为例，该书第五章首先从理论上概述风格手段是一个系统，包括语言三要素表达手段及其语用变体中具有风格色彩的表达手段，和没有风格色彩而在一定语境中与具有风格色彩的成分配合也能体现风格功能的风格手段系统，以及非语言要素的风格手段系统，如修辞格、话语组织的手段和体态语，以及符号表素等；然后又对风格手段系统中的各种风格手段，如语音、语汇、语法和修辞格风格手段等的生成规律与机制作了具体、细致的论述。郑颐寿认为论述相当精辟，颇有深度，使人耳目一新，也富于科学性；丁金国认为其极大地提高了风格的可操作性，为风格学的"现代"品格提升了价位。

2. 建立了风格的类型系统及各类风格生成的规律体系

风格手段构成风格特点，风格特点形成风格类型，各种类型的风格体现出各自的气氛格调，这是风格规律体系的又一重要内容。汉语现代风格学研究，在这方面也取得了显著的成绩。单篇论文如袁晖《试论语言的民族风格》、黎运汉《论语言的时代风格》、王德春《论语言的个人风格》、宗廷虎《试论广告语体的风格特征》等，都对各自研究对象的生成规律作了深入的剖析，很有创见。面世的几部风格学著作都建立了有同有异的风格类型体系。其中有狭义和广义之分。狭义的以程祥徽《语言风格初探》为代表，广义的以张德明《语言风格学》为代表，郑远汉《言语风格学》处于狭义、广义之间。几本专著也都在不同程度上揭示和描写了各类风格的生成规律和机制。例如，郑远汉《言语风格学》研究汉语的语言民族风格，严格区分语言与言语，以汉语使用中的民族特点为本体，从词汇、句法、话语章法表现等方面，对形成汉语言民族风格的物质手段进行条分缕析，揭示其生成规律，相当深入、细致，对深入研究言语民族风格很有启示。又如拙著研究语体风格，严格区分语体和语体风格，从风格手段入手，归纳风格特点，揭示各种语体风格的气氛格调，体现了语体风格研究的最新成果。郑荣馨的专著对16种表现风格的类型进行多角度、多层次的剖析，归纳各种类

211

型的特点，每一种类型的特点都选用大量典型的资料，从词语、句式和辞格运用等方面加以论证，很有说服力，代表了学术界研究表现风格的最新水平。

（三）构建了较为完备的风格学方法论体系

一门学科的建立与研究方法密切相关，学科的进步与发展有时也要依靠新的方法来解决。因此，风格学要成为独立的学科也跟其他学科一样，要有自己的方法论体系。汉语风格学研究方法论也取得了好成绩。单篇论文中，林兴仁的《风格实验法是语言风格学研究的基本方法》对风格的研究方法作了很有价值的探讨。文章认为风格学的方法论有三个层次：第一层是哲学方法论，即从哲学的角度看待风格的问题；第二层是范畴论，即从范畴、网络系统的角度来研究风格的方法；第三层是具体方法论，如比较法、归纳法、演绎法、描写法、概率统计法、动态和静态结合法等，而风格实验法是最根本的具体方法。文章对实验法的基本做法和要求、应用范围和功用等都作了全面深入的论述，对风格学的研究颇具方法论的指导价值。丁金国《语言风格分析的理论原则》、张德明《论风格学研究的基本原则和基本方法》等，对于探讨建立方法论体系是很有价值的参考。

几本风格学著作都有专章研究方法论。程祥徽论三种常用的研究法：统计法——感受、理解、描写，归纳法——从作品归纳风格特点，比较法——从比较看风格系统的一致性；张德明论风格的研究法：比较法、分析综合法、统计法和动态研究法，论风格的概括法：抽象概括法、形态概括法、综合概括法；郑荣馨将方法论概括为：直观判断法、分析综合法、比较鉴别法和统计研究法；拙著《汉语风格探索》概括为：分析综合法、比较法、统计法；《汉语风格学》未设专章讲述方法论，但如丁金国教授所评论：全书中无处不散发着作者方法论上的自觉，成功地将描写与阐释、共时与历时、宏观与微观、定性与定量等相互对应的方法论原则辩证统一地贯穿于其风格理论体系和风格现象的分析中，从而使具体的风格现象上升为一般的风格理论，使全书达到新的理论高度。

（四）勾画了风格学史的轮廓

成熟的学科都有其发生、发展、繁荣的历史过程。本体论、方法论和学科史是学科成熟的标志。这二十多年来，汉语风格学史研究也取得了可喜的成绩。

袁晖《中国古代语言风格研究的回顾》比较全面地概述了清代以前的风格研究史。文章认为，我国的风格研究历史悠久，源远流长，早在先秦典籍中就有了对风格的论述，可以看作风格研究的萌芽。汉代风格研究有了一定的发展，扬雄《法言·吾子》、王充《论衡·自纪篇》等对风格均有所论述，魏晋南北朝时风格研究进入了繁荣时期，魏曹丕《典论·论文》是一篇风格专论，晋陆机的《文赋》论述文体和作品风格，比曹丕进了一大步，梁代刘勰《文心雕龙》的许多篇章是对以前风格研究的科学总结，它涉及一般的风格论、文体、时代、个人和表现风格等众多领域，堪称古代风格研究奠基之作。至唐、宋、元、明、清，风格研究有了进一步的发展，如司空图《二十四诗品》、陈骙《文则》、吴讷《文章辨体》等关于风格的论述进一步丰富了我国风格学史的遗产。这些论述能使人粗略地看到古代风格研究史的概貌。张德明《试谈"中国现代语言风格学史"的分期问题》根据大量史料，认为从 20 世纪初到 20 世纪 90 年代，再到 20 世纪与 21 世纪之交，中国现代风格学史应分为：初创期（20 世纪初至 1949年）、建设期（1950—1966 年）、复兴期（1978—1984 年）、繁荣期（1985—1994 年）、发展期（1995—2000 年）等，使人清晰地看到了汉语现代风格学史的轮廓。黎运汉《建国以来汉语风格理论研究综述》《1949 年以来语言风格定义研究述评》和于根元《汉语现代风格学的建筑群——读四部有关的新著》等都为风格学史的建立提供了有益的信息。

郑子瑜、宗廷虎等主编的《中国修辞学通史》和袁晖《二十世纪的汉语修辞学》中，都对主要的风格论和风格学进行历史角度的评价。尽管是从修辞学史的角度进行评价，而且论析古人的风格论又多是跟文体或文章风格论混为一谈，缺乏系统性，但也可从中看出风格学发展史的主要传承关系，有助于风格学史的建立。

拙著《汉语风格探索》简介了古代风格论的概况，概述了现代、当代风格学研究简况。对此，《中国修辞通史》认为："对自汉至清以及现当代汉语语言风格的研究进行了第一次较为系统的历史回顾与总结，提出了其间取得的成就与存在的问题，有些论述相当精辟，富有启发意义。……对现代汉语风格学的建立具有启发与促进作用。"

三、风格研究趋势明显

美国社会预测学家约翰·奈斯比特在《大趋势》中说：预测未来最可靠的方法就是了解现在。总观汉语风格学发展的轨迹和现状，可明显看到其发展趋势。

（一）朝着继承吸收、创新开拓的方向发展

继承吸收、创新开拓，是学科创立和繁荣发展的基本规律。汉语风格学跟其他学科一样，也是在继承自身学科的优秀传统，吸收别的民族、别的学科的精华的基础上，不断革新创造而构建和发展起来的。

汉语风格论萌芽于汉代扬雄《法言·吾子》，其后曹丕《典论·论文》提出了八种文体的四种风格特点和作家风格论。陆机《文赋》继承、发展了曹丕的风格论，成为汉语风格论的滥觞。刘勰《文心雕龙》总结前人的风格论，并创新开拓，提出了时代风格、语体风格、表现风格和个人风格等较为系统的风格论，成为古代风格研究奠基之作。宫廷璋《修辞学举例·风格篇》吸收前人风格论的精华，并借鉴外国修辞风格论，从语言学的角度探讨风格问题，初步建立

213

了现代风格学的理论体系。高名凯继承风格传统，引进苏联风格论并有所创新，在《语言风格学的内容和任务》中构拟了现代风格学的新体系，发出在中国建立风格学的呼吁。程祥徽、张德明、郑远汉、黎运汉在继承、吸收国内外风格学精华的基础上创新开拓，撰写了风格学专著。其后，程祥徽的《语言风格学》、笔者的《汉语风格学》都是在原著的基础上，吸收同行新成果，引进现代汉语语言学理论，努力创新开拓的结果，都比原著有所前进、有所发展，代表了我国风格学研究的最新水平。

汉语风格学传统有着丰富的内容。例如，视人自身的内部因素为风格生成的内核，视表现风格为风格的根本范畴，视内容与形式的统一为风格的原则范畴等，都是一脉相承、古今相通的优秀传统。我国风格学就是循着继承诸如此类的优秀传统并吸收外国的、别的学科的成果，循着不断创新开拓的规律建立和发展起来的。21 世纪的中国风格学必将继续沿着这一规律向前发展，走向成熟，走向科学化。

（二）朝风格理论和风格规律研究日趋深化、体系日益完密的方向发展

我国风格理论的研究是逐步深入、逐步构成比较系统的理论体系的，风格规律的揭示由少到多、由分散到集中，逐步形成了比较完整的规律体系。这些成果的获得进程，展示了风格理论研究日趋深化、风格规律体系日益完密的走向。目前，我国风格理论研究仍是一个薄弱环节；然而，不仅学科的建立必须有理论作为基石，学科的发展和成熟更需得到新的理论的滋补。21 世纪学术界必将在现有成果的基础上，抓住风格理论的关键问题，深入研究，展开争鸣，逐步取得共识，使其体系更加合理、更加科学。随着理论研究的深入、对风格现象认识的深化，21 世纪的汉语风格学在风格规律方面的研究必将有大的进展，或深入发掘已开拓的领域，或开垦处女地带，使风格规律体系愈益完密。世纪之交面世的程祥徽、黎运汉的专著，以及黎运汉、肖沛雄主编的《迈向 21 世纪的修辞学研究》中的一组风格学论文，如程祥徽《迎接语言风格学的新世纪》、张德明《语言风格学理论的应用价值》、宗世海《论言语风格的定义》、郑颐寿《"格素"论》、曾毅平《论语言风格的美感元素》、吴土艮《文字要素与幽默言语》等大都是更新了风格观念、深化了理论体系、提示了新的规律、开阔了领域、展示了风格学发展走向之作。这代表了学术界对风格理论和规律问题研究的最新水平，预示着中国修辞学的理论和规律研究在新的世纪必将更加深化、严密。

（三）朝全方位、多元化方向发展

相互借助力量，相互影响，相互渗透而又愈益精细，是现代语言学及修辞学、风格学发展的必然趋势。以往风格学大都囿于对风格现象本身的研究，研究领域狭窄，近似自我封闭。这二十多年来，外国语体学、风格学、语用学、言语交际学、认知语言学以及传意学等学科的传入，使我国风格学研究者大大扩展了视野，打开了眼界，自觉地吸收和运用现代语言学与相关学科的理论来研究风格理论，探讨风格现象规律、特点。例如，运用现代语言学的理论原则观察、分析语言要素进入语用环境而成为风格的构成手段；运用系统论原理来研究风格生成和审视风格中的作用；借传意学理论来阐释表达者和接受者在风格生成中的相互制约关系；受文化人类学的启示，把风格现象纳入民族文化体系中进行考察等。这样全方位多层面跨入风格领域，展示出风格学研究由封闭转入开放的走向。风格现象是一种多元因素互相交织影响的复杂现象，随着对风格学认识的深入，风格学界考察风格现象必定会从全方位多角度介入。因此，21 世纪的风格学势必将继续沿着引进新的理论、多方面开拓新领域的趋势发展，逐步生成一系列分支学科，例如，表达风格学、接受风格学、语体风格学、作家语言风格学和风格学史等。

以上发展趋势预示着汉语风格学在新的世纪必将有更大的发展空间和美好的前景，它必将在现有的基础上日臻完善，走向成熟。但是，任重道远，需要几代风格学研究者为之共同努力奋斗，美好前景才会到来。

（载于《扬州大学学报》（人文社科版）2003 年第 3 期）

215

张德明教授主编
《中国现代语言风格学史稿》序

张德明教授是我的老朋友，1980 年以来，我们在中国修辞学的多次学术讨论会和澳门举行的"语言风格学与翻译写作国际研讨会"上相互切磋，研讨学术，使我获益颇多。德明兄勤奋好学，努力探索，锲而不舍，潜研语言风格学二十多年，出版了专著《语言风格学》，发表了《风格学的基本原理》等语言风格学专论二十多篇，还发表修辞学和作家语言研究的论文总共近百篇，在中国现代语言风格学的建立和发展上起了促进作用，他是有条件和能力编撰好中国现代语言风格学史的。

语言风格研究，在我国历史悠久。早在汉代扬雄《法言·吾子》中说的"诗人之赋丽以则，辞人之赋丽以淫"，是关于语体风格的最早论述。自此以后，魏曹丕的《典论·论文》、晋陆机的《文赋》、梁刘勰的《文心雕龙》、唐司空图的《二十四诗品》、宋陈骙的《文则》、元陈绎曾的《文说》、明徐师曾的《文体明辨》，以及清刘大櫆的《论文偶记》等著作都在论述文体和作品或文章中讨论了语言风格。进入 20 世纪以后，中国语言风格学继承了传统的语言风格论并在西方语言风格理论的影响下，开始向现代风格学发展。龙伯纯《文字发凡·修辞》（1905）、王易《修辞学通诠》（1930）、陈望道《修辞学发凡》（1932）、宫廷璋《修辞学举例·风格篇》（1933）等汉语修辞学著作都在不同程度上论及了中国现代语言风格的基本原理。1949 年以来，特别是近 20 年来，中国现代语言风格学研究有了长足的进步，发表了大量风格学论文，出版了一批语言风格学专著，现代汉语风格学已是一门独立的学科并立于现代语言学科之林，展现出广阔的发展前景。对此，张德明《语言风格学·古老的研究传统和新兴的边缘科学》（1989），黎运汉《汉语风格探索·汉语风格研究概述》（1990）、《语言风格学研讨述评》（会议总结报告）（1994）、《建国以来汉语风格理论研究综述》（1996）、《1949 年以来语言风格定义研究述评》（2001），以及郑子瑜、周振甫、宗廷虎、李金苓、袁晖等先生编撰的几本修辞学史，于根元《汉语现代风格学的建筑群——读四部有关的新著》（1992）、《二十世纪的中国语言应用研究》（1996），李运富、林定川《二十世纪汉语修辞学综观》（1992）和袁晖《中国古代语言风格研究的回顾》（1994）、《二十世纪的汉语修辞学》（2000）等，都各自从语言风格或修辞学的角度，历时或共时、系统或部分地进行了考察

216

与经验教训总结，对现代汉语风格学的建立、发展和进步起了启发与促进作用，但都嫌单薄，缺少深度与广度。从整体上说，我国语言风格学史的研究，即使不说是空白，也得承认是个薄弱的环节。既然汉语风格学源远流长，且已独立成学，理应有独立的汉语风格学史，这对汉语风格学的研究和教学，对现代汉语风格学的进步和繁荣发展，对中国修辞学史、语体学史和文体学史乃至语言学史的研究和发展都有理论价值和实用意义。因此，近年我有编写汉语风格学史的想法。现在张德明和他的同事先我而动，编撰《中国现代语言风格学史稿》，顺时应势，我很高兴。看了全书结构细目和部分样稿，我觉得有好多论述相当精辟，富有启发性。

史料丰富翔实，评论细致中肯，这是研究语言风格学史成功的首要条件。语言风格学史就是总结研究各种语言风格学理论的科学。没有史料，就无法研究。而本书广泛收集了从 1905 年龙伯纯《文字发凡·修辞》中的文体风格论到 2001 年我与肖沛雄主编的《迈向 21 世纪的修辞学研究》中的语体、语言风格论，包括中国现代语言风格学从萌芽、草创、形成、发展、繁荣等历史过程中出版、发表的语言风格学和语体学专著、单篇风格学论文，汉语修辞学专著中的风格论，现代汉语教材中的风格论，语言专著和语言学概论中的风格论，外译汉著作中的外语风格论，作家语言研究和文学风格学、文章风格学中的语言风格论等，洋洋大观，广全详尽。以往学者们研究风格学史大都着眼于语言风格学、语体学、文体学论著和修辞学专著中的风格论，忽略了众多的文章风格学和文学风格学中的语言风格论，以及语言学论文集和语言专著中的语言风格论。本书作者致力于发掘很多未被人注意到的史料，从而拓宽了中国现代语言风格的研究领域，为总结语言风格学理论研究的特点和现代汉语风格学发展的规律打下了坚实的科学基础。

诚然，语言风格学史的价值不只在于史料的丰富，更重要的还在于对史料的审慎细致的评论。本书对各个时期的风格学史料都在不同程度上运用风格学的定义、本质、对象、成因、手段、类型、应用和方法等基本原理进行了深入而中肯的分析评论：既对被忽略了的语言风格论作了开拓性评析，也对学者们评论过的语言风格学说作了创新性的评价。例如，对王臻中、王长俊《文学语言》中"文学语言风格论"、赵元任《汉语口语语法》中的"句法风格论"、赵世开《现代语言学》"论风格学"和赵纯伟《古汉语的言语美学》中的"语言风格论"的评论都发前人所未发，既新鲜又有深度；对程祥徽、张德明、郑远汉、黎运汉的风格学专著的评论都能在继承已有评论的基础上出了新意，而且语言中肯、公正、客观。

立足语言风格本体，史料精当，这也是研究语言风格学史成功的必要条件。我国传统文论、诗话、文体以及 20 世纪初的修辞学论著中常用"体""体性"

217

"体式""文体""品"等表示风格的概念,古代学者都没有明确提出语言风格的概念,也没有对语言风格进行独立研究。他们大都是在论述文体和作品或文章风格中涉及语言风格问题。现代学者大都认为风格与文体,语言风格和文体风格、文章风格、文学风格既密切相关,又有质的区别,但也有常常混为一谈的。因此,研究语言风格必须把握研究对象,明确取材范围和研究视角。本书作者基于对中国现代语言风格学由"附庸"走向"独立"的历史事实和发展规律的认识,既取材于文体学和修辞学如陈介白《修辞学》中的文体风格论等的成果,又选取文章风格、文学风格和文学作品语言研究著作,以及语言学论著,如张寿康《文章学概论》、老舍《文学概论讲义》、吴功正《文学风格七讲》、周中明《〈红楼梦〉的语言艺术》和赵世开《现代语言学》中的语体论和风格论等。而对这些文章、文学、语言等论著中的风格论分析,大都能钯梳剔抉,扣紧语言风格论传统和现代汉语风格学的发展史实。取材广泛而又大都精当,体现了作者尊重客观史实的科学精神,增强了风格学史的科学性。

语言风格学有狭义和广义两类,前者只讲或主要讲语言功能风格,认为语言风格就是语体风格,亦即语体;后者只把语体风格作为一种基本类型,同时还研究语言的民族风格、时代风格、地域风格、流派风格、个人风格和表现风格。本书认为语体与语言风格都属语言学风格范畴,不以某一学派的观点来决定史料的取舍,这也是公正、客观的科学精神的体现。

体例安排合理,写作方法得当,这是研究语言风格学史成功的又一重要条件。现有修辞学史和语言风格学史的写作体例大体有以下几种:①以朝代或时期为纲目,将同一时期的修辞论按性质和各家意见之异同而加以归类,分别阐述于其中,如郑子瑜的《中国修辞学史稿》;②以特定的项目为纲目,将所选取的每一个时代的各家论著分别阐述于各个特定的项目之中,如易蒲、李金苓《汉语修辞学史纲》;③以修辞学史的各个时期为纲,用学者和专著相结合的方法,对有重要著作的学者立专节详述,对一般的学者扼要介绍修辞观,如袁晖、宗廷虎《汉语修辞学史》;④按时期和朝代分别概述有代表性的文体和作品或文论以及修辞、语言风格论著中的语言风格论,如黎运汉《汉语风格探索·汉语风格研究史概述》;⑤综合评述古代主要语言风格论著的内容特点和研究方法,如袁晖《中国古代语言风格研究的回顾》等。本书吸取了各家之长,而又有明显的变革。在体例上,以中国现代语言风格学历史过程的各个时期为纲目(章),各章根据成果多少和论著情况安排内容。先综述本时期语言风格学理论研究的特点和主要标志,后按节分条逐一评论本时期对汉语风格教学研究产生影响的各类专著,以及有代表性的单篇语言风格论文,让各学者的各类风格论著各就各位,各章各节互相关联、照应,井然有序,宏而不杂,构成了宏大而又比较完整的语言风格学史体系。在写法上,采取语言风格学论文分类概述和代表性风格学论文点评，以及学者与专著结合评述法，对重点学者、重点专著作详细评述，对一般学者、著作只扼要介绍。这样，史论结合，夹叙夹议，有点有面；该详该略，视内容表达需要而定，体现了写作体例的科学性。

上面写这些，既是我读完本书的结构细目和若干样稿的心得，也作为应作者之约的序言。我认为《中国现代语言风格学史稿》是一本成功的开拓性著作，尽管还有值得商榷之处，比如，外译汉著作中的外语风格论可否割爱，一些内容过于单薄又与语言风格论无关紧要的著作可否删削等。

2001 年 12 月于暨南大学
羊城苑得道居

（载于张德明主编：《中国现代语言风格学史稿》，福州：海风出版社，2005 年）

刘凤玲、戴仲平《社会语用艺术》序

社会语用研究属于应用语言学的范畴。近十年来，我国应用语言学得到了迅速的发展，社会语用研究也已为人们所重视。这既有科学背景，也有价值背景。

20 世纪 80 年代开始，在国外应用语言学理论的启示下，我国的语言学研究打破了主要是静态描写的局面，逐步重视语言应用研究。当今诸如社会语言学、文化语言学、语用学、心理语言学、话语语言学、计算机语言学、信息语言学、广告语言学、法律语言学、商业语言学、作家语言学、言语交际学、语言风格学、公关语言学、人名学、外语教学论等应用语言学分支学科已先后形成，重视语言应用已呈明显趋势，社会语用研究正是顺应这一发展大势的一个重大课题。

20 世纪 80 年代以来，随着我国改革开放的不断深入，市场经济的日益繁荣和精神文明的不断推进，语言的应用领域越来越广阔，社会语用现象越来越丰繁。社会语用是一种直接关系着社会效益和经济效益的语言应用，它不仅反映着政治、经济、文化生活的方方面面，而且影响着经济建设、社会文化建设和精神文明建设的步伐。社会语用的这种价值极大地影响着语言研究的价值取向和方向，重视社会语用研究也正是应用语言学顺应改革开放社会发展需要的必然。

刘凤玲、戴仲平著的《社会语用艺术》可以说是顺应上述语言学发展大势和我国社会发展需要的产物。

这是一本既有学术价值，又有应用价值，能赢得社会效益的新著。这本新著至少有以下几个方面的特点：

首先是开拓性。"社会语用学"是学术研究的一个新领域。我国的社会语用研究尚处于引进、探索的阶段。十几年来，凤玲在这个新领域辛勤耕耘，努力开拓，收获了不少果实。这本《社会语用艺术》除了仲平等撰写的章节外，大部分篇幅是凤玲撰写的，这是她多年心血的结晶。她在"社交类""张贴类""命名类""艺术类"撰写的一些篇章曾在相关书刊率先发表；副语言体态语、辞趣这类辅助技巧和广告类等文章也较已问世的同类成果更有开拓性、更有深度；社会语用的界定与特性和社会语用的原则虽有继承前人的传统、吸收同行的成果，但更努力于新的开拓。其他作者的文章如《社会语用对文化的传承》《鼓励的言语艺术》《网络交际的语用艺术》《招聘书和求职信的言语艺术》《股评的言语艺术》《征婚启事的言语艺术》《注情式广告的言语艺术》《酒广告的言语艺术》等，或角度新，或为拓荒之作，都能给人以新的启示，本书无疑可视为开拓性的学术研究成果。

其次是体系性。近些年来,有些学者从不同侧面探讨了社会语用问题,取得了可喜的成果,但问世的多限于描写具体社会语用现象的单篇论文或研究某一社会语用现象的专著,尚未见到综合研究社会语用的专著,而《社会语用艺术》则是系统研究社会语用艺术的新著。该书大体上可分两大部分,第一部分含第1、2、3章,可视为全书的总论,论述了社会语用的含义、研究范围、研究价值与社会语用的功用和特性,阐释了社会语用的原则,探讨了社会语用的文化传承。这部分论述了社会语用的基本理论问题,论述相当详尽,而且精当,对全书起了统率作用。第二部分含第4章至第11章,第4章"社会语用的辅助技巧",论述了副语言、体态语和辞趣的含义、类型、功能、特性和语用艺术,这就概括了从口语到书面语的辅助技巧和规律;第5章至第11章分别对社交类、职业类、告示类、艺术类这四类语用的含义、特点、功用和言语艺术,作了具体的论述,有的论述得相当细致。全书从社会语用的原则到社会语用艺术,既有对自然语言使用艺术的研究,又探讨了非自然语言的运用技巧,从而构成了一个比较完备的社会语用艺术体系。

最后是实用性。本书既较为深入地论述了社会语用的原则,又比较具体地分析了社会语用的艺术,具有指导社会语用实践的品格。"社会语用的原则"和"社会语用对文化的传承"两章既综合运用修辞学、社会语言学、心理语言学、文化语言学、语用学和言语交际学的理论作了比较深入的理论分析,又有取自政治、经济、文化等社会生活各个领域的语用事实作佐证;既有典范的社会语用实例分析,为指导语言实践提供了优秀的学习范例;也有社会语用的病例剖析,启发人们有意识地避免乱用语言。这样论述社会语用原则扎实、在理,有较高的科学性,且易于把握,利于应用。全书的重点和主要篇幅是探讨各个交际领域的各类社会语用艺术和社会语用辅助手段的运用规律,好些地方相当深入细致,选例范围广,语料颇新,有正例,有反例,这对各个领域的读者的语言实践都将会有启迪和参考作用。这是一本具有开拓性和实用性的著作,开拓艰难,确有实用。

虽是好书,也有不足之处。比如较多限于对具体社会语用艺术的微观探讨,宏观研究则略嫌不足,有些文章似乎稍觉单薄,社会语用范围也似乎过宽等,希望有机会再版时加以补充修订。

我与凤玲、仲平相交已久,十多年来,他们听我讲课,我向他们学习,多次合作写书,经常相互切磋,研讨学术。我觉得他们悟性颇高,思维敏捷,而且勤奋好学,努力探新,勇于攀登,成果喜人。《社会语用艺术》即将由暨南大学出版社出版,要我写序,感到十分高兴,故写下如上的话,向读者推荐这本新书。

2002 年 7 月于暨南大学羊城苑得道居

(载于刘凤玲、戴仲平:《社会语用艺术》,广州:暨南大学出版社,2002 年)

体系完备　方法新颖　注重实用

——黎千驹《模糊语义学导论》序

看到年轻的学者不断茁壮成长，我非常高兴，他们出版新著要我写序言，我也很乐意。因为借此既可对他们取得的成就表示祝贺，也可向学术界介绍他们的新成果，促进学术交流，而且我也可从他们的新著中获得新的教益。黎千驹教授是一位年轻有为的拔尖人才，他出版过十几本（含合作）著作，涉及古代汉语、训诂学、模糊语言学、修辞学、形式逻辑等学科，还出版了长篇小说和诗歌集，十分可喜。

我与千驹虽然同姓，而且他说也常读我的书，但我与他原本并不相识。初次接触是在中国修辞学会中南分会第七届年会（2004 年 12 月）上，在学术成果评奖时，我读过他的参评著作《现代汉语同义修辞研究》之后，对他有了很好的印象。我觉得他思维敏捷，思路广阔，知识丰富，功底扎实，善于继承，勇于开拓。他的参评之书内涵丰富，新意洋溢，因而我与郑远汉教授一致建议评为一等奖。最近他寄来即将问世的《模糊语义学导论》一书的前言、目录以及部分内容，请我写序。细读之后，我深感千驹研究模糊语言学又登上了一个较高的台阶。

任何事物都有模糊性，模糊性是语言的本质特征之一，模糊语言现象广泛存在于人们的语言运用之中，然而学者们对模糊语言的研究却起步较晚。1965 年美国科学家查德提出"模糊集"理论，才开始产生有关模糊问题的新学科，如模糊逻辑、模糊数学、模糊语言学等。1979 年伍铁平教授的《模糊语言学初探》一文问世，才标志着我国模糊语言研究的开端。此后，相继诞生了《模糊修辞浅说》（蒋有经，1991）、《实用模糊语言学》（黎千驹，1996）、《模糊语义学》（张乔，1998）、《模糊语言学》（伍铁平，1999）等。如果说《实用模糊语言学》是千驹研究模糊语言学的起步，标志着他对模糊语言学的初创，那么即将问世的《模糊语义学导论》则可说是他研究模糊语言的跃步，标志着他研究模糊语言已由开拓阶段进入发展时期。从整体上看，我认为他的这本《模糊语义学导论》有三个显著特点：一是较为完备地建立了模糊语义学的理论体系，二是较为深入地研究了模糊语义现象及其应用价值，三是较为系统地探讨了模糊语义学的研究方法。

一、较为完备地建立了模糊语义学的理论体系

学科的理论体系是学科的灵魂，它制导着学科的研究、建构和发展方向，是衡量一门学科是否具有"学"的资格及其品位高低的首要标尺。一门学科的理论体系是一门学科的基本概念、研究对象、任务、功用、性质、研究原则等基本理论，以及研究对象的特征和成因等的总和。千驹的《模糊语义学导论》以查德的"模糊集"理论作指导，运用现代语言学和现代语义学的理论精华，对模糊语义学的上述方面面面都作了较为深入细致的论述。例如，第二章"模糊语言概说"对模糊语义学中的基本概念如"模糊性""语言的模糊性"和"模糊语言"的界定等；第三章"模糊语义学的对象、性质和任务"对模糊语义学对象的界定、性质的阐发和任务的归纳等；第一章"模糊现象与模糊集理论"、第四章"语义模糊性的根源"和第十四章"语义模糊性的民族文化差异"等，对模糊现象的普遍性、模糊集理论的产生及其影响、模糊性与模糊语义、语言模糊性及其根源的探讨等；第五章"模糊语义的基本特征"和第十六章"模糊语义的语用功能"对模糊语义特征和功能的阐释等，都占了颇多的篇幅，既有相当的深度和广度，又不乏真知灼见，体现出了较高的理论品格和较为完备的理论体系。

二、较为深入地研究了模糊语义现象及其应用价值

列宁说："科学在所有的知识领域内部都向我们说明，在貌似紊乱的现象中有它基本的规律。"科学研究的基本任务是在被研究对象内部的繁杂现象中总结出规律，阐明运用规律的原理，指导实际运用。千驹在清醒的模糊语义理论意识的引导下，对客观地存在于言语交际中的模糊语义现象作了比较深入、系统的研究，并在对其作定性与定量描述的基础上阐述了其规律性。例如第六章"明晰性与模糊性的相互转化"、第十一章"语义场的类型与语义的模糊性"、第十三章"义位超常组合与语义的模糊性"和第十五章"模糊语句"等，都是深入研究模糊语义现象及其规律的成果，其论述可谓精要，内容可谓翔实，具有较高的科学性，标志着模糊语义学具有较高的科学品格。

诚然，模糊语义学研究也跟其他学科一样不能停止在研究和描写模糊语义现象及其规律上，还应当探讨模糊语言的运用情况及其规律，以利人们的应用。我们知道，人们学习和研究模糊语义问题，一个十分重要的方面，就是要利用对模糊语义现象及其规律的认识去能动地指导语言运用。千驹认识到这个道理，因而并不满足于研究模糊语义现象本身及其规律，还花了很大力气去探讨模糊语义在人们言语活动过程中的运用情况以及它对于提高语言表达效果所起的作用及其规律。例如，第十六章"模糊语义的语用功能"，从语用学的"得体原则"与"合

223

作原则"这两个基本原则方面探讨了模糊语义的语用功能。通过大量运用模糊语言的实例，发掘出了模糊语义在语言交际活动当中所具有的亲和功能、满足功能和调节功能，以及含蓄功能、委婉功能、幽默功能、适应性功能、灵活性功能和生动性功能。第十七章"模糊语义学与辞典学"，则主要是研究模糊语义学在辞典学中的实际应用价值，即如何运用模糊语义学的理论和研究成果来解决辞典学中某些模糊词语的释义问题。这些研究无疑是有益的，它们拓展了模糊语义学的应用领域，增强了模糊语义学的实用价值。

三、较为系统地探讨了模糊语义学的研究方法

一门学科的建立与研究方法密切相关，学科的进步与发展有时也要依靠新的方法来解决，因此，模糊语义学要成为独立的学科并走向成熟，也跟其他学科一样，要有科学的研究方法。千驹具有较为清醒的方法论意识，并力图在语义模糊性研究的基本方法上有所突破。综观其《模糊语义学导论》，不仅专辟研究方法篇，例如，第七章"模糊语义学方法论"和第八章"模糊语义的定量方法"，而且在模糊语义学的理论建设和模糊语义现象的描写与阐释中都体现着作者方法论上的自觉。大体说来，书中用得最成功的研究方法有以下几种：

（一）宏观鸟瞰与微观分析相结合的方法

模糊语义现象是普遍性的、宏观的语言现象，但它又是一个可离析的结构体，是由不同层次、不同元素组成的整体。因此在模糊语义研究中，既要放眼于宏观语言领域，又要细察模糊语义现象的微末。千驹此书在这方面为我们提供了成功的范例。例如，第五章"模糊语义的基本特征"着眼于宏观分析，归纳出了模糊语义的三个基本特征，即边界的模糊性与中心的明晰性、相对性与可塑性、双重性。第十章"语义范畴与语义的模糊性"则着眼于微观分析，认为由于词语的意义类属或范畴不同，它们所呈现出的语义的模糊性特征也就各有其特殊性。只有探索出它们之间的个性特征，才能将语义的模糊性研究引向深入。例如，该章指出：表时间范畴的词语之所以具有模糊性，是因为时间本身是一个连续体，相邻的各个时段之间没有截然分明的界限，而语言却要对无始无终的时间进行分割，把它们分成不同的时段或范畴，这势必使得表示时间范畴的词语具有模糊性；表方位范畴的词语指的是表示空间方面的概念，而空间是呈辐射状的无限扩延、伸展的立体，因此各相邻方位之间的界限往往并不十分明确；表性质、状态范畴的词语，其语义的模糊性与前面几类有着显著的区别，主要体现在四个方面，即对立性、相对性、间接性和主观性；表颜色范畴的词语具有极大的模糊性，这主要表现在两个方面：一是相邻的颜色之间没有明显的界限，二是同一颜色之间的深浅程度没有明显的界限。这种微观分析，还体现在第十一章"语义场的类型与语义的模糊性"、第十二章"义素分析法与语义的模糊性"等章之中。

224

（二）理论研究与应用研究相结合的方法

从各章的内容来看，第一章至第七章皆着重于理论研究，第十六章"模糊语义的语用功能"和第十七章"模糊语义学与辞典学"则着重于应用研究，即使是着重于理论研究的章节，也往往结合语言应用的情况来阐述并支撑理论。例如，第五章"模糊语义的基本特征"，运用了六十来个语言材料来论证模糊语义的三个基本特征；还有不少章节的理论研究与应用研究已经是水乳交融了。例如，第十一章"语义场的类型与语义的模糊性"，既有理论阐述，又从报纸杂志、作家原文的对比中寻找了十余个用例来分析同义关系义场的模糊性。这样的理论研究与应用研究相结合的方法在全书各章中随处可见。特别值得称道的是，千驹在该书中列举了成百上千个例子，几乎每个例子都是他自己从人们运用模糊语言的实践中（诸如报章、杂志、书籍等）搜寻出来的，既不编造例句，也不照抄别人书文中经常使用的例句。据他自己说，有时为了查找一个或一组相关的例子，往往要花上好几天的时间查阅数十种材料。例如，我们注意到，在第五章"模糊语义的基本特征"中，千驹根据模糊语义"边界的模糊性与中心的明晰性"的基本特征来分析有关"凌晨"的几个用例时，从1982年7月30日《文汇报》、2004年12月2日《人民日报》、2005年3月24日《人民日报》、2005年2月23日《光明日报》、2004年12月6日《人民日报》、2004年10月14日《人民日报》、2004年12月21日《三湘都市报》、2005年2月4日《人民日报》、2004年12月26日《湖南日报》等报纸中分别找出"凌晨零点""凌晨1时""凌晨1时许""凌晨2时""凌晨2时""凌晨三四点钟""凌晨4点30分""凌晨5时"和"凌晨"等九个用例，以此来说明"凌晨"的语义在外延边界所具有的模糊性。这既是一种踏踏实实的学风，也使得他能够从丰富的语言实践中演绎出理论，反过来又可以运用这种经过实践检验的理论去指导运用语言的实践活动，让读者读了这本书之后，不仅可以了解模糊语义学的基本理论和方法，同时也能掌握运用模糊语言的钥匙。由此可见，千驹是十分注重理论研究与应用研究相结合的。

（三）定性研究与定量描述相结合的方法

随着科学技术的现代化，以及科学研究的日益精密化和科学化，现代语言学研究已开始应用一种新的研究方法——定性与定量相结合的方法。我国有些学者运用这种方法研究语体和语言风格，通过量的分析找出质的依据，从质和量的统一上研究语体现象、语言风格现象，进而认识语体、语言风格的本质，增强了研究成果的科学性，为现代语体学、语言风格学的研究开拓了广阔的前景。千驹除了在书中设专章论述了定性、定量方法在模糊语义研究中的原则、方法和应注意的问题外，还在许多章节中运用定性的方法来阐述和描写模糊语言，有的地方还采用了定性与定量相结合的方法。

（四）从多学科角度切入的方法

模糊语义现象是一个十分复杂的语言现象，它的生成因素是多元的，因而研究这种语言现象的模糊语义学除了运用模糊学、修辞学的理论和知识外，还必然要从相关学科例如文化学、社会学、认知学、心理学、信息学、计算机学、思维科学、哲学、美学、文艺学等诸多学科中汲取营养。千驹深明此理，因此分析、阐述模糊语义现象时能自觉地从多学科的角度切入。例如：从"模糊集合"与"隶属度"的角度研究"模糊限制语及其语用功能"；从认知语言学的角度探讨"语义范畴与语义的模糊性"；从语言学和语义学的角度阐释"语义场的类型与语义的模糊性""义素分析法与语义的模糊性""义位超常组合与语义的模糊性"和"语义联想与语义的模糊性"；从社会学、文化学、比较语言学的角度论析"语义模糊性的民族文化差异"；用语用学理论分析"模糊语义的语用功能"等。千驹自己把这些方法统称为"学科渗透法"。这种研究方法的灵活运用，既有助于增强模糊语义研究分析之广度与实用性，同时也体现出千驹运用模糊语义学研究方法之娴熟本领以及他广博的学识。

上述三点是该书的可贵之处，是千驹对模糊语义学的重要贡献，既有助于模糊语义学的深入研究和发展，也为模糊语言学、修辞学、语用学的发展和繁荣提供了营养。可以说，千驹的《模糊语义学导论》代表了我国目前模糊语义学研究的最新成果，标志着我国模糊语义学研究迈上了一个新的台阶。

226

（载于黎千驹：《模糊语义学导论》，北京：社会科学文献出版社，2007 年）

一本实用性很高的社会语言学著作

——读程祥徽《语言与沟通》

社会语言学是 20 世纪 60 年代才兴起的一门新的学科，近十年来，它发展很快，已成为语言学中富有成果的研究领域。澳门大学程祥徽教授的《语言与沟通》（澳门基金会 1995 年 2 月出版）是这个研究领域的一朵新葩。此书结集了作者 29 篇文章，其中第一篇带有绪论性质，其余分三编，第一编"语言编"主要论述青海语言和澳门语言的情况；第二编"风格编"论述语言风格、孔子的风格理论以及风格学与对外汉语教学等问题；第三编"写作编"主要论述文章与语言风格的关系。因此，该书虽没取名"社会语言学"，但从内容来看，我完全同意著名语言学家张志公教授为该书作序所下的论断："是一本以社会语言学为基础的实用性很高的著作。"

一

现代语言学认为，语言有两个方面的特征：结构系统和社会功能。传统语言学着眼于语言的内部结构系统，研究静态的语言事实，产生了语音学、词汇学、语法学。20 世纪以来，现代语言学之父索绪尔区分了内部语言学与外部语言学，认为内部语言学所研究的是语言本身的结构系统，外部语言学则研究语言本身结构系统以外的东西。他把内部语言学所研究的语言本身结构系统作为语言学的唯一真正对象，主张语言学静态地描写语言，单纯地分析语言结构形式，以达到"就语言和为语言而研究语言"的目的。这个理论主张对推进语言内部结构系统研究的科学化与精密化起到了积极作用，对结构主义语言学与现代理论语言学的建立也产生过重大影响。但毋庸讳言，这个理论也给现代语言学带来了很大的负面影响，半个世纪以来，现代语言学大多囿于索绪尔的理论框架，把自己封闭在语言内部的微观结构之中。作为对这一潮流的反对，社会语言学十分重视语言的社会功能与社会因素的研究，从而打破了语言学静态描写的局面，开创了语言学动态研究的新局面。《语言与沟通》立足于社会语言学，广泛吸收前人的研究成果，并努力开拓创新，把社会语言学研究推向了新的领域。这首先表现在十分重视语言的社会功能与价值。书中除了从整体理论上论述"语言用来沟通，沟通

227

需要语言"，"语言在人类社会流通，是人类社会不可或缺的东西"之外，更为可贵的是从语言交际功能的角度，去观察分析具体的语言问题。

孔子是春秋末期伟大的教育家、思想家、政治家，在记载他博大精深思想理论的著作如《论语》中蕴含着很多关于言语问题的精辟见解。但这些见解只是零珠碎玉，不成系统，因此要从这许许多多非常分散的言语见解中概括出孔子的言语观是难度颇大的问题。可喜的是，程祥徽的《孔子的言语学》能立足于社会语言学基地，从语言的交际功能角度去透视孔子的言语成品，从宏观方面去梳理探索孔子的言语观。例如，他举了《论语·先进》的一个例子："德行：颜渊、闵子骞、冉伯牛、仲弓；言语：宰我、子贡；政事：冉有、季路；文学：子游、子夏。"然后分析说，在孔子为升堂弟子开设的四个科目中，"言语"是与"德行""政事""文学"并重的。而"言语"科目与现代语言学中的风格学相近，其设置的目的是指导学生学习辞令，掌握应对使用的语言技巧，懂得在不同的交际场合运用不同的语言材料或语言手段去完成特定的交际任务，具备从政、理财、代表国家从事外事活动的能力。由此论断可以看出：孔子看到了语言的重要功能与价值。由于他重视语言的交际功能，所以提倡汉民族的共同语。① 语言是交际的工具，社会交际功能是这个工具的本质特征，程祥徽从社会交际功能的角度去观察分析孔子的言语成品，揭示其语言观，就抓住了研究对象的本质特征，从而使文章分析增强了高度与深度。

1999 年澳门回归中国，从 1991 年 2 月起，中文开始成为澳门的官方语言。程祥徽对这件事十分重视，积极参与使中文事实上成为官方语言的活动。他多次发表文章，都从语言功用的角度强调澳门在过渡时期确立中文官方语言地位的重要性。1990 年 7 月，他在《澳门的三语流通与中文的健康发展》中明确指出："没有中文官方地位的确立，根本谈不上公务员的本地化、法律的中译与本地化。"1994 年 9 月，他在《语言与沟通》一文中更进一步强调："没有中文的官方地位，所谓的澳门的资本主义制度 50 年不变、澳人治澳、一国两制都将变作空话。"这样从政治的高度来论证澳门能否确立中文的官方地位，关系到在澳门能否实现一国两制的国策问题，是有远见卓识的，它对启发官民重视中文，共同努力促使中文成为事实上的官方语言，以利澳门顺利过渡，社会稳定，经济持续繁荣，具有积极意义。

《语言与沟通》中很多篇章都很注意从语言的交际功能角度去观察分析语言问题。例如，或从语言功能去谈语法研究的途径；或着眼于讲普通话在港澳社会的价值，去论证香港人、澳门人必须努力学习普通话；或从语言的表达作用上强

228

---

① "子所雅言，诗、书、执礼，皆雅言也。"（《论语·述而》）程祥徽引杨伯峻《论语译注》"雅言"译为"当时中国所通行的语言"。

调写文章必须注意语言风格等。读了这类文章，我深感程祥徽社会语言学意识清醒，研究角度明确。语言是一种交织着诸多异质因素的社会现象，不同的语言学分科可以根据其特定的研究对象与目的，从不同的角度去研究。社会语言学是研究语言与社会的关系的学科，它是着眼于语言和社会的关系去研究语言的。语言因具有重要的交际功能才成为社会的交际工具。交际功能是语言的生命力所在，语言交际能否成功，取决于能否发挥语言的交际功能。因此，社会语言学研究语言的首要着眼点是交际功能。程祥徽立足于社会语言学基地，有意识地从交际功能的角度去观察分析各种复杂的语言问题，并提供了新的研究方法，因而他的《语言与沟通》具有浓厚的社会语言学色彩，且有新意，有可读性。

二

语言是社会现象，语言和社会的关系十分密切。这种关系一方面表现在语言具有社会功能，在社会交际中发挥着重要的沟通作用；另一方面表现在语言的发展变化受到社会因素的影响，语言的使用受到社会因素的制约。因此，探讨语言的发展变化以及语言的使用与社会因素的各种关系，也是社会语言学的课题。《语言与沟通》对这个课题也作了比较深入的探析。全书渗透着一个鲜明的观点：社会因素既是语言发展变化的动力，又是语言使用的约束力。

语言总是在社会因素的影响下不断地发展变化着，这种发展变化是在两个基本方向上进行的：一个是分化，一个是统一。分化产生方言，统一形成共同语。研究共同语和方言的形成及演变、它们与社会的关系是社会语言学的必备内容。《语言与沟通》中有几篇文章论述了这个问题。例如，在《语言·言语·方言·共同语》中说：有两种共同语，一种是在方言形成以前的共同语，它比较"贫乏和简陋"，后来随着社会结构发生变化，分化出方言，原来的共同语就不复存在了。"方言是小农生产时代和封建社会的产物。"后来"由于外部的社会原因，如政治、经济、文化的影响"，就在某种方言的基础上形成了共同语，这种共同语便"具备了相当完整与精密的语音、词汇、语法系统"。该书在《蓝青官语与普通话》中还以北京话作为普通话的基础的原因，说明选择哪种方言为基础方言，完全取决于历史、政治、文化等因素，个人主观意志则无能为力。这些论述是正确的。20 世纪 50 年代末 60 年代初，我国语言界曾讨论过语言发展变化的原则问题，有人认为社会的发展变化是语言发展变化的根本原因；有人则认为语言结构的内部矛盾或语言与言语的矛盾是语言发展变化的内因，社会的发展变化是外因。近几年来，我国语言界讨论过语言风格的成因问题，有人则认为主要是主观因素和客观因素，这些见解看来都欠周密或者说不完备。按照社会语言学的观点，语言的发展变化、语言风格的形成都是在社会因素制导下通过语言因素来实现和体现的。因此，共同语分化为方言、方言统一为共同语的动力是社会因素而不是语言本身。共同语分化为方言，表现出语言发展的离心方向；方言统一为共同语，则显示出语言发展的向心趋势。该书把这种离心方向和向心趋势放在社会环境中加以审视，揭示二者在社会因素制约下的互动关系，这是对语言的发展变化现象作动态的分析研究，能起到相当的指导作用。

程祥徽经年在澳门工作，熟谙澳门官方语言的状况，对此，他作过这样的分析：400 年前澳门是单一的汉语社会，后因葡萄牙人的逐渐占领，葡文便逐步成为官方语言。他认为这种官方语言由"政权力量推行"，也必然会"随政权的转移而改变原来的地位"，"现在的局面是中文开始取得官方地位，在澳门实行中葡双语政策已用法律形式固定下来，1999 年澳门回归中国以后，澳门仍然是中文葡文并行的双语社会"。特定的语言总是和特定的社会发生联系。不同的社会有不同的语言现象，有不同的语言问题，一个社会采用哪一种语言作为官方语言，取决于语言外部的社会因素，社会因素发生变化，官方语言的地位也必然发生变化。程祥徽从社会因素对语言的制约关系来分析澳门官方语言的过去、现在和将来，这对我们认识官方语言形成与变化的成因是一个新的启示。

澳门是一个资本主义社会，开设有各式各样的赌场，赌场里有丰富纷繁的赌业行话。例如，赛马场或赛狗场的"神仙过铁桥""刀仔锯大树"，麻将台上的"过庄""独听"，骰宝中的"坐定粒六""大小通吃"，牌九中的"夹棍""至尊"，白鸽票中的"剑号"，沙蟹中的"晒冷"，回力球场的"打假波"和马场上的"造马"，狗场上的"死火狗"等。这些赌业词语形象生动，表现力强，对澳门的社会流通语产生了不容轻视的影响，其中有的已成为澳门民众的惯用语，如"热门""冷门""爆冷""大热胜出"等；有不少早已加入澳门全民语言的词汇系统，如麻将台上的"一条龙""清一色"等。对澳门社会这种特有的语言现象，程祥徽在书中用专文《澳门赌文化带来的语言现象》进行了论析。这篇文章语料翔实，鲜活有趣，论述精当，是精粹的社会语言学力作。透过这篇力作，我们可以清楚地认识到，行业词语既是在特定社会文化环境中产生，又是在特定社会文化环境中使用的。

语言使用是一种社会活动，要受到社会的制约。《语言与沟通》中很多篇章都强调人们使用语言进行交际时要受社会制约，要遵守社会约定俗成的规范。例如，《社会语言学与语义学》中说："任何词语的内容都是社会赋予的"，"社会每一个成员都必须以约定俗成的语义为规范，约定俗成的语义对社会每一个成员都有约束力"。基于这样的道理，程祥徽在《写作和写作学》中强调"写作必须选用贴切的词语、规范的语法格式"，批评有些广告滥改、乱用成语（如"从菱开始""丐世英雄""万物有情，爱护共赏"）造成语言混乱，以假乱真，误导人们的现象。这样既从正面说理，提高人们对正确运用语言的认识，又从反面去批评语用的毛病，启发人们有意识地避免乱用语言，有利于指导人们的语言实践，提高运用语言的能力。

三

语言是全民的，又是存在于每个人对它的使用之中的，人们使用语言时，由于社会因素的影响，就会出现差异，形成变体。研究语言变体是社会语言学的中心课题或重要课题。《语言与沟通》对各种语言变体如社会变体、行业变体、地域变体、双语变体和功能变体等都有论述，而对地域变体与功能变体的研究尤富开拓性。

其中，《青海口语语法散论》写的是民族杂居地区的青海汉语方言的语法混合现象。民族杂居地区的语言影响最易看到的是借词，而作者看到的是最难引起变化的"语法现象"。作者经过艰苦的深入调查研究，发现青海汉语方言由于受到藏语和其他少数民族语言的影响而产生了多种特有的句法格式，例如，"宾—动"式、"哈"字句、"把"字句、"给"字句、"给个"句、"脱"字句、"家"字句、"呵"字句、"说"字句等。论文在对这些句式作具体深入描写的基础上，进一步揭示出它们与西北方言和普通话的不同特点。例如，"把"字句具有明显有别于普通话的特点："可以不带处置意味，可以不带补语，可以用于否定、祈使，'把'字所带的宾语可以不是专指。"这样既描写了青海汉语方言的特有语法现象存在的方式与特点，又揭示了产生这些方式与特点的社会因素。其分析方法突破了传统方言学的语法结构形式分析法，它不是静态地描述语法结构体系，而是着眼于对语法结构变异的分析描写。这就为社会语言学研究地域方言变异现象展示了一个新的视角，提供了切实有效的新方法。

《青海口语语法散论》是程祥徽十几年前写的，曾发表于《中国语文》1980年第2期。日本已故著名语言学家桥本万太郎曾以此文提供的材料充实"一种混杂的北方汉语"的结论。但是当时也有人以地道的青海省会西宁市方言为依据，批评该书中援引的语言材料不是纯正的青海方言。祥徽先生在1990年7月发表的《澳门的三语流通与中文的健康发展》一文中对这个批评作了回应。他认为："现代民族不再有什么'净化'的语言了。在今时今日，国际文化交流日益频密，语言间的相互影响、语言成分的彼此吸收成为现代语言的共同特征，而在非单一语言的社会，这种现象就更加突出。"基于这样的认识，他强调社会语言学应以"现实的发展的眼光看待语言交流中出现的新成分与新表达方式"，"反对以'净化''纯正'为理由抹杀或排斥语言交流中产生的现象"。他认为：

"不纯正的语言材料正可透露语言影响的痕迹，也正是社会语言学所要探讨的问题。"我认为程祥徽这样看待民族杂居地区语言的"不纯正"现象，是符合社会语言学的观点的。社会语言学研究方言有其特定的对象、方法与目标，不能与传统方言学雷同。

语言风格是民族语言适应社会交际需要而产生的言语功能变体，对它加以研究，对于拓宽和加深语言学研究领域，对于提高人们运用语言的能力，对于提高人们鉴赏文学作品、分析文章的能力，对于提高语文翻译的水平，对于提高语文教学的质量，以及对于有关语言学科如修辞学、语用学、言语交际学、公关语言学与相关学科如文艺学、文章学、美学的研究都有理论上和实用上的价值。可惜，目前社会语言学对它还未有足够的重视。在我目前所见到的社会语言学论著中，大都没有语体风格的位置，有的虽认为社会语言学要研究语言风格变异，却没有多少分量。

祥徽先生对语言风格的研究起步较早，颇有建树。他在 1985 年出版的《语言风格初探》富有开拓性，令人瞩目。近几年他对语言风格研究又有新的开拓，成果喜人。该书的"风格编"约占全书 1/3 的篇幅，5 万余字，《风格的要义与切分》是其代表作。这篇文章对语言风格基本原理的方方面面都有论述。

"语言风格"是语言风格学的核心术语，对其含义的理解直接影响到风格学的对象、范围、任务的确定，必须首先对其作出比较科学的阐释与界定，因而程祥徽把完善风格的定义看作"建立现代汉语风格学的第一项工程"。他着眼于形成语言风格的"特定"与"具体"因素，把语言风格阐释为交际者在具体运用语言时受到特定的交际场合和交际目的制约而构成的特殊的言语气氛。这样界定是比较严密、全面的。语言风格是在语言使用中产生的言语现象，这种现象随着制约语言运用因素的不同而有不同的表现，它是在特定主客观因素（包括语言使用者的条件、特点和交际环境）制导下运用具体语言表达手段的诸特点综合表现出来的格调和气氛。程祥徽界定的语言风格的概念内涵和外延揭示了所指对象的本质特征以及涵盖范围。

学科的研究对象决定学科的范围任务与内容，独特的研究对象是学科之间相互区别、各自独立的根本条件。因此，明确研究对象，对语言风格学来说，是非常重要的。唯其重要，程祥徽才对其进行反复研究。他说他在 20 世纪 60 年代写的《汉语风格论》中曾认为："语言风格学既应当研究语言在'具体运用'中表现出来的特点，即各种言语气氛，又应当研究'语言材料本身'具有的特点。"而在《风格的要义与切分》中则修正，语言风格是运用语言营造出来的格调和气氛，而不是语言系统本身的特点的综合，凡语言风格都是运用语言的产物，没有语言运用，就没有语言风格，所以语言风格学的研究对象是语言使用中产生的风格现象，语言系统静态备用中的语言材料不属于语言风格学的研究范围。拙文

《修辞学·语体学·语言风格学》①　中有与此相同的看法。

　　各类风格的关系也是语言风格学要研究的一个重要问题。程祥徽十分看重语体风格的功用及其在各类风格中所处的重要地位。他在《语体先行》中说："在交际中不论你使用何种语言（甚至在同一交际场合中使用不同语言），首先要服从的是语体。"在《风格的要义与切分》中更突出了"语体风格领先"的观点。他认为"语体风格是最重要的风格"。它在各种风格中居领先地位，其他风格必须附加或迁就于语体风格，故风格学的第一刀即切出语体风格，然后再切出民族风格、时代风格、个人风格、流派风格。这是对已故著名修辞学家张弓教授"语体是最新的最有实际意义的课题"这一理论的继承和光大。语言风格是一个复杂的系统，蕴含着各种风格类型，各种风格类型既有区别又有联系，关系错综复杂，而语体风格在整个风格系统中处于核心地位，是各种风格的基础，任何一种风格类型都毫无例外地寓于某一种语体风格的言语作品之中，它不可能浮游于语体成品之外，任何人运用语言都必须受到语体风格的制约。程祥徽这样强调语体风格的重要性，突出其在语言风格中的重要地位，是具有很高的理论价值与实用意义的。

　　"风格编"除了《风格的要义与切分》《语体先行》，还有《现代汉语风格章》《孔子的言语观》《孟子的言语观》《风格学与对外汉语教学》等。它们或侧重谈什么叫语言风格和语言风格的分类及其语言特征，或谈孔子、孟子的风格理论，或谈风格学对对外汉语教学的指导作用等，都从语言的交际功能去理解和论述语言风格，因而带有社会语言学色彩。"风格编"是我国近几年语言风格学研究的重要成果之一，也是我国社会语言学领域的重要篇章，它丰富了社会语言学的内容，拓展了社会语言学的研究领域。

233

　　当然，"风格编"也不是尽善尽美的，有些见解还值得商榷。例如："语体即语体风格，语体风格即言语风格，言语风格常指称风格。"（第103页）意思是语体＝语体风格＝言语风格＝风格。可是又说"具体场合中的言语行为的语言体式是语体，具体场合中的言语气氛则是风格"，意思是语体是语言体式，风格是言语气氛，语体≠语体风格。还说，风格学所指的主要是语体风格，风格学的第一刀切出语体风格，然后寻找民族风格、时代风格、个人风格、流派风格（第107页），意思是语体风格是主要的，但不是唯一的，还有民族风格等。这样一来，就令人糊涂了。强调"语体先行""语体风格领先"都是对的，但说语体即语体风格亦即语言风格，就似乎把语言风格系统简单化了。程祥徽为了证明他的观点，曾举过这样的例子，在中英关于香港政制问题的第十三轮谈判中，中英两国代表"唇枪舌剑不断。姜恩柱一句'英方目前的立场与中方有很大距

① 程祥徽、黎运汉主编：《语言风格论集》，南京：南京大学出版社，1994年。

离',麦若彬等不及中方翻译把姜恩柱的话由普通话译为英文,立即(用英语)抢白:'我一定要就此回应一下。'他强调英方一向所提的方案都是三符合的。谁知姜恩柱却说:'究竟是三符合还是违反,不是看某一个人口中的声明,只要对照我们过去达成的协议、对照基本法,便可以得到客观的证明。'言下之意对麦若彬的说话颇不以为然"(《明报》1993年10月12日)。然后分析说:"姜说姜的汉语,麦说麦的英语,语言的民族性不同,而辩论的风格统一。"在作者看来,虽语言不同,但语体相同,风格一样,更无民族风格之别。照我理解,语体相同,都用外交口头辩论体,但语言风格相对:姜言辞委婉含蓄,麦则显豁直率,这显然是由不同的民族性格、不同的民族文化和不同的民族语言所构成的语言民族风格的差异。我多次反复研读过程祥徽的语言风格论著,受益匪浅,对语言风格理论的看法与他有许多相同或相近之处,但对上面提出商榷的问题,却有分歧。有分歧是正常的。我认为语体、语体风格、语言风格既有联系,更有根本区别,拙文《修辞学·语体学·语言风格学》有过较为详尽的论述,这里不再赘述。

社会语言学是联系各种社会因素去研究使用中的活的语言的言语学科,其研究语言的目的在于应用。程祥徽以致用为目的写出了《语言与沟通》。他的"语言编"以社会语言学理论论述青海语言和澳门语言的情况是应用;"风格编"从社会语言学的角度去论述语言风格问题是应用;"写作编"强调写文章要重视语言表达,呈现鲜明的风格是应用;他实践风格理论,使自己论著的语言具有鲜明的个人风格也是应用。《语言与沟通》对语言的应用大有帮助,我喜欢研读,旨在汲取精华,以利应用。

(载于《语言文字应用》1995年第4期)

语言变异研究的深入与开拓

——读陈松岑《语言变异研究》

　　语言变异是言语交际中常见的言语现象，语言变异研究是一个诱人的课题，社会语言学着力研究，修辞学、风格学、语用学也从不同的角度去探讨，而且发表了为数不少的著作。陈松岑教授的《语言变异研究》（许嘉璐、陈章太主编的"语言文字应用研究丛书"之一种，广东教育出版社 1999 年 12 月出版）是其中比较优秀的成果。此书共 18 万字，分上下两编。上编论述"语言的本质""人类对语言本质和语言存在形式的认识过程"和"当代语言变异理论"；下编阐述"研究语言变异的目的和方法""语言变异材料的分析"和"语言变异研究成果的应用"。书中对语言的本质、语言变异理论和语言变异研究方法论三个方面的研究都有开拓性的见解。

235

一

　　语言是什么，怎样对语言进行研究？关于这个问题，传统语言学和社会语言学的看法有不少差异：前者认为语言是交际和思维工具，是音义结合的符号系统，把语言当成一个孤立的、自给自足的事物来观察，主张静态地描写语言；后者认为"语言是人类所独有的一种相互沟通信息和感情，并依靠它的帮助组成复杂的社会网络的交际工具、认识世界的工具，使生物人转化为社会人的重要手段"（《语言变异研究》第 3 页），把语言看作交织着诸多异质因素的开放系统，主张动态地描写语言。《语言变异研究》立足于社会语言学，广泛吸收中外研究成果，全方位多角度地认识语言，揭示其本质特征，把对语言本质的研究推向了新的深入与开拓。这具体表现在：

（一）全面揭示了语言的社会功能与价值

　　语言是一种社会现象，社会功能是其本质特征的核心。该书认为语言"作为人类思维的工具、交际的工具和标志社会身份的手段"是其"三大功能"，显然这三元说比传统语言学认为语言的功能是作为人类思维和交际工具的二元说更为深刻而全面地揭示了语言的本质，使人耳目一新。

（二）科学地分析了语言产生、存在和发展、完善的机制

该书认为"语言因人类认识事物和相互交往的需要而产生"，"随着人类的发展而逐渐完善"，语言的发展、完善主要表现在"三大功能的扩大和完善上"，表现在语言结构系统本身的变化，就是"语体的多样化，词汇的丰富，以及语法的精密化"，其发展、完善的动因是社会发展，只有在"社会发展动因的推动下"，语言才"按照自己的结构特征来改变自己"。这样解释语言发展、完善的成因符合马克思主义哲学关于事物发生、发展的二因论，是科学的。基于对二因论的正确认识，陈松岑断言："社会的需要就是语言的生命线"，"语言的生命只存在于人类社会对它的使用过程中"，这是正确认识语言本质的又一个重要方面。

（三）深入论述了语言存在的形式

语言以什么形式存在，这也是关涉到语言本质的一个重要问题。该书对此也作了深入而独具机杼的论断。作者在评析索绪尔把语言看成一个由"能指"与"所指"结合而成的符号按一定关系构成的系统的基础上，提出了"语言是一个由符号的各种变异形式构成的系统"的观点，认为语言以变异网络的形式存在于社会全体成员之中，并深入分析了造成人类语言具有这种特殊性质的原因："语言符号本身的特点和它在人类社会中的主要功能，是造成语言特殊存在形式的内部原因"，"人类社会的发展和分化是造成语言这种特殊存在形式的外部原因"。这是创见，其论据充分、可信，比"语言是一个符号系统"或"语言存在于言语之中"等说法更符合语言的本质特征，而且使语言存在的形式论物质化、具体化，使人易于感受与把握。

对语言本质的认识，是对语言学研究对象的本质的认识问题，语言学家对其认识愈深化，愈能促进语言学的发展。陈松岑对语言的本质有比较深入而全面的认识，为该书研究语言变异打下了扎实的基础。

二

新观念带来新开拓，导出新成果。陈松岑教授在新的语言观的指导下，继承、吸收海内外近代和当代语言变异理论，锐意进取。该书对语言变异的许多重要理论问题的研究都比较深入，而且有新的突破。例如，在论述变异的内容及其存在的形式时说，"变异"是指某个语言项目在实际使用的话语中的状况，所谓"语言项目"可指某个音位，也可指某些语言的组合或聚合规则；还可以是音、义结合而成的语素或词，也可以是某个语法范畴或语法手段，或某项语法规则。语言变异的实际存在形式是变素，变异是由许多变素按照相互是否对立的原则归

结出来的，一个变异可能包含不止一个变素，研究实际话语中的各种变异，要找出这些变异的各个变素在什么条件下出现，从而说明各种社会因素和语言变异之间的相关关系等理论，这种研究不仅新颖，而且有科学性。

划分语言变异的类型是语言变异研究的一个十分重要的课题，科学地划分语言变异类型有助于正确认识各种变异现象的特征，有利于揭示它们不同的成因及对语言结构的不同影响，说明它们和哪些社会因素相联系。

划分语言变异的类型，必须有分类的标准。标准不同，划分出来的类别就不一样。该书借鉴拉波夫的理论，主张从三个方面进行分类：一是从语言变异的成因分，有来自内部的变异和来自外部的变异；二是从变异在语言系统中出现的范围或层次来分，有系统的变异、分布的变异、实现中的变异和偶然的变异；三是从变异在语言社会中的作用来分，有言语社团的象征，语体的标记、"陈规"或"偏见"。这样的分类理论既全面又有突破，而且可取。语言变异是一个复杂的网络系统，各种变异现象的来源在语言系统中出现的范围或层面、在言语交际中的作用都不尽相同，因而必须多角度地从不同的着眼点来分类，以求正确地揭示语言变异的类型系统。

语言变异现象有历时的，也有共时的，两者的关系如何，传统语言学与当代语言变异理论有着截然不同的看法。对此，该书也有深入的论证。例如，传统语言学认为语言的共时变异，是语言结构内部有规律的现象；历时的变异，是不同时代中两个不同的语言系统之间的比较，变化的成分是孤立的，存在于语言结构系统之外。当代语言变异理论与此相反，不但认为语言历时变化有其内部和外部的原因，而且认为它和共时变异有密切关系。作者还以翔实的语料、周密的论证，对"任何语言的历时变化总是有某些社会原因作为该变化的启动力量"和"任何语言的历时变化都要受到一定的内部和外部条件的制约"这两个基本观点作了深入细致的论析，很有说服力，对人们从历时和共时两个角度考察和研究语言变异现象有借鉴价值。

对于语言变异的成因，作者运用内外两因的理论，作了比较深入细致的论述。其认为引起语言变异的因素来自两个方面：一是"语言内部结构的影响"。语言的结构是一个多层级的系统，各个层级中的各个组成成分又互相关联，其中任何一个成分的变化，都可能引起其他成分的变化，从而出现连锁反应的变异。二是"与语言变异相关的各种外部因素"。诸如年龄、社会阶级和职业、文化程度、种族、性别、交际场合、交谈对象、交谈话题、交谈者之间的关系、语言载体等都会影响语言的变异。作者在深入分析这种种的社会因素如何影响或决定语言变异的基础上，进一步分析了社会因素对语言变体的影响，认为"不同的外部因素与语言变异结合后，会形成不同性质或层次的语言变体"，"相同的外部因素，对某个言语社团内部的不同层级的语言变体，可能产生不同的影响"。这

237

是对语言变体的成因作动态的分析，它不仅对语言变异现象的分析研究能起到指导作用，对认识修辞现象、语体现象和语言风格现象的形成与变化的原因也是一个新的启示。

三

学科的建立与研究方法密切相关，学科的进步与发展有时也要依靠新的方法来解决。学科的研究方法，有些是各门学科普遍适用的，但任何一门独立的学科都有自己独特的研究方法，即使是普遍使用的方法，也有在本学科中独特运用的。语言变异研究方法的选择，虽然也受到研究者的语言观制约，但还是取决于语言变异现象的特点和研究目的。该书立足于对语言本质和语言变异现象本质的以上认识及其特定的研究目的，对语言变异研究方法论作了很有价值的探讨，主要是：

（一）指出社会语言学语言变异研究方法论和传统语言学方法论的区别

认为两者的区别主要表现在定性和定量、规则和概率、规范的书面语和不"标准"的口语三个方面。

（二）评价社会语言学关于语言变异研究方法论的八项原则

认为拉波夫 1972 年在一篇论文中对社会语言学的研究方法提出的八项基本原则——积累的原则、一致性的原则、趋同的原则、从属性转换的原则、语体转换的原则、注意力的原则、土语（方言）的原则、正式性（拘束）的原则——很重要，可当作语言变异研究方法论的基本原则。

（三）论述语言变异的研究方法

根据语言变异研究的方法论原则，该书论述了语言变异研究方法方面的三个问题。

1. 界定总体和抽样调查

界定总体就是确定研究对象的总的范围，这首先是要确定言语社团。因为语言变异研究都是在特定的言语社团的范围之内进行的，如不确定言语社团，就无法确定其研究范围。抽样调查就是在数量较多的语言变异现象中，选取一些有代表性的样品进行调查研究，其方法有非随机抽样和随机抽样，前者包括偶然性抽样、比例抽样、判断抽样、雪球抽样，后者包括简单随机抽样、系统抽样、分层抽样、聚类抽样和定点抽样、定时抽样等。

2. 搜集语言变异材料的方法

作者从当代社会语言学的需要出发，谈了社会调查法和科学实验法，前者包括问卷调查法、访谈法、现场隐蔽观察记录、参与观察记录，后者包括主观反应实验、变语配对实验等。

3. 语言变异材料的统计核对和描写

作者认为统计方法最常见、常用的类型有百分比计算法、标准分计算法、相关分值的计算、变异规划分析法等；描写的方法最常见的是变异规则描写法、图表描写模型等。

该书对以上三个方面的方法论的提出以及对各种方法的基本做法和要求、注意事项和应用范围等方面都作了较为全面深入的论述，而且其中不少方法都是从作者的实践经验中总结出来的真知灼见，对语言变异的研究颇具方法论的指导价值。

总之，《语言变异研究》在语言观、语言变异理论和语言变异研究的方法论方面的研究都有新的深入和开拓。尽管该书不是尽善尽美的，例如，语言变异的语料较多着眼于语音、语义和语法的变异，而语言使用变异的语料却很少，语体变异语料也略显单薄等，但不失为语言变异研究的优秀成果。

（载于《语文研究》2001 年第 1 期）

四 黎运汉教授论著序言、书评选萃

他们讲出了我努力的方向

秦 牧

黎运汉先生是一位修辞学者，暨南大学中文系副教授。他写过好几本修辞学、风格学的书，分别在北京、香港、广西、福建等地刊行。他和他的学生李剑云同志虽然也研究我的作品的修辞，但是我们原本并不认识。当黎老师把这部作品的原稿送给我看，表示希望我写一篇序言的时候，我颇觉意外，并且不免有点犹豫。之所以如此，是因为：一来，我没有想到对我的作品的语言艺术的研究，竟可以写成一部十几万字的书，令我不禁小小吃了一惊；二来，这样一本书，由我来写序，究竟合适不合适呢？有没有"瓜田李下"，互相吹捧之嫌？有没有"王婆卖瓜，自卖自夸"之弊？因此，心里像十五个吊桶打水似的，七上八下，着实翻腾了好一阵子。

后来，不管三七二十一，我决心先把稿子读了再说。读后，我觉得作者讲得颇有道理，至少，他们阐明了我在语言艺术上努力的方向。如果采取科学的态度，实事求是，不搞那些吹捧或者自卖自夸的无聊花样，这篇序言，也是未尝不可以写的。这样一想，就答应下来了。

《文心雕龙》的作者刘勰说过："言之秀矣，万虑一交。动心惊耳，逸响笙匏。"福楼拜说："应准确地用一个名词称呼事物，用一个动词标志动作，用一个形容词加以形容，……决不应该含混。"高尔基说："文学的第一要素是语言。"可见，古今中外，作家们是怎样重视运用文学语言的本领了。各国作家，探求、掌握语言艺术的动人故事，如果有人搜集、编纂起来，那必定是一部砖头般厚的大书。只可惜，至今这样的书，还没有出现罢了。

我在拙作《语体采英》一书中曾经说过："每一种学问，不深入研究下去则已，一深入研究下去可以说都是博大深邃的。一只动物是这样，一片金属是这样，一粒原子也是这样。文学表现本领，语言艺术运用的问题，不待说，同样是非常博大深邃的学问。"因此，我觉得，在"语言的大街"上，我们应该承认自己贫困一如乞丐才好。如果说，我在语言艺术的探索上有什么高深的造诣，我是愧不敢当的。但是，认识到学习语言艺术对写作的重要性，那的确是我一跨进文学领域，就心领神会了的事情。

我生长在方言区域，平素在家里讲的都是方言，只在公众场合才讲普通话。讲方言的人用普通话来写作，原本是存在一些不利条件的。有人甚至因此悲观失望地说："生长在方言区域的人实在倒霉。"这话则又未免讲得过分了，因为不利条件并非不可排除。试想现代的文学巨子鲁迅、茅盾等，不是也都生长在方言区域吗？别人可以跨过的低栏高栏，我难道就不能跨过？这样一想，信心就增加了。再说有些男人演花旦，可以演得和女人一样好；有些残疾人，经过努力，困难也可以转化为容易。我正是本着这样的信念，逐渐克服自己先天存在的缺陷的。这一点提出来，或者也可供参考。

我对文学语言艺术的看法是：从事文学写作的人非认真掌握它不可，否则就不可能写出流畅、清新、简练、生动以至美妙、精彩的文字来。运用经过提炼的口语来写作，才能写出曲折达意、栩栩传神的作品。因此，我推许老舍的话："世界上最好的文字，就是最亲切的文字，所谓亲切，就是普通的话，大家这么说，我也这么说，不是一大车大家不了解的词汇字汇。"不过，我认为写在纸面上的语言也并非绝对等同于口语，因为它要求清晰、鲜明、生动、声调和谐，所以采用的口语必须加以提炼，同时，对于有生命力的若干古语、大量谚语、成语等，也都必须融会贯通，使之和口语冶于一炉。语言必须富于个性，才能显出特色。文章应该具有音乐美，读来才会感到抑扬顿挫，节奏和谐。为了使语言精彩，句法必须有变化，短语、叠句、譬喻、警语应该在适当的场合穿插。写各种各样的事物，又应该有各种各样的笔墨，事物有异，表现的风格相应有所不同，因此我又说过："我们的笔墨，有时应该像怒潮奔马那样的豪放，有时又要像吹箫踏月那样的清幽，有时应该像冬冬雷鸣的战鼓，有时又应该像寒光闪闪的解剖刀……但是这几套笔墨，实际上也可以说就是一套，一套曲折尽意、栩栩传神的笔墨。"

对黎运汉先生和他的学生在本书中的论述，我高兴地发现，他们的确是讲出了我所努力的方向的。我在文学语言的运用上取得的成绩，实际上大概不如他们所说的那么好。但是，仅仅就他们阐明了我努力的方向这一点来说，本书对于广大读者，自有一定的借鉴意义。

我对修辞学书籍，虽偶尔翻翻，但是并没有作过深入的钻研，而对于文学名著，在阅读时，倒是颇注意寻味它们的语言魅力产生的根由，并且有意加以师承。写作之际，我只是琢磨着"怎样写得最好"，并没有拘于一格。因此，那些写得较好的地方，虽然自己也有深深了解个中的修辞道理，但是，不瞒你说，若干地方，也不无"知其然而不知其所以然"之处。读研究者分析我们作品的文章，我们有时也感到受益匪浅。

本书对于我的作品，谈的只是好的一面，对于差劲的一面，大抵就从略了。借此机会，我倒想自己剖析几句：一是，本书摘引我的作品的段落作为例子，时间跨度很大，从20多岁到60多岁写的都有，但我觉得自己在30岁以前，文字并不怎么纯熟，虽然那时我也勉勉强强给人当作一个作家了。二是，写作的时

243

候，碰上时间充裕，可以精心经营，但有时赶着交稿，作品中也常有率笔败笔。三是，我有好些篇章，个别句子太长（无论怎样长的句子，其实都可以分解为几个短句），这也是我的作品的一个缺点，这样交代一下，我想是必要的。

我写下这些，一来借以抒写我读完本书若干篇章的感想，二来也作为一篇序言，以应作者之约。我认为：黎老师他们的确花费了很大工夫，研究了我的作品。

（本文系著名作家秦牧为黎运汉、李剑云《秦牧作品语言艺术》所写序言，载《修辞学习》1992年第2期）

《现代汉语语体修辞学》序

胡裕树①

我国传统修辞学，以辞格为研究重点，经过长期的努力，取得的成绩是很显著的。当然，这方面的研究今后还应当继续。但是，目前国内外应用语言学的发展，要求我们在修辞学的研究方面放宽视野，扩大领域。比如语体学的研究，就有必要大大加强。

语体学是研究人们在各种社会交际活动中实际运用语言的科学。人们在日常谈话、演讲、辩论、现场实况广播以及应用写作、论文撰写、科普创作、文学创作、言语作品翻译等活动中，其语言运用都要受到语体的制约。研究语体学，概括出各种不同语体在语言运用上的要求和特点，可以指导人们依据不同语体的要求选择恰当的语言表达手段，做到适切得体，提高表达效果。任何言语作品都毫不例外地从属于某一种语体，掌握语体学的基本理论和知识，对于领会、欣赏、分析、评论具体的言语作品，体察其遣词造句的妙处，也具有重要作用。语体学的研究对于语文教学也有指导意义，可以帮助教师从语体的角度去具体分析、指导语言运用问题，提高语文教学的水平。

语体学是一门方兴未艾的学科。在国外，由于电脑的应用，对语体特点的研究有科学的统计作为基础，语体学获得了迅速发展。我国在 20 世纪 50 年代中期就有人开始对语体学进行研究。1956—1962 年全国语言科学规划中提到语体研究"对语言实践有着重大的指导意义，必须逐步展开"。80 年代，汉语语体学的研究出现了喜人的局面。1985 年 6 月，在上海复旦大学举行了全国第一次语体学学术讨论会。同年 8 月，中国修辞学会在大连召开第三届年会，语体风格被列为中心议题。1986 年 7 月，中国华东修辞学会的年会也着重研讨了语体问题。《修辞学习》杂志从 1986 年起辟设专栏，研讨语体分类等问题，陆续刊登了不少语体学方面的专文。一些高等学校还开设了语体风格研究课程。总的形势是令人鼓舞的。然而，语体学在我国毕竟还处在起步的阶段，许多问题，诸如语体及其形成，语体的分类，各种语体的特点和功能，从不同语体的角度结合题旨情境来阐明修辞现象等，都有待我们去深入研究和探索，引出更加科学的论析。

黎运汉先生研究修辞学、语体学多年，用力至勤，成果丰硕。他与张维耿先

---

① 胡裕树，复旦大学中文系教授、博士研究生导师，中国修辞学会顾问。

245

生合著的《现代汉语修辞学》(香港商务印书馆，1989 年)，获得了国内外学者的好评。他撰写的《汉语风格探索》，行将问世。最近，他又与几位同志合著了《现代汉语语体修辞学》，我看了书稿，深感该书体系完整，语料翔实，分析细致，论述周密，文笔也生动活泼，具有较强的知识性和可读性。该书还尝试运用抽样统计的方法，说明不同语体的修辞特点，增强了科学性。让我们来迎接我国修辞学园地上绽出的这朵绚丽的鲜花！

1988 年 5 月于上海复旦大学

《公关语言学》初版序

张寿康①

中共十一届三中全会以后，国家贯彻正确的基本路线，改革开放成为基本路线的重要内容。在改革开放的过程中，公共关系和公共关系实务日益重要。公共关系学、公关语言学、公关修辞学、公关文章学应运而生。公共关系的实务离不开交往、交际和信息交流，而交往、交际和信息交流离不开语言（包括口语、书面语以及体态语）的表达和领会。要建立、维系、强化良好的公共关系，离不开促进互相沟通、了解、合作的语言技艺的掌握。改革开放的事业要求公关人员素质的提高，其中语言素质是公关人员素质的重要方面。公关的实践促使人们提高认识，要求理论的概括和研究，这就需要有比较全面地论述公关语言的、理论联系实践的书。黎运汉同志主编的《公关语言学》就堪当此任。

"公关语言学"是一个学术研究的新领域，运汉同志研究这一课题多年。我和运汉同志相识已久，1980年以来，在中国修辞学会的多次学术讨论会和在香港召开的研讨会上见面晤谈。运汉同志博学多闻，研精覃思，著有《现代汉语修辞学》（与张维耿合著，商务印书馆香港分馆版）、《现代汉语语体修辞学》（主编并参与撰写，广西教育出版社版）、《汉语风格探索》（商务印书馆版）、《秦牧作品语言艺术》（广西教育出版社版）等书。1990年10月中国修辞学会在郑州召开成立10周年学术讨论会，运汉同志向我谈了《公关语言学》的著述情况。我阅读了书的细目、纲要和部分书稿，觉得《公关语言学》具有引人注目的特点。

首先，它建立了一个比较完备的科学体系。目前已有几本研究公关语言艺术的书问世，但多限于比较具体的语言技巧的归纳。而《公关语言学》一书运用公关学、语言学尤其是言语学原理，系统地研究公关实务领域的语言运用问题，从原理到实践，从言语行为到言语成品，从表达到领会，从口语到书面语，既有自然语言运用技巧的研究，又归纳、阐述了体态语的运用技巧、公关专栏、公关出版物的编制技艺，从而构建了一个比较完备的公关语言学框架。

其次，它具有较高的理论水平。我国的公关学研究尚处于引进、探索阶段，语言学中的言语学研究，还没有完全独立出来进行，其中领会领域的研究几乎是

---

① 张寿康，北京师范大学中文系教授，中国修辞学会第二任会长。

247

空白。本书在公关学和言语学方面都进行了比较深入的研究。它首先严格区分了公关与公关实务、典型公关实务与非典型公关实务；同时严格区分了语言与言语，言语活动与言语成品，从而确定了公关言语的范围、公关语言学的研究对象以及公关语言学的性质。什么是公关实务，什么不是；什么是典型公关言语，什么是非典型公关言语，什么不是公关言语，在本书中都得到了较好的理论上的区分，具有理论意义。它在研究公关言语表达的同时，又总结了公关言语领会的一些具体规律，从而使言语领会学的研究首先在公关语言运用领域里得到尝试，也使公关学中的"双向沟通观"在公关语言研究中得到了落实，具有理论上的开拓性。它对公关言语风格的平实主调和多样化风貌的概括也具有较高的科学性。

再次，它进行了广泛而比较扎实的事实研究，富有指导公关语言实践的品格。本书作者提出"语言运用贯穿于公关实务的始终""言语能力是公关实务人员的最基本能力"，是深中肯綮的。从第五章起，它分别阐述了公关言语口头表达艺术、公关言语书面表达艺术、公关言语听解艺术、公关言语读解艺术，总结了非自然语言——体态语的运用规律（关于我对体态语的认识见《实用体态语·序》，北京出版社，1991 年），书中对公关标语口号、楹联、命名以及公关专栏、出版物的研究，内容新颖，语例丰富，对公关口语、体态语的阐述，也较为具体深入。全书具有指导公关言语实践的突出实用性。

这是一部具有开拓性的教材与专著。由于调查条件、写作时间的限制，书中也有不足之处。比如个别公关语体还没有研究到，全书篇幅也略嫌过大等。希望在今后的实践中不断予以改进，在再版时加以补充和修订。我是十分乐意给这本书写序言向读者推荐的。

1990 年 11 月于北京师范大学晓庐

《汉语风格学》序

程祥徽

1998 年 11 月底，我邀请黎运汉教授来澳门大学中文学院主持语言学硕士研究生论文答辩会。其中有一篇论文的题目是"现代汉语语体研究"，答辩进行得非常认真，结果那位硕士研究生得到了最高的等级："Excellent"，运汉和我都为语体学和风格学增加了一名年轻的战士而高兴。紧张的答辩会过后，他递给我一沓子风格学著作的书稿，找我写一篇序言。接到这份沉甸甸的书稿，我的第一个感觉是：运汉真是个勤奋好学的人，他曾是汉语风格学最早的探索者；"书如其人"，《汉语风格探索》曾经在汉语风格学的创建过程中起过"探索""拓荒"的作用，现在他的这部新著必定是他播种、耕耘后的新收获。因此，我是不能不写几句祝贺的文字的。而且我一直有一个感觉：搞汉语风格研究的人确实太少，但他们摒弃了"文人相轻"的陋习，怀抱着共创事业的雄心，这在学术界也是不容易见到的。因此，我多么想借此机会写几句心中的感受！

在辽阔的中国语言学原野中，风格学园田的景象并不茂盛。原因有二：其一，"风格"是个多义词，谁也解说不清它的含义。因为词义含糊，所以"研究目标不明确"；因为研究目标不明确，所以"很难成为一门兴旺发达的学科"。（托陀洛夫，1971 年）其二，脚踏实地研究风格学的人实在太少。语言学家们只是在从事他们的"正业"之外偶尔对风格问题发表一些见解，其中包括不少"想当然"的意见，因此，无从建立起风格学的理论大厦。

"研究目标不明确"没有难倒黎运汉教授。他用了将近 40 年时间探索"风格"的奥秘。为了求得"风格"的确切含义，他出版过《现代汉语修辞学》和《现代汉语语体修辞学》，寻找风格学与相邻学科的关系；论文《修辞学·语体学·语言风格学》，可说是对这个问题的最后答案。明确了研究的目标，1990 年他出版了《汉语风格探索》（商务印书馆）。1993 年 12 月，澳门举行"语言风格学与翻译写作国际研讨会"。研讨会除广邀海外学者外，运汉兄带了一帮内地风格学顶尖级人马"杀将过来"，他们是（以姓氏的汉语拼音字母为序）：李熙宗、林兴仁、刘焕辉、王德春、王希杰、袁晖、张德明、郑颐寿、郑远汉、宗廷虎等。那次研讨会集中讨论的课题是风格学研究的对象、目标、方法以及风格学在语言学中的地位等。黎教授为研讨会做的总结，全面归纳了各家的风格观点，同时也充分阐明了他自己的学术见解——这些意见可不是一时兴起的"想当

249

然"，而是风格学家们经过多年刻苦钻研得出的真知灼见。会后我和他一起编了一本《语言风格论集》，由希杰兄张罗在南京大学出版社出版。1994 年，中国修辞学会海南年会充分肯定了这次研讨会，认为它"标志着中国语言风格学的研究登上了一个较高的新台阶，在中国修辞学、风格学研究史上写下了光辉的一页"。这中间，运汉兄的功劳是不可磨灭的。

任何学科都有自己特定的研究对象、特定的研究方法以及与相关学科发生联系，风格学作为一门新兴学科更加需要确定自己的研究对象。毋庸讳言，风格学家们在这个问题上至今并未取得共识。但是这有什么关系呢，语法学家不是各有各的理论体系嘛。黎教授的风格体系属于宏大一类，囊括多种类型的风格现象。在这样的框架下想要作出成绩除了要有环顾四野的眼力，还要有多方面的知识储备。这两方面运汉兄都是具备的，看到书架上他那些语体学、公关语言学、修辞学、作家语言研究等方面的著述，我是对他充满信心的。

我在一篇展望新世纪的汉语风格学的文章中说，如果说 20 世纪 50 年代末至 60 年代中是风格学的草创期，那么，经过 70 年代的春寒之后，从 80 年代到 90 年代风格学在学术自由的空气中得到了长足的发展。汉语风格学可望在即将来临的 21 世纪走向成熟。黎运汉教授的这部新著，就是风格学走向成熟的一声春雷。

250

1998 年 12 月 6 日于澳门大学中文学院

新意盎然的新世纪修辞学著作

——读黎运汉、盛永生《汉语修辞学》

宗廷虎①

暨南大学黎运汉、盛永生先生寄来了他们主编的《汉语修辞学》（广东教育
出版社，2006 年），封面上清晰的印刷体"21 世纪高校文科教材"非常醒目。
笔者即想：敢于在封面上标出 21 世纪字样，想必与 20 世纪的修辞学会有所不
同。读毕全书，一股清新气息扑面而来。作者所言非虚，这确是一本时代感浓
烈、新意盎然的新世纪高校修辞学教材，很值得向莘莘学子推荐。

进入 21 世纪以后，国内外形势有了众多变化，对国人（尤其是青年）必须
具备的修辞素养或曰修辞本领，提出了更新、更高的要求。首先，从国内看，党
中央将培养创新型人才、建设创新型国家、"科技兴国"列为我国的基本国策，
具有修辞素养，掌握足够的修辞技巧，是创新型人才的必备条件之一。因为从创
新成果的酝酿、建构到完成、交流再到让受众接受，无时无刻离不开修辞。从这
个意义上说，修辞素养严重欠缺者，将影响其进入创新型人才的行列。其次，从
国际看，且不说随着国际交往的频繁，与外国友人打交道的机会越来越多，不掌
握修辞本领，怎么与人交往？仅仅从"汉语热"在全球持续升温的情况看，据
报载，目前全世界已有 100 多个国家和地区的 2 500 多所大学开设了汉语课程，
汉语教材已进入了有些国家中、小学的课堂，学习汉语的"洋弟子"已超过
3 500 万。据国家汉办预计，到 2010 年，海外学习汉语者将达 1 亿。可见，向全
球展示中国语言及其修辞的优美与魅力，乃是时代的要求。试问，如若不具备修
辞素养，怎能显示汉语修辞的诱人魅力？而高等院校在培养具备修辞素养的人才
方面，有着义不容辞的重要责任。于是，编写出新颖的、适合形势要求的高等院
校修辞学教材，就成为当务之急。综观全书，我们认为此书恰好适应了这一需
要，问世非常及时。

该书的新意，主要表现在以下 5 个方面：

251

① 宗廷虎，复旦大学中文系教授、博士研究生导师，中国修辞学会顾问，《当代修辞学》顾问。

一、三足鼎立，理论统率

该教材共有三大部分，即三编。第一编为修辞学的基本理论，作者标明这是"灵魂和统帅"；第二编为"语料修辞"，包括语音修辞、词语修辞、句子修辞等章节；第三编为"语用修辞"，包括修辞同义手段的选用、辞格的运用、辞趣的创设、语篇修辞、语体修辞、风格修辞等章节。三大块虽呈三足鼎立状态，但作者强调三者并非平分秋色，正如前言所说："第一编……是全书的理论核心，对第二编和第三编的论述起导向作用。"又在第一编开头重申："本编……作为第二、三编研究语料修辞和语用修辞的依据。"作者如此重视理论，我认为是非常正确的。现代修辞学发展史上的一条教训是：由于对修辞学理论探索的不重视，直接影响到整个修辞学学术品位的提高。为此，笔者1991年在新加坡国立大学召开的"汉学研究之回顾与前瞻"国际会议上就呼吁重视修辞学理论探讨："《发凡》等专著重视理论建设的历史经验，80年代'理论的觉醒'，都雄辩地证明：是否重视理论建设，乃是修辞学能否顺利前进的关键问题。"[1] 上述呼吁迄今已有十多年，可是修辞理论的薄弱，仍是束缚修辞学向高水平发展的瓶颈。本教材作者把修辞学理论提到应有的高度来论析，确系具有慧眼的表现。重视理论，已成为全书的一大亮点。

第一编，以5章的篇幅论述了以下基本理论：修辞和修辞学的基本概念，修辞和修辞学的性质及其社会功用、所处学科地位，修辞学的研究对象、任务、范围及其与相关学科的关系，修辞学发展繁荣的轨迹和现状，修辞与语境，修辞的表达和接受原则等。我们认为很有必要。让学生比较系统地知道什么是修辞，什么是修辞学，它具有哪些性质、特点、作用，修辞学研究什么，如何研究，修辞学与哪些学科关系密切，它们相互间能产生哪些影响和作用等，将既有利于促使学生从宏观上整体地掌握修辞和修辞学的基本常识，也能增强他们探索这门学科奥秘的兴趣。

其中，我们比较赞赏本编第一章专立一节来论述"修辞和修辞学的社会价值"。作者既扼要地论述了"修辞是兴国、修身、立业的重要手段"，又重点强调了"修辞学在社会语用科学和社会科学中具有的重要地位"，并通过生动的语料进行论证，颇有说服力。

本编的另一特色是列专章介绍了中国现代修辞学发展的历史与现状，从1905年一直论述到2006年。作者将其分为5个时期，即萌芽期、缓慢发展期、普及期、沉寂期和繁荣期。同时较为全面地总结了修辞学研究所取得的成就——修辞学的理论体系得以建立；修辞观念不断更新；研究范围不断拓展；研究方法

---

① 宗廷虎：《汉语现代修辞学研究60年》，见《宗廷虎修辞论集》，长春：吉林教育出版社，2003年。

也日益多元；修辞学史的研究也受到重视。难能可贵的是，本编在论述修辞学取得重要成就的同时，也揭示了当前修辞学研究中存在的 4 个方面的问题："（一）偏重于语言本体研究，修辞主体研究不足"；"（二）偏重于静态研究，动态研究不足"；"（三）低水平的重复研究多，高水平的原创研究少"；"（四）象牙塔式的论著多，受市场欢迎的论著少"。① 对问题的揭露十分尖锐，这不仅让学生对修辞学研究有一个全面的、辩证的认识，也为今后有志于攻读修辞学的研究生指明了研究的方向。

综上所述，重视理论的探究正是修辞学趋向成熟的表现，正如作者所指出的："任何一门成熟的学科都有自己的一套基本理论。"②

二、侧重表达，兼顾接受

既重视表达，又强调接受，这是全书的又一亮点。这一观点首先体现在作者给修辞和修辞学所下的定义中。以前的修辞学教科书一般都是从表达的角度来给修辞和修辞学下定义，把修辞看成是表达者单方面的言语活动，把修辞学等同于表达修辞学。该书吸收了接受修辞学的研究成果，第一次从表达和接受两个方面来界定，把修辞界定为"言语交际参与者在特定的语言环境下，根据表达内容的需要，运用相应的语言形式，恰当地建构话语和正确地解构、理解话语，以达到理想交际效果的活动"③。之所以持此看法，是基于作者对言语交际活动即修辞活动的正确认识。作者认为：

修辞活动是表达和接受双方通过话语交换信息的合作活动，合作双方都是修辞效果生成的主体，书面语体的修辞活动是这样，口语语体的修辞活动尤其是如此。在具体修辞活动中表达和接受常常是互相转换的，他们既是表达主体，又是接受主体，既用自己的言辞影响对方，也被对方的言辞所影响，从而达到双向交流、互相影响的互动效果。在对话活动中，接受更是表达的依据，只有准确听解对方的话语，才能衔接对方的话题进行准确的表达，从而产生理想的修辞效果。④

这段话将修辞放置在言语交际活动中来考察，从而得到了全面而辩证的认识，说服力也较强。这也印证了以往修辞研究中只研究表达，是存在片面性的。

253

---

① 黎运汉、盛永生主编：《汉语修辞学》，广州：广东教育出版社，2006 年。
② 黎运汉、盛永生主编：《汉语修辞学》，广州：广东教育出版社，2006 年。
③ 黎运汉、盛永生主编：《汉语修辞学》，广州：广东教育出版社，2006 年。
④ 黎运汉、盛永生主编：《汉语修辞学》，广州：广东教育出版社，2006 年。

正因为言语交际是交际双方都必须参与的双向互动活动，表达者的修辞必然要顾及接受者，接受者的解码也必然影响到表达者，而修辞效果的最终检验人应该是接受者。基于这一认识，本书对修辞学所下的定义也与某些表达修辞学的定义判然有别。作者明确宣称：修辞学是"研究提高修辞表达和接受效果的规律、规则的科学。具体说，就是研究言语交际参与者如何依据语境运用语言材料、修辞手段，建构话语适切地表达思想内容，以及正确解构和理解话语以达到理想交际效果的规律、规则的学问"①。我们认为，这样的界定符合修辞学实际，所下的定义也比较全面而科学。

作者的上述观点还贯穿在全书其他章节中，如在第一编第五章"修辞的原则"中，不仅谈了"修辞的表达原则"——"立诚""切旨""适境"，而且谈了"修辞的接受原则"——"依据表达主体的谈话文章""充分利用语境因素"。在第三编第十章第三节"修辞格的运用原则"中，既谈了"表达原则"——"自适原则""他适原则""合体原则""审美原则"，也谈了"接受原则"——"知其所以然的原则""适应题旨情境的原则""当作认知媒介的原则""形神兼会的原则"。

交际双方是由表达者和接受者构成的，两者互相依存、互相转换。因此，表达修辞和接受修辞也是对立统一的两个方面，不可偏废。教科书兼顾表达和接受，完全符合辩证法，有利于学生全面认识修辞学。

三、既重静态，更重动态

半个多世纪以来，我国的修辞学研究在西方索绪尔语言理论和结构主义理论的影响下，比较重视静态性探讨，将主要精力集中在对修辞手法内部结构及其作用的探讨方面，对言语交际双方在特定的题旨情境中，如何恰当地运用修辞手法，往往语焉不详，停留在只介绍一些原理、原则上。

本教材对长期存在的上述问题，有一定程度的扭转。第二编"语料修辞"分"语音修辞""词语修辞""句子修辞"三章，沿袭了当年陈望道《修辞学发凡》提出的"以语言为本位"的观点，借鉴了张弓《现代汉语修辞学》采用的以语言三要素为纲的思路，从修辞常用的语言材料层面进行探讨。这也就是从语言要素和语言单位的角度来谈论修辞功能，启发读者认识到如何利用这些特定的语言材料来进行修辞。由于这些语料是修辞的静态单位、备用单位，是客观存在物，将它们集中起来汇成一编，实际上运用的是静态研究的视角和方法。

第三编"语用修辞"系与"语料修辞"相对应而设。它共分6章，计有"修辞同义手段的选用""辞格的运用""辞趣的创设""语篇修辞""语体修辞"

254

---

① 黎运汉、盛永生主编：《汉语修辞学》，广州：广东教育出版社，2006年。

"风格修辞"。粗粗看，似乎与以往的修辞学教材面目相似，读了其中内容可知，本书作者的侧重点是从多种不同的角度强调实际运用。第三编的特点即为从语言的实际运用层面来展开论述，因此视角与第二编有别。例如第九章"同义手段的选用"除了论述同义手段的定义、类型、功用外，还专列两节探讨了"语言要素中的修辞同义手段的选用"和"超语言要素中的修辞同义手段的选用"，着重在探索如何"选用"不同的同义手段。又如第十章"辞格的运用"，专门辟出两节探讨"修辞格的运用原则"和"修辞格的综合运用"。由于语言运用的过程是一个动态的过程，将这一层面专门列为一编，体现了动态研究的视角和方法。本书固然不能说对动态研究业已探索得比较充分，但在教科书中作出明确的概念区分和列出专门章节来论述，这在修辞学界还是第一次。由于力图突出"语用修辞"，该编在篇幅上占了全书的3/5，这是符合本书所说修辞学研究宗旨的，即揭示修辞规律，指导语言运用。

四、语体风格，蕴含修辞

语体和风格是不是修辞学的研究对象在学界存在着争议，有人认为它们是修辞学的研究对象，有人认为它们是各自独立的学科，应该从修辞学中划分出来。从该书的第一编第二章第二节来看，作者认为语体学和风格学只是修辞学的相关学科。在第三编第十三章、第十四章又分别论述了语体修辞、风格修辞。可见，这本教材没有将语体和风格直接看作是修辞学的研究对象，但是主张语体和风格又存在着修辞，蕴含着修辞，全书用了不少篇幅来谈论这一问题。

语体是人们在长期使用语言的过程中因交际对象、交际方式、交际领域和交际目的的不同而形成的语言特点的综合体，是全民语言的功能变体。语体对于修辞具有制约作用，不同的语体对修辞的要求不同，因而对于词语、句子、修辞手法的选用乃至篇章结构的安排也各有差异，呈现出不同的修辞特点。

语言风格是言语交际参与者在主客观因素的制导下，运用语言所呈现出来的气氛、格调。语言风格，尤其是语言表现风格，是综合运用各种风格手段所产生的修辞效果的动态体现。修辞因素是构成语言表现风格的因素之一，不同的语言表现风格具有不同的修辞特点。

语体修辞和风格修辞这两章的设立，兼顾了修辞学界的不同观点，持论也中肯，让学生对这两个部分的内容也有一个大概的了解，有利于修辞学知识的传播，有利于对修辞学特性的认识。

五、语料鲜活，颇具活力

第一手采集的鲜活语料，应该在教材中占有重要位置。不论是专著还是教材，凡引用古人、时贤的论述，或所采用的例句，最好由编著者亲自搜寻，才能

255

体现适切和鲜活，才能富有吸引读者的魅力。我们过去看到的教材中的语料，常常是陈陈相因、辗转引用的多，往往看起来似曾相识，这就大大影响了它对读者的吸引力。本教材的鲜明特色之一是语料鲜活，颇具活力。例如：

从语体看，不仅收有书面语体的众多实例，也收有口头语体的部分例子。其中口头语体的语料更为鲜活，有不少是别人从未用过的。如第十三章第二节"谈话语体"的 11 个语例，以及第十一章"辞趣的创设"中的对口相声："甲：什么山不能爬？乙：衬衫不能爬。甲：什么店不能住？乙：雷电不能住。甲：什么尺不能量长短？乙：牙齿不能量长短。甲：什么炮打不响？乙：肥皂泡打不响。甲：什么湖不能游泳？乙：茶壶不能游泳。"书面语体因为比较规范，并且经过精心加工，所以比重较大。在书面语体中，不仅有大量的文艺语体的鲜活例子，也有新闻报道语体的最新语料。

从时代方面看，不仅有大量现代的例子，也有古代的例子。尤其值得一提的是，有些例子的出现时间接近截稿之时，可见编者用功之勤。例如在第十章第四节谈到"对照"修辞格时所举的例子，是 2006 年 3 月 4 日《广州日报》刊登的《"八荣八耻"：新时代青少年德育的纲领》中的一段："3 月 4 日胡锦涛同志在看望政协委员时说，在我们的社会主义社会里，是非、善恶、美丑的界限绝对不能混淆，坚持什么、反对什么，倡导什么、抵制什么，都必须旗帜鲜明。胡锦涛同志强调，要引导广大干部群众特别是青少年树立社会主义荣辱观，坚持以热爱祖国为荣、以危害祖国为耻，以服务人民为荣、以背离人民为耻，以崇尚科学为荣、以愚昧无知为耻，以辛勤劳动为荣、以好逸恶劳为耻，以团结互助为荣、以损人利己为耻，以诚实守信为荣、以见利忘义为耻，以遵纪守法为荣、以违法乱纪为耻，以艰苦奋斗为荣、以骄奢淫逸为耻。胡锦涛同志论述精辟，高度概括，内涵深邃。"

从地域方面看，不仅有大陆语用的例子，也有港台语用的例子。例如第十三章第三节谈到事务语体的分体函电体的修辞特点时，作者举了汪道涵先生去世后，台湾政要马英九、连战、宋楚瑜、郁慕明等人的唁电。马英九唁电全文如下："惊悉道涵先生逝世，令人痛悼！道涵先生长期致力两岸关系，以温和理性创意之风格，扮演关键角色，对增进和平交流，贡献卓著。敬请先生亲属节哀顺变。"连战唁电全文如下："遽闻道涵先生仙逝，至感哀悼！道涵先生致力两岸关系，德高望重，所做努力和贡献，永为各方景仰，足令两岸人民永远怀念！谨向先生亲属诚挚慰问。"宋楚瑜唁电全文如下："惊闻汪老先生于今晨辞世，不胜悼念，特电敬致哀忱。对汪老先生长期沟通两岸事务之付出和贡献，深表敬佩与肯定。今年五月间，个人及亲民党大陆访问团成员代表一行蒙汪老先生拨冗于上海会面，先生之精辟见解及对两岸和平之企盼，令人景仰。遽遭大故，伤痛逾恒，尚祈节哀珍重。特电专唁，敬颂礼安。"郁慕明唁电全文如下："惊闻汪道涵先生辞世，慕明率新党同志同申哀悼；九二会谈，虽成绝响，两岸新局，已然展开。先生之行，开两岸和平大门；先生之德，受全球华人景仰。哲人其萎，民族同悲；风木萧萧，典型长存！"

从例子的作者看，不仅有著名的文学家、政治家，也有无名氏的，顺口溜、手机短信类的例子都是无名氏创作的。总而言之，本书取例颇为广泛，语言活泼生动，可读性很强，能够展示修辞本身的魅力。

这本书扉页上的教材编写人员名单，令我深感这本新意盎然的教材与这支编写队伍的年轻化和虎虎生气有关。本书除主编黎运汉教授与作者之一的张维耿教授是七十开外的老年学者外，其余均为中青年学者。黎、张两位虽已退休有年，但还不断地捧出科研成果，令人致敬；中青年作者也均为广东省高校中富有教学、科研经验的正、副教授和博士。正因为编写者都始终站在教学与科研的前沿，才能引导学生饱览修辞学奥秘处的无限风光。编写教材的过程也是出成果、出人才的过程，相信通过教材的编写，中青年作者一定会更快地成长。

如果要说本教材还有些什么不足之处的话，我们认为在探索动态修辞规律方面，创新的力度似还不大。当然，这方面存在着较大的难度，需要一个艰苦探寻的历程，我们期待作者今后能有新的突破。同时，本书在引文出处、所引人名、书名方面，还存在一些差误，可能与交稿匆忙、校对疏漏或排印不当有关，希望再版时予以更正。

257

综观以上几点，我们认为，这是一本涵盖面广、观点新颖、内容丰富的好教材，值得各大专院校中文系及相关专业作为修辞学课程的教材，也可作为修辞学研究者、爱好者的重要参考书。

［载于《暨南学报》（哲学社会科学版）2007 年第 5 期］

还是独立出来好

濮 侃

语体要不要从修辞学中独立出来？这个问题，学术界有不同的看法。我的意见是独立比现行的做法好些。其理由如次。

一、现行的修辞学体系无法包容语体学的内容

从我国现行的修辞学代表性著作来看，尽管有一些修辞学家重视了修辞与语体的关系，写出了诸如不同语体中修辞方式使用规律等重要的内容，但即便如此，恐怕离真正系统地研究语体还有很大的距离。据我们所知，西方关于语体学的理论极其纷繁。我国关于文体（不完全是文章体裁的"文体"）的论述也源远流长，涉及的方面也非常广泛。陈望道先生在《修辞学发凡》中仅以极少的笔墨点到即是（见第十一篇）。就"文体"的分类而言，他认为可以有八种，但写在书中只有一种，即"体性上的分类"，也就是"表现上的分类"。至于"语文体式"的复杂情况，更是只字不提。我们体会到，不是陈先生忽视"语文的体式"的重要性，而是此时此地难以大量展开论证。张弓先生的《现代汉语修辞学》用了较多的篇幅讨论了语体问题，因而这部著作被学术界誉为修辞学中研究语体的开拓性的名作。我们认为，这固然说明了张先生对语体的重视，但还未达到语体学和修辞学可以完全结合的地步。近年来，由于提倡多角度地研究修辞学，一些著作中语体的知识分量得到了加重，其中黎运汉先生主编的《现代汉语语体修辞学》[①] 似乎可以看作一部语体和修辞学相结合的完整著作。但是仔细地阅读了这部 46 万字的著作之后，我们就会发现，这部书实际上是一部研究现代汉语语体的专著，也可作为现代汉语语体学的一本开创性著作。正如作者在前言中所说："语体学是一门脱胎于传统修辞学和风格学而吸收了现代语言学成果的新兴学科"，这部名为"现代汉语语体修辞学"的著作已经从传统的修辞学中挣脱出来，初步建立了自身的体系，让人刮目相看。这部书的出现，可以认为，语体学成为一门新兴的学科，已为时不远了。

----

① 黎运汉主编：《现代汉语语体修辞学》，南宁：广西教育出版社，1989 年。

二、语体学研究是一个复杂而广泛的课题

语体是什么？国外的理解跟我们不同，国内的理解也不一样。然而它却是客观存在的，而且在语言学中占着重要的地位。语体有哪些类型？不同类型的划分依据是什么？不同的语体在语言材料方面各有什么特点？不同的语体在修辞方式的运用方面有什么特点？语体为什么会有交叉和交融的现象？语体有民族性、时代性，那有没有超越？语体和风格是什么关系？如此一系列的问题，绝不是修辞学所能解决得了的，也不是一般的语体研究所能解决得了的，而必须通过许多人作艰苦卓绝的努力，在建立了严格的语体学体系之后才能逐步解决的。我国研究现代语言学（包括语体学）起步较晚，但是，我国古代关于文体的理论是很丰富的，经过爬梳，有些有用的东西还是可以吸取的。国外的语体理论同样要经过分析，为我所用，以便在我国建立符合我国国情的、切合汉语实际的汉语语体学。20世纪80年代以来，学术界同仁对语体研究所获得的成果，应该是有用的，至少可以作为建造语体学大道的铺路石子。

三、让修辞学和语体学都得到发展

我认为让语体学从修辞学中独立出去，不但不会削弱修辞学，反而会促进修辞学向纵深发展。当前许多人正采取各种新的方法来研究修辞学，例如刘大为提出"修辞就是成功的言语行为"这样的本体假设，王希杰提出要研究"潜性的语言现象"，骆小所提出应该用"侧向思维方法"来研究修辞。所有这些想法和做法，必将会对今后修辞学的发展起促进作用。对于我国的修辞学，我的理解主要有两种，一种是传统的修辞学，是以研究修辞方法为中心的修辞学；另一种是广义的修辞学，实际上就是语言运用学。无论是哪一种修辞学，都着眼于人的主观能动性和语用效果的统一。在这个总原则下面，我们还会不断发现许多新的修辞方法、手段、渠道和具体规律。如果把修辞和语体捆绑在一起，让它们长期结合，将来势必束缚了研究的手脚，原有的成果就会禁锢起来，甚至造成语体学就是新时期的修辞学的误解，那就不利于学科的真正发展了。现在的任务是深化修辞学的改革，在旧的学科里探新，采用新方法，提高科学性；与此同时，拓宽语体学的领域，面对大量的语体事实，进行刻苦的整理分析工作，搞出语体学的科学系统来。我充满信心地期待着我国现代语体学的早日诞生！

259

语体修辞学的新开拓

——读《现代汉语语体修辞学》

郑颐寿①

现代汉语语体学从教材的编写到理论的研究，都出现了新的局面。黎运汉先生主编的《现代汉语语体修辞学》（下简称《语体学》，由广西教育出版社出版）别具特点。

一、建立了比较完整而科学的现代汉语语体修辞学体系

全书5个部分18章。第一部分"总论"，共5章，从客观方面对语体理论几个重要问题进行阐述，诸如语体的概念和本质，语体的形成，语体的特点，语体与修辞及风格的关系和界域，语体类型的划分原则，语体学的研究对象和任务，语体学的功用等。第二至四部分，则用对立统一辩证观点为指导，从语体的外部因素和内部因素，首先划分出口语语体、书卷语体及交融语体，著者又从科学分类无限性的观点出发，看到了语体是一个系统，它的类型"可以而且应该作多层次多序列的划分"，从口语语体中划分出 3 个下位语体：日常谈话体、演讲体、实况广播体；书卷语体划分出 5 个层次下位语体：应用语体、科学语体、文学语体、政论语体、交融语体，其下又设 17 个第三层次的语体。每种语体论及其功用和范围，突出其社会功能及其适用性；论及其修辞要求，抽象其言语个性；论及其修辞特点，从语音、词汇、语法、修辞方式、篇章结构以至标点符号，作微观的分析，使语体论物质化、具体化，使"语体"与"修辞"交融为一体，使读者便于学习，便于掌握，便于运用。

二、开拓了语体学研究的深度和广度

语体随着语言的发展、功能的分化而逐步发展。当今世界，电语深入千家万户，深入政治、军事、经济、财贸、文化、教育、科技等各个领域，其运用者之多，领域之广，频率之高，功能之大，已可与口语、书语匹敌。由于信息通过"电"的传导，在语言运用上产生了自己的特点，与口语、书语在大同的基础上

---

① 郑颐寿，福建师范大学中文系教授。

产生了变异。加上电语门类繁多，形成了群体，这就使得它同口语、书语形成了鼎足之势，形成三大语体群。黎运汉先生捕捉住了这一发展势头，第一次在修辞学著作中，专设一章来阐述电信语体中的一个分体——实况广播语体，阐述了它的范围和功用，修辞要求和特点。这对于电信语体学的研究和建立，对于完善语体系统，都作出了较大的贡献。

《语体学》不仅对新的语体有拓展，对原来的语体也有开掘。

新时期以来，我国文艺界发生了许多变化，文艺新潮一浪胜似一浪，作为文学的第一要素的语言也有了新的特点。《语体学》注意到当代意识流小说、心理小说、情绪小说、感觉小说以及当代朦胧诗的新的特点的研讨，如运用超长句、短句的系列组合，省略标点；超常组合多，象征性强，跳跃性大，频繁地运用通感等，给予总结、阐述。

语体之间的关系是十分复杂的，它们既有排斥性，又有渗透性。本书不仅注意到语体间的排斥性，对语体的渗透性在理论方面也给予了阐明，指出语体交叉的 3 种方式：渗透式、移植式、融合式。渗透式是在甲语体中渗透乙语体或丙语体的个别组成要素或部分组成要素，而不改变甲语体的风格特征；移植式是甲语体不用自己的体式来表达，而移植在乙语体中，用乙语体的体式来代替；而融合式则是甲乙两种语体水乳交融地结合在一起。这就把语体的动态系统，量变与质变的关系分析得相当深入而具体，对语言的学习和运用，有更大的指导意义。

261

三、述说具体，语料翔实，举例典范，具有较大的实用性

语体理论在于指导语言实践，使之"得体"。《语体学》以此为指导思想，从语言修辞学的角度把语体学物质化、具体化，使各个领域的读者都学得来、用得上。为了使这些理论更加准确、科学，更有启发性和说服力，本书"还尝试运用抽样统计的方法，说明不同语体的修辞特点，增强了科学性"（见胡裕树"序"）。例如专门科学体抽样调查的情况是：

词语手段：科学术语 21%，熟语 0.03%，表情性、描绘性词语 0.006%，口语词 0.005%，古语词 0.003%。（第 278 页）

语法手段：单句数 32%，复句数 68%；陈述句 98%，疑问句 2%。（第 280 页）

其中，修辞方式的运用：引用 19 处，排偶 12 处，设问 5 处，比喻 3 次。（第 281 页）

笔者也曾对此作过表述，指出专门科学体："……多用社会习惯语（专门术语、行业语）、新造词、外来词……多用陈述句……可以运用合乎言语常规、字面字里吻合的常格类辞格，譬如用设问、对偶之类……"这里的"多"是个模糊概念，是与"少"比较而言的，当然不如"语体学"的数量统计科学。随着

电子计算机的运用，今后可以统计更多的言语作品，准确地描写各种语体的微观形态。《语体学》抽样统计则是这种科学统计的滥觞。书中除了以数据统计和概述相结合的方法对语体特征作"面"的说明外，还选用大量现代汉语各语体的典型用例，作"点"的描写，点面结合，具体有用。本书选例取材范围广，语例颇新，有泛例，有全例。比如，应用语体的书信体中泛举了大量数词、谦辞、婉辞、习惯用语等，而在应用语体的广告语、文学语体和语体的交叉等章节中则举了一些整篇广告、散文、诗歌、变体小说等语例。例句有正面的，也有反面的，让正反相映，阐明语体的特征。

总之，黎运汉先生主编的《语体学》全书贯彻语境决定语用的修辞原则，把语体当作整体的修辞现象来看待，把语体学的原理、原则和方法交给读者，有助于扭转人们狭隘的修辞观念，增强修辞学的解释力和实用性。虽然本书还不是尽善尽美的，但它确是一本体系严谨、科学实用的好书。

（载于《修辞学习》1991 年第 1 期）

公关语言研究的新进展

——喜读黎运汉的《公关语言学》

刘焕辉

　　黎运汉教授主编的《公关语言学》于 1990 年 12 月在广州暨南大学出版社出版。该书就学科建设中一系列理论、原则、方法等问题作了全面而系统深刻的阐述，它的问世标志着公关语言学这门语言应用研究的分支新学科已具备了"学"的规模，开始并列于广义应用语言学众分支学科之林。从"可传授性"来看，我完全赞同已故语言学家张寿康教授为该书作序所下的论断："这是一部具有开拓性的教材与专著。"① 可推向各类高校语言选修课讲坛。

　　洋洋 36 万字篇幅的这部《公关语言学》是集体智慧的结晶，其中突出体现了主编黎老师和他的助手宗世海同志在总体构思与统稿过程中的刻意创新精神。同已经出版的几部研究公关语言的著作比较，其主要特色有如下几点：

　　首先是研究对象明确，学科意识清醒。公关语言现象，是一种交织着诸多异质因素互相影响的复杂现象。如何保持清醒的学科意识，坚持同质分析的原则，确立本学科的研究对象，这是难度颇大的问题。可喜的是，该书能立足于语言科学基地，明确把公关实务活动中的语言运用现象列为公关语言学的研究对象，而把非语言的公关实务活动排斥在学科研究对象之外，这就把公关语言学从公共关系学的从属地位独立出来。接着又依据索绪尔关于语言和言语的科学区分，把学科研究对象限定在公关活动中的言语活动及其所产生的言语成品范围之内，从而把公关语言学与纯语言学区分开来；言语活动包括口语和书面语的说、写与听、读两个方面的活动及其伴随手段（副语言、体态语和字形、图形、符号、色彩等），这实际上是公关实务活动中的言语交际活动，但为了区别其他领域的言语交际活动，又进一步把非公关言语排除在研究对象之外。这样，就把本学科的研究对象确立在公关领域言语交际活动及其伴随、辅助手段的范围内，而把各种非公关语言的异质因素离析出去，以确保其学科性质的纯洁性。这是创立一门新学科必不可少的步骤。该书在这一步工作上所作的努力是成功的。

　　其次是学科内容充实、系统，初步形成了自己的科学体系。一门学科得以建

---

① 见黎运汉主编：《公关语言学·序》，广州：暨南大学出版社，1990 年。

立，有赖于研究对象的确立，科学体系的严整和研究方法的对路。该书在确定学科性质、对象、任务、研究范围的基础上，"从原理到实践，从言语行为到言语成品，从表达到领会，从口语到书面语，既有自然语言运用技巧的研究，又归纳、阐述了体态语的运用技巧以及公关专栏、公关出版物的编制艺术"，分 12 章逐层讲述，条理井然，构建了一个比较完整的科学体系，把公关语言的研究上升到一定理论高度，使其具备了"学"的资格，从中可以看出主编和参编者具有较好的语言学理论功底。

再次是面向社会实践需要，抓住我国改革开放以来公共关系事业兴起的历史机遇，及时总结了近年来我国公关语言研究的新成果，用教材的形式把它巩固下来，推向教学领域，使之适应公关人才培养的需要。运汉同志身处我国公关事业最先兴起的广东地区，亲身感受到公关热潮对语言使用讲求效能的呼唤，自觉运用原有修辞学研究的基础，走出书斋，面向社会，主编了这部《公关语言学》。这是积极贯彻党和国家关于加强应用科学研究的指导方针，热烈响应公关事业呼唤的一种实际行动，值得欢迎。

我国公关语言学兴起于 20 世纪 80 年代末期，是当代语言学适应社会实践需要、遵循学科内部矛盾发展规律，开始"从微观走向宏观，从静态走向动态，从自身内部走向外部世界"① 的大势使然。战后 40 多年来，特别是近 30 年来，语言学经历了一段对语言本身的静态研究以后，就开始出现这种方向性转折的发展势头。国外社会语言学、心理语言学、数理语言学、话语语言学、语用学等新的分支学科蓬勃兴起，便是这种发展趋势的产物。这种趋势，随着我国改革开放的深入，必然要对我国语言研究产生影响。老一辈语言学家吕叔湘先生早就感受到国际范围内这种学术发展变化的氛围，于 1980 年前后一再呼吁不但要研究语言的本身，还要研究语言的使用，并根据研究对象与方法的"动"与"静"，将社会语言学、语言教学（即狭义应用语言学）、数理语言学的研究归入语言的动态研究，统称为广义的应用语言学。② 80 年代初期和中期汉语修辞学空前繁荣，上述国外新兴的语言学分支学科被积极引进、吸收和消化，80 年代中、后期言语交际学从草创到发展，都证明了吕先生的呼吁反映了时代的要求，得到语言学界的广泛响应。毋庸讳言，公关语言学的兴起，显然与此密切有关，因为公关语言现象实质上是一个具体领域（公关）的言语交际现象。研究这一领域言语交际现象的公关语言学，当属于语言的动态研究。这虽然有别于一般言语交际学，但都可如实地看出是言语交际学的一个独立分支，均可划入广义的应用语言学。

---

① 见龚千炎为《语言文字应用》创刊号撰写的卷首语。
② 见吕叔湘为《语言研究》创刊号撰写的题词，以及其在 1980 年中国语言学会成立大会上所作的学术报告《把我国语言科学推向前进》，见《吕叔湘语文论集》，北京：商务印书馆，1983 年，第 8 – 11 页。

　　言语交际现象，是把音义结合的语言用于口语或书面交际的一种双向信息交换现象。它是人类区别于"非我族类"的一种特有的社会现象，普遍存在于社会生活各个领域的人际交往之中。拙作《言语交际学》于1986年出版，就在第一部分1~3章阐述了这一特点，此后为完善这一学科理论框架而发表的论文及该书"修订补记"也进一步阐发了这一观点。近年来相继出版的一些言语交际分题研究专著，把言语交际的基本规律推向社会各个领域语言应用的具体研究，更进一步丰富和深化了言语交际学的内容。黎运汉先生主编的这部《公关语言学》则以较为完备的学科体系，从公关语言这一具体领域突破，为言语交际学的发展作出了卓越的贡献。言语交际学理应划归广义的应用语言学领域，作为同社会语言学、狭义应用语言学、数理语言学并立的一门分支新学科。因此我们满怀喜悦的心情来评价黎老师主编的这部《公关语言学》，正是站在这种学科立场上来肯定它的学术地位和实用价值。

　　　　　　　　　　　　　　1992年5月草成于第二次应用语言学会议期间

　　　　　　　　　　　　　　　　　（载于《修辞学习》1992年第6期）

汉语风格研究的新进展

——读黎运汉教授的《汉语风格学》

丁金国①

　　黎运汉教授从《汉语风格探索》（商务印书馆）到 2000 年的《汉语风格学》（广东教育出版社）问世，两书虽然相隔 10 年，然而它却代表了汉语风格学发展进程中的两个不同阶段。前者作为汉语风格学构建时期的著作，一出版立即引起学界的广泛关注，被公认是汉语风格学的奠基作之一。10 年后的今天，黎教授又将其"探索"中的成果惠赠于世。喜读之后，深感这是发展中的汉语风格学代表性著作，它的问世标志着汉语风格研究由"拓荒期"进入有序的发展时期。从整体上看，我认为有如下几个显著特点：一是为汉语风格学构建起一个较为系统、合理的理论体系；二是系统地吸收、运用语言学和其他相关学科的理论思想；三是科学地选择与运用多种分析原则和方法。

一、为汉语风格学构建起一个较为系统、合理的理论体系

　　《汉语风格学》与《汉语风格探索》相比，体系更为系统、合理。在《汉语风格探索》里，用一章的篇幅解释基本概念、研究方法和学科史，而在《汉语风格学》中，则扩展为两章，取消了汉语研究方法和学科史的节次，突出了学科本体理论的阐发，用 50 多页的篇幅论述语言风格学的基本理论，这无疑对汉语风格学的理论定型具有参照作用。更为精彩的是，关于语言风格学、语体学和修辞学三者关系的梳理与区分，为汉语修辞学界解决这一问题迈进了一步。

　　对于语言风格的形成和存在条件，《汉语风格学》用了三章的篇幅。表达者、接受者、表达对象是语言风格得以发生与形成的根据，舍此则无所谓风格，将其独立成章显示了作者的匠心。把风格表达与接受放在同一个位置上进行论述，这是很有见地的，突破了语言风格研究只囿于表达者的单元模式。任何一种风格一经产生，就必然依附于一定的母体文化，把汉语风格放在汉民族的母体文化中进行考察，是该书的又一个耀眼点。尽管在论述的深度与力度上还有加强的余地，但终究是把问题凸显出来了。民族语言与风格的关系虽然是老题目，但

---

　　① 丁金国，山东烟台大学文学院教授。

《汉语风格学》却作出了新文章，进行了充实、更新和调整。从语言学和语用学的角度，全面逐次地描写了语言体系和语用体系各要素在语言风格形成中的作用，把语言成分和语用特点直接与特定风格"挂钩"，为内省体验提供了物质上的标记，从而极大地提高了风格分析的可操作性。

第六章是作者特意安排的。其目的是给风格的现实性确立一个评价标准。就全书总体结构来看，本章具有承前启后的作用，通过它由前部分"风格的形成和存在根据"过渡到后部分的"风格的各种类型的划分"。在后四章中，与以往不同的是，作者将"表现风格"提到风格分析的最高层次上，这种改变并非编排技术上的变化，而是反映了作者风格观的改变。在《汉语风格探索》中，风格类的排列次序是：民族风格→时代风格→流派风格→个人风格→语体风格→表现风格，而在《汉语风格学》中，作者明确地指出"语言风格就是表现风格"，语言风格既存在于民族风格、时代风格、地域风格、流派风格和个人风格之中，也存在于语体风格之中。应该说，这种变化反映了作者认识上的深化，是近十年来风格学界对风格本体认识的结晶。

二、系统地吸收、运用语言学和其他相关学科的理论思想

《汉语风格学》从现代语言学的理论原则出发，来观察分析动态中的言语事实。语音、词汇、语法在语言学中都是静态的类聚，理论上无风格可言，但这些语言要素一旦编入组合，即进入语用，则立即显示出风格色彩，从而成为风格的构成手段。黎老师深谙语言的运作机理，分别把动态中的言语事实提炼为"语音风格手段""词汇风格手段"和"语法风格手段"，并在此基础上，进行条分缕析。从言语事实出发，凝练到语言框架，然后再逐次观察各种语言现象在语用中的形态，这些都表明了作者严谨的科学态度，也为风格学的"现代"品格提升了品位。

《汉语风格学》还吸收、运用了汉语诗律学、接受理论、文艺学和文化人类学等学科的理论原则和方法。如在语音的风格手段分析中，从同韵呼应、平仄相谐、节奏匹配和复叠相间等韵律的角度，论析了韵的洪细、调的高低抑扬、音节的单复匀称与语言风格形成的制约关系。

从接受的角度观察风格现象，对语言风格研究来说是一个新视角。《汉语风格学》从如下两个角度论述了接受影响：①接受主体影响风格创造。黎老师认为接受者的年龄特点、文化水平及社会地位都制约着表达者对风格手段的选择和格调的建构。②接受主体使风格成为现实性。认为接受者在认知过程中既有能动性一面，又有受制性的一面，二者相互作用使风格成为现实。黎老师的这些观点无疑是正确的，启迪我们思考：从接受的角度审视的风格与从表达的角度创造的风格是两回事，二者都是创造，但各自的外在根基不同，前者是基于客观世界，

而后者则是基于由表达者所创造的话语。沟通表达与接受的是话语。所以研究接受理论对风格学的作用，其着力点应置于此。对接受者在审视语言风格中的作用，不能强调过分，因为生活的内在深层统一性，决定了表达—话语—接受现实的一致性。

从文化人类学的角度把风格现象纳入民族文化体系进行观察，是语言风格研究深化的体现。《汉语风格学》在论述风格与文化的关系时，采取的是双向分析。既看到风格对文化的折射作用，也注意到了文化是风格孕育、发生、成长的母体。文化意识进入风格分析，反映了20世纪80年代以来语言研究人文性转向的历史成就的渗透。

三、科学地选择与运用多种分析原则和方法

《汉语风格学》没有设专章讲述方法与方法论，但全书无处不发散着作者方法论上的自觉。黎老师纯熟地将描写与阐释的方法论原则，贯穿于其风格理论体系中，立足于共时态，对现代汉语相对稳定的风格事实进行了较为全面、系统的整理与归纳。可贵的是，作者并没有停留在对具体语料的归纳层次上，而是从所概括的事实中，进行"理"的论证，从而使具体的风格现象上升为一般的风格理论，成功地把相对的两种方法论原则，予以有机的结合，使其起到互为补充的作用。

共时原则与历时原则的结合，是《汉语风格学》在方法论上的又一成功运用。我们在书中清楚地看到，作者虽立足于对共时横向的汉语风格描写，然而从来也没有忽略对汉语风格的纵向历时演变的阐释。立足于共时的合理性在于：如果把语言风格看作是永不停止的运动态，那么就不会存在可供描写的"稳定"的风格形态，因而任何形式的研究也就无从谈起。如果排斥历时，纯共时的风格描写也无法解释汉语风格在历史演变过程中的变异现象。将二者有机结合，是使该著作达到新的理论高度的原因之一。

语言风格从严格意义上讲是宏观的语用现象，但风格又是一个可离析的结构体，是由不同层次、不同构成因子组成的整体。因此，在语体风格研究中，既要放眼于宏观语用语域，又要凝视语体风格内层的微末，《汉语风格学》在这方面为我们提供了好的范例。作者在处理任何微观事实时，其落脚点都在宏观的风格类型上。一个细微的"音"，作者都从风格类型学出发，将其划分为洪亮级、细微级、柔和级，进而将各级与具体风格予以对应。

随着信息时代的发展，对语言现象进行量化研究日益受到人们的重视。黎老师在后四章处理风格类型时，广泛地采用了定性与定量结合的方法，这就使我们在研读中，既能把握定性的风格类型，又能清晰地了解量化了的风格其构成要素。

　　以上所谈仅是《汉语风格学》中主要的方法论，我们从中领悟到的不仅是具体方法的运用，而且是相对应的方法论原则辩证统一的驾驭。这种"统一"，在语言风格的研究中体现为：在描写与阐释中，描写是基础；在共时与历时中，共时是基础；在宏观与微观中，宏观是基础；在定性与定量中，定性是基础。

　　黎老师致力于语言风格研究四十年如一日，他诚笃的专业精神、严谨的治学态度、科学的研究方法和广阔的学术视野都给我留下了深刻的印象。我从《汉语风格学》中获益良多，至于不甚明了处，愿能有机会当面求教于先生。

黎运汉《汉语风格探索》
《现代汉语语体修辞学》《汉语风格学》评述

张德明①

　　黎运汉，男，广东阳春人，1929 年 11 月 15 日生。1953 年、1960 年先后毕业于中山大学社会学系、中国语言文学系，历任暨南大学文学院副教授、教授，修辞学和风格学的硕士研究生导师。兼任中国修辞学会理事、常务理事、秘书长、副会长等。个人专著和与人合编的著作有《现代汉语修辞学》《新编现代汉语》《汉语风格学》《汉语风格探索》《秦牧作品语言艺术》《公关语言学》《现代汉语语体修辞学》《商务语言》等，以及其他各类教材共计 26 部。其中有 5 部获得广东省社会科学优秀成果奖。发表《修辞学·语体学·风格学》《秦牧作品语言艺术风格》《修辞学研究对象的文化透视》《传意与文化》等学术论文共计六十多篇。并和程祥徽先生共同主持了"语言风格学和翻译写作国际研讨会"，共同主编《语言风格论集》。在中国大陆首次招收了"语言风格学"专业的硕士研究生，设立了风格学学位课程。其中风格学论文有二十多篇。曾多次到美国以及中国港澳台地区进行讲学或出席学术会议。多次主持中国修辞学会的学术年会，并筹备出版学术论文集。其个人小传和学术成就已被编入英国剑桥国际中心的国际知识分子名人录。其风格学的代表作是《汉语风格探索》（商务印书馆，1990 年）、《现代汉语语体修辞学》（主编，主要撰稿人，广西教育出版社，1989 年）、《汉语风格学》（广东教育出版社，2000 年）等。

　　黎著《汉语风格探索》，全书 6 章，有序言、后记，总计 18 万字。中国著名语言学家、上海复旦大学教授胡裕树先生为其作序。全书的第一章——绪论，是全书的本质论、性质论和方法论。共分 5 个小节，分别对语言风格的定义、语言风格的特点、语言风格学的对象、任务、性质、功用、研究方法及汉语风格学的研究简史进行了分析和概述。第二章——语言风格的形成，是全书的构成论部分。第一节介绍了语言风格形成的制导因素，第二节介绍了语言风格形成的物质材料因素即语言要素中的风格手段及超语言要素中的风格手段。第三章——语言的民族风格、时代风格、流派风格和个人风格。第四章——语体风格和第五

270

　　① 张德明，岭南师范学院教授，南方诗歌研究中心主任。

章——表现风格是《汉语风格探索》的类型论部分。最后，第六章——语言风格摹仿和创造是应用论部分，从语言风格摹仿和创造两个方面进行了语言风格实践的探讨。全书以"绪论——构成论——类型论——应用论"为总纲，贯穿各节内容，在总体框架上与张著比较接近。胡裕树先生在该书"序"中说："黎运汉先生多年来在这方面进行了艰巨的垦荒工作，取得了不少的成果。在这本著作里，对汉语风格作了系统的探索：阐明了什么是风格，语言风格的特点和形成，语言的民族风格、时代风格、流派风格和个人风格。既研究不同的语体的不同的风格，也研究不同作家的不同风格。材料翔实，论述周密，举例确当，富有启发性。"黎著构筑了汉语现代风格学的理论框架。

首先，此书具有重要的理论价值和应用价值，为汉语现代风格学的发展和繁荣作出了不小的贡献。其突出的贡献是试图在借鉴古人的风格理论和吸收近年来风格研究成果的基础上，对汉语风格作系统的探索，着重阐述风格的特点、形成和各类风格的具体特征及其得以表现的语言标志等。例如，该书第163~183页就精细地分析了日常谈话语体、演讲语体、实况广播语体、公文事务语体、科学语体、文学语体、政论语体，对这些语体类型进行了解释，之后又对各个语体的性质进行分析，使其体系性更加完备。所以，于根元先生在评述时，特意点到：此外，黎著力图成为比较完备的体系。博采众家，有关风格的重要论著黎著几乎都涉及了，史的部分，论述较详（于根元《二十世纪的中国语言应用研究》）。袁晖和宗廷虎在其主编的《汉语修辞史》中谈到黎著的独特贡献，如该书提出表现风格可以概括各种风格类型的论述，用统计法分析各种风格等。

其次，比较而言，在研究方法上，黎、郑、张著都用了系统的方法，列举了统计表的实例。这方面，黎著作出了更大的贡献，特别是在用统计方法来分析各种风格类型的时候，黎著更为突出。全书数字统计15次，列表15处之多，这是黎著在风格和风格学研究方法上提供的一个成功的范例，同时也成为黎著的一个明显的特点。如修辞方式方面列了下表（文艺语体）：

篇名	比喻	比拟	夸张	借代	排比反复	对照映衬	反问设问	呼告双关
《故乡》	8		1	2	2	3	5	2
《地板》	6	1		1	2	2	4	5
《樱花》	28	11	3	2	11	5	6	2
《颂歌》	35	8	3	2	8	2	7	2
《龙须沟》	3		1		2	4	2	
合计	80	20	8	7	25	16	24	11

总之，《汉语风格探索》是一次成功的探索。倪宝元在《这种探索很有意义：读〈汉语风格探索〉》一文中指出，"这部专著内容丰富，体系完整，结构严严谨谨，为后来写《汉语风格学》打下了理论基础"。吴、邓著《中国修辞学通史》（当代卷）认为本书是20世纪90年代出版的一部较有影响的关于汉语研究的专著，它对汉语的一系列理论问题的探讨对于深化汉语风格学研究具有不可低估的意义。在如下两个方面成就尤其值得我们重视：

一是对语言风格学的一系列理论问题研究得相当全面、系统。

二是第一次较系统地对汉语风格研究史进行了历史回顾与总结。最后提出：《汉语风格探索》也存在一些不足之处，如对语体风格的下位各风格特征概括不够，语言风格的模仿与创造问题论述过简等都是明显的缺憾。

黎运汉先生于2000年2月出版了《汉语风格学》（广东教育出版社）。我们在前面评述了其《汉语风格探索》的内容体系、理论特点和历史贡献，主要是构拟了现代汉语风格学的理论体系，而本书则是在《汉语风格探索》基础上的理论发展和体系完善，它吸收了澳门语言风格研讨会以来学术界的一些研究成果和其本人新的认识而融会贯通，集中概括，所以内容更丰富了，信息量更大了，专著名称和学科属性更明确了。

著者在该书的后记中说明了它和《汉语风格探索》的关系，内容的调整、更新和充实。

本书可以说是《汉语风格探索》的再探索。全书构建了新的格局，思想内容较《汉语风格探索》明晰、充实。全书共10章，其中第三、四、五、六章是新课题，阐述了汉语风格的形成规律与机制、风格创造和评析的原则与理据等重要内容；第一、二、七、八、九、十章是《汉语风格探索》的章节名称，"外表"依旧，内容却大大作了调整、更新、充实。第一章对汉语风格定义的内涵作出了新的多元诠释，体现了著者语言风格观的发展；第七章关于表现风格是最高层位的风格类型及其成因、幽默与庄重风格的生成规律都是《汉语风格探索》所没有的；第八、九章比《汉语风格探索》丰满；第十章新增与突出了具有代表性的各类作家个人的语言风格。因而本书虽仍带《汉语风格探索》的痕迹，但不失为以新面孔问世。

《汉语风格学》运用10章的篇幅，先后论述了"汉语风格的界说""语言风格学""语言风格与表达主体、接受主体和表达对象""汉语风格与汉文体""汉语风格的得体性""汉语表现风格""语体风格""汉语的民族风格和时代风格""语言的个人风格"等问题。

以上各章内容从风格学的基本原理来看，第一章属定义论、本质论，第二章是一般专著的导论或绪论内容，包括本学科的对象论、性质论、任务论以及与相邻学科的关系论等。第三、四、五章主要是构成论，论及汉语风格形成的主客观因素和风格形成的语言手段和修辞手段。本章还涉及风格评析欣赏的有关理论，显然吸收和应用了言语交际学、语言美学和文化语言学的成果，从多方面论述了语言风格创造和规范的"得体性"原则，以此丰富了风格学原理的成因论和"应用论"。第七、八、九、十章属"类型论"，讲汉语风格系统的各种类型，突出了汉语表现风格、语体风格，同时也分别详细论述了汉语的民族风格、时代风格和语言的个人风格。许多章节的小标题都突出了概念的内涵和有关风格属性。如"汉语的民族风格是汉语民族特点的外在表现""时代风格是时代精神的外在表现""作家个人的语言风格是作家语言个性的体现"等。总之，全书由《汉语风格探索》的6章内容充实到10章内容，这是汉语风格学理论的新发展，是著者汉语风格学理论研究的新成果，因而在汉语风格学史上写下了新的一页，作出了新的贡献。

　　本书在汉语风格理论上的新发展、新贡献主要有以下几大块：

　　首先，第三、四、五、六章是新课题。正是这些章节的内容提高了本书的理论价值，主要是丰富了汉语风格学的各类风格的"成因论"和"应用论"，深刻地多侧面地论述汉语风格的生成和应用规律。第三章语言风格与表达主体和表达对象。这是从言语的交际双方来谈语言风格。第一节论述了"语言风格与表达主体"，包括"表达主体，语言风格生成的主观因素"和"表达主体创造风格受交际环境制约"。这就涉及了主客观二因论。第二节论述了语言风格与接受主体，包括"接受主体影响风格创造"和"接受主体使风格成为现实性"。这就说明了接受主体也参与了风格的创造。第三节论述了语言风格和表达对象，包括"表达对象影响风格创造"和"表达对象是客观事象在表达主体头脑中的概括反映"。这就从主客观因素的统一上来论证语言风格形成的规律。

　　其次，第四章汉语风格与汉文化。第一节论述了"汉语风格，汉文化的载体"，包括"风格手段，文化的写照"和"话语格调，文化的镜子"。这就说明了汉语风格与汉文化的互相关系。第二节论述了"汉文化、汉语风格生成和发展的机制"。包括"制度文化的制约""思维方式的制约""观念心态文化的导引"和"民俗的孕育"等，这就说明了汉语风格形成在民族文化的民族心理、民俗习惯上的各种制导因素。第三节论述了"汉文化，汉语风格评析的理据"，包括"理解、评析风格要以文化背景为依据"和"风格评析受审美悟趣制约"等，这就说明了理解评析风格要以民族文化作为理论根据，并以个人的审美修养为前提条件。

　　再次，第六章语言风格的得体性。第一节论述了"语言风格讲究得体"，包括"得体的重要性""得体是中国文体的产物""得体是和谐的文化心态的体现"等，这就以民族文化的理论说明了语言风格得体性的底蕴和根据。第二节论述了"风格手段得体"，包括"风格手段与制导因素相应合"和"风格手段与

273

风格特点、风格总体相应合"。这就把"得体论"和语言风格的构成要素、表达手段及风格的总体特点结合起来了。第三节论述了"风格类型得体",包括了"适应语体风格要求""遵循民族风格规范"和"应和时代风格等",这又把"得体论"和风格类型结合起来了。这样仅就语言风格的"得体论"就沟通了成因论、手段论、类型论、应用论等,可见其在风格学基本原理中所占的重要地位。此外,本书在类型论中把"汉语表现风格"从《汉语风格探索》放在最后变成提到最前面,表现了作者对汉语风格类型和范畴体系内部关系的调整,表明了对表现风格综合概括、广泛应用等的重视。正如本章开头的定义所说:"语言的表现风格有人称为修辞风格,它是综合运用各种风格表达手段的修辞效果方面来说的,是对一切言语交际的产物——话语的气氛和格调从多角度多侧面的抽象概括。"(第 211 页)

总之,从《汉语风格探索》到《汉语风格学》,是走了一条成功的探索路子,作者综合运用语言学、修辞学、美学、文艺学、文化学、言语交际学等多学科的理论,结合汉语实例建构这门新兴的学科,完成了几代人的夙愿,作出了独特的贡献。正如本书责任编辑曾大力在评论中所说:"《汉语风格学》以颇具说服力的理论观点,翔实的内容,深入细致的论述,构成了完整的体系,使汉语风格的探索进入到更深层次的领域。其汉语风格的定义体现了作者语言风格观的发展。"(曾毅平、刘凤玲主编《修辞·语体·风格》第 52-53 页)此外,语言的个人风格及其他风格定义的修改,说明了作者语言风格理论的发展,表明了汉语风格理论的系统发展和概念体系的日臻完善。

不过"人无完人,书无完书"。如本书将《汉语风格探索》中第六章"语言风格的摹仿和创造"完全删掉。这在"成因论"和"应用论"上似有影响和不足。虽然风格创造在其他章节中详细谈过,但角度不同,对风格的学习、培养和摹仿问题似应专题论述。如果作为教材来看,《汉语风格探索》的理论体系似乎更简明实用;如果作为专著来看,则本书的内容更加丰富。

《现代汉语语体修辞学》是由黎运汉主编,黎运汉、顾兴义、刘才秀、刘凤玲、谢红华、宗世海共同编著完成的一部语言学著作,由广西教育出版社于1989 年 7 月出版。全书 46 万字,共分 5 个部分,18 章。第一章到第五章为总论,讨论语体及语体学的基本问题。其余四个部分分别对口语语体、书卷语体、语体的交叉和交融语体以及翻译语体进行了较为细致的论述。全书着眼于修辞要求与修辞特点,构建了语体学的完整体系,体现了综合、新颖、开拓的特点。书中多处讨论了风格的问题,尤其是在总论中的第三小节——语体与修辞、风格中,作者集中讨论了风格的问题。

作者认为,语体、修辞、风格(这里指语言风格)都是语言学范畴,语体与语言风格是紧紧相连的。语言风格是人们运用语言表达手段所形成的各种特点的综合表现。语体风格是各类语体运用语言的各种特点所形成的风格，除语体风格之外，语言风格中还有民族风格、时代风格、流派风格、个人风格、表现风格，并详细论及了语体与风格之间的关系，可见作者所持的是广义的风格论，倾向于综合特点论一说。

首先，作者对语体和风格的关系进行了概述和总结。

语体和表现风格的关系比较复杂。表现风格是从综合运用各种风格表达手段所产生的修辞效果方面来说的。常见的类型有豪放和柔婉、简约和繁丰、蕴藉和明快、朴实和藻丽、庄严和幽默、文雅和通俗等。各类语体对这些表现风格有不同程度的适应性和存在于应用语体和专门科学语体中，多见的是明快、朴实、简约和庄严等表现风格。（第 30 页）最后，本书总结了语体与各种语言风格、类型的关系。综上所述，语体与各种语言风格都有密切关系。语体一方面受制于民族风格和时代风格，另一方面又制约着流派风格和个人风格，而民族风格、时代风格和表现风格体现于语体，语体和语体风格体现于具有鲜明的个人语言风格的作家作品之中。（第 30 页）

其次，在该书的其他四个部分都有关于风格理论的零散论述。只是散见于各种具体语体类型的分析之中，不成系统，其中最明显论及风格问题的是第五部分关于"翻译语体"。宗世海在其执笔的"尽可能地保持原作的语言风格"一小节中，对语言风格及语体风格又一次进行了简明扼要的论述。作者从翻译语体的角度论述了翻译时保持原作语体风格的原因，并从用词造句、选用修辞等几个方面，具体论述了如何才能使翻译语体与原著语体保持同样的风格。作者从风格的各种类型出发，如民族风格、语言的个人风格即作家风格、时代风格等方面论述了翻译语体中应该注意的各种问题及翻译语体风格在各种其他风格类型中体现出的复杂性。

《现代汉语语体修辞学》虽然是一部语体学和修辞学的专著，但其中不仅直接涉及了语言风格的一些重要的问题，而且对各种具体的语体类型的分析及对语体理论的论述，都对语体学理论体系的建构，对语言风格学的建立，起到了不可忽视的作用。

《公关语言学》是黎运汉主编，黎运汉、宗世海、曹乃玲、李剑云、刘凤玲共同合作完成的一本著作，由暨南大学出版社于 1990 年 12 月出版。全书 36 万字，共 12 章，张寿康先生称之为"一部具有开拓性的教材和专著"。本书运用公关学、语言学，尤其是言语学的原理，系统地研究了公关实务领域中的语言运用问题，构筑了一个比较完全的科学体系。其特点突出表现在它从比较高的理论水平上，在公关学和语言学方面作出了一定的贡献。而且由于该书是在进行了广泛而比较扎实的事实研究的基础上写成，所以张寿康先生认为，这部书具有指导公关语言实践的品格。《公关语言学》也谈到了有关语言风格的问题，在该书的

第四章——公关言语风格部分，作者论述了公关言语风格与公关形象、公关语体问题，以及公关言语风格的基本格调和多样化问题。

首先，作者认为，"言语风格是在语言运用中形成的人们运用语言的各种特点的综合表现"。公关言语风格是指在公关实务领域里，由于公关人员运用语言表达手段和表现方法的不同而形成的种种风貌、格调。在这里，作者仍然强调了语言运用方面的言语风格，尤其是其中的表现风格。

其次，作者认为，言语风格与公关形象、公关语体关系密切。公关言语风格的选择与创造及其使用，在公关实务中起着举足轻重的作用，要有独特鲜明的言语风格，运用语言又要符合风格规范。通过实例分析，阐述了公关言语风格的具体动作，指出注意言语风格与公关实务相联系的重要性。在言语风格与公关语体的问题上，作者强调"风格存在于语体之中，公关语体也制约着公关言语风格"。所以，这就要求公关言语的风格特点及其构成的语言手段和表现方法必须与语体的语言特点和要求相适应。这是规范的公关语体的基本要求。同时作者也举例证明了公关言语风格与公关语体的关系是复杂的，不是一对一的，所以在语言运用中也要求灵活变通。

再次，关于公关语体言语风格（主要指表现风格），作者论述了各种类型之间的辩证关系。认为基本格调是平实，但平实并不是单调乏味，浅薄粗俗，同时由于语言运用实践的多样性和多色彩性的特点，平实与多样性是互相补充的关系。在"多样化风貌"中，作者谈及了"藻丽繁丰、委婉含蓄、幽默风趣、庄重文雅"四组表现风格，对它们进行了详细的分析。

总之，《公关语言学》中的风格论，开辟了一个新的角度，在观点、方法和视角上都有新颖独到之处，对公关实务的实践和言语学、语言学及语言风格学的发展作出了重要的贡献。

（载于张德明主编：《中国现代语言风格学史稿》，福州：海风出版社，2005年）

五

贺寿文萃

语用与修辞，"辞达"与"辞巧"的完美结合

——贺黎运汉先生 90 华诞

何自然

　　黎运汉先生的弟子、我的博士研究生李军教授约我为黎老《清心望远——贺黎运汉教授九秩华诞》撰文，我闻知当即应允，并深感荣幸。我与黎老相识于 20 世纪 90 年代，我们并非出自同门，但我们都用功于语言学领域，他在修辞学界，我在语用学界。修辞与语用同源，他是我的同行学长，而我可以说是他的同行学弟，我们之间是老大哥和小老弟的亲密关系。如今黎老喜达 90 境界，我正在"奔八"途中勉力跟随。

　　我初识黎学长，缘于读到他带领学生撰写的《公关语言学》。这部专著和我从事的语用学教学和研究有很多相近的内容，有的甚至可以作为我教学和研究的课题。因此，我很想认识这位谙熟汉语修辞、语体、风格的学界长辈，向他请教公关语言应用如何与我从事的社会语用研究相结合的问题，可惜那时缘悭一面，未能相见。

　　1995 年以后，我终于有了和黎老见面的机会。他的硕士研究生先后来广外报读我招收的语用学方向的博士研究生。我在外语学界从事教学与研究，对来报读博士学位的研究生自然在外语能力和语言学基础方面有严格的要求，因此报考者多是外语专业的硕士，如今来者却是一些汉语修辞专业的学人，关于能否接受他们报名和最终是否录取这类考生，当时广外的博士生导师组是有过一番分析和讨论的，但最终还是认为我们这个博士点以后可以招收非外语背景但具有与语言学及应用语言学有关学科基础的优秀硕士。这样一来，我便招收了曾在黎运汉教授门下从事修辞学研究的一群精英——现在已经是教授、副教授的李军、宗世海以及戴仲平等学者，他们当时准以中文答题的方式，先后成功地入读广外博士学位，成为我门下从事语用学研究的弟子。

　　我对语用学、特别是社会语用学怀有极大的兴趣，多年来一直研究社会及公共话语的语用问题。在中国研究语用学，自然是研究祖国语言的语用，研究我们所处的社会及日常交际的话语。学习外国语言理论的一个重要目的是将外国精华的东西吸收过来，为我所用。同时，还要针对我们汉语的语用现象，有创建地提出我们自己语言的语用观。为了这两个目的，首先就要克服我国将汉、外语言学

理论分家的"两层皮"现状。无论汉语或外语专业背景的学者,只要是从事语言学诸领域的研究的,都要力求做到既了解国外语言理论的前沿信息,同时具备较高的汉语修养,力求创新。

20世纪80年代,我曾协助桂诗春教授为开拓和发展我国的语言学与应用语言学这门学科做过一些努力。当时在我国的"文学"学科门类里的"外国语言文学"一级学科下面增设了一个"语言学及应用语言学"二级学科。我们曾积极提倡打通汉语界和外语界各自发展的语言学领域,建议教育部门对学科门类的改革作进一步深化,建立我国的"语言学"一级学科,与国际接轨。但由于种种原因,我们的努力未能实现,反而见到在"中国语言文学"一级学科下面增列了"语言学及应用语言学"二级学科,而将"外国语言文学"下已经存在的同名二级学科改为"外国语言学及应用语言学"。我们曾为这种"两张皮"现状提过很多意见,"外国语言学及应用语言学"这个学科名是国内仅有,对外仍然将它称为 Linguistics and Applied Linguistics。国际著名的语言学家韩礼德(M. A. K. Halliday)获知我们将"语言学"来了个中、外分家的做法之后,他在为外语教学与研究出版社出版的《当代国外语言学与应用语言学文库》撰写的序言中刻意指出:《文库》的出版为中国大学院校开设语言学这门课程做出贡献,它更有助于克服将语言学分为"英语语言学""汉语语言学"等做法,因为这样会阻碍语言学作为一门统一学科的发展。

尽管现实没有改变,但我们打通汉外"两张皮"的决心始终坚定。我们不求为"外国语言学及应用语言学"这个学科正名,但努力在行动上试图实践汉、外语言学合一。当我和黎学长相聚,谈及修辞学与语用学的学科发展时,我们都亟盼汉、外学界同仁要为克服"两张皮"而努力。黎老将此观点首先付诸行动的是给我外语界的语用学学科输送从事汉语修辞研究的年轻学者;同样,我为弥合"两张皮"而做出的反应是接受有志于了解国外语言学动态的汉语语言学科优秀人才。我们两人都主张在吸取外来理论的同时,以我们自己的语言作为研究对象,深入探讨我们在中国社会文化氛围下的语言交际策略和语言使用规律。2002年,黎老为他的学生刘凤玲、戴仲平著的《社会语用艺术》一书写下序言,除了充分肯定两位学者为社会语用现象收集了完备的资料,给了高度评价之外,还指出"社会语用学"是一个学术研究的新领域,在我国还处于引进、探索阶段,需要辛勤耕耘、努力开拓,指出社会语用现象既要微观探讨,更要宏观研究。他鼓励作者要多吸收国外理论,进一步明确研究范围,以后对这部专著加以修订、更新。黎老的勉励以及他鼓励后学研习外国语言理论的行动,实际上是他力主汉、外语言学科统合一起发展的一个宏愿。黎老与我都是主张弥合汉外"两层皮"现状的志同道合者,这正是我们认识之后他给我留下的首个难忘的印象。

279

　　黎老给我的第二个印象，也是最深刻的印象，是他主张修辞与语用结合的学术思路。我们在语言交际方面总要讲究"辞达""辞巧"与"言而当"。无论语用与修辞，都务求"言而当"；两者相合，是"辞达"与"辞巧"的完美结合。当然，修辞和语用是两个不同学科，自然各有侧重。如果研习者兼修修辞与语用，必将更全面地掌握语言运用和理解的规律。黎老深知修辞与语用的密切关系，总是积极提倡年轻的修辞学者研习语用学。我接受黎老的学生，是因为看在他们硕士阶段获取的汉语修辞学研究心得和成果。我说过，修辞与语用同源，两门学科都有悠久的历史渊源，都出自古代的雄辩术。这两门学科发展到今天，尽管形成两个不同的学科分支，各有自己的研究对象，但两者的目标是相通的。语用学作为一门独立的新兴学科，有很多地方得益于修辞学，其中实践修辞学中的话语修辞、接受修辞、公关修辞、语境修辞、变异修辞等都是当代语用学研究的对象，而语用学的发展，特别是语用理论的多界面研究，对丰富修辞学理论和实践又有一定的启发和拓展。

　　李军在攻读博士学位期间，一个偶然的机会，他大学本科时代的语法老师吴启主教授来到广州，因他知道我有与黎先生认识和切磋学术的愿望，于是特意邀请了吴先生、黎先生和我一行四人，在广州天河的一个餐厅里相识。李军将自己受业于不同学段的老师请在一起，共叙往事，畅谈未来。那天老一辈师长对年轻学者多有勉励，而我也就是在这个场合首次会晤黎先生，一位擅长汉语修辞、语体、风格理论与实践的教授，一位广结学缘的知名学者，我国修辞学界的长辈。

　　黎先生除了积极鼓励和推荐他的得意门生来广外报读语用学外，他还主动邀请我参加2000年中国修辞学会成立20周年在广州暨南大学召开的纪念大会，使我有机会认识汉语修辞学界众多德高望重的长辈，以及一批与时俱进、紧随当代修辞学学科前沿的中、青年学者，和他们展开学术交流。会上，我做了题为"语用学对修辞研究的启示"的发言，论述了语用和修辞的密切关系，介绍了语用学研究的对象和研究视角，同时对当时的认知语用新说——关联理论作了介绍和述评，最后就有关语用学对修辞学的启示作了初步的总结。我强调修辞要讲究表达和接受双效果论，不能将它沦为一门只注重主观表达效果的学问，而要十分重视修辞的客观接受效果；我提出要同时兼顾修辞的控效和取效，研究静态和动态语境下的修辞运作方式。我的发言得到与会者特别是黎老的赞同，整理成文稿后承蒙《暨南学报》采用，发表在该刊的哲学社会科学版2000年第6期。

　　黎老主张修辞与语用结合，要求他的学生习修辞、攻语用，鼓励年轻学人沿着这个方向努力开拓。我的学生，也是黎学长的学生李军，在取得博士学位后的数年间，先后在2005年和2008年出版了两部专著：《语用修辞探索》和《话语修辞理论与实践》。这两部体现了我们师徒三人都认同的修辞与语用结合研究的新作，对修辞学界产生了一定的影响。黎老为《语用修辞探索》撰写的序言中首先指出，语用修辞是动态修辞，本书是作者动态修辞观引导的成果；他还断言，本书是修辞学与语用学"联姻"的产物。汉语修辞传统提倡"言境一致"，而语用是研究动态语境的学问，本书将语用与修辞结合起来，是承传与创新融合的著作。李军的第二部专著《话语修辞理论与实践》是我为他写的序言。在序言里我引用了黎老指导他的弟子走"习修辞、攻语用"正确路向的一番话："修辞学和语用学同源，背景和依据也大致相同。二者有密切的联系，有许多相合点，可以互相借鉴，互相促进。"（《语用修辞探索》序，广东教育出版社，2005年）

黎学长重视修辞与语用的结合，也重视修辞与语言学其他学科的结合。他主编的"语言研究新视角丛书"（暨南大学出版社，2008年；以下简称《丛书》）就是很好的明证。他在《丛书》总序中指出，这套书的核心思想是"创新"：课题新、理论新、语料新、方法新，凸显研究对象的新规律、新特点，洋溢学科走向，给读者以新的启示。黎老还约了我和我们的弟子戴仲平为《丛书》的第二批撰写《当代语用与实践修辞》，而他自己则与弟子盛永生合作，带头完成并出版了《丛书》第一批的第一本：《汉语语体修辞》。在吸收同行同类研究成果的基础上，黎老这部新著悉心融入他近二十多年来研究修辞、语体、风格和语用的结晶，着力于新的开拓和突破。该书以语体为纲，囊括书面和口头话语中修辞与语用的新特点、新规律，读后备受启迪。

多年来，为弥合中外语言学"两层皮"，为修辞与语用统合付出行动的同时，黎学长在自己的修辞学领域更是贡献良多。这正是他给我留下的第三个印象。从他的弟子刘凤玲、宗世海、夏中华、曾毅平、李军、戴仲平等平日的言谈和文章中，我深知这位老大哥在修辞学、语体学、风格学方面的学术成就。他著作等身，撰文逾百，独著、合著二十多部；他广为结交修辞学界同行精英与有识之士，推动大中华社区的学术交流，居功至伟；他在修辞学领域内勇于创新，建立现代汉语语体修辞学的理论体系；在汉语风格学的研究方面，他在前人论述语言风格的性质、定义、构成与划分的基础上，继澳门大学程祥徽先生《语言风格初探》（1985年）之后，经过深入系统的研究，写出《汉语风格探索》（1990年）；后来他又和程先生合作主编了《语言风格论集》（1994年），并于2000年独立出版了专著《汉语风格学》。在该专著中，黎学长对汉语风格下了新的定义，认为语言风格是语用的结果，它是多元因素的统一体，是语言美学形态的一种升华。正是黎学长的这些新颖、精辟的见解使他在汉语风格研究上确立了自己的领先地位。

就在黎学长用心研究汉语风格学期间，他因应国家改革开放和社会的需要，以修辞语体学家、汉语风格学家的敏锐眼光，牵头召集了自己弟子刘凤玲、宗世海、曾毅平等撰写了我国第一部论述公关活动人员语用能力和语用策略的专著

281

《公关语言学》。该书自1990年出版之后很快就成为公共关系学和语言学领域的畅销书，五年间五次印刷，使作者很快就着手修订工作。前面说过，我初识黎学长始于他这部专著，因为里面有很多与语用学相近的内容，有的甚至可以作为我教学和研究的课题。1996年，我收到黎学长赠送给我的《公关语言学》再版增订本。我至今还记得，该书在谈到公关语言表现风格，涉及公关语体等问题时指出，言语表现风格与语体的关系密切，风格存于语体之中，语体是人们为适应不同交际需要而运用的各种语言手段，其最终的目的就是力求表达得体。语言的得体问题正是语用学的研究内容，这也是我对黎先生的《公关语言学》感兴趣的地方。这本书用很大篇幅谈及各类公关语言的表达艺术，相当于我们语用学中讨论的语用功能和言语交际策略，书中的论述与实例分析对我们从事语用学研究的学者多有启迪和借鉴的地方。《公关语言学》是我指导的研究生研究"辞达""辞巧""言而当"的必读书目之一。

今天，我们庆祝黎学长九十华诞之际，我们高兴地看到，他的弟子一个个在修辞学界已成为青年学者中的翘楚，他的创新精神与学术风范后继有人。我衷心祝愿我这位老大哥健康长寿，继续为我们中外语言学界"两层皮"的完美弥合发声，鼓励更多的年轻学人在修辞与语用相统合方面作更多的探索，并为今后的汉语修辞、语体和风格的深化研究助力。

学术创新，实践管用，方法科学

——黎运汉先生语言学研究述评

黎千驹①

黎运汉先生于 1949 年前就进入广州大学学习社会学，1956 年他又重新进入中山大学中文系读书，以语言学为主攻方向，1958 年他和程达明合写了《大跃进中汉语词汇的新发展》，发表在《中国语文》上，从此开启了他的语言学研究之旅，迄今已整整 60 年。

黎运汉先生的语言学研究涉及多个领域，独著、合著、主编出版的语言学著作近 30 部，发表学术论文 100 余篇，例如在现代汉语领域著有《新编现代汉语》，在修辞学领域著有《现代汉语修辞学》《汉语修辞学》《秦牧作品语言艺术》，在语体学领域著有《现代汉语语体修辞学》《汉语语体修辞》，在风格学领域著有《汉语风格探索》《汉语风格学》《汉语风格文化新视界》，在公关语言学领域著有《公关语言学》，在商务语言学领域著有《商务语言教程》。他的语言学研究成果既具有很高的学术价值，又具有极大的实用价值，并且注重运用科学的方法，从而形成了"学术创新""实践管用""方法科学"等三个显著特色。他在语言学相关研究领域所取得的丰硕成果，皆具有里程碑性质，代表了同时代该研究领域的最高成就，标志着国内相关语言学研究领域的新进展。

一、学术创新

习总书记于 2016 年 5 月 17 日在哲学社会科学工作座谈会上的讲话指出："我们的哲学社会科学有没有中国特色，归根到底要看有没有主体性、原创性。跟在别人后面亦步亦趋，不仅难以形成中国特色哲学社会科学，而且解决不了我国的实际问题。""只有以我国实际为研究起点，提出具有主体性、原创性的理论观点，构建具有自身特质的学科体系、学术体系、话语体系，我国哲学社会科学才能形成自己的特色和优势。"由此可见，从事学术研究的学者应该始终把开拓创新作为自己从事学术研究的追求目标。开拓创新是一切理论研究、科学研究

---

① 黎千驹（1957—），男，湖北师范大学二级教授，享受国务院政府特殊津贴专家，中国模糊语言研究会会长，主要研究方向为训诂学、修辞学、模糊语言学。

的本质和生命力之所在，也是创建学术品牌的唯一途径。那么，该如何衡量学术研究成果尤其是哲学社会科学研究领域的学术成果是否创新呢？习总书记指出："哲学社会科学创新可大可小，揭示一条规律是创新，提出一种学说是创新，阐明一个道理是创新，创造一种解决问题的办法也是创新。"准此以求，黎运汉先生语言学研究成果的首要特色就是学术创新。这主要体现在三个方面：一是研究成果具有原创性，二是研究领域具有开拓性，三是学术理论具有主体性。

（一）研究成果具有原创性

研究成果具有原创性，是黎运汉先生学术创新的一个重要体现。黎先生是我国语体学、风格学、公关语言学和商务语言学等学科的开创者，他在这些研究领域的成果皆具有原创性，其相关著作，既是这些研究领域的奠基之作，也是扛鼎之作。

1. 汉语语体修辞学的开创者

我国古代对语体的研究早已有之，例如：梁朝刘勰的《文心雕龙》从文体的角度探讨了语体；宋代陈骙的《文则》对"命、誓、盟、祷、谏、让、书、对"八种文体的特征进行了逐一分析；明代吴讷著有《文章辨体》，徐师曾著有《文体明辨》。

当代不少学者对语体问题进行了积极而有效的探索，例如：林裕文先生出版了《词汇、语法、修辞》（1960 年），其中涉及了语体问题；张弓先生《现代汉语修辞学》（1963 年）设有"现代汉语修辞和语体"专章；中国华东修辞学会主编了会议论文集《语体论》（1987 年）；王希杰先生出版了《汉语修辞学》（1983 年），其中设有"语体风格"专章。王德春先生出版了《语体略论》（1987 年），这是我国第一部探讨语体学的专著，全书 12 万字，但内容略显单薄。

然而关于语体学的性质、研究对象和任务、语体形成的原因、划分语体类型的标准、分析语体的方法等有关理论问题，如何立足于汉语实际来建立语体学，如何运用语体学理论来分析和解决言语实践中的语体现象，虽然不少学者为此进行了有效的探索，然而上述有关语体学中的重要问题，直到 20 世纪 80 年代仍未有效地解决，国内比较全面而系统地研究语体的学术专著尚属空白；要使"语体"研究而成为一门"语体学"，尚有待学者的继续努力。

黎运汉先生的专著《现代汉语语体修辞学》（1989 年）是国内第一部成体系的语体修辞学专著，终于填补了该研究领域的空白。20 年之后，黎先生又于 2009 年出版了《汉语语体修辞》，该书既注意继承《现代汉语语体修辞学》的精华，也努力吸收同行研究语体修辞风格的新成果，还融进了他自己近 20 多年来研究修辞学、语体学、语言风格学和语用学的新成果，更着力于新的开拓和突破，以期能突显现代汉语语体修辞的新特点、新规律，体现汉语语体修辞研究的走向，给读者以新的启示，成为语体修辞学研究领域中的又一座里程碑。

2. 汉语风格学的开创者

我国古代对语言风格的研究亦早已有之，例如：曹丕《典论·论文》第一次谈到了作家的风格和作品的风格，他说："应瑒和而不壮，刘桢壮而不密，孔融体气高妙，有过人者。""夫文本同而末异，盖奏议宜雅，书论宜理，铭诔尚实，诗赋欲丽。"梁朝刘勰《文心雕龙·体性》中把作家的个性与其作品的风格结合起来探讨，他说："是以贾生俊发，故文洁而体清；长卿傲诞，故理侈而辞溢；子云沉寂，故志隐而味深……"他把作品风格归纳为"八体"："若总其归途，则数穷八体：一曰典雅，二曰远奥，三曰精约，四曰显附，五曰繁缛，六曰壮丽，七曰新奇，八曰轻靡。"这八体可分为四组相对的风格，即雅与奇，繁与约，奥与显，壮与轻。杜甫在《春日忆李白》诗中称赞李白诗的风格道："清新庾开府，俊逸鲍参军。"他在《进雕赋表中》中直接阐明自己诗文的风格说："至于沉郁顿挫，随时敏捷，而杨雄、枚皋之流，庶可跂及也。"清人吴瞻泰《杜提要诗》云："沉郁者，意也，顿挫着，发也。"

当代不少学者对风格问题进行了积极而有效的探索，例如：张志公先生《修辞概要》（1953年）分为用词、造句、修辞、篇章和风格等部分，探讨了"简洁"和"细致"、"明快"和"含蓄"、"平实"和"藻丽"等相对的风格；林裕文先生《词汇、语法、修辞》（1960年）涉及了风格问题；王希杰先生《汉语修辞学》（1983年）探讨了"藻丽"与"平实"、"明快"与"含蓄"、"繁丰"与"简洁"等六种三组风格；程祥徽先生《语言风格初探》（1985年）和唐松坡先生《语体·修辞·风格》（1988年）亦对风格进行了专门研究；高名凯先生发表了论文《语言风格学的内容和任务》（1960年）；王焕运先生发表了论文《关于建立汉语语言风格学的意见》（1982年）；丁金国先生发表了论文《关于语言风格学的几个问题》（1984年第3期）；不少《现代汉语》教材和语言学教材如北京大学中文系汉语教研室编的《现代汉语》（1958年）、张静主编的《现代汉语》（1980年）、胡裕树主编的《现代汉语》（1981年）、叶蜚声和徐通锵的《语言学纲要》（1981年）等，也涉及了风格问题。

然而在我国，如何探索风格学的性质、研究对象、风格形成的原因、划分风格类型的标准、分析风格的方法等有关理论问题，如何立足于汉语实际来建立具有中国特色的言语风格学，如何运用风格学理论来分析和解决言语实践中的风格现象，这些都是摆在中国学者面前的重要任务。上述有关风格学中的重要问题，直到20世纪80年代仍未有效地解决，国内比较全面而系统地研究语言风格的学术专著尚属空白；要使"风格"研究成为一门"风格学"，尚有待学者的继续努力。

黎运汉先生于1990年出版的专著《汉语风格探索》终于填补了该项空白。

285

该书共分六章，着重阐述风格的特点、形成和各类风格的具体特征及其得以表现的语言标志等。这是国内第一部成体系的风格学专著，标志着汉语风格学研究取得了重大的突破，汉语风格学得以初步建立。10年之后，黎运汉先生又把自己对语言风格的新思考、新发现撰写成书，是为《汉语风格学》（2000年），该书标志着国内风格学研究水平上升到一个新的高度。

当然，需要指出的是郑远汉先生也于1990年出版了《言语风格学》，并且于1998年出版了修订本。这表明中国学者一直在关注和研究言语风格，而用力最勤、成果最为突出的当属黎运汉先生和郑远汉先生，黎著《汉语风格探索》和郑著《言语风格学》可谓风格学研究领域中的双璧。

3. 公关语言学的开创者

黎运汉先生于1990年出版了《公关语言学》。该书立足于公关语言实践，系统地研究了公关语言学的一系列基本理论问题，探讨了公关实务各领域语言运用规律及其技巧，初步构建了比较系统而科学的公关语言学体系，从而创立了公关语言学这门新兴学科。1996年作者出版了增订本，2004年出版修订本，作者对该书不断完善、不断超越自我，又于2010年重新修订出版第4版。该书对其过去的《公关语言学》进行了结构调整，加深了理论分析，增设了章节，充实了薄弱环节，融入了新成果，增加了新语料，增强了实用性和针对性，从而进一步完善了公关语言学的学科体系，该书代表了国内公关语言学研究的最新进展。

4. 商务语言学的开创者

从事商务活动，离不开语言及其辅助语言等交际手段，对此人们皆具有清醒的认识，因此一些相关学科的著作如《公关语言学》《广告学》《市场营销学》等皆涉及了商务语言；有的学者还专门撰写了诸如《商务谈判技巧》之类的著作。这些著作，对人们从事商务活动皆具有一定的指导意义，然而商务活动毕竟是市场经济大潮中最频繁和最重要的经济活动，这就需要学者们对商务语言作专门而系统的研究，以适应商务活动的需求。正是在这种背景之下，黎运汉先生以学者的睿智来关注商务语言，他与李军博士合作，于2001年由台湾商务印书馆出版了《商业语言》，探讨了商务语言的特点、功用、运用原则及其规律等，这是国内第一部专门研究商务语言的专著，尽管某些内容尚待进一步充实，某些理论尚待深入，某些问题尚未涉及，然而草创之功，不可磨灭，该书毕竟填补了商务语言研究领域的学术空白。

黎运汉先生是一位精益求精而不断超越自我的学者，时隔四年，他又于2005年由暨南大学出版社出版了《商务语言教程》。黎先生将商务语言作为一个专门的功能分语体来加以整体研究，该书在理论性、学术性和应用性等方面皆有新的建树，从而比较全面而系统地构建了商务语言学的学科体系，至此将"商务语言"的研究而上升为"商务语言学"的研究，商务语言学这门新兴学科终于建立起来了。

（二）研究领域具有开拓性

研究领域具有开拓性，是黎运汉先生学术创新的一个重要体现。黎先生分别拓展了修辞学、风格学、公关语言学等学科的研究领域。

1. 拓展了修辞学的研究领域

众所周知，陈望道先生的《修辞学发凡》于1932年出版，这标志着中国现代修辞学的正式建立，其后我国的修辞学著作如雨后春笋，蔚为大观。这是中国修辞学繁荣的一个重要标志。然而繁荣的背后也有隐忧，那就是不少修辞学著作给人以似曾相识之感，低水平的重复研究多，高水平的原创成果少。黎运汉先生对此感到非常忧虑，因此他研究修辞学时，特别注重创新，与时俱进，不断拓展修辞学的研究领域。例如：他主编的《汉语修辞学》（2006年）首次设置专节来研究"修辞和修辞学的社会价值"，既把修辞学看作是研究提高修辞表达和接受效果的规律的科学，也视为兴国、修身、立业的重要手段，是在社会语用科学和社会科学中具有的重要地位的科学。首次分别设置"语体修辞"和"风格修辞"专章，该书立足于修辞谈语体和风格，即一方面谈语体、风格时，立足于谈其修辞特点或要求；另一方面谈各种修辞手段、修辞语料时，也兼顾到其适用于什么语体，易于生成什么风格，从而使得三门不同的分支学科有机地融为一体，让人们拓宽视野，在更高的层次上研究语言运用的规律，从而拓展了修辞学的研究领域。

2. 拓展了风格学的研究领域

黎运汉先生的《汉语风格文化新视界》（2017年）探讨了文化、语言风格的内涵与特征；从汉语言风格与文化之互融互动互变、对汉语言风格论的继承和发展、提高语言风格学的品位等三个方面阐释了汉语言风格文化审视的理据；从主体因素的文化机制和客体因素的文化机制两个方面研究了汉语言风格生成之制导因素的文化机制；从语言要素的文化机制和超语言要素的文化机制两个方面研究了汉语言风格生成之物质因素的文化机制；探讨了模糊语言风格的文化成因；探讨了汉语言风格手段生成与文化的关系、汉语言风格类型与文化的关系、汉语言风格建构和解构的文化理据等。这是国内第一部专门从汉文化的视角来研究汉语言风格的专著，从而拓展了风格学的研究领域，标志着我国的风格学研究又迈上了一个新的台阶。

3. 拓展了公关语言学的研究领域

以往的《公关语言学》主要是在共同的民族文化心理的基础之上来探讨公关语言艺术的，然而黎运汉先生认为："公关主体的工作对象——公关客体遍布于世界各个角落，因而公关事业与跨文化的传通有着极为密切的联系……跨文化公关实务的核心问题是语言文化问题，认识跨文化公关语言的性质，讲究跨文化

287

公关的语言艺术，是实现跨文化公关目的必不可少的条件。"① 正是基于这种认识，黎运汉先生在其《公关语言艺术》中设立了"跨文化的公关语言"专章，探讨了语言与文化、公关语言文化的功用、跨文化公关与跨文化公关语言的性质、跨文化公关的语言策略、公关语言与亚文化、汉英交际语言文化差异举隅、中日交际语言文化异同举隅等问题，这无疑拓展了公关语言学的研究领域。

任何《公关语言学》都要着重探讨公关语言表达艺术，然而以往的《公关语言学》著作几乎都未涉及公关语言领会艺术。黎运汉先生认为："口头交际，说和听相辅相成，互相促进。口头交际的才能包括口才和耳才，既善于说，也善于听，才能取得最佳效果。公关口语活动包括述说和听解，公关实务人员既要善说，也要善听，才能保证口语交际和信息沟通任务的顺利完成。"② 正是基于这种认识，他主编的《公关语言学》设置了"公关语言听解艺术"专章；黎先生还认为："公关人员为获取必要的社会信息，做好公关实务，必须具备良好的阅读理解能力，掌握熟练的索解书面语言作品的技艺。"③ 正是基于这种认识，他的《公关语言学》还设置了"公关语言读解艺术"专章。这两章归属该书的第四编"公关语言领会艺术"，无疑拓展了公关语言学的研究领域。

（三）学术理论具有主体性

如果某位学者在某个研究领域，某种学术思想、学术观点为其所独有、所独创，印上了其独特的色彩，为其"专利"，这就表明他的研究具有主体性。与主体性相反的则是因循守旧、人云亦云，甚至是抄袭剽窃。学术理论具有主体性，是黎运汉先生学术创新的一个重要体现。黎先生在语言学研究中十分注重学术理论的主体性，创造"黎氏理论"。例如：他对于修辞学、语体学和风格学三者之间关系的研究，对于修辞学、语体学、风格学、公关语言学和商务语言学等学科的性质、对象及体系的研究等，皆独树一帜，深深打上了黎氏学术思想的烙印。

1. 关于修辞学、语体学和风格学三者之间关系方面的主体性

众所周知，国内语言学界关于修辞学、语体学和风格学三者之间的关系往往纠缠不清，学者们普遍认为修辞学包括语体和风格，也有学者认为语体就是语体风格。

第一次把修辞、语体和风格明确区分开来的是张志公先生，他在《修辞概要》中说："学习写作的人，首先自然是要求把文章写通顺、写明白；进一步再要求把文章写得生动有力；然后，还得根据文章性质和内容，拿稳一种适当的写法；逐渐在不断的阅读和写作的实际练习中，也应该要求自己培养出一定的风

---

① 黎运汉主编：《公关语言学》，广州：暨南大学出版社，2010年，第80页。
② 黎运汉主编：《公关语言学》，广州：暨南大学出版社，2010年，第350页。
③ 黎运汉主编：《公关语言学》，广州：暨南大学出版社，2010年，第366页。

格，使自己的文章具备一定的个性。"①

第一次主张设立修辞学、语体学和风格学的是王德春先生，他认为"可以分设语体学、风格学、修辞学、作文法等分科来研究人们使用语言的状况"②。

第一次比较全面论述修辞学、语体学和风格学三者之间的联系、制约关系与区别的是黎运汉先生。他认为，修辞、语体、风格同属于语言学的言语学范畴，都是语言运用中产生的言语现象，它们有一定的联系，主要表现在修辞手段、语体表达手段和风格表达手段的生成具有一定的相关性，即修辞手段是语体表达手段和风格表达手段得以生成的物质基础，研究语体表达手段和风格表达手段必须从修辞手段入手；修辞手段产生并存在于各种语体和各种语言风格的言语作品之中，修辞学探讨修辞手段的生成和运用的规律必须深入各种语体和具有鲜明风格的作品的言语实际。

黎先生还探讨了修辞、语体和风格之间所存在的一定的制约关系，他认为，修辞手段的运用必须适应语体的要求，受语体制约；"得体"是修辞的一条重要原则；风格对修辞手段的选择、组合与运用也有一定的制约性，任何修辞手段的运用，修辞艺术的创造都必须为整体风格的创造服务，以整体格调的统一为原则，与整体言语气氛相悖是运用修辞手段的大忌；语体和风格存在着相互制约的关系。

黎先生还正确区分了修辞、语体和风格的差别，他认为，这三者之间的构成因素不同，它们是三种不同的言语现象；所处地位层面不同，修辞是处于语言运用的第一层面的言语现象，语体是建筑在修辞之上的较高层面的言语现象，风格是居于语体之上的更高层面的言语现象；研究对象和研究的着眼点不同，即修辞学的研究对象是修辞现象，其着眼点是词、句、段、篇中的一个个具体的修辞现象，着重分析调音、遣词、择句、设格、谋篇的方法、技巧，适切表达修辞内容获得理想表达效果的规律以及对其正确理解、领会与接受的规律。语体学的研究对象是语体现象，其着眼点是一系列同性质的言语作品的语体现象，从语言的实用功能的角度，探讨其运用语言表达手段所产生的言语特点体系的规律。风格学的研究对象是言语风格现象，其着眼点是各种言语作品的语言风格现象，从语言的美学功能的角度，探讨其运用风格表达手段相互联系、相互作用、相互融化之后体现出来的总的格调气氛的规律。总之，语体学和风格学研究的任务和内容不同。而这些不同，正是学科之间相互区别开来、各自独立的根本性条件，因此，

289

---

① 张志公：《修辞概要》，北京：中国青年出版社，1953 年，第 188－189 页。
② 王德春：《修辞学探索》，北京：北京出版社，1983 年。

修辞学、语体学、风格学应是各自独立、并列挺进的邻近学科①。

综上所述，黎运汉先生研究修辞学、语体学和风格学，既有科学的理论作指导，又有扎实的学术专著为支撑，并且科学而系统地构建了语体学和风格学的学科体系，从此修辞学、语体学、风格学才真正得以成为三门相互联系又彼此独立的学科。

2. 关于学科性质、对象方面的主体性

任何一门学科，都有着它特殊的性质和特定的对象。只有准确地把握该门学科的性质和对象，才能促进该学科的建设和发展。然而不少学科的性质和对象往往众说纷纭而莫衷一是，这就一方面要求我们具有辨别能力，择善而从；另一方面要求我们具有进行深入研究的能力，从而形成自己的理论或观点。而后者尤其难能。黎运汉先生无论是在传统学科还是新兴学科中，对这些学科的性质和对象皆有独到见解。限于篇幅，仅以其修辞学和公关语言学研究为证。

（1）关于修辞学学科性质、对象方面的主体性。尽管关于修辞和修辞学的定义众说纷纭，但皆有一个共同点，那就是立足于表达者的角度来探讨如何提高表达效果。黎运汉先生则认为："交际是双方的互动行为，要保持交际的顺利进行，除表达一方要尽力使用好语言以传情达意外，作为接受一方也不应该被动地听或读，也应该积极主动地认真地听或读，力求准确及时地探求出表达方的真实意图，这才是一个完美的言语交际行为。"② 正是基于这种认识，黎先生认为："修辞就是言语交际参与者在特定的语言环境下，根据表达的需要，运用相应的语言形式，恰切地建构话语和正确地解构、理解话语，以达到理想交际效果的活动。""修辞学是研究提高修辞表达和接受效果的规律的科学。"③ 因此黎先生的《汉语修辞学》既谈表达又谈接受，从而弥补了以往修辞学著作只谈表达而忽视接受的不足，可谓独树一帜。

关于修辞学的研究对象，许多修辞学论著都提出以"修辞现象"作为研究的对象，但是如何理解"修辞现象"，长期以来却存在着分歧。黎运汉先生认为："任何修辞现象都有修辞内容、修辞手段、修辞效果三个方面：要表达的客观对象和主观感情，称之为修辞内容；为了增强表达的效果而使用的语言材料，表现方式、方法和技巧，称之为修辞手段；而运用修辞手段表达内容所产生的效果，称之为修辞效果。修辞手段表达修辞内容，修辞效果通过修辞手段来

---

① 黎运汉：《修辞学·语体学·语言风格学》，见《黎运汉修辞·语体·风格论文选》，广州：暨南大学出版社，2004年。

② 黎运汉主编：《汉语修辞学》，广州：广东教育出版社，2006年。

③ 黎运汉主编：《汉语修辞学》，广州：广东教育出版社，2006年，第6-7页。

实现。"①

（2）关于公关语言学科性质、对象方面的主体性。关于公关语言学的研究
对象，黎运汉先生认为："是在于公关实务领域中运用语言的现象，也就是存在
于公关实务活动之中的言语现象。"它包括公关言语活动和公关言语成品。公关
言语活动从表达和领会的角度看分为表达活动和领会活动，从语言媒介形式的角
度分为口头的说听和书面的写读，而无论是表达活动还是领会活动，无论是说听
还是写读，都要以人类自然语言为主要工具，其中说听活动还要用到非自然语言
如体态语言语等辅助手段，写读活动还要运用非自然语言如字形、图画等伴随语
言手段。公关言语成品是指公关言语活动产生的成品，亦即公关主体所说出来的
话语和写出来的文章。

关于公关语言学的性质，黎运汉先生认为："公关语言学的研究对象是公关
实务活动中存在的语言现象。这种语言现象隶属于作为人类必不可少的交际工具
和思维工具的语言。研究语言的科学是语言学，研究公关实务活动中的语言现象
的科学——公关语言学也就必然属于语言学范畴。""公关语言学探讨公关言语
现象，离不开公共关系学的基本原理，因此，公关语言学具有语言学与公共关系
学交叉的特点。"②

3. 关于学科体系方面的主体性

黎运汉先生的《汉语修辞学》《汉语风格学》《汉语语体修辞》《公关语言
学》《商务语言教程》等著作，分别界定了汉语修辞学、汉语风格学、汉语语体
修辞学、公关语言学和商务语言学的学科性质、对象和任务，并在此基础上分别
构建了这些学科的体系。这种体系虽然不是唯一的，但它是开创性的，并深深打
上了"黎氏"烙印。正是因为注重构建体系，黎氏的上述著作才会显示出如此
严密的系统性。

（1）汉语修辞学学科体系的主体性。我们知道，陈望道先生的《修辞学发
凡》构建了以消极修辞与积极修辞两大分野为纲并以辞格为中心的修辞学体系。
张志公先生于 1953 年出版了《修辞概要》，该书的体系与《修辞学发凡》有很
大的不同，建立了以用词、造句、辞格、谋篇、风格为纲的新的修辞学体系。张
弓先生于 1963 年出版了《现代汉语修辞学》，建立了以探索修辞与语言三要素
的关系、辞格与寻常词语艺术化、语体等为纲的修辞学新体系。郑远汉先生于
1979 年出版了《现代汉语修辞知识》，建立了以语言因素为纲的修辞学新体系。
王希杰先生于 1983 年出版了《汉语修辞学》，该书认为修辞活动的核心问题是

291

---

① 黎运汉：《修辞学·语体学·语言风格学》，见《黎运汉修辞·语体·风格论文选》，广州：暨南
大学出版社，2004 年。

② 黎运汉主编：《公关语言学》，广州：暨南大学出版社，2010 年，第 25、27 页。

同义手段的选择，并以交际功能为经、以同义手段为纬作为贯穿全书的两条主线，形成了崭新的修辞学体系。1996 年王希杰先生又出版了《修辞学通论》，建立了以"四个世界（语言世界、文化世界、心理世界、物理世界）""零度和偏离""显性和潜性"等三组概念为纲的新的修辞学体系。小子不才，于 2003 年出版了一本运用同义学说并结合作家的写作实践撰写而成的修辞学著作《现代汉语同义修辞研究》，也有自己独特的体系与特色。

那么，黎运汉先生主编的《汉语修辞学》的特色在哪里呢？我们认为体系的创新是该书特色之一。黎氏的《汉语修辞学》分为三编。第一编为修辞学的基本理论，下设五章：第一章修辞和修辞学的含义、性质及社会价值，第二章修辞学的研究对象、任务、范围及其与相关学科的关系，第三章修辞学发展繁荣的轨迹和现状，第四章修辞与语境，第五章修辞的原则。第二编为语料修辞，下设三章：第六章语音修辞，第七章词语修辞，第八章句子修辞。第三编为语用修辞，下设六章：第九章修辞同义手段的选择，第十章辞格的运用，第十一章辞趣的创设，第十二章语篇修辞，第十三章语体修辞，第十四章风格修辞。这三大板块既相互独立又相互联系，黎先生在该书的"前言"中指出：第一编修辞学的基本理论"是全书的理论核心，对第二编和第三编的论述起导向作用"。"第二编'语料修辞'，包括第六章至第八章，着重从静态的角度阐释语言三要素——语音、词语、语法所构成的修辞手段及其所具有的表达功能或修辞功用，旨在为第三编'语用修辞'打下物质基础。第三编'语用修辞'，包括第九章至第十四章，着重从动态角度论析修辞同义手段的选用、辞格运用、辞趣创设、语篇修辞、语体修辞和风格修辞的艺术、特点和规律。该编是全书的重点，突现了修辞的实用价值。"由此可见，该书将理论探讨、静态描写和动态研究有机地融为一体，从而构建了以研究修辞学的基本理论为核心，以语料修辞为基础，以语用修辞为重点的修辞学新体系。这是具有"黎氏"特色的修辞学体系，它彰显了"黎氏"在修辞学研究领域的主体性。

（2）汉语语体修辞学学科体系的主体性。黎运汉先生于 1989 年出版了《现代汉语语体修辞学》。该书分为五个部分：第一部分讨论语体和语体学的基本理论问题；第二部分研究口语语体的基本特征、修辞要求和特点；第三部分研究书卷语体的四个基本分体及其下位分体的修辞要求和特点，揭示其基本规律；第四部分研究语体交叉的方式及文学政论语体与文学科学语体这两种典型交融语体的修辞要求和特点；第五部分研究翻译语体的修辞原则、要求和特点。这是国内第一部成体系的语体修辞学专著。

（3）公关语言学学科体系的主体性。黎运汉先生于 1990 年出版了《公关语言学》。该书初步构建了比较系统而科学的公关语言学体系；10 年之后，黎先生将其《公关语言学》（第 4 版）分为四编十四章。第一编公关语言学导论，科学地阐释公关语言学中的基本理论问题；第二编公关语言现象，详细地分析了跨文化的公关语言、副语言和体态语、公关礼貌语言和公关语言表现风格；第三编公关语言表达艺术，具体研究了各类公关人员的口头表达艺术和各类公关文体的书面表达艺术；第四编公关语言领会艺术，阐释了公关语言听解艺术和读解艺术。该书对其过去的《公关语言学》进行了结构调整，加深了理论分析，增设了章节，充实了薄弱环节，融入了新成果，增加了新语料，增强了实用性和针对性，从而进一步完善了公关语言学的学科体系。

（4）商务语言学学科体系的主体性。黎运汉先生于 2005 年出版了《商务语言教程》。该书共 15 章，探讨了商务语言学的对象、范围和任务、商务语言的功用与特点、商务语言的心理机制、商务语言的文化积淀、商务语用的基本原则、体态语言在商务语言交际中的运用、商务礼貌语言和禁忌语言、商品营销语言艺术、酒店服务语言艺术、旅游服务语言艺术、总裁经理的语言艺术、商务谈判的语言艺术、商名与商联的语言艺术、商务广告的语言艺术、商务文体的语言运用等问题，从而比较全面而系统地构建了商务语言学的学科体系。

需要说明的是，任何学科的体系都是具有多元性的。学者们对该门学科研究对象和性质的认识不同，所形成的体系也就自然会不同。即使在对象和性质方面认识相同的专家学者，但由于其研究方法不同，也可能形成不同的体系。上面所列举的陈望道、张志公、张弓、郑远汉和王希杰等先生的修辞学著作中不同的体系就充分证明了这一点。这些体系皆具有个性特征，即某种体系是属于"某一家"的。一部分人可能会认同这"某一家"的体系，另一部分人则可能另起炉灶来构建另一种体系，这也是学术争鸣和学科繁荣的重要途径。

二、实践管用

语言研究理应注重语言自身的特点和人们运用语言的实际，应该为人们准确地认识语言和正确地解释各种语言现象服务，为解决语言运用中的各种问题，并更有效地运用语言服务。总之，语言研究的最终目的是指导人们更好地运用语言。理论来源于实践，又必须反过来为实践服务。黎运汉先生深明此理，他在从事语言研究时，总是以实践性和实用性为出发点，强调理论阐释与实用研究相结合，因此黎运汉先生语言学研究成果的第二大特色就是实践管用。这主要体现在两个方面：一是注重学术研究与社会需求及教学实践相结合，二是注重理论阐释与语言运用相结合。

（一）注重学术研究与社会需求及教学实践相结合

20 世纪 80 年代，随着改革开放的逐步深入和社会主义市场经济的迅猛发展，国内出现公关热潮，公共关系学也就应运而生了。然而公共关系学教材里一般是不涉及公关语言的，例如：张克非《公共关系学》（2001 年）；有的公共关

293

系学教材设置了与"公关语言"有关的章节，例如：黄德林《当代公共关系概论》（1992年）设置了"公关写作技巧"专章，居延安《公共关系学》（2001年）设置了"公共关系实务操作之二：言语传播"和"公共关系实务操作之三：文字传播"两章。然而它们与严格意义上的"公关语言"研究还相差甚远。这种状况与政府机关和企事业单位的公关活动的要求是不相适应的，与提高公关人员素质要求也是不相适应的。公共关系，既要注重公关理论和公关实务，也要注重公关语言，它们三足鼎立，缺一不可。黎运汉先生与时俱进，把握时代的脉搏，适应时代的需求和公关人员素质培训的需要，于1988年开设公关语言学课程，并于1990年出版《公关语言学》。

黎先生结合教学搞科研，他的著作大多是在教学的基础上撰写而成的。例如：1985年，暨南大学接受国家教委的委派，第一批办起大学助教进修班，黎运汉先生担任这个班的班主任，并开设修辞学、语体学、风格学三门课程。《现代汉语修辞学》原本是黎先生讲课时使用的教材，是他与张维耿先生合写的；其《汉语风格探索》原本也是他在助教班讲课的教材。《现代汉语语体修辞学》是黎先生和他的学生一起在其讲义的基础上写成的，于1989年出版。其后20年，黎先生一边教学一边继续深入研究，于2009年出版了《汉语语体修辞》。

（二）注重理论阐释与语言运用相结合

理论的价值在于其对实践的指导性，如何根据一定的语言理论认识来具体深入地分析和解决相关方面的实际问题，这是摆在语言研究者面前的重要课题。黎运汉先生的修辞学、语体学、风格学、公关语言学和商务语言学等方面的著作，既具有扎实而系统的理论知识，并且不乏富于创新的理论，又具有丰富而有针对性的应用研究。例如黎先生在其《汉语修辞学》的前言中写道："实用是教材重要价值的体现。修辞具有实用性和审美功能，修辞教学的重要使命在于使学生具有较高的实际运用语言（包括言语表达和话语理解）能力与赏识语言艺术美的能力。为此，我们致力修辞理论建设，力求深入而科学地阐明语用修辞的基本原理和原则，重视修辞实例的搜集和正确诠释；既从各种语体作品的修辞范例中揭示修辞规律，以便于人们学习，也适当剖析一般言语作品中的修辞病例，启发人们有意识地防止乱用修辞的倾向。重点放在各种重要修辞手段的运用原则和策略上，突出语篇修辞和富于实用价值的语体修辞、风格修辞的阐释，并为各章配置了思考与练习题，力求教材在理论性、艺术性方面都有相当的深度和力度，体现出较高的实用品格。"黎先生的诸多著作皆既善于从丰富多彩的语言运用实践中搜集和发掘语料，并从中归纳出理论知识；又善于运用理论知识去指导语言运用的实践活动，从而使得理论性与实用性水乳交融，堪称语言研究的典范。

三、方法科学

从事任何一门科学研究都要注重方法的科学性。不同的学科之间可以具有某种相同或相通的研究方法，也具有各自特殊的研究方法。找到恰当的研究方法，是科研成功的必备条件和有效途径。黎运汉先生深明此理，他在从事语言研究时，非常注重运用科学的方法，因此黎运汉先生语言学研究成果的第三大特色就是方法科学。例如他运用了归纳法、演绎法、描写与阐释相结合的方法、共时与历时相结合的方法、定性与定量相结合的方法等。对此时贤已撰文论述，故不再赘述。

《当代修辞学》2014 年第 4 期刊登了《黎运汉先生访谈录》一文，我们特别注意到黎先生在访谈中说过的一段话："中国修辞学、语体学、风格学研究已经开始形成新的走势、新的特点，无论是研究历时的，还是研究共时的，都已经着力从动态方面进行研究，也开始注意到修辞、语体、风格和文化的互融互动关系，从文化的角度找社会动因。"

黎先生这段话实际上涉及了他研究语言所运用的两种方法。所谓"无论是研究历时的，还是研究共时的，都已经着力从动态方面进行研究"，这实际上就是告诉人们要运用"动态追溯法"来研究语言。所谓"也开始注意到修辞、语体、风格和文化的互融互动关系"，这实际上就是告诉人们要运用"学科渗透法"来研究语言。

"动态追溯法"和"学科渗透法"始终贯穿于黎先生所有的论著当中，仅以其《汉语修辞学》而论，黎先生运用"动态追溯法"来研究修辞。该书分为三编。第一编为修辞学的基本理论，这是全书的理论核心；第二编为语料修辞；第三编为语用修辞。这三编分别从静态和动态的角度来研究修辞，于是理论探讨、静态描写和动态研究就有机地融为一体。鲁迅先生曾在《不应该那么写》一文中指出：

凡是已有定评的大作家，他的作品，全部就说明着"应该怎样写"。只是读者很不容易看出，也就不能领悟。因为在学习者方面，是必须知道了"不应该那么写"，这才会明白原来"应该这么写"的。

这"不应该那么写"，如何知道呢？惠列赛耶夫的《果戈理研究》第六章里，答复着这个问题："'应该这么写'，必须从大作家们的完成了的作品去领会。那么，'不应该那么写'这一面，恐怕最好是从那同一作品的未定稿本去学习了。在这里，简直好像艺术家在对我们用实物教授。恰如他指着每一行，直接对我们这样说——'你看'——哪，这是应该删去的。这里要缩短，这要改作，因为不自然了。在这里，还得加些渲染，使形象更加显豁些。"

这的确是极有益处的学习法，而我们中国却偏偏缺少这样的教材。

295

　　鲁迅先生在这里实际上告诉人们要善于运用动态追溯法去学习和领会作家的作品，而黎先生正是试图以动态追溯的方法引导读者去体会和探寻作者的修辞操作及其奥秘，明白其所以然，从动态的角度来研究如何运用语言来提高语言表达的效果，并且希望它能够为读者提供一条研究"应该这么写"和"不应该那么写"的有效途径。

　　"学科渗透法"是指某人在某个学科领域善于运用其他相关学科的知识和方法来从事科学研究。例如黎先生在《汉语修辞学》中综合运用多学科的理论来研究修辞学：运用语法学、逻辑学、心理学、语义学、语用学、语体学和风格学来研究修辞学与这些学科的关系；运用语言学理论来研究语音修辞、词语修辞和句子修辞；运用语体学理论来研究语体修辞；运用风格学理论来研究风格修辞等。运用这种"学科渗透法"，使得其研究视野更加开阔，对修辞学能够展开多学科、多角度、多方位的交叉性和综合性研究，进一步拓宽了修辞学的应用价值。

　　一种方法之所以被称为"科学方法"，那是由于它能够如实地反映事物的本来面目、能够按照事物自身的发展演变规律去分析和解决问题。然而任何方法都有其局限性，不存在放之四海而皆准的方法；同时任何研究方法也都有一个认识的不断深化问题；方法又具有多样性和灵活性，大到一门学科的研究方法，小到解决某个具体问题的方法，都不是唯一的，不同的方法也可以解决同样的一个问题。关键是看在处理问题时，运用哪种方法更为恰当和更为有效。总之，研究方法是以解决问题为宗旨的。

黎运汉先生在整合"选择"说与"组合" 说上的重要历史贡献

曹德和①

从"选择"和"组合"角度看,修辞在我国有着悠久的传统。脍炙人口的推敲的故事,广为流传的黄犬奔马句法工拙论,以及《古汉语同义修辞》展示的上古汉语针对同一历史场景形式各异的同义表述等,充分显示我国学者很早就意识到妥帖选择与成功修辞的因果联系。《文心雕龙》被视为既是文学理论和文章学著作也是较为系统论述修辞的著作,其中写道:"夫人之立言,因字而生句,积句而为章,积章而成篇。……章句在篇,如茧之抽绪,原始要终,体必鳞次。启行之辞,逆萌中篇之意;绝笔之言,追媵前句之旨;故能外文绮交,内义脉注,跗萼相衔,首尾一体。"由此可见,对于得当组合与成功修辞的依存关系,我国学者亦早就有了清醒认识。从《文心雕龙》既有关于"炼字"的专题论析又有关于"章句"的集中讨论不难看出,我国古代学者从未将"选择"与"组合"视为主从关系或包含关系,而是始终认为对于修辞来说,"选择"与"组合"如鸟之两翼、车之两轮,相互支持、缺一不可。20世纪50年代伊始,张志公先生阐释何谓修辞学时指出:修辞学是关于"怎样选择合适的词,怎样整饬句子组成篇章"的学问。可见,认为修辞活动通过选择和组合共同完成,在我国修辞研究史上乃是源远流长的基本认知。

然而从20世纪60年代开始,情况发生了变化,先是张弓先生在1963年出版的《现代汉语修辞学》中表示,修辞学的主要任务就是研究同义形式选择(为便于叙述,"同义形式选择"以及"同义手段选择"等,后文有时简称为"同义选择");接着在"文革"结束数年后,相继有林兴仁、郑远汉、王希杰等先生,通过《汉语修辞学研究对象初探》《关于修辞学的对象和任务》《修辞的对象及其他》等文章的发表,不约而同表达了与张弓先生相近的意见。在1993年出版的《修辞学新论》中,王希杰先生更是进而声言:"如果说,全部修辞学问题都可以归结为同义手段说,同义手段说就是修辞学的全部。这也并没有什么

① 曹德和,文学博士,安徽大学文学院教授、博士研究生导师,主要从事语言文字应用和语言文字理论研究。

297

错儿。""如果我们区别开语言的同义手段——这还不能包容全部的修辞学问题——和言语的同义手段——这是一个广阔的天地，有待开发，又提倡对言语的同义手段的大力研究，那么便可以用同义手段说解开全部修辞学之谜，建立独立完整的修辞学理论大厦。"概言之，20世纪60年代以降，在我国修辞学界，将修辞学问题大部分或全部纳入同义选择范畴的学术思潮，在不长时间内便走完从初显到完形的全过程。有意思的是，20世纪80年代末，在前述思潮势头正猛的情况下，刘焕辉先生反其道而行之，以毫不含糊的语言亮出截然对立的学术命题，即所谓"一切修辞手段都可概括为组合，一切修辞现象都是言语组合形式的生动表现"。以上命题尽管唱和者寥寥，但因为刘先生是颇有影响的修辞学家，加之其观点与当时迫切希望改变修辞学现状的不少青年学者的想法有颇多合拍之处，随着刘先生有关论文和论著的不断推出，针锋相对的"选择"说与"组合"说一度形成双峰并峙之势。

　　20世纪下半叶"选择"说得以快速兴起主要有四方面原因：其一，结构主义语言观的规约。王维贤先生指出："一般讲语法的人认为，语法是研究组词成句的规律的，句子是语法研究的上限。讲修辞的人虽然没有这样'故步自封'，但是大多数人仍然把他的重点放在选词、炼句以及主要涉及句子范围以内的不同辞格和不同句式的选用上。"应当说这是符合实际的评述。张弓先生之所以明确表示修辞研究"总不能超出语言的单位，也就是总不能出乎语言词句之外"，郑远汉、季世昌、费枝美、戴磊等先生之所以强烈反对将组句成篇规律研究纳入修辞学管辖范围，原因在于为结构主义语言观所规约，不少学者早已形成如下思维定式：无论语法学还是修辞学，既然是从语言学角度开展研究，那么就应当将考察范围严格控制在词句之内。以词句为基础开展研究，组合规律的探讨划给了语法学，选择规律的研究语法学不管，谁来管？似乎无可推托应由修辞学管。结果，随着我国修辞研究的语言学色彩越来越浓，那些认为修辞研究当以结构主义语言观为指导的学者，也就很自然地把同义选择视为修辞学核心任务。其二，苏联风格学的影响。20世纪30年代至80年代，语言风格研究成为苏联学术热点。当时苏联学者普遍认为，同义手段系统及其选择规律的揭示既是风格学中心课题，也是修辞学主要任务。如格沃兹节夫说："修辞学主要是从使用的观点来分析意义上的各种细微的差别，帮助解决意义相近的语言手段的选择问题。"叶菲莫夫说："言语手段的同义现象是修辞学的中心课题。""修辞学研究语言手段的表情达意性能，确定词汇、成语、词类和句子结构诸领域内所存在的同义成分和变体，因此，它应该是语言研究的一个顶峰和整个民族语言文化的发展的理论基础。"一方面因为二十世纪五六十年代我国学术研究基本上是紧跟苏联走，另一方面因为当时苏联语言风格研究居于世界前沿，于是乎，在其强势影响下，同义选择研究在我国修辞学界日益成为中心论题。其三，国内学术领袖的支持。在林、郑、王等强调同义手段研究重要性文章面世不久的 1982 年，当时身为中国修辞学会会长的张志公先生，在《修辞学习》创刊号上公开发表了题为"修辞是一个选择过程"的文章；紧随其后，1984 年，当时身为中国语言学会会长的吕叔湘先生，在《我对于"修辞"的看法》一文中表示："（修辞）照我的看法，应该是'在各种可供选择的语言手段之间——各个（多少是同义的）词语之间，各种句式之间，各种篇章结构之间，各种风格（或叫作"文体""语体"）之间——进行选择，选择那最适合需要的，用以达到当前的特定的目的。'"20 世纪 80 年代，同义选择研究快速崛起，应当说与学术领袖的公开支持不无关系。其四，初战告捷的鼓舞。20 世纪 80 年代，率先倡导同义选择研究的林兴仁先生指出："同义结构的货架上的货色很多。"从林先生等学者相继发表的有关同义选择的论文，以及从后来林先生推出的《句式的选择和运用》、李维琦等先生出版的《古汉语同义修辞》、王希杰先生展示的《修辞学通论》，可知此言不虚。我国学界前辈虽然很早就关注同义手段问题，但有关探讨或失之零敲碎打，或失之浅尝辄止，而一旦作为专题开展研究，则会发现作为考查对象的同义选择，不仅是言语语言学研究的富矿，而且是永远发掘不完的宝藏。因为以同义为线索，对语言和言语资源加以联系，不但几乎共同语的全部语言和言语资源，而且几乎方言以及外语的全部语言和言语资源，都存在尽入其彀的可能。当实践表明有关成果无论对于风格学还是语体学以及修辞学研究的形式化和科学化都能提供巨大帮助，那些率先将同义选择研究作为主攻方向的学者自然是信心倍增，越战越勇。

为什么在同义选择研究方兴未艾之际，刘焕辉先生不以为然地提出修辞学应将"组合"研究作为发展方向？根据考察，主要原因有三：一是学术背景以及治学观的作用。刘焕辉先生 1956 年毕业于江西师范学院，其后在师院附中当了十年语文教师，其间深切体会到组句成篇知识对于渴望掌握写作技能的学生具有怎样的实用价值。他于 1980 年推出的学术专著《语言运用概说——用词造句》，尽管不乏同义选择知识的介绍，但全著十六章中有九章专门论述话语"组合"规律，也就是说该著是以组句成篇知识传授为重心。他于 20 世纪 80 年代初开始动笔的《修辞学纲要》，诚如后记所言，是"以言语形式的成功组合为线索，把汉语修辞的各种手段一线贯穿，组成一个完整的统一体"。认为语言研究应有助于说写，以及认为最有实用价值的语言知识乃是组句成篇知识，这种治学观不仅深刻影响了刘先生学术研究的课题选择和轻重权衡，同时有力影响了其"一切修辞手段都可概括为组合"学术命题的形成。二是语言研究新趋势的促发。现代语言学起始于索绪尔《普通语言学教程》的问世，因学科发展逻辑使然，前几十年的语言研究一直是以语音、词汇、语法系统以及辞格系统的静态描写为主。随着语言学研究目标的初步完成，语言学科开始调整重心，由静态描写向动

299

态考察转移。语用学、言语交际学、语篇语言学等新学科的接踵涌现，充分反映言语语言学研究已被提上议事日程。刘焕辉先生一直期待言语语言学研究的早日开始，其间他对语用学等新学科的理论和方法作了深入研析，并将其中能够为己所用之处融入个人基于"组合"说的学术探讨。他论及"组合"研究何以重要时，经常以"组合"研究符合学科发展方向为理由，可见"组合"说的提出与语言研究新趋势不无因果联系。三是辩证系统观的导引。刘焕辉先生提出"组合"说之际正是系统方法观备受重视之时。辩证系统观认为，基于一切事物均处于内外联系中，以及基于一切联系均处于运动过程中，要想认识研究对象，不仅应当将其置于内外联系中考察，而且应当将其置于运动过程中审视。这也就意味着，要想认识修辞现象，不仅应当将"辞—意"矛盾和"言—境"矛盾作为探秘窗口，而且应当将真正体现修辞运动的"组合"过程作为观测途径。刘先生是个高度重视哲学思辨的学者，不言而喻，"组合"说的形成很大程度是辩证系统观启迪的结果。而其后实践充分显示，"组合"说的提出有力促进了组合修辞学的发展，在推动我国语篇语言学的快速兴起上发挥了不可低估的作用。

无论"选择"说还是"组合"说，都有充分资格青史留痕。不过客观讲这两种学说均存在偏颇之处。王希杰先生基于"选择"可以上及语篇、语体选择而声言同义选择可以将"组合"涵括在内，这说法看似凿凿有据，其实不然。话语组织规律并不属于同义选择所关注的课题，事实上"选择"并不能够全面覆盖"组合"研究的内容——如果真能覆盖，那些主攻语篇语言学的学者则得另谋生路了。刘焕辉先生基于任何"选择"的结果都将在组合轴上呈现而声称"组合"可以涵括"选择"，这说法看似无懈可击，其实非也。以"组合"为主攻方向的学者，不可能像林、李、王等先生那样，对同义手段选择现象及其内在规律进行专精而系统的研究，事实上"组合"研究无法包打天下以至可以取代"选择"研究。毋庸讳言，与前面提及的将"选择"和"组合"视为两翼两轮关系的传统修辞论相比，"选择"说和"组合"说都存在一定片面性，而传统修辞论则相对显得较为全面。这是否意味着"选择"说和"组合"说的登场非但没有将修辞学推向前进反而导致退步？不能这样看问题。传统修辞论虽然全面，但那是"肤浅的全面"；"选择"说和"组合"说虽然片面，但那是"深刻的片面"。从是否有助学术发展看问题，应当认为"深刻的片面"胜于"肤浅的全面"。历史经验表明，全面的研究往往属于伤其十指、以水济水的研究；片面的研究每每属于断其一指、别开生面的研究。顾准先生认为，在学术发展过程中，形而上学性的片面研究不仅是正常的，同时也是必要的。他指出："科学家不专不能有所发现发明。专了，总不免眼界狭隘，以偏概全。以偏概全，是书呆子的通病，这并不可怕。……人类就是在这种不断的偏（偏来偏去、颠颠拐拐）中蹒跚行进的。"

不过话说回来，"深刻的片面"毕竟存在"片面"的不足，如果能够通过否定之否定，从"肤浅的全面"走向"深刻的片面"继而走向"深刻的全面"，岂不更好？顾准先生之所以认为对于"片面"不应过于求全责备，乃因为看到，"以一个人而论，是以偏概全；多少人的'偏'凑合起来，也就接近于全了"。亦即在他看来，学术发展的合理逻辑最终应当是由"深刻的片面"走向"深刻的全面"。我们注意到，在推动有关研究从否定走向再否定的螺旋式递进上，黎运汉先生作出了重要贡献。黎先生的前述贡献主要通过以下四个阶段完成。

第一阶段：1980—1985 年，明确表示修辞学需要重视同义选择研究，同时明确表示语篇组合也应作为修辞学重要课题。

1980 年 12 月 4 日至 11 日，中国修辞学会成立大会于武汉举行，黎运汉先生与张维耿先生共同提交了题为"汉语修辞学的对象、任务和范围"的论文。文章除了明确表示"同义形式的选择，是修辞学的一个重要课题"，同时在列举词语同义选择以及语法同义选择现象的基础上，就如何开展有关研究提出了具体意见。在前述文章中，针对"讨论篇章结构，'就会侵占文艺创作论、文章作法的领域，就会模糊修辞学语言科学的本质'"的看法，作者入情入理地展开商榷，指出："语言表达效果的好与坏同遣词选句、组段成篇都有密切关系"；不少辞格研究事实上已经超出了语言词句的范围，"如排比就可以是句子结构相同或相似的几段文章的并列，组成段落的排比，反复也可以表现为几个段落中同一语句的反复出现"。该文态度和婉却又旗帜鲜明地表示："把篇章结构排斥出修辞学研究的范围，恐怕是不尽恰当的。"

在全国修辞学首次会议上，除了认为修辞学需要重视同义选择，同时认为语篇组合也应作为修辞学重要课题，在出席会议的一百四十几位代表中，稀如凤毛麟角。当今修辞学界，即便曾经怀疑同义选择研究价值的学者也都改变了观念；随着语法学界亦将考察范围延伸到句子以上单位，把篇章组合研究置于修辞考察范围之外的做法早已成为历史陈迹。以今天眼光看，黎先生当时只是表达了近同常识的观点；但在三十七年前，能够如此正确认识问题实属难能可贵，因为这不仅需有卓越的学术眼光，而且需有超凡的学术勇气。

第二阶段：1986—1992 年，将既重视同义选择又重视语篇组合的学术思想贯彻于《现代汉语修辞学》著作撰写中，加以具体化。

1986 年 8 月，黎运汉先生和张维耿先生合作完成的《现代汉语修辞学》在香港出版。这是一部"内容充实，并富有新意"（李运富语）的学术专著。全著由七章组成。第一至三章以"绪论""中国古代的修辞理论""汉语修辞学的建立和发展"为前导；第四至六章分别以"语言同义形式的选择""修辞方式""句段的组合"为主干；第七章以"语言风格"殿后。就分工看，开头三章属于修辞学理论务虚；中间三章属于修辞学本体内容阐释；最后一章属于修辞学相关

301

知识介绍。居于该著核心位置的第四至六章，除了一章是关于修辞方式即辞格知识的说明，另外两章则是集中讨论同义选择和语篇组合。修辞学著作通常都要谈到的"调音""选词""择句"等知识，被分别穿插于有关"选择"和"组合"的讨论中。由此可知，该著作的宏观设计和微观安排，是以论者多年前初具雏形其后逐步完善的学术思想，亦即将"选择"和"组合"视为修辞操作基本途径的学术思想作为指导。

基于中国修辞学会成立初期，如何看待同义选择学术地位的讨论日趋激烈，黎、张两位先生在上述著作中不无针对性地表达了自己的意见：

同义结构是否属于修辞学研究的唯一对象呢？不少人持有不同的看法。不错，语言中有丰富的同义结构供我们选用，选用同义结构是普遍的、重要的修辞现象。过去对同义结构选择的修辞作用重视不够，今后要加强这方面的研究工作。但是，并不能把同义结构作为修辞学研究的唯一对象，因为它不能概括所有的修辞现象。

黎、张两位先生作为同义选择研究的率先支持者以及同义选择研究的深入实践者，以上表态在当时起到很好的纠偏作用。

第三阶段：1993—2005 年，将"选择"和"组合"视为修辞操作的互补性关键词，植入简明而科学的关于修辞行为的定义中。

1995 年 10 月初，第六届语法修辞研讨会在黄山北麓召开，因为"跨世纪的中国修辞学"被列为重要议题，作为南方修辞学领军人物的黎运汉先生应邀出席了会议。其间当讨论到应当如何看待"选择"说与"组合"说分歧时，黎先生谈了个人看法，指出"选择"说与"组合"说都有其合理的一面，二者不是排斥关系而是互补关系。当时听了他的发言，我有种振聋发聩的感觉。以互补关系认识"选择"说与"组合"说，是黎先生经过深思熟虑后逐步趋于明朗的修辞观。在 1993 年 12 月 17 日至 20 日于澳门召开的"语言风格学与翻译写作国际研讨会"上，他提交了题为"修辞学·语体学·语言风格学"的学术论文。该文通过赋予修辞的全新定义，即"修辞是在特定语言环境下选择、组合语言形式，表达特定的思想内容，以增强表达效果的言语活动"，首次亮出作者对于同义选择与语篇组合之间关系及其在修辞操作中所处地位的前卫看法。以"选择"行为和"组合"行为概括修辞操作全过程，经得起理论推敲和实践检验吗？人所共知，"选择"和"组合"分别发生于语言或言语的纵向轴线和横向轴线上，通过纵向轴线表现出来的语言单位之间的关系，索绪尔称之为"联想关系"，通过横向轴线表现出来的语言单位之间的关系，索绪尔称之为"句段关系"。从索氏以"句段关系"命名横向组合关系可以看出，其所论及的横向组合关系是以句子为上限的。索绪尔之所以将横向组合关系严格控制在句子以内，乃因为在他看来，句内语言单位之间的横向组合均具线条性、现场性、规则性特征，而句外言语单位的横向组合，很难说有什么规则可言。将言语单位横向组合视为无规则组合显然不合情理。言语信息传递以话语为载体，话语建构离不开言语单位横向组合的支持，通过话语信息通常都能顺利传递，可知前述组合必定建立在为交际双方所熟悉的社会规约的基础上。20世纪后半叶，雅柯布逊、列维·施特劳斯等西方学者，相继以索绪尔双轴理论为基础，将"选择"与"组合"的结合研究延伸到诗歌、神话等言语作品，并获得令人耳目一新的极大成功。前述实践充分表明，从"选择"和"组合"角度开展修辞研究，并不存在操作上的障碍。前些年围绕"选择"和"组合"概括性的问题，我国修辞学界开展过热烈讨论。其间有些学者明确表示，"选择"和"组合"统摄能力有限，它们难以全面涵括呈现于纵向轴线和横向轴线上的修辞现象。我们以为，用什么样的术语指谓修辞操作，尽可自便，但断言"选择"和"组合"不具有高度概括性，则不无可商之处。根据笔者考察，由两个或两个以上语符单位组成的在场序列，不论该序列出现在语言或言语中，也不论它出现在语言或言语自由结合的哪个层面上，其中任一单位总是同时处于纵向轴线和横向轴线的交汇点上，故而以"选择"和"组合"为基础的研究范式不仅可以从语言延伸到言语，而且可以从语言各个自由结合层面延伸到言语各个自由结合层面。这也就意味着，纵向轴线和横向轴线上的修辞现象，无论以何种形态出现，都可纳入"选择"和"组合"辖域，都可从"选择"或"组合"角度加以阐释。具体说吧，所谓"选择"，我们既可用它指谓增删形式与非增删形式之间的同义选择，也可用它指谓调整形式与非调整形式之间的同义选择；既可用它指谓扩展形式与浓缩形式之间的同义选择，也可用它指谓创新形式与既有形式之间的同义选择；既可用它指谓变异形式与常规形式之间的同义选择，也可用它指谓现代语言形式与古代语言形式之间的同义选择；既可用它指谓通语形式与方言形式之间的同义选择，也可用它指谓族语形式与外语形式之间的同义选择等。而所谓"组合"，同样具有极强的普适性，我们既可用它指谓为语言规则所制约的语言单位之间的线性联系，也可用它指谓为言语规则所制约的言语单位之间的线性联系；既可用它指谓言内条件支持下的线性联系，也可用它指谓言外条件支持下的线性联系；既可用它指谓循规蹈矩的线性联系，也可用它指谓超常破格的线性联系等。关于"组合"的覆盖力，为节省篇幅，这里只是粗线条地说一说。粗说也好细说也罢，总之，横向轴线上的各类联系都可以用"组合"称谓。黎运汉先生在语言学先驱启发下，从"选择"和"组合"角度看问题，并将"选择"和"组合"作为认识修辞行为的互补性关键词，这无疑是极其睿智的。令人高兴的是，黎先生有关修辞的前述定义得到学界广泛认可。近年来不少学术论文，如刘志先《〈邓小平文选〉言语风格初探》

（1996）、许艳平《修辞中的同义结构是一种言语现象》（2001）、王岚《中越比喻修辞格对比》（2007）、朱国娟《以修辞学为视角上好〈雷雨〉》（2007）、张欣《唐代边塞诗修辞格研究》（2015）等，除了将它一字不易地加以引用，同时将它作为指导修辞研究的理论指南。

第四阶段：2006年至今，在深刻认识选择研究与组合研究的基础上，主编第二部修辞学专著《汉语修辞学》，推出"静""动"兼顾的修辞学新体系。

20世纪80年代在我国一些学者之间展开的那场争论，即我国修辞学是应当朝着加强选择研究的方向推进还是应当向加强组合研究的方向前行的争论，在某些学者看来，所反映的乃是应当继续深化语言修辞学研究还是应当及时向言语修辞学方向转移的分歧，或者说，所反映的乃是应当进一步深化修辞的静态研究还是应当及时向修辞的动态研究调向的分歧。存在以上认识不难理解。原因在于：同义手段研究是由瑞士语言学家巴利所开创，其前述研究乃是为了探明"语言体系的各种要素的表现力问题，以及构成某一语言表现手段体系的各种言语事实的相互作用问题"，也就是说他是从修辞资源发掘的角度开辟上述研究领域的。之后，苏联谢尔巴、维诺格拉多夫、叶菲莫夫、科任娜等学者，以及我国高名凯、张弓等学者，有关同义手段的研究也基本是站在语言修辞学立场上。因为从研究目的看，语言修辞学主要旨在揭示不同修辞手段的不同表达功能，而言语修辞学主要旨在帮助人们正确运用修辞手段以高效传情达意，以及因为前一目标的实现主要通过动中取静之途径，后一目标的实现主要通过化静为动之过程，故而不少人很自然地认为，不仅语言修辞学属于静态研究，同时同义手段亦属静态研究。其实正像黎运汉先生注意到的那样，静态研究与动态研究主要取决于研究目标和研究方式的不同设计，"对修辞现象既可作静态研究，也可作动态研究"，就同义手段来说也是如此。基于以上深刻认识，在为2006年推出的《汉语修辞学》内容安排确立了"静动兼顾，以动为主"的指导方针后，黎先生不是像张弓先生那样，仅仅给予同义手段以静态介绍，而是通过静态观照与动态观照相结合，将有关同义手段的讨论有机地融入对于修辞现象静动结合的阐释中。具体言之，该著由三编组成。理论务虚交第一编负责，本体务实交第二编和第三编承担。第二编以"语料修辞"为标目，侧重于修辞资源的静态介绍；第三编以"语用修辞"为标目，侧重于修辞过程的动态论析。第二、三编都有关于同义手段的深入讨论：前者主要介绍同义手段的功能差异，后者主要介绍同义手段的运用规律。与同义手段动态运用有着互补关系的话语组合，有关知识的介绍亦置于第三编。概言之，在黎先生推出的第二部修辞学专著中，同义选择和话语组合，以及修辞的静态研究和动态研究，被合理而紧密地融为一体。顺带说一句，第二编和第三编，作者放弃"语言修辞"和"言语修辞"旧名称，而采用"语料修辞"和"语用修辞"新提法，无疑是十分明智的。之所以这样说，除了因为如何划分"语言"与"言语"学界存在多种方案，更因为包括索绪尔在内的诸多语言学家早已将修辞学纳入言语语言学范畴，既然如此，在修辞学内部再作"语言"与"言语"区分，逻辑上站不住。黎先生以"语料修辞"和"语用修辞"称谓修辞现象的静态研究和动态研究，不仅避免了可能引发的争议以及无法自圆其说的硬伤，同时作为教材也较好照顾了多数读者。

黎运汉先生在言语风格界定上的重要建树

——从汉语学界有关言语风格的认识分歧说起

王卫兵①

1993 年岁末，程祥徽先生在其发起和主办的"语言风格学与翻译写作国际研讨会"（澳门）上指出："由于'风格'多义性的干扰，汉语风格学在它建立科学体系的途程中遭遇到极大的困难，甚至至今还不能将学科的对象和目标确定下来。"并表示：作为汉语风格学研究者，当前首要工作"应是完善'风格'的定义，确定汉语风格学的研究范围"。②

不言而喻，程先生上述"风格"是指"言语风格"。对于言语风格阐释上长期存在的言人人殊现象，有多位学者作过专门述评。根据张德明先生的调查，关于什么是言语风格，我国陆续出现的不同意见多达十种以上。不过，虽然说法五花八门，其中最具影响力的只有两种：一是气氛格调说，二是特点总和说。同时根据张先生的考察，随着有些论者通过取长补短对原先观点加以调整，在言语风格认识上，殊途同归倾向日趋明显。③

殊途同归主要表现为向气氛格调说靠拢。在我国现代风格学发展史上，率先倡导气氛格调说的是高名凯先生。在 1963 年出版的《语言论》一书中，他通过以下论述确立了气氛格调说的不朽学术地位：

语言中的风格就是语言在不同的交际场合中被人们运用来进行适应这交际场合，达到某一交际目的时所产生的特殊的言语气氛或言语格调。……"风格"和"风格的表达手段"应当是两个不同的概念，言语风格是言语的某种气氛或格调本身，而风格的表达手段（或称风格手段）则是构成这种气氛或格调的表达手段。④

---

① 王卫兵，安徽大学文学院副教授、硕士研究生导师，中国语文现代化学会理事，主要从事语言文字应用研究。
② 程祥徽：《风格的要义与切分》，见《语言风格论集》，南京：南京大学出版社，1994 年。
③ 张德明：《简谈现代汉语风格理论研究的主要成果和发展趋向》，《渤海大学学报》2004 年第 5 期。
④ 高名凯：《语言论》，北京：科学出版社，1963 年。

为"汉语现代风格学建筑群"（于根元语）作出开创性贡献的四位学者，其中三位，即程祥徽先生、黎运汉先生、张德明先生，20世纪80年代以来，接踵放弃原先观点，相继于1985年①、1994年②、2004年③成为气氛格调说支持者。此外，在译介国外风格学成果方面做了大量工作的王德春先生也在2004年改变看法，加入了气氛格调说的拥趸行列。④尽管在言语风格诠释上分歧已不像早先那样明显，但鸿沟并没有彻底弥合，迄今仍有不少学者坚持言语特点总和说。尤其值得注意的是，不仅某些辞书在继续宣传这说法⑤，而且有的青年学者在比较多种说法后，明确表示相对而言还是它最为可取⑥。

为什么气氛格调说影响日巨却依然有人不以为然？恐怕主要原因在于，高先生的《语言论》只是明确表示言语风格是指"言语气氛或言语格调"，只是从方法论角度说明定义言语风格时既不可倒因为果亦不可因果不分，至于为什么认定言语风格是就气氛格调而言，他并没有给予深入阐释。在气氛格调说问世多年后，黎运汉先生方才欣然认同，就观念转变时间看，他并非先行者，但在气氛格调说合理性论证上，他无疑作出了最为突出的贡献。在2000年推出的《汉语风格学》一书中，他通过以下表述——言语风格"是在主客观因素制导下运用语言表达手段的诸特点综合表现出来的气氛和格调"——给予言语风格以严格定义，随后就此作了四点补充：①言语风格是语用的结果；②言语风格是多元因素的统一体；③言语风格是语言美学形态的升华；④言语风格是表现风格。⑦ 四点补充可谓相当到位，它们不仅说清了关键问题，即言语风格与气氛格调的关系问题；同时为诸多相关难题的破解，清除了障碍，创造了条件。

在《汉语风格学》中，黎运汉先生指出，作为语言学分支学科的风格学，理所当然应将功能风格置于核心地位，但表现风格属于最高层次的共性风格，其他风格的描述和分析均需借助其术语和知识，故而对之亦应给予高度重视。⑧ 他注意到气氛格调说的形成与中国传统文论对于表现风格的论析有着继承关系，气

---

① 程祥徽：《语言风格初探》，香港：香港三联书店，1985年。

② 黎运汉：《修辞学·语体学·语言风格学》，见《语言风格论集》，南京：南京大学出版社，1994年。

③ 张德明：《简谈现代汉语风格理论研究的主要成果和发展趋向》，《渤海大学学报》2004年第5期。

④ 王德春主编：《大学修辞学》，福州：福建人民出版社，2004年。

⑤ 张锐主编：《高中语文学习词典》，北京：北京师范大学出版社，1993年；高占祥等主编：《中国文化大百科全书》（上册），长春：长春出版社，1994年。

⑥ 柯移顺：《当代大学生言语风格初探》，见萧红主编：《个人言语特征及其司法应用研究》，北京：知识产权出版社，2013年。

⑦ 黎运汉：《汉语风格学》，广州：广东教育出版社，2000年。

⑧ 黎运汉：《汉语风格学》，广州：广东教育出版社，2000年。

氛格调主要反映对表现风格的体认。① 众所周知，表现风格是指《文心雕龙》论及的"典雅—新奇""远奥—显附""精约—繁缛""壮丽—轻靡"② 等风格类型，以及《修辞学发凡》论及的"简约—繁丰""刚健—柔婉""平淡—绚烂""谨严—疏放"③ 等风格类型。我国古人尤其是宋代以后的文人学士，论及这些风格类型，或称之"气格"，如宋代司马光《龙图阁直学士李公墓志铭》："善属文，尤工歌诗，气格豪迈"；或称之"气调"，如明代于慎行《谷山笔麈》："其风骨遒劲，气调雄浑，十九首之外无可仿佛者"；或称之"格调"，如明代侯方域《陈其年诗序》："夫诗之为道，格调欲雄放。"明代胡应麟《诗薮》："盛唐一味秀丽雄深。杜则精粗、巨细、巧拙、新陈、险易、浅深、浓淡、肥瘦，靡不毕具，参其格调，实与盛唐大别。"通过古今对照不难看出，古人所谓"气格""气调""格调"，与今人所谓"气氛格调"，其间确实存在源流关系。根据第四点补充以及黎先生有关论述，对于高名凯先生为何认定言语风格以气氛格调为所指，即便曾经心存疑惑也会顷刻茅塞顿开。

当然，黎先生第一点补充对于认识言语风格是以气氛格调为所指亦不无助益。20 世纪中叶，信息论之父香农（C. E. Shannon, 1916—2001）通过《通讯的数学原理》（A Mathematical Theory of Communication）一文的发表，创立了著名的"香农模式"（详见下图）④：

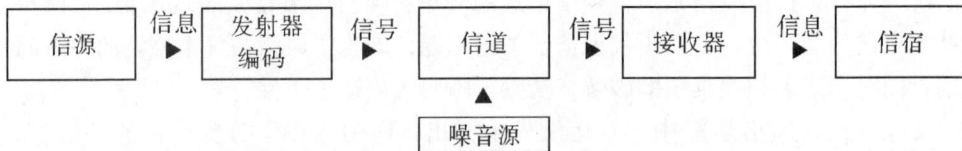

```
┌──────┐  信息  ┌──────┐  信号  ┌──────┐  信号  ┌──────┐  信息  ┌──────┐
│ 信源 │ ──▶ │发射器│ ──▶ │ 信道 │ ──▶ │接收器│ ──▶ │ 信宿 │
│      │      │ 编码 │      │      │      │      │      │      │
└──────┘      └──────┘      └──────┘      └──────┘      └──────┘
                                 ▲
                           ┌──────┐
                           │噪音源│
                           └──────┘
```

尽管该模式存在一定缺憾，如忽略"信源"与"信宿"之间的互动关系，忽略"噪音源"以外的其他语境因素对于示意图左右两端"信息"的影响。但它充分利用图示法的特长，首次简捷而明了地将单向性信息传递过程形式化，并在此基础上加以数学化，从而为信息论的诞生开辟了道路。言语风格产生于传意过程，如果借助香农模式，将传意过程形式化，那么，言语风格无疑是同示意图右端"信息"相对应。因为从单向传意角度看，左端"信息"乃传意起点，右端"信息"乃传意终点。而前述终点正是语用结果之所在。根据黎先生第一点补充，即"言语风格是语用的结果"，可知该结果只会是示意图右端"信息"的

① 黎运汉：《汉语风格学》，广州：广东教育出版社，2000 年。

② 刘勰：《文心雕龙》，上海：上海古籍出版社，1998 年。

③ 陈望道：《修辞学发凡》，上海：上海人民出版社，1976 年。

④ SHANNON C E. A mathematical theory of communication. The bell system technical journal, 1948 (27).

组成部分，而不会是示意图中部"信号"的内部特征。高先生界定言语风格时，所谓"言语风格是言语的某种气氛或格调本身，而风格的表达手段（或称风格手段）则是构成这种气氛或格调的表达手段"，其实已含蓄表达了言语风格是作为语用结果而存在的意思。黎先生将高先生的言外之意，通过"言语风格是语用的结果"补充给予明确化。根据黎先生的前述补充，结合高先生有关论述，加上香农模式的辅证，关于言语风格以何为所指，答案昭然若揭。

风格属于美学范畴①，传统文论有关风格的鉴赏主要从美感出发。自从言语风格研究成为现代语言学重要组成部分，为凸显语言学特色且与美学划清界限，在言语风格研究中，搁置其美学属性很自然地成为普遍倾向。其实承认言语风格美学属性与坚持语言学立场并非水火不容关系。黎先生将"言语风格是语言美学形态的升华"作为言语风格认知指南，对于言语风格研究可谓举足轻重之举。因为过去言语风格研究步履维艰，与忽略言语风格美学属性不无关系；而一旦改弦易辙，给予言语风格美学属性以应有重视，以往困惑莫名的种种问题都将迎刃而解。

具体说吧，为什么现代语义学将言语风格视为感性意义的组成部分？如石安石的《语义论》、贾彦德的《汉语语义学》都是将言语风格作为感性意义类型之一加以考察和研究。② 原因在于"'风格'是一个美学概念"③，"美不是一个实体……是寓于实体之中的虚体"④，"美"作为审美对象，"是一种特殊的'意义'"⑤。前述意义"取的是感性形式，不取自确定的概念，也不指向确定的概念"⑥。故而现代语义学研究者普遍认为，言语风格属于感性意义范畴。

为什么汉语中用于指称言语风格的专用术语都是形容词？如严羽《沧浪诗话》所谓"子美不能为太白之飘逸，太白不能为子美之沉郁"；刘锡庆《中国现当代散文欣赏》所谓冰心柔美隽丽，朱自清绵密醇厚，叶圣陶清淡平实，徐志摩繁复浓艳⑦……其中用于称谓作者言语风格的"飘逸""沉郁""柔美""隽丽""绵密""醇厚""清淡""平实""繁复""浓艳"等，均属形容词。原因在于美的生成离不开具体事物。事物是先验的、客观存在的，而美是非先验的、主观的。没有审美则没有美。审美是指审美主体感知和品鉴主客体互动过程中所产生的审美意义的直觉思维活动。"在各种词汇范畴中，形容词是最典型、最直

① 王幅明：《美丽的混血儿：散文诗的技巧》，广州：花城出版社，1993 年。

② 石安石：《语义论》，北京：商务印书馆，1993 年；贾彦德：《汉语语义学》，北京：北京大学出版社，2001 年。

③ 颜青山编著：《生物·洞悉生命的真谛》，西安：陕西科学技术出版社，2004 年。

④ 张法：《美学导论》，北京：中国人民大学出版社，1999 年。

⑤ 杨春时：《关于后实践美学的解说》，《河北师范大学学报》2014 年第 1 期。

⑥ 李丕显主编：《美学导论》，天津：天津教育出版社，1987 年。

⑦ 刘锡庆：《中国现当代散文欣赏》，见赵晓梅主编：《写作教程》，南京：南京师范大学出版社，2010 年。

接的评价表征手段（Scheibman，2002；Martin & White，2005）"①，故而通过审美产生的用于指称言语风格的专用术语都是形容词。

为什么隶属美学范畴的言语风格不仅涵括好的风格同时涵括不好的风格？黎先生的《汉语风格学》，既谈到如何培养好的风格，又谈到如何避免低劣风格，这说明在他看来"风格"属于中性词。无论中国还是西方，"风格"本来是被作为褒义词使用的②，怎么现在成了中性词了呢？根据黎先生第三点补充，言语风格具有美学属性，美学属性也就是美学价值，"价值是一个连续体……正或好是一端，负或坏是另一端。除了这两个端点之外，中间还存在着大量的不同量的价值"③，故而体现审美价值的言语风格，自然也就不仅涵括好的风格，同时也涵括坏的以及不好不坏的风格。

除了以上问题可以借助四点补充迎刃而解，其他问题也可借此涣然冰释。大家都知道，任何作品只要正式发表，也就从此定型；除了之后修订，否则存在方式不会发生变化。根据特点总和说，言语风格为言语特征所决定，在言语存在方式以及言语特征不变的情况下，其言语风格应当是客观存在的，不以时空条件为转移，不为读者好恶所左右。但事实不是这样。曹魏雅士嵇康，归寂后文坛看法颇有出入，南朝文论家钟嵘批其诗调"峻切"，明代文学家张溥夸其诗风"清峻"。南朝文人鲍照，谢世后诗界评价亦是见仁见智，钟嵘讥其诗格"险俗"，杜甫赞其诗性"俊逸"。④ 面对以上现象，特点总和说不免现出捉襟见肘的窘态。问题就出在它仅仅看到言语特征与言语风格的因果联系，而忽略了语境对言语风格的影响。同文异评现象之所以屡见不鲜，主要原因即在于不同评论者有着不同的语境背景。气氛格调说并非不重视言语手段，它发现言语风格之所以有别于建筑风格、服饰风格等，与物质基础有着重要关系，故此在《语言论》中，高先生明确指出言语的"气氛或格调是由风格手段所造成的"⑤。但气氛格调说还看到，在言语风格形成上语境亦起到不小作用，故此高先生论及言语风格制约因子时，不仅强调言语手段的作用，而且强调交际场合的影响。因为考虑问题比较全面，给出的言语风格定义具有广泛适应性，即便遇到特殊情况亦能应对自如。与高先生的言语风格定义相比，黎先生的有关表述无疑显得更为周严。以黎先生后出转精的论述为基础，对于前面提及的现象，可以给予别开生面的令人更为心悦诚服的解释。黎先生四点补充，其中有的强调言语风格是"语用的结果"，有的

---

① 尚国文：《现代汉语低程度量表达的特征及阐释》，见上海师范大学《对外汉语研究》编委会编：《对外汉语研究》（第12期），北京：商务印书馆，2015年。
② 郑颐寿、诸定耕主编：《中国文学语言艺术大辞典》，重庆：重庆出版社，1993年。
③ 袁贵仁：《价值学引论》，北京：北京师范大学出版社，1991年。
④ 刘运好：《魏晋哲学与诗学》，合肥：安徽大学出版社，2003年。
⑤ 高名凯：《语言论》，北京：科学出版社，1963年。

强调言语风格是"语言美学形态的升华"，有的强调言语风格是"多元因素的统一体"。据此，我们可以说，前面谈到的同文异评均属针对语用结果的论析，特点总和说对此缺乏解释力，而气氛格调说则不然，乃因为前者建立在语用手段考察的基础上，后者植根于在语用结果观照的土壤上。我们还可以说，前面谈到的同文异评都是针对处于最高层次的美学形态而言，"美是活动的东西"①，言语风格作为审美对象始终与言语活动相伴且始终处于运动状态中。对于前述现象，特点总和说缺乏解释力，气氛格调说则不然，乃因为前者是以静观动，后者是以动观动。此外我们还可以说，前面谈到的同文异评现象，乃是源自不同论者对于相同作品言语风格的美感差异。美不是实体的自然属性，而是由审美主体、审美客体、审美中介共同构成的关系网所产生的关系质②，用黎先生的话说，它是"多元因素的统一体"。关系网或者说统一体中的构成因子具有变量性质，其中某些构成因子对于关系质或者说统一体有着很强的影响力。同文异评现象反映的不仅是言语风格评价上的差异，同时也是美感效果评价上的差异，而差异的产生归根结底乃是因为不同论者依恃的审美关系网不同，或者说乃是因为他们分别处于不同的审美关系网之中。

言语风格界定问题，早在 20 世纪 50 年代便被提上汉语风格学议事日程。尽管在最初阶段，高名凯先生就已为有关研究指明了正确方向；同时在其后阶段，程祥徽先生（1985）③、宋振华先生（1987）④、丁金国先生（1997）⑤、宗世海先生（2001）⑥ 以及其他诸多学者，相继从不同方面为推进有关研究作出了可圈可点的贡献，但在转益多师、博采众长基础上，全面、深入、系统地对此开展研究，并将其整体性地推上新台阶的，是黎运汉先生。在汉语风格研究上，黎先生的成就并非仅限于此。诸如言语风格与修辞以及语体的关系，言语风格与言语手段以及言语情境的关系，表现风格、功能风格以及其他风格的关系，汉语风格与汉民族文化的关系等，几乎所有关乎汉语风格学理论建设的重大问题，黎先生均在深入研究的基础上发表了极富启发性的意见。限于篇幅，笔者只能有所取有所不取。但愿本文的发表，能够为气氛格调说的广泛普及，以及为言语风格界定的共识形成，多少发挥一点作用。

① 缪澂浴主编：《美学基础》，大连：东北财经大学出版社，1989 年。
② 童庆炳：《美在关系中》，《人民日报》，2005 年 6 月 10 日。
③ 曹德和：《程祥徽先生对风格学及语体学理论建设的重要贡献》，《语言学：社会的使命——程祥徽学术活动五十年》，澳门：澳门语言学会、中国社会语言学会，2003 年。
④ 宋振华：《语体的性质和构成》，见中国修辞学会编：《修辞学论文集》（第四集），福州：福建人民出版社，1987 年。
⑤ 丁金国：《语言风格学的几个问题》，见中国修辞学会编：《汉语修辞学研究和应用》，郑州：河南人民出版社，1997 年。
⑥ 宗世海：《论言语风格的定义》，见《迈向 21 世纪的修辞学研究》，广州：广东人民出版社，2001 年。

311

论黎运汉的语言表现风格研究

郑荣馨①

　　语言表现风格是语言风格研究中一个比较薄弱的领域，其主要原因我以为是研究的困难性、艰巨性。刘大为先生说过："把'具体形象，幽默风趣，质朴自然，简洁明快，准确生动'之类的用语称为范畴概念是极不妥当的。按理说，它们至多在分析的过程中作为一种辅助手段。然而对修辞学模式来说，它们确实在作为一种观察事物，整理经验并对之解释的基本范畴而起作用。标志是大部分的研究论文如果离开了这些用语的框架作用，毫无疑问就成了现象罗列的一盘散沙。这些日常用语词义上的捉摸不定，本质上的不可验证性和不可言传性，用语之间的非系统性会破坏科学反思的可能性，使研究者的思维永远只循环在常识所能达到的语言现象的表面。事实上这些用语也已经凝固成千篇一律的套语，窒息着科学的气息。"② 林文金先生也说过："更为重要的缺点是沿用刚劲、雄健之类难以言传的用语。要对刚劲、雄健之类的风格作语言形式的描述必然有许多难以克服的困难。也许可以摒弃刚劲、雄健之类少数用语，改用一些含义明确的词语，或者赋予这些词语以新的含义。"③ 连对语言表现风格常用的术语都提出了异议，认为难以成立，难以捉摸，何谈其研究呢？

　　也许正因为如此，注重于研究语言表现风格的学者并不多，在修辞学著作的语言风格部分中占的篇幅很小，一般是简单列说几种常见类型。而黎运汉先生则是这不多的学者之一，他致力于语言风格研究，将语言表现风格视作其中的一个重要组成部分，且贯穿于语言风格的不同类型，不但在其专著中设有专章论述语言表现风格，如《汉语风格探索》，而且另有单篇研究语言表现风格的论文发表，例如《汉语表现风格概论》《谈豪放的语言风格》《略论蕴藉的语言风格》等。他笔下的语言风格，在很多场合，也可以从语言表现风格的角度去认识理解。黎运汉先生在语言表现研究方面取得了令人瞩目的成就。

---

① 郑荣馨，无锡高等师范专科学校高级讲师，语文特级教师。
② 刘大为：《文学语言研究方法论》，《修辞学习》1988 年第 3 期。
③ 林文金：《关于语言风格的几个问题》，《修辞学习》1985 年第 4 期。

一、正确界定语言表现风格在风格学中的位置

语言风格是一个统称，一个庞大的课题，根据研究的对象、角度、人群、地域等标准可以区分出不同的类别，例如语体风格、语言表现风格、作家风格、民族风格、时代风格、地域风格等。而语言表现风格作为其中的一个类别，究竟在语言风格中处于什么地位呢？与其他语言风格类别是什么关系呢？在我们的视野中，认真关注、切实研究这个课题的人本来就少，论述能够令人信服的则更少。其实，这个问题是很重要的，是值得探讨、关注的。对语言风格大家庭中各种各样的风格类型特质究竟如何表述，并没有一个统一的意见、规范的要求，凭着感觉走的现象相当普遍。

黎运汉先生指出："表现风格是从各式各样的风格现象中抽象概括出来的表现风格的术语，广泛适用于各种风格类型，它可以用来概括语体风格、民族风格、时代风格、地域风格、流派风格和个人风格，或者说，表现风格在语体风格、民族风格、时代风格、地域风格、流派风格和个人风格中都有体现，又存在于这各种风格的话语之中，任何话语都附着这样或那样的表现风格（包括得体的和不得体的，或者说优美的和低劣的）。例如，既可以说专门科学语体的语言风格是严谨平实的，也可以说汉民族的语言风格是简洁优美的；既可以说五四时代的语言风格是豪放的，也可以说'山药蛋派'的语言风格是平实的；既可以说相声和喜剧的语言风格是幽默诙谐的，也可以说郭沫若新诗的语言风格是刚健豪放的，还可以说老舍、赵树理的语言风格是幽默的。因此，语言的表现风格是处于最上层位置的共性风格，是语言风格的概括体现。"①

313

这里，黎先生明确指出，"语言的表现风格是处于最上层位置的共性风格，是语言风格的概括体现"，广泛适用于各种风格类型，还结合了具体的实例说明。正确界定语言表现风格在语言风格中的位置，其意义在于从一个方面理清了各种语言风格类别之间的复杂关系，突出了语言表现风格在语言风格中所处位置以及重要性，实际上也提出了规范风格类型特质表述的见解，为进一步深入研究语言表现风格以及语言风格打下良好的基础。这一理念贯彻于黎运汉先生的语言风格研究之中。这也是我们之所以说黎先生的语言风格研究，在很多场合，也可以从语言表现风格的角度去认识理解的原因。

二、辩证分析语言表现风格与文化的关系

广义上的"文化"是指人们创造的物质财富和精神财富的总和。从这一意义上来理解，"文化"的内涵异常丰富，外延异常广阔，语言当然是文化的一个

① 黎运汉：《汉语表现风格概论》，《平顶山师专学报》1999 年第 3 期。

组成部分，但是一种独特的文化现象，在本质上区别于其他文化，因为它同时又是文化的载体，记录了人类文化，它本身就是一个人类的文化世界。语言表现风格是语言的组成部分，与文化的关系非常密切。黎运汉先生对语言表现风格与文化的关系有深刻的认识和理解，可以说，他是语言风格研究中最为重视文化因素的学者之一。

（一）辩证分析语言表现风格理论的继承和发展

语言的表现风格，作为一个术语的正式提出，始自张静主编的《新编现代汉语》语言风格部分，但研究却源远流长。从文化传承的角度考察，可以较好地解决语言表现风格理论的继承和发展问题。可以毫不夸张地说，如果无视或轻视我国关于语言风格的宝贵遗产，语言表现风格的研究就会缺少坚实根基，无法构建现代汉语语言表现风格理论体系。黎先生是深知这一道理的，他指出："汉语言风格是汉文化积累和成熟的产物，是汉文化的凝聚体和汉文化的建构与承传手段。因此，联系汉文化来研究汉语言风格，或者透过汉语言风格来了解汉文化都很有理论意义和实用价值。"① 将语言风格视为"汉文化积累和成熟的产物"，"汉文化的凝聚体和汉文化的建构与承传手段"，可谓汉文化的精华。他还主张"透过文化背景来观察、了解语言风格的存在状况和演变规律"②，提高汉语言风格学品位，这些都涉及语言表现风格的基本问题。

黎运汉先生在《汉语表现风格概论》中，对从古到今的学者语言表现风格的研究作了精要的梳理和论述，他指出，刘勰的八种风格论起了承前启后的作用。此后，如唐代释皎然的《诗式》、司空图的《二十四诗品》，宋代严羽的《沧浪诗话》、陈骙的《文则》，明代屠隆的《鸿苞集》、费经虞的《雅论》、胡应麟的《诗薮》，清代袁枚的《续诗品》和《随园诗话》、姚鼐的《诗辩》、刘大櫆的《论文偶记》，以及近代、当代的修辞学、风格学论著等都对语言的表现风格作了这样那样的研究，有的阐述了其含义和特征，有的归纳了其类型等，其中对表现风格的分类研究更有丰富的成果。这些都是对前人语言表现风格理论的继承和发展。

（二）辩证分析语言表现风格文化的渗透性

文化全面渗透进语言风格，当然包括语言表现风格，并起着强有力的制约和影响作用。这种渗透的状况是怎么样的呢？黎运汉先生进行了全面的梳理和分析，辩证地论述了文化渗透的各种复杂情状。

例如，他区分了主观因素和客观因素。交际参与者包括表达主体和接受主体，这是主体因素，或叫主观因素；表现对象、交际语境和语体是客体因素，或

---

① 黎运汉：《汉语言风格之文化审视的理据》，《烟台大学学报》（哲学社会科学版）2010 年第 2 期。
② 黎运汉：《汉语言风格之文化审视的理据》，《烟台大学学报》（哲学社会科学版）2010 年第 2 期。

叫客观因素。然后逐一论述这些因素与文化的密切关系。表达主体属于主观因素，法国有一句名言："风格就是人本身。"表达主体创造语言风格受自身的文化因素直接影响和制约，这容易理解，风格研究者也常常这样说。但是，黎先生将接受主体也纳入主观因素的范围，认为"接受主体读解再创造风格受自身的文化因素制约"，"语言风格是言语交际的产物，言语交际是表达与接受的双向文化交流，其话语的风格是双方的文化价值评判，因此，双方都是风格生成的主体。他们在同一言语过程中相互制约，相辅相成，互为因果，共同生成语言风格。前者是第一位创造因素，后者是读解再创造因素。接受主体对风格的生成起着不可或缺的作用：除了制约表达主体创造风格，尤为重要的是使风格成为现实性"。① 黎运汉先生将风格创造看作是一种文化行为，受表达主体自身的文化因素的影响和制约；风格读解再创造作为与风格创造同构逆向的对应活动，也是一种文化行为，受接受主体自身的文化因素制约，这是语言风格研究新视角，文化渗透的新见解，透彻的解释体现出深刻的辩证法。

又如，黎先生认为客观事象丰富万千，不同的事象需要不同风格的语言来表现，"表现对象作为话语风格的思想内容，它是客观事物或现象在表达主体的头脑中经过精神文化折光的产物"②。也就是说，对表现对象的文化性的认识不能简单化，而是应该与表达主体结合在一起辩证考察，深入理解。所谓精神文化，就是受到表达主体的思想感情、价值观念、审美情趣等文化因素的深刻制约。由此可见文化对语言风格渗透力的全面而强大。

（三）辩证分析语言表现风格文化性的主要矛盾

语言表现风格受文化的制约和影响，但文化的因素面广量大，不同因素所起的制约、影响作用是不平衡的，有主次轻重之分。黎先生善于分清和抓住主要矛盾，并对此进行了具体分析、论述。"交际环境含多种因素，而社会文化是其核心因素。社会文化中最重要的是政治文化和心理文化。政治文化属于制度文化范畴，它在制度文化诸因素中是处于核心地位的因素，它具有制导性功能，汉语里很多风格手段，以及由其生成的气氛格调都是在政治文化制导下生成的。"③ 这里所说的交际环境，也可以说是文化语境，该包含多少具体因素？"社会文化是其核心因素"，在第一层次上拎出了主要矛盾；"社会文化中最重要的是政治文化和心理文化"，在第二层次上突出了两个主要矛盾；对政治文化，特别强调了在制度文化诸因素中处于核心地位。黎先生接着列举了北宋初年的西昆体语言风格华丽、雕章砥句、玩弄辞章典故，鲁迅杂文语言风格大都很隐晦曲折等例证，

① 黎运汉：《汉言语风格成因的文化机制》，《毕节学院学报》2010 年第 6 期。
② 黎运汉：《汉言语风格成因的文化机制》，《毕节学院学报》2010 年第 6 期。
③ 黎运汉：《汉言语风格成因的文化机制》，《毕节学院学报》2010 年第 6 期。

有力论证了自己的观点。

在精神文化中，黎先生特别强调了观念心态文化，包括理想、愿望、情感、价值观念、心理导向等的重要作用。"两千多年来，这种重和谐统一的观念心态，已成为汉民族普遍认知的价值取向，一直影响着中华民族的艺术创作和语言运用的美学情趣，反映和表现在语言风格上便是讲求和谐美、对称美、中和美、均衡美。汉语里很多和谐、均衡、对称的风格手段都是在和谐平衡的文化心态下生成的。"①

诚如黎先生指出的，"推崇艺术的含蓄美是中国审美文化传统的主流，'藏''曲''隐'是中国传统文化的显著特色。在这种传统文化的导引下，汉民族运用语言历来讲求和推崇含蓄美"②。由于汉文化传统重含蓄美，所以运用语言生成风格，尤其是文学语体表现风格，力主含蓄，含蓄是一种风格，又是其他一切风格的风格，不管是什么风格，虽各自有其本身的特点，但都要符合含蓄的要求。在这一文化基础上来理解，语言表现风格的许多疑难问题可以得到合理的解释和说明。

毛泽东在《矛盾论》中指出："在复杂的事物的发展过程中，有许多的矛盾存在，其中必有一种是主要的矛盾，由于它的存在和发展规定或影响着其他矛盾的存在和发展。""研究矛盾特殊性的问题中，如果不研究过程中主要的矛盾和非主要的矛盾以及矛盾之主要的方面和非主要的方面这两种情形，也就是说不研究这两种矛盾情况的差别性，那就将陷入抽象的研究，不能具体地懂得矛盾的情况，因而也就不能找出解决矛盾的正确的方法。"对语言表现风格的文化性，也只有牢牢抓住主要矛盾，才能不为纷繁的文化现象所迷惑，更为正确地认识、理解问题，解决好两者错综复杂的关系。

三、创新论述语言表现风格的得体问题

（一）鲜明提出语言表现风格的得体问题

黎运汉先生高度重视语言风格得体问题。他在《语言风格得体论》中评述道：王希杰在《修辞学通论》中认为"得体性"是"修辞的最高原则"，"是评价话语好坏的最重要的标准，也是决定话语表达效果的最重要的因素"，"得体性"要求"选择最合适的风格"等，都是研究语言运用及其呈现出来的风格讲究得体的重要成果。黎先生还引述了其他学者的一些观点，许多学者的论述虽然涉及得体问题，但存在两个问题，一个是用词的意思与得体接近，但不是用"得体"来表达。例如，王德春《语境学是修辞学的基础》认为"整个使用语言

① 黎运汉：《汉言语风格成因的文化机制》，《毕节学院学报》2010 年第 6 期。
② 黎运汉：《汉言语风格成因的文化机制》，《毕节学院学报》2010 年第 6 期。

都要受语境的约束"，"适应语境是言语修辞的主要标准之一"；倪祥和《修辞的活的灵魂——论修辞的三大基本原则》认为适应"题旨、语体、语境"是"修辞的三大基本原则"；吕叔湘在给王希杰的《汉语修辞学》作的序中认为"适度"是贯穿于一切风格之中的原则；张德明在《语言风格学》中的"繁简得当""隐显适度""华朴相宜"说，其中提及的适应语境，适应"题旨、语体、语境"，适度以及"繁简得当""隐显适度""华朴相宜"等，有的含有得体的意思，有的与得体意思接近，但严格地说，与"得体"的概念并不是完全一样。二是即使用到"得体"，一般是指宽泛意义上的语言得体，专指语言风格得体的很少。

黎运汉先生则非常鲜明地提出语言风格得体问题，篇幅不但多，而且不止一次作了专门论述，他认为："得体是语言风格生成的最基本的原则，是风格理解、评价的最重要的标准。……研究得体是语言风格学的一个重要课题，研究成果既有理论意义，也有实践价值。"[1] 在黎先生的心目中，语言风格得体的问题在生成、评价两个方面都具有十分重要的地位，在生成方面，得体是"最基本的原则"，也就是最根本、最主要的原则，不可谓不重要；在理解、评价方面，是"最重要的标准"，居于其他标准之上。其研究意义关涉到理论和实践两大方面，这对得体在语言风格学中的地位表述已十分明确。

（二）高度重视语言表现风格理论的动态运用

语言风格的得体性，是一种动态的考察、研究，只有在语言的运用中才能表现出来，孤立的、抽象的语言是无所谓得体不得体的。任何表现风格都依附于话语，话语是语言交际的产物。"风格手段是语言风格形成和体现的基本单位。作为基本单位，它不是孤立地的，而是风格整体中的一个有机组成部分。如果孤立地看，它并无合适与不合适之分，只有联系其所属话语的组合环境来看，才有得体与不得体之别。"[2] 这种看法是符合辩证法的，是动态考察风格得体的结果。确实如黎先生所言，风格手段只有联系其所属话语的组合环境来看，才有得体与不得体之别，也就是只有在语言运用中考察，才有得体与否的问题。在语言风格的研究中，重视静态研究、轻视动态研究的倾向是相当普遍存在的，就说语言表现风格，本来专门研究者不是很多，通常的研究路子是下定义，划分类型，分类论析，力求寻找出不同语言表现风格类型的语言形式特点，落实越是到位，科学化程度就越高，研究成绩也就越大，且到此为止了。风格得体的强调，既有理论意义，又有实践意义。在理论上，可以促使我们延伸语言风格研究，从静态走向动态，语言表现风格的理论体系必然更加完整。在实践中，可以促使我们将静

317

---

① 黎运汉：《语言风格得体论》，《暨南学报》（哲学社会科学版）1998 年第 4 期。
② 黎运汉：《语言风格得体论》，《暨南学报》（哲学社会科学版）1998 年第 4 期。

态研究的风格成果作为基础，运用到语言交际中去，发挥理论指导实践的作用，创造语言美，提升人们交际语言的品位和质量。

（三）语言表现风格得体性的衡量

语言表现风格得体性的衡量也是个十分重要的问题，尤其是衡量标准必须明确，不解决这个问题，会影响风格得体理论的科学性，影响风格手段的妥帖运用。黎先生论述得体性的衡量有这样几个特点：

第一，立足风格手段，考察与话语组合环境的应合情况。

语言表现风格主要是由风格手段生成的，"没有风格手段固然不会有修辞效果，不会有表现风格，风格手段选用不当也不会生成优美的表现风格。只有表达主体根据表达对象的意蕴使用恰当的风格手段来表现，才可以形成不同的表现风格"[1]。鉴于此，风格手段在表现风格的生成中的作用是至关重大的，得体与否，也和风格手段的运用密切相关。

"风格手段同话语组合环境应合的，就是得体，否则，就是不得体。"[2] 什么是风格手段呢？黎先生认为，语言因素、超语言因素都有可能成为风格手段。例如，汉字的声韵调，各色各样的风格色彩的词语，短句和长句，常式句和变式句，修辞格，篇章结构等。立足于风格手段，就使得风格得体的讨论能够落到实处，不至于变得玄虚。

第二，主张全面应合，风格手段与制导因素的应合考察应该全面。

"制导因素，它包括表达主体和接受主体自身的因素，如身份、地位、年龄、性别、性格、修养、文化水平、职业、经历、心绪等，以及表达和接受的环境因素，如社会文化环境、自然环境和时空环境等，这是对风格形成起引导、控制和影响作用的因素。风格是表达主体运用语言的产物，没有表达者对语言的运用就没有语言风格。表达主体运用语言交际，选择什么体式的话语，呈现出什么样的语言风格，都是与其自身的主观因素分不开的。表达与接受相对，没有接受就无所谓表达，表达的效果体现和落实在接受方面，接受者如何理解和认同话语风格也是与其自身的主观因素密切相关的。而言语表达和话语接受活动都是在一定的环境中进行的。所以，风格手段的选用和理解也必然会为交际环境的客观因素所影响和制约。因而，风格手段同表达主体和接受主体的自身条件、特点与交际环境等制导因素应合协调的，就是得体。"[3] 这中间涉及方方面面的众多因素。这是一种联系的观点，综合的观点，整体的观点。黎先生又认为："风格手段是语言风格形成和体现的基本单位。作为基本单位，它不是孤立地存在的，而是风

318

---

① 黎运汉：《汉语表现风格概论》，《平顶山师专学报》1999 年第 3 期。

② 黎运汉：《语言风格得体论》，《暨南学报》（哲学社会科学版）1998 年第 4 期。

③ 黎运汉：《语言风格得体论》，《暨南学报》（哲学社会科学版）1998 年第 4 期。

格整体中的一个有机组成部分。""表现风格是综合运用各种风格手段所形成的气氛和格调，个别的、零散的风格手段不能构成一种表现风格，每一种表现风格都是诸种美学功能相同的风格手段相作用、相汇合的结晶。不同的表现风格由不同的风格手段综合而生成；不同的表现风格又是由不同的风格手段综合体现出来。"① 风格手段不是个别、零碎存在的，而是风格作品的有机组成部分。主张风格手段与制导因素的全面应合，是宏观考察得出的结论，而不是局限于狭窄范围内一般意义上的得体，符合辩证法，具有创新理论意义。

第三，注重协调一致，风格手段同话语的风格特点、总体风格应该相应合。

黎先生认为，"风格手段同话语的风格特点、总体风格相应合。若干风格功能相近的风格手段构成风格特点，诸种风格功能相近的风格特点相互融合、生成话语的总体风格。风格手段是话语的风格特点、风格总貌的有机组成部分，因而，风格手段同话语的风格特点和总体风貌协调一致的，才是得体"②。什么意思呢？举例来说，含蓄风格的总体格调是余味无穷，意不外露，给人留有深思想象余地。这种格调是由言在意外、意藏辞中、委婉曲折等风格功用相近的风格特点相聚融合呈现出来的，而各种特点如言在意外，又是由多种风格手段如词语转义形式，根于联想的修辞格双关、反语、比喻、比拟、借代、粘连等类聚而成的，这些风格手段都有"兴发于此而意归于彼"的功能，这种功能跟言在意外的风格特点和含蓄的总体格调相应，所以很得体。注重风格手段同协调一致，话语的风格特点、总体风格相应合，这是很有见地的，少有人关注的。任何风格手段，既有本身相对固定的风格功能，又有灵活变化的风格功能，只有做到了风格手段的和谐统一，才能真正做到风格得体。

黎运汉先生在语言表现风格研究中作出了杰出贡献，概括起来，主要表现在正确界定语言表现风格在风格学中的位置、辩证分析语言表现风格与文化的关系、创新论述语言表现风格的得体问题方面。另外，黎运汉先生的科学精神、研究方法等方面同样值得我们肯定和赞扬。语言表现风格的研究至今还是相对薄弱的领域，可以开垦的范围广阔。在继续开拓的道路上，我们特别需要发扬黎先生的科学精神、科学方法，继承他的研究丰硕成果，以利于取得语言风格领域的更大成就。

① 黎运汉：《语言风格得体论》，《暨南学报》（哲学社会科学版）1998 年第 4 期。
② 黎运汉：《语言风格得体论》，《暨南学报》（哲学社会科学版）1998 年第 4 期。

学习黎老师，探索修辞观

冯寿忠①

修辞，是修辞学的核心概念，是研究修辞学的人们始终绕不开的一个重要概念，自从跟随黎运汉老师等开始学习和研究修辞学以来，我一直对如何阐释修辞这个概念感兴趣。我近几年所提出的"修辞是语辞活动的自我管控"②的修辞观，就是跟着黎运汉老师等学习和研究修辞学的一个新收获。

一、黎老师修辞观概述

黎老师经常教导我们，研究修辞学，必须重视修辞观的研究和建设。他曾指出：修辞观是指人们对修辞的总体看法，它决定着人们对修辞含义、本质属性、功用和标准的认识，制约着修辞学研究范围和任务的确定、修辞规律的揭示和研究方法的选择。因此，建立一个比较正确的修辞观，对于建立一门比较科学的修辞学是至关重要的，修辞学者只有不断更新修辞观念，其修辞学研究才能有新的突破，其研究领域才能有新的开拓（李军：《语用修辞探索·序》，广州：广东教育出版社，2005 年）。

黎老师不仅教育其弟子们重视修辞观的研究，他自己也在修辞观研究方面不断深耕，虽耄耋之年，仍然笔耕不辍。大体说来，在 20 世纪末，黎老师的修辞观基本上属于"语辞表达修辞观"的范畴，而到 21 世纪初就开始逐步转变为既包括语辞表达也包括语辞理解的全方位的"语辞活动修辞观"的范畴了。

早在 20 世纪 80 年代初，黎老师曾和张维耿老师一起，提出了"修辞是一种语辞表达活动"的修辞观。例如：在特定的语言环境下，选取恰当的语言形式，表达一定的思想内容，以收到良好的表达效果，这便是修辞。研究如何根据具体语言环境和表达思想内容的需要，选取恰当的语言形式以提高表达效果的科学，便叫作修辞学（黎运汉、张维耿：《汉语修辞学的对象、任务和范围》，《修辞学会会刊·修辞学论文集》，1981 年）。

---

① 冯寿忠，江苏理工学院教授。

② 冯寿忠：《修辞的本体论界定概观》，《中文季刊》2012 年第 1 期，第 44 − 57 页；《管控修辞观论略》，《中文季刊》2012 年第 2 期，第 69 − 94 页；《关于容纳理解修辞的修辞学体系的思考——管控论修辞学体系论略》，《中文季刊》2012 年第 3 期，第 63 − 68 页。

黎、张两位老师的这一观点，是在比较分析各种新老观点的基础上总结出来的。他们的这一观点，曾收入《现代汉语修辞学》，并得到了胡裕树先生的赞扬和肯定。胡先生评价道：《修辞学》（《现代汉语修辞学》的简称，下同）在写作体例和方法上也作了比较明显的变革，以适应更好反映新老观点、各种观点之间论争的需要。具体地说，该书凡遇到某些问题有不同看法的，则将不同观点同时列出，加以对照分析、评判得失、明确褒贬。例如，对"什么是修辞"这一修辞学的基本问题，历来看法不一。《修辞学》即列出了具有代表性的三类七种不同看法，然后通过比较、分析，对其中的"修辞是纯粹的方法"论，"修辞仅是美化语言"说作了扬弃，对"修辞活动"说作了肯定。类似这种通过比较、对照进行论述的做法几乎贯穿全书，大到涉及修辞学的一系列基本问题，小至对一些具体修辞手法的论争。这种方法与通常所用的正面直接论述的做法相比，其好处在于能开阔视野、弄清脉络、活跃思路、利于启发式教学。当然，究竟用什么方法，应因文而异，但《修辞学》为适应本书内容表达需要，在形式变革上所作的种种努力总是值得肯定的（胡裕树：《一部饶有新意的修辞学著作——评黎运汉、张维耿：〈现代汉语修辞学〉》，《修辞学习》1987 年第 4 期）。

在这里，胡先生不仅肯定了两位老师的"修辞活动"修辞观，同时也赞扬了两位老师对"比较分析"研究法的善用。

从 20 世纪初，随着国内外修辞学研究的发展，黎老师的修辞观也有了某些变化。例如：修辞是在特定语言环境下选择、组合语言形式，表达特定的思想内容，以增强表达效果的言语活动，是具体运用调音、遣词、择句、设格、组织话语的各种修辞手段的活动。修辞学就是专门研究修辞现象的科学（黎运汉：《汉语风格学》，广州：广东教育出版社，2000 年）。

不难看出，与其之前的修辞定义比较，黎老师的这个修辞定义特别强调修辞的"言语活动"这个属性。说明此时他的修辞观虽仍属"语辞表达活动"的范畴，但已经更加重视和强调修辞现象的动态特征了。

从 2005 年开始，黎老师的修辞观就明显转变为全方位的"语辞活动修辞观"了。例如：修辞现象是产生并存在于人们使用语言进行活动过程中的动态、开放的言语现象，修辞学作为研究人们使用语言进行交际活动以求得最佳效果的规律的科学，其研究的主要着眼点无疑应是修辞现象的动态表现（李军：《语用修辞探索·序》，广州：广东教育出版社，2005 年）。

显然，跟之前定义中所使用的"表达特定的思想内容""以增强表达效果"等术语不同，这里使用了"使用语言""交际活动""最佳效果"等术语。如果说这里的表述还比较概括的话，下面的一些表述就更加具体明确了。例如：我们知道，修辞现象是人们言语交际的产物，言语交际必然涉及交际参与者（表达主体和接受主体）、话语（内容和形式）、语境（主客观的）等要素。这些要素

321

互相制约，相辅相成，互为因果，共同生成交际效果。过去的修辞研究大都把视角放在表达一方，只强调表达要适应对象，把接受一方视作生成修辞效果的参数，显然带有片面性。修辞活动是表达和接受双方通过话语交换信息的合作活动，合作双方都是修辞效果生成的主体，书面语体的修辞活动是这样，口头语体的修辞活动尤其如此。在具体修辞活动中表达和接受常常是互相转换的，它们既是表达主体，又是接受主体，既用自己的言辞影响对方，也被对方的言辞所影响，从而达到双向交流、互相影响的互动效果。在对话活动中，接受更是表达的依据，只有准确听解对方的话语，才能衔接对方的话题进行准确的表达，从而产生理想的修辞效果……鉴于这样的认识，我们认为，修辞就是言语交际参与者在特定的语言环境下，根据表达内容的需要，运用相应的语言形式，恰当地建构话语和正确地解构、理解话语，以达到理想交际效果的活动（黎运汉、盛永生主编：《汉语修辞学》，广州：广东教育出版社，2006 年，第 5－6 页）。

修辞是运用语言增强交际效果的活动。任何修辞活动，都要依据具体的言语环境去运用语言表达手段，恰当组建话语和透过语言表达手段正确理解话语，才能达到预期的交际目的和效果……人们运用语言，不管是口语还是书面语的表达和接受，都免不了有修辞上的考虑和要求，不管你意识到还是未意识到。修辞属于语言运用的范畴，也就是语用的范畴。修辞寓于语言的具体运用之中，人们运用语言总是离不开修辞，因此修辞是语用现象或者说是言语现象（黎运汉、盛永生主编：《汉语修辞学》，广州：广东教育出版社，2006 年，第 8 页）。

很明显，黎老师这时所定义的"修辞"，是一种"增强交际效果的活动"，是一种"寓于语言的具体运用之中"的"语用现象或者说是言语现象"。它既包括口头语辞交际的现象，也包括书面语辞交际的现象；既涵盖话语语辞的组建现象，也涵盖话语语辞的理解现象。

二、我对修辞观的探索

我对修辞的思考和研究，从研究方法到研究结果，都是师从黎老师的。从研究方法来说，我学习黎老师，也采用先比较分析修辞学前贤的各种观点，然后再得出自己的修辞观点的研究方法。从研究结果来说，我所谓"修辞是语辞活动的自我管控"的修辞观，也是从黎老师的"语辞活动修辞观"那里发展而来的。

（一）对五十余种修辞观的比较研究

本着"不持任何学术立场"原则，首先从视野所及各类修辞学研究论述中，选择了五十余种各具特色的有关修辞的定义或论述，然后通过仔细对比和认真分析，再梳理其共识与分歧，具体如下：

1. 各类修辞观的共识

通过对各类修辞观的比较分析，发现其共识主要有三点：

第一，修辞是能够决定语辞活动的质量和效果的某种东西。

这里的语辞活动，也就是黎老师所说的语用活动或言语活动。有许多修辞观认为，修辞是能够决定语辞活动效果的东西，也有不少修辞观认为，修辞是能够决定语辞活动质量的某种东西。将两种共识综合起来就是修辞既能决定语辞活动的效果，也能决定语辞活动的质量。成功的修辞，既是语辞活动获得最佳质量的保证，也是语辞活动获得最佳效果的保证。

语辞活动质量和语辞活动效果，是既有联系又有区别的两个方面。语辞活动质量，取决于语辞活动内部的语文形式和思想内容关系的和谐程度。用黎老师修辞观的说法，就是必须"根据表达内容的需要，运用相应的语言形式，恰当地建构话语和正确地解构、理解话语"。毫无疑问，语文形式和思想内容关系的和谐程度越高，语辞活动的质量也就越高。语辞活动效果，取决于语辞活动本身与外部交际环境、交际主体关系的和谐程度。用黎老师修辞观的说法，就是"都要依据具体的言语环境去运用语言表达手段，恰当组建话语和透过语言表达手段正确理解话语，才能达到预期的交际目的和效果"。同理，语辞活动本身与外部交际环境、交际主体关系的和谐程度越高，语辞活动的效果也就越好。

一般说来，质量最佳的语辞活动，可能会获得最佳的语辞活动效果，但也可能会获得不佳的甚至糟糕的语辞活动效果，譬如某人的演讲从内容到形式都无可挑剔，但却没有引起在场听众的共鸣之类的现象。效果最佳的语辞活动，可能是由质量最佳的语辞活动获得的，也可能是由质量不太佳甚至糟糕的语辞活动获得的，譬如某些有明显的病词、病句的广告，也照样能获得最佳的广告效果之类的现象。总之，处理好语辞活动内部的形式与内容的关系，以获得最佳的语辞活动质量，处理好语辞与交际环境和交际主体的关系，以获得最佳的语辞活动效果，二者都是成功修辞的应有之义，不可偏废。

第二，修辞是普遍存在于语辞活动之中的。

正如黎老师修辞观所谓，"修辞寓于语言的具体运用之中，人们运用语言总是离不开修辞"。"人们运用语言，不管是口语还是书面语的表达和接受，都免不了有修辞上的考虑和要求，不管你意识到还是未意识到。"大多数的修辞观，也都认同这种见解。

第三，修辞学研究的任务主要有三：

一是要精准把握修辞这个概念在整个文化学术概念体系中的准确地位；二是要千方百计地用各种方法来证明，修辞这个概念所对应的能够决定语辞活动的质量和效果的东西，是实实在在客观存在的，而不是人们凭空虚构出来的；三是要通过对修辞的通透分析，归纳出能够确保语辞活动的质量和效果的方法系统、规律系统和原则系统等，以帮助和指导人们的语辞活动实践。

2. 各类修辞观的分歧

通过对各类修辞观的比较分析，发现其分歧主要有四点：

第一，有的修辞观认为，修辞是能够决定语辞行为的质量和效果的某种语辞技艺，譬如：说服技艺、达意技艺、建构技艺、美化技艺等；

第二，有的修辞观认为，修辞是能够决定语辞行为的质量和效果的某种语辞能力，譬如：说服能力、达意能力等；

第三，有的修辞观认为，修辞是能够决定语辞行为的质量和效果的某种语辞规律，譬如：说服规律、达意规律、美化规律等；

第四，有的修辞观认为，修辞是能够决定语辞行为的质量和效果的某种语辞行为，譬如：语辞修饰行为、语辞选择行为、语辞调适行为、语辞表达行为、语辞交际行为等。

各类修辞观的认识，自然各有各的道理，但不可能都是正确的。因为，那个真正能够决定语辞行为的质量和效果的"修辞"，只有一个，不可能有好几个。

3. 各类修辞观的价值

那么，我们应该用什么标准，来鉴定这些修辞观的正确与否呢？很简单，还是应该以大家的共识——修辞是寓于语辞活动中的能够决定语辞行为的质量和效果的某种东西，作为标准来鉴定。鉴定所得的结果是：

第一，修辞不是某种语辞技艺。因为说服技艺、达意技艺、建构技艺、美化技艺等各种语辞技艺，都只能影响而不能决定语辞活动的质量和效果。无论何种语辞技艺，只有用得好，才会有助于提高语辞活动的质量和效果；如果用得不好，便会影响语辞活动的质量和效果。所以，修辞并不是某种语辞技艺，而是可以确保各种语辞技艺能够用得好而不会用不好的那种东西。

第二，修辞不是某种语辞能力。因为说服能力、达意能力等各种语辞能力，都只能影响而不能决定语辞活动的质量和效果。无论何种语辞能力，只有能够正常发挥，才会有助于语辞活动的质量和效果的提高，若不能正常发挥，就无助于语辞活动的质量和效果的提高。所以，修辞并不是某种潜在的语辞能力，而是可以确保各种潜在的语辞能力能够正常发挥的那种东西。

第三，修辞不是某种语辞规律。因为说服规律、达意规律、美化规律等各种语辞规律，都只能影响而不能决定语辞活动的质量和效果。无论何种语辞规律，只有被严格遵守，才会有助于语辞活动的质量和效果的提高，若不能被严格遵守，就无助于语辞活动的质量和效果的提高。所以，修辞并不是某种潜在的语辞规律，而是可以确保各种潜在的语辞规律能够得以严格遵守的那种东西。

第四，修辞也不是针对语辞的某种修饰活动、选择活动、调适活动、表达活动或交际活动等。因为，这些针对语辞的某种活动本身的质量和效果，也是需要某种活动来给予保证的。所以，修辞不是某种语辞活动本身，而是可以确保各种语辞活动能够取得最佳质量和最佳效果的那种东西。

总之，各类修辞观所捕获的"修辞"，尽管都与语辞活动的质量和效果有密切关联，却都不是那个真正能够决定语辞活动的质量和效果的东西。

（二）对管控活动修辞观的初步探索

那么，那个真正能够决定语辞活动质量和效果的，被人们称之为修辞的东西，究竟是什么呢？它跟语辞活动是一种什么关系呢？古人云："他山之石，可以攻玉。"认知心理学的元认知学说，为我们提供了解答这个问题的新思路。

1. 元认知学说的核心内容

元认知学说，是哲学、心理学界为解答关于内省法（自我意识）的孔德悖论而提出并逐步发展起来的一种认知心理学学说。其核心内容是：

第一，元认知公式："元□□"即"关于□□的□□"。①

第二，任何一个认知过程，都可分解为两个同步进行的处于高端层面的元认知过程和处于低端层面的客认知过程，任何一个处于低端层面的认知活动过程，都必然是与之相对应的处于高端层面的那个元认知活动过程的认知客体。②

第三，元认知是反映或调节认知活动的任一方面的知识或认知活动。③ 换句话说，元认知的实质就是主体对自身认知活动的自我意识和自我调控。这种自我调控主要表现为，主体能根据活动的要求，选择适宜的认知策略，监控认知活动的进行过程，不断获取反馈信息，评价每一认知策略的有效性，坚持或更换解决问题的方法和手段，及时调节自己的认知过程。④

第四，凡是以认知活动作为认知客体的元认知过程，同时也是与之相对应的处于更高层面的另一元认知的认知客体。也就是说，任何认知活动过程，对于作为其认知客体的相对低端的认知活动过程来说，它都是一种相对高端的元认知活动过程。

2. 元认知学说的理论价值

第一，它将人类的认知活动过程分为客层次和元层次两个（或两个以上）同时进行的过程，从而为我们将一个过程分作两个（或两个以上）同步性过程进行分析开辟了思路。

325

---

① NELSON T O. Consciousness and metacognition. American psychologist, 1996, 51: 102 – 116. 20 世纪 20 年代，大卫·希尔伯特曾提出带有正则性的"元数学"（metamathematics with regularity）概念（见希尔伯特计划），其目的是以无矛盾的形式化理论重新认识整个数学。

② FLAVELL J H. Metacognitive aspects of problem solving. In: RESNICK L B ed. The nature of intelligence. Hillsdale, NJ: Erlbaum, 1976: 232.

③ FLAVELL J H. Cognitive monitoring. In: DICKSON W P ed. Children's oral communication skill. New York: Academic Press, 1981.

④ 林崇德、辛涛:《智力的培养》，杭州：浙江人民出版社，1997 年，第 124 页。

第二，它将两个（或两个以上）同步性过程的关系解释为意识和被意识、认知和被认知、体验和被体验、监控和被监控的关系，从而为我们揭示人的意识、认知之所以能够确保质量和效果的奥秘提供了入门的钥匙——即正是那个始终伴随、同步进行并履行管控职责的元意识、元认知，决定了人的意识、认知活动的质量和效果。

第三，该学说认为，元层次具有产生模型的机制，这一模型包括预期目标与达成方式等。所谓达成目标的方式，就是元层次对客体层次所进行的以信息反馈为手段的全程性、全局性和叠加性的反复监管和调控。监管，就是信息从客层次流向元层次，向元层次报告客层次所处状态的信息流动过程；调控，就是信息从元层次流向客层次，通知客层次下一步行动指令的信息流动过程。

3. 元认知学说的广义应用

元认知理论的分析模型，可适用于分析人类的一切活动行为过程。而且不仅是认知活动，人类的所有活动，也都包含了其各自的客层次活动和元层次活动这两种同步并行的活动过程。我国古代的先哲们早就发现这种现象了，只是并没有上升到认知与被认知的理论高度。例如：

①子思：凡事，豫，则立；不豫，则废。言前定，则不跲；事前定，则不困；行前定，则不疚；道前定，则不穷。（《礼记·中庸》）

"豫（预）"，是指在行动前所进行的谋划行动预案的工作。从元认知模型的角度说，"豫（预）"，也就是针对具体实践活动的事前的元层次的管控活动（元实践活动）。这些话，显然在强调针对各类实践活动的事前"元实践（管控）活动"的重要意义，同时也启示我们，各类具体的实践活动也都是可分为元层次的主管控活动和客层次的被管控活动这两种同步并行的活动过程。只不过古人不叫作"元活动"和"客活动"，而叫作"思"和"行"罢了。《论语》中也有关于"思"和"行"的论述。例如：

②季文子三思而后行。子闻之曰："再，斯可矣。"（《论语·公冶长》）

季文子做事瞻前顾后，犹豫不决，经常误事，孔子听说后调侃道：再思可也，三思太多了！意在讥笑季文子做事优柔寡断，难堪大任。这里的"三思"和"再思"，都可理解为针对具体的客实践活动的元实践活动。

一般说来，凡是成功的实践活动，都是其"元实践活动"优质高效地管控了其"客实践活动"的结果。例如：

③次日，曹操佩着宝刀，来至相府，问："丞相何在？"从人云："在小阁中。"操径入。见董卓坐于床上，吕布侍立于侧。卓曰："孟德来何迟？"操曰："马赢行迟耳。"卓顾谓布曰："吾有西凉进来好马，奉先可亲去拣一骑赐与孟德。"布领令而出。操暗忖曰："此贼合死！"即欲拔刀刺之，惧卓力大，未敢轻动。卓胖大不耐久坐，遂倒身而卧，转面向内。操又思曰："此贼当休矣！"急掣宝刀在手，恰待要刺，不想董卓仰面看衣镜中，照见曹操在背后拔刀，急回身问曰："孟德何为？"时吕布已牵马至阁外。操惶遽，乃持刀跪下曰："操有宝刀一口，献上恩相。"卓接视之，见其刀长尺余，七宝嵌饰，极其锋利，果宝刀也；遂递与吕布收了。操解鞘付布。卓引操出阁看马，操谢曰："愿借试一骑。"卓就教与鞍辔。操牵马出相府，加鞭望东南而去。（《三国演义》第四回）

这段故事为我们清晰地展示了曹操通过"元实践活动"，对其"斩杀董卓"活动实施全局性、全程性和叠加性管控的各个细节。如下表所示：

元实践活动（思）的过程		客实践活动（行）的过程	
事先	（1）搜罗相关信息 （2）谋划斩杀计划	（1）骗取董卓信任，成为身边侍臣 （2）借了王允宝刀，既便于斩杀，又为斩杀行动的万一失败留下后手 （3）借"马赢行迟"支走吕布，为斩杀创造机会	
事中	（1）监管斩杀计划执行 （2）随时调控斩杀行为	第一环节	吕布外出，董卓身边无人，意欲动手
			又担心董卓力大，没有把握，未敢轻动
		第二环节	董卓向内而卧，斩杀机会来了，急掣宝刀在手，恰待要刺
			却被董卓发现，吕布亦归，惶遽间，顺势跪献宝刀
事后	（1）评估活动行为结果 （2）弥补活动行为过失	董卓引曹操出阁看马，曹操谢曰："愿借试一骑。"借机逃之夭夭	

曹操行事缜密而机灵的表现，表明他的确是一个善用其"元实践活动"和优质高效地管控其"客实践活动"的聪明人。

4. 管控修辞观之修辞系统

人类智能的重要表现之一，就是能够把自我活动过程自我意识为一种客活动过程并加以自我管控。人类的语辞交流活动，也属于这种高智能性活动。在语辞交流活动过程中，作为交流活动主体的人，都具备把自我语辞交流活动过程自我意识为一种客语辞交流活动过程并加以自我管控的智能。人类的这种智能，就广义的人类认知活动而言，它就是人类的元认知智能；而就人类的语辞交流活动而言，它就是人类的元语辞活动智能。正是因为有了这种智能性的自我意识、自我管控的元语辞活动的存在，并担当了人们期望修辞活动所能担当的确保语辞活动的优质和高效的职责，所以我们才有理由相信，那种能够把自我语辞活动过程自我意识为客语辞活动过程并加以自我管控的智能，就是修辞智能，而那种体现了修辞智能的元语辞活动，就是修辞活动。为什么修辞是一种智能活动，而不是一种活动智能呢？因为智能是潜在的，只有付诸行动，才能发挥出来，所以，能够决定语辞活动的质量和效果的修辞，一定是智能性的元语辞活动，而不是支撑元语辞活动的智能。

修辞系统，作为自我管控客语辞活动的元语辞活动，由关于客语辞活动的静态知识系统和针对客语辞活动的动态管控系统两个子系统构成。其静态知识系统和动态管控系统是相互配套的，它们之间是实践理念与实践活动的关系。静态知识系统所提供的实践理念，是实施动态管控的基本依据；而动态管控系统的实践活动，则是对静态知识所提供实践理念的具体实践。离开了静态知识的修辞管控，必定是盲人摸象的修辞管控；而离开了动态管控的静态知识，也必定是纸上谈兵的静态知识。二者互为依存，缺一不可。

（1）修辞系统的静态知识系统。

修辞的静态知识系统，可以从共时和历时两个角度来把握。

从共时角度说，修辞系统的关于客语辞活动的静态知识系统，包括了关于客语辞活动的活动主体、活动客体、活动环境、活动目标、活动方案和活动结果等方面的知识。这些知识信息，是每个语辞表达者和语辞理解者都必须随时进行全面掌控的，以便对自我语辞活动的自我管控提供必要的依据。修辞系统的静态知识系统的共时结构的具体内容如下表所示：

328

修辞系统的静态知识系统的共时结构			
关于客语辞活动主体的知识	表达主体	集体或个人，领导或群众，老人或儿童，男性或女性……	
	理解主体	集体或个人，领导或群众，老人或儿童，男性或女性……	
关于客语辞活动客体的知识	表达客体	事物→思想→语辞	
	理解客体	语辞→思想→事物	
关于客语辞活动环境的知识	时间环境	物理时间（时点、时段）、文化时间（节日、时代等）……	
	空间环境	物理空间（地点、地域、空域等）、文化空间（标志物、氛围等）……	
	媒介环境	听媒（口头、电话等）、视媒（书面、电报等）、视听媒（视频、网络等）……	
	语言环境	汉语、外语；文言、白话；方言、普通话……	
关于客语辞活动目标的知识	质量目标	思想内容	合乎思维逻辑规范
		语文形式	合乎语言文字规范
		语辞整体	语文形式与思想内容和谐统一
	效果目标	认知效果目标	思想内容：真实准确反映客观事实
		审美效果目标	思想内容：新颖、深厚、灵敏、条理、浓厚、亲和…… 语文形式：听觉、视觉、视听……
		交际效果目标	善自己：合乎自己的需要； 善他人：合乎他人的需要； 善环境：合乎周围环境因素的需要

329

（续上表）

修辞系统的静态知识系统的共时结构			
关于客语辞活动方案的知识	策略方案	抽象或形象、庄谨或趣味、简约或繁丰、阳刚或阴柔、务实或务虚……	
	手段方案	抽象或形象、庄谨或趣味、简约或繁丰、阳刚或阴柔、务实或务虚……	
关于客语辞活动结果的知识	质量结果	思想内容达标结果	遵守思维逻辑规范的情况
		语文形式达标结果	遵守语言文字规范的情况
		语辞整体达标结果	语文形式与思想内容和谐统一的情况
	效果结果	认知效果达标结果	思想内容反映客观事实的情况
		审美效果达标结果	思想内容：新颖、深厚、灵敏、有条理、浓厚、亲和……
			语文形式：听觉、视觉、视听……
		交际效果达标结果	善自己：合乎自己的需要； 善他人：合乎他人的需要； 善环境：合乎周围环境因素的需要

　　从历时角度说，修辞系统的关于客语辞活动过程的知识系统，既包括了关于语辞表达过程的各个环节（生成语辞思想环节、组织语辞形式环节、发送语辞信息环节）的知识，也包括了关于语辞理解过程的各个环节（接收语辞信息环节、解析语辞形式环节、还原语辞思想环节）的知识以及关于语辞媒体发表环节的知识等。如下表所示：

修辞系统的静态知识系统的历时结构	
关于语辞表达阶段的知识	关于语辞思想生成环节的知识
	关于语辞形式组织环节的知识
	关于语辞信息发送环节的知识
关于语辞媒体发表阶段的知识	
关于语辞的理解阶段的知识	关于语辞信息接收环节的知识
	关于语辞形式解析环节的知识
	关于语辞思想还原环节的知识

不难看出，以往修辞学所关注的修辞的基本内容，都已包含在上面这两个静态知识系统之中了。也就是说，管控修辞观所谓修辞的静态知识系统，是覆盖了以往修辞学所研究修辞的基本内容，所以，根本不必担心管控修辞观的修辞研究会跟其他修辞观的修辞研究背道而驰的问题。

（2）修辞系统的动态管控系统。

修辞系统的动态管控系统，是与静态的知识系统相对应的。我们也可从共时和历时两个角度来把握。

从共时角度说，修辞系统对客语辞活动的动态性管控是全方位的，涉及客语辞活动系统各个方面的各个要素，因此，我们可按所涉及要素的不同而把修辞管控分为关涉客语辞活动主体的修辞管控、关涉客语辞活动客体的修辞管控、关涉客语辞活动环境的修辞管控、关涉客语辞活动目标的修辞管控、关涉客语辞活动方案的修辞管控、关涉客语辞活动结果的修辞管控等。总之，凡是与客语辞活动相关的各种要素，都需要修辞的管控。修辞的动态管控系统的共时结构与修辞的静态知识系统的共时结构的对应关系，如下表所示：

修辞系统的静态知识系统的共时结构		修辞系统的动态管控系统的共时结构	
关于客语辞活动主体的知识	有关表达主体的知识	关涉客语辞活动主体的管控	关涉表达主体的管控
	有关理解主体的知识		关涉理解主体的管控
关于客语辞活动客体的知识	有关表达客体的知识	关涉客语辞活动客体的管控	关涉表达客体的管控
	有关理解客体的知识		关涉理解客体的管控
关于客语辞活动环境的知识	有关时间环境的知识	关涉客语辞活动环境的管控	关涉时间环境的管控
	有关空间环境的知识		关涉空间环境的管控
	有关媒介环境的知识		关涉媒介环境的管控
	有关语言环境的知识		关涉语言环境的管控
关于客语辞活动目标的知识	有关质量目标的知识	关涉客语辞活动目标的管控	关涉质量目标的管控
	有关效果目标的知识		关涉效果目标的管控
关于客语辞活动方案的知识	有关策略方案的知识	关涉客语辞活动方案的管控	关涉策略方案的管控
	有关手段方案的知识		关涉手段方案的管控
关于客语辞活动结果的知识	有关质量结果的知识	关涉客语辞活动结果的管控	关涉质量结果的管控
	有关效果结果的知识		关涉效果结果的管控

从历时角度说，修辞系统对客语辞活动的动态性管控，是全程性的针对客语辞活动过程各个阶段、各个环节，因此，我们可按所针对阶段及环节的不同，把

修辞管控分为针对语辞表达阶段的管控（包括针对生成语辞思想环节的管控、针对生成语辞形式环节的管控、针对发送语辞信息环节的管控等）和针对语辞理解阶段的管控（包括针对接收语辞信息环节的管控、针对解析语辞形式环节的管控、针对还原语辞思想环节的管控等）以及针对语辞媒体发表阶段的管控。修辞系统的动态管控系统的历时结构与修辞系统的静态知识系统的历时结构的对应关系，如下表所示：

修辞系统的静态知识系统的历时结构		修辞系统的动态管控系统的历时结构	
关于表达阶段的知识	关于生成语辞思想环节的知识	针对生成语辞思想环节的管控	针对表达阶段的管控
	关于生成语辞形式环节的知识	针对生成语辞形式环节的管控	
	关于发送语辞信息环节的知识	针对发送语辞信息环节的管控	
关于媒体发表阶段的知识		针对媒体发表阶段的管控	
关于理解阶段的知识	关于接收语辞信息环节的知识	针对接收语辞信息环节的管控	针对理解阶段的管控
	关于解析语辞形式环节的知识	针对解析语辞形式环节的管控	
	关于还原语辞思想环节的知识	针对还原语辞思想环节的管控	

需要注意的是，修辞系统的针对客语辞活动的全程性管控，不仅贯穿到语辞活动过程的每一阶段及每一环节，而且其针对语辞活动过程的每一阶段及每一个环节的管控，还都包含了事前管控、事中管控和事后管控三个步骤。这三个管控步骤的具体职责分别是：

事前管控：负责搜集关于语辞活动的主体、客体和环境的各种信息，预定语辞活动的目标，谋划语辞活动的实施方案。

事中管控：负责监管语辞行为方案的执行。一边实施方案，一边根据方案实施情况的反馈信息及时作出调整。

事后管控：负责评估语辞行为的达标情况，并根据评估结果，对语辞活动进行必要的调整。

修辞管控的这三个步骤的每一步大多都不是一蹴而就的，通常是周而复始，不断叠加，直到无以复加为止的。所谓无以复加，就是自觉已达到能力所及的最佳状态。

5. 管控修辞观之修辞例析

成功的语辞活动，意味着成功的修辞管控，失败的语辞活动，也意味着失败的修辞管控。一般说来，修辞管控的成功或失败主要取决于两个方面：第一，静态知识系统的建构是否完备；第二，动态管控系统的运作是否正常。知识既完备，管控又正常的，必然是成功的修辞管控；否则，或知识残缺，或管控失常，或既残缺又失常的，必然是失败的修辞管控。例如：

①唐宝历年间，朱庆馀为参加进士考试，平日常向时任水部郎中的张籍行卷，虽然已经得到张的赏识，但在考试前夕，仍然担心自己的作品不符合主考官的口味，故又投一诗探问。诗曰：

洞房昨夜停红烛，待晓堂前拜舅姑。妆罢低声问夫婿，画眉深浅入时无。
（朱庆馀：《闺意献张水部》）

张籍读后，大为赞赏，并以诗作答曰：

越女新妆出镜心，自知明艳更沉吟。齐纨未足时人贵，一曲菱歌敌万金。
（张籍：《酬朱庆馀》）

朱庆馀得到张籍赏识，张籍乐于荐拔后辈。文人相重，酬答俱妙，千古佳话，流誉诗坛。

例①属于质量管控和效果管控都很成功的范例。朱庆馀将自己参加进士考试前夕的"思想感情"用一首诗包装起来，作为行卷投给十分赏识他的张水部。张水部心领神会，也将自己的"思想感情"用一首诗包装起来，以答复探听信息的朱庆馀。毫无疑问，两位的这一语辞交流活动，无论从语辞质量还是从交流效果来看，都堪称高水准（优质高效）的语辞交流。

通过仔细分析不难看出，朱庆馀和张籍两人诗作语辞表达的成功主要取决于两个方面：第一，两人都为管控好自己的诗作语辞表达活动建构了完备的静态知识系统。譬如，都建构了与各自语辞表达相关的交流主体的知识系统，两人间的关系几乎达到了相互知根知底和相濡以沫的程度；也建构了与各自语辞表达相关的交流客体的知识系统，各自选择了双方都擅长且与进士考试相关的诗作语辞体式；也建构了与各自语辞表达相关的交流环境的知识系统，几乎达到了合天时、合地利、合人和的境界；也建构了与各自语辞表达相关的交流目标的知识系统，质量目标是由整个语文形式所约定的、两人都必须遵循的，朱庆馀的效果目标是探寻到自己诗作是否符合考官心意的确切信息，张籍的效果目标是夸奖朱庆馀并让其一百个放心；也建构了与各自语辞表达相关的交流方案的知识系统，朱庆馀的表达方案采用了间接表达、形象表达的策略和借喻的表达手段，张籍的表达方案在同样采用间接表达、形象表达的策略和借喻的表达手段的同时，还特为达成其夸赞目标而采用了夸张的策略和表达手段；也必然建构了与各自语辞表达相关的交流结果的知识系统，否则他们就无法根据交流的信息反馈成功管控自己的表达活动。又譬如，两位都富有作诗的经验知识，对通过作诗来表达思想感情的各个环节都了如指掌，驾轻就熟，都是作诗的行家里手，也是他们各自取得语辞表达活动成功的重要原因。第二，两人都依据其各自所建构的静态知识系统，对各

333

自诗作语辞表达活动实施了全局性、全程性和叠加性的动态管控。譬如，和谐处理了诗作语辞内部的语文形式与思想内容的关系，和谐处理了诗作语辞外部的诗作语辞与诗作语辞活动主体、活动环境、活动目标、活动结果的关系，并对各自的诗作语辞表达过程的各个环节都实施了有效的事前、事中和事后管控。

如果不善于运用修辞系统来管控自己的语辞活动，遭遇语辞活动的失败也就不可避免了。例如：

②我那天坐公共汽车去办事。一个年轻人，干干瘦瘦的，戴个眼镜，身旁有几个大包，一看就是刚从外地来的。他靠在售票员旁边，手里拿着一张地图研究了半天，问售票员："去颐和园应该在哪儿下车啊？"售票员是个短头发的小姑娘，正剔着指甲缝呢。她说："你坐错方向了，应该到对面往回坐。"要说这些话也没什么，错了就坐回去呗，但售票员多说了一句话："拿着地图都看不明白，还看什么劲儿啊！"

外地小伙儿有涵养，他"嘿嘿"一笑就把地图收了起来，准备下车。可旁边有个老大爷听不下去了。他对小伙儿说："你不用往回坐，再往前坐四站换904路也能到。"要是他说到这儿也就完了，既帮助了别人，也挽回了北京人的形象。可老大爷多说了一句话："现在的年轻人哪，没一个有教养的！"车上年轻人好多呢，打击面太大了吧？

旁边的一位小姐就忍不住了："大爷，没教养的毕竟是少数嘛。您这么一说我们都成什么了？"这位小姐穿得挺时髦，两根细带子吊个小背心，脸上化着鲜艳的浓妆，头发染成火红色。可您瞧人家这话，不像没教养的人吧，跟大爷还"您，您"的。可她不该又多了一句："您这样上了年纪的，看着挺慈祥，一肚子坏水儿的多了去了！"

一个中年大姐冒了出来："你这个女孩子怎么能这么跟老人讲话！你对你父母也这么说话吗？"女孩子立刻不吭声。大姐又多说了一句："瞧你那样，估计你父母也管不了你，打扮得跟'鸡'似的！"接着，两人吵成了一团。

到站，车门一开，售票员小姑娘说："都别吵了，赶快下车吧。"又多说一句："要吵统统都给我下车吵去，不下去，我车可不走啦！烦不烦啊？"

所有乘客都烦了！整个车厢炸开了锅，骂售票员的，骂时髦小姐的，骂中年大姐的，骂天气的，骂自个儿孩子的……那个外地小伙儿一直没有说话，他大叫一声："大家都别吵了！都是我的错，我自个儿没看好地图，大家给我面子，都别吵了行吗？"听到他这么说，车上的人很快平息下来。可是没想到他又多说了一句："早知道北京人都这么不讲理，我还不如不来呢！"

想知道事情最后的结果吗？我那天的事情没有办成。我先到派出所录了口供，然后到医院外科把头上的伤给处理了一下。我头上的伤是在混战中被售票员小姑娘用票匣子给砸的。你们可别认为我参与了他们打架，我是去劝架的。我呼吁他们都冷静一点儿，有话好好说。

例②属于质量管控成功而效果管控得失参半的例子。说错话的人不一定总是说错话，但只要一堆话中有一两句说错，就会带来大麻烦。例子中的"外地小伙儿""售票员""老大爷""旁边的一位小姐""中年大姐"以及"我"的说话，究其交流效果而言，都属于一会儿管控成功（效果结果合乎效果目标），一会儿管控失败（效果结果偏离效果目标）的情况。通过仔细分析就不难发现，他们各自失败的原因，并不在于没有处理好各自言辞内部的语言形式与思想内容的关系，而在于都没有处理好各自言辞与其接受主体、公交车交流环境等因素的关系，说了在此时、在此地、对此人不该说的话，把本来还好的天时、地利和人和关系统统给搞砸了。又如：

③本报讯：前日，故宫博物院向北京市公安局赠送锦旗，感谢警方迅速破获故宫博物院展品被盗案。而一面写有"撼祖国强盛，卫京都泰安"的锦旗，引起网友质疑，称"撼"为错别字，正确用字应为"捍"。故宫相关负责人表示，"撼"字没错，显得厚重。"跟'撼山易，撼解放军难'中'撼'字使用是一样的。"（林阿珍、王佳琳，故宫回应"错字门"："撼"字没错显厚重，新京报，www.fjsen.com）

335

例③就其原先书写别字（把"捍"误写成"撼"）的作为而言，属于质量管控失败的例子；就其后来知错不改、文过饰非的作为而言，则属效果管控失败的例子。要不是网友质疑，尽管用了别字，质量欠佳，也算成功完成了交流任务。没有料到用别字的问题被网友发现并质疑后，他们并不是老实承认错误，而是死撑面子胡乱解释，就演变成效果极其恶劣的语辞交流了。享誉海内外的故宫博物院，竟然在闹出低级错误后却死不承认，让人匪夷所思。人非圣贤，孰能无过？知错能改，善莫大焉。

参考文献

[1] 胡裕树：《一部饶有新意的修辞学著作——评黎运汉、张维耿：〈现代汉语修辞学〉》，《修辞学习》1987年第4期。

[2] 黎运汉、张维耿：《汉语修辞学的对象、任务和范围》，《修辞学会会刊·修辞学论文集》，1981年。

[3] 李军：《语用修辞探索》，广州：广东教育出版社，2005年。

[4] 黎运汉、盛永生主编：《汉语修辞学》，广州：广东教育出版社，2006年。

［5］冯寿忠：《修辞的本体论界定概观》，《中文季刊》2012 年第 1 期。

［6］冯寿忠：《管控修辞观论略》，《中文季刊》2012 年第 2 期。

［7］冯寿忠：《关于容纳理解修辞的修辞学体系的思考——管控论修辞学体系论略》，《中文季刊》2012 年第 3 期。

［8］林崇德、辛涛：《智力的培养》，杭州：浙江人民出版社，1997 年。

黎运汉先生的治学之道

李 军[①]

几十年来黎运汉先生辛勤探索，在修辞学、语体学、风格学以及公关语言学等领域造诣深厚，成就令人瞩目。胡裕树先生称他"用力至到勤，成果丰硕"，秦旭卿先生誉之为"修辞学界的劳动模范"。

一、勤于垦荒

学科的发展首先需要有拓荒求新的探索精神，学者个人成就的取得有赖于思想开放和理论锐进的勇气。追踪时代和学科发展的步伐，开拓扩充新的学科内容是一个有责任感的学者的使命。黎运汉先生对此具有清醒的认识。他常告诫他的研究生要站在学科发展的最前沿，捕捉科学发展的新信息，要具有拓荒的精神和填补空白的勇气。他自己就是一个善于吸收新成果、开创学科新内容的典范。在他的研究著作中时时可以感觉到新理论、新方法、新内容的浓郁气息，使人得到理论和方法的启迪。例如，同义手段的重新提出和论争是唤醒八十年代修辞学的第一声春雷，新的视角如何在学科的研究中体现，如何用新的方法探讨新的内容，组织新的体系，黎运汉先生的《现代汉语修辞学》作了较早的有成就的探索。他用新的观点，具体分析了词语与句式同义形式选择的原则、要求和方法，更新了词语和句式修辞的体系和内容。

风格学、语体学原来包含在修辞学的体系之内，虽有少数学者对其作过研究，但成就仍然有限。诚如胡裕树先生所言："如果说不是空白，至少也是个薄弱环节。"随着学科的发展和社会的需要，黎运汉先生敏锐地把握住了学科发展的趋势，倾注了大量精力进行风格学、语体学方面的拓荒工作，使风格学、语体学真正成了体系完备、内容翔实、有书可证的独立学科。他的《汉语风格探索》（商务印书馆出版），除继承了传统的遗产和吸收了同行的新成果外，更大量补充了作者自己的新见解。在书中，黎运汉先生总结出语言风格的三大本质特征：整体性、稳定性、交错性。科学地分析了语言风格的成因，划分了形成语言风格的制导因素和物质材料因素，指出语言风格的制导因素是促成并制约语言风格的外部条件，如语言使用者的特点和交际环境等，并细致分析了它的种种特点和表

337

---

① 李军，暨南大学华文学院教授，硕士研究生导师。

现。语言风格的物质材料因素是体现风格的语言表现手段。根据这一理论，他对以往笼统一体的民族风格、时代风格、流派风格和个人风格等作出了令人信服的条分缕析，科学性大为增强。历来学者对个人风格、民族风格、时代风格、语体风格和表现风格之间的关系很少梳辨，而黎运汉先生高屋建瓴地明示了它们的关系，把它们归析成不同层面上的东西，表现风格居于最上层，它存在于一切风格类型之中，而语体风格、个人风格、民族风格、时代风格之间也是互有联系的。这就为深入系统地认识难以把握的语言风格提供了科学的指导，使历来只凭意会难作言传的语言风格现象变成了实实在在的可捉可摸的语言现象，使语言风格成了一门有理论、有体系的语言学科。胡裕树先生对黎运汉先生开创性的贡献给予了很高的评价，认为此书"进行了艰巨的垦荒工作，取得了不少成果"，"材料翔实、论述周密、举例精当、富有启发性"。

语体学是一门脱胎于传统修辞学和风格学的新兴学科。它在国内虽经 20 世纪 50 年代的大讨论和 80 年代的全国性学术讨论会的推动取得了不少有价值的成果，但其中许多理论问题以及细致详尽的语体描写问题还没有解决，也是一块亟待开发的处女地。黎运汉先生把控学科发展的脉搏，力主独立语体学。他组织了几位有识之士，为语体学的完备进行了艰苦的综合性工作和多方面的垦荒探索。1989 年 7 月，由他主编并参与撰写的大部头著作《现代汉语语体修辞学》面世。该书一出版就立即得到了国内外学者的赞誉，评价此书富有创建性，堪称国内第一本以语体学为纲的修辞学专著。此书还被中南六省出版部门评为优秀教育著作二等奖。在这部书里，作者在语体的分类标准、语体的特点、语体的分属等方面卓具见识，对语体类型的归纳与描写尤有新意。如口语语体向来被忽视，描述也较粗略，黎运汉先生和其他执笔者在口语语体上倾注了大量的心血，对口语语体的基本体式——日常谈话体的基本特征和修辞特点进行了比较全面的描述，概括出了广泛性、随意性、简易性、契约性四个基本特征。归纳出了它在语音变化上的复杂微妙、语汇上的通俗生动、句法上的简易灵活、话语结构上的松散跳跃、辞格运用上的适量常见以及表情达意方面、非语言因素的利用等方面的修辞特点，详尽而准确；同时也对演讲语体和实况广播语体等口语体式作了较细致的描述。该书在口语语体描写的深度、广度和完备性上走在了同行的前面。语体的交叉和交融是语体研究的一个重要的新课题，对此，黎运汉先生和其他执笔者也进行了深入的探讨，他们界定了交叉和交隔两者的界限，总结了语体交叉的方式，即渗透式、移植式、融合式，并对两种典型的交隔语体——文学政论语体和文学科学语体的修辞要求和特点作了具体的描述。翻译语体也是此书的新创之处，书中对这种特殊语体的修辞原则、修辞要求作了尝试性的描述。

改革开放带来了公共关系学和公共关系实务的发展，应用语言学的用途日益广泛。社会发展的需要要求修辞研究者肩负起时代的使命，拓宽视野，扩大领域，为时代和学科的发展作贡献。黎先生适时地捕捉这一发展趋势，迅速将研究的领域拓展到公关语言学领域。他主编并参与撰写的《公关语言学》一书，运用公关学、语言学原理，探讨了公关实务领域中的语言运用问题。在这部新著中，黎运汉先生和其他的合作者坚持公关与公关实务的区分，语言与言语的区分，言语活动与言语成品的区分，在研究公关言语表达的同时又研究了公关言语领会。这些尝试都富有建设性。著名语言学家张寿康先生在该书序言中称赞它是一部具有开拓性的专著。

此外，黎运汉先生的《秦牧作品的语言艺术》在文学语言研究领域里也有填补空白的作用。

勤于垦荒的精神，使黎运汉先生在学科的建立和完善上总能遥领风骚，为科学的发展作出了令人敬慕的贡献。

二、系统深入

系统深入的方法是使研究向科学化发展的有益手段，也是为研究寻找突破口和空白点的途径。没有系统性的总结，学科的内容永远不会完善，没有深入性的提高和扬弃，现有的研究就会僵化停滞。对曾有的成就作进一步的系统化、深入发展是学术研究的又一条道路。黎运汉先生勤于思考，善于总结，不仅有选择性地继承了已有的研究成果，而且更进一步地使之系统化、科学化，向深入、全面、完善的方向发展，从而建构出一个个完整的学科体系。

第一，是对学术界现行的界说、理解作出更深入、更全面、更合理的解说，指拨不当，弘扬睿识，精陈己见，将科学向精确和系统化的方向不断推进。翻开黎先生的著作，到处可见这种深入式的研究工作。如对每一个定义或理论的论析，他都要先列出学术界有代表性的多种意见，比较其异同，评述其卓见和缺陷，在此基础上，提出自己更成熟的看法。像语体的分类标准问题，学术界曾专门进行过讨论，特别是1986年暑假在厦门召开的中国华东修辞学会第4届年会上，按外部因素（即交际环境）标准和按内部因素（即在交际环境制约下实现特定语体功能的语言手段）标准划分语体，成了针锋相对的两种主张。黎运汉先生分析了两种看法的得失后，主张语体的分类要用成因标准，即外部因素和内部因素相结合的标准，他主编的《现代汉语语体修辞学》就贯彻了这个标准。他认为在语体形成的过程中外部因素和内部因素是互相依存，互为因果，缺一不可的。两方面特征的结合才能构成语体，舍去任何一方都不能形成语体，也无法准确地划分出语体类型。这一看法是科学的，在实践中也是容易贯彻到底的。黎先生的这种识见，是对现有看法的更深一步的总结。

第二，是对学科研究对象的整体把握。系统探讨，找出对象内部的本质联系，从更科学的视点和角度对过去的成果加以总结和发展，使学科的内容更趋科学化、系统化。任何事物本身都是一个互有联系的有机系统，对其特点的把握和理论分析就必然要有系统和整体的观念，这样才能透彻了解事物的本质，作出更合理、更科学的理论阐释和描写。黎运汉先生的研究显示了这种理论气度和洞析能力。比如，《汉语风格探索》第三章阐释语言的民族风格、时代风格、流派风格和个人风格，第四章研究语体风格，第五章总结表现风格。这种安排，体现了作者对所有风格及其关系的整体认识。他认为语言的民族风格、时代风格、语体风格是共性风格，语言的个人风格是个性风格，但它从属于语言的民族风格，受制于语言的时代风格，还受语体风格的制约；语言表现风格是风格范畴的一种抽象概括，它可以用来概括民族风格、时代风格、流派风格、语体风格和个人风格。

第三，是以学科的眼光来综合深化现有的成果，建立起完备的学科体系。学科的建立除了要求学者对细节内容有深入的洞察外，还要求学者有高人一等的理论勇气，能够抓住某一专门领域内对象总的特点，作出总体的理论概括和有理论指导的体系建构，完善学科体系所要求的各方面的阐述。黎运汉先生的学科建构就显示了这种系统深入的功力。他的《现代汉语语体修辞学》《公关语言学》就是这种系统化的学术著作。在这些著作里，除对具体内容的系统化处理外，还着重总体的理论论述，阐明了它们作为学科的一般特征，探讨研究的对象、方法、任务，与相近或交叉学科的关系以及对史的评述和总结等，并努力把这些理论贯彻到具体的论述之中，完备了一个学科所要求的体系和规模。因而胡裕树先生评价《现代汉语语体修辞学》说："深感该书体系完整，语料翔实，分析细致，论述周密。"他的《公关语言学》分十二章。前三章属于理论、原理的研究，论证了公关语言学的研究对象、研究范围、任务和功用，阐述了公关原理、语言运用原理，揭示了公关言语的含义、特点及其运用原则；后九章属于实践应用部分，分别论述了公关言语的书面表达艺术、公关言语听解艺术和公关言语读解艺术；在口头表达之后，本书又总结了公关实务中副语言的运用规律，在书面语言之后，还对公关专栏和公关出版物的编制技艺作了专门阐述。全书理论原理与实践应用两部分相互联系，形成了一个"完备的科学体系"（见张寿康教授为该书写的序言）。

三、教学与科研相结合

教学与科研相结合是黎运汉先生治学的另一特色。教学与科研是一对互相促进的矛盾统一体。黎运汉先生正确处理了它们之间的关系，以教学促进科研，以科研带动教学。他的多部学术著作都是在教学讲义的基础上，经过反复的增删修改而成的。这样的著作经过了多次的教学实践，其科学性、理论性和系统性都大为增强。如他写《汉语风格探索》，在六十年代开设《毛主席语言研究》课程时就开始了准备工作，后来又在本科高年级和助教进修班上作了专题讲授，在此基础上提炼而成。他主编的《公关语言学》也先在研究生、专科生的公关语言学课堂上边讲授边讨论，接受检验，再经过提升，写成书稿。这种寓研究于教学的方法大可取法。教学与科研相结合的另一道路是根据教学的要求和规律，编著实用、简明、系统的教学用书。黎运汉先生在这一方面卓有成绩。他集教学经验而编著的《现代汉语修辞学》（与张维耿合作），简明精当，颇具新意，先后被香港教育学院和新加坡大学采用为教材。他为大专层次学生编写的《新编现代汉语》（主编之一），也突出体现了新、简、精、实的特点，与同类教材相比，更具科学性、系统性、可教性和实用性。这部具有时代特色，适合大专教学需要的现代汉语教科书经过教学实践，修订后由高等教育出版社出版，获得了广泛好评。另外，黎先生还参加编写了《新编修辞学》《中学语文教材语言特色分析》《虚词的知识和运用》等教材和教学参考用书，为现代汉语的教学工作作出了贡献。

黎运汉先生在治学上严谨细致、勤勉踏实。任何一项见解的提出他都要经过反复的思考和论证，每一条引文用例都作过认真的查对，著书行文逻辑严密，一丝不苟。这种认真求实的态度很值得后辈们学习。

参考文献：

341

［1］黎运汉、周日健：《虚词的知识和运用》，广州：广东人民出版社，1982 年。

［2］黎运汉、张维耿：《现代汉语修辞学》，香港：商务印书馆香港分馆，1986 年。

［3］黎运汉：《新编现代汉语》，北京：高等教育出版社，1989 年。

［4］黎运汉：《现代汉语语体修辞学》，南宁：广西教育出版社，1989 年。

［5］黎运汉：《汉语风格探索》，北京：商务印书馆，1990 年。

［6］黎运汉、李剑云：《秦牧作品语言艺术》，南宁：广西教育出版社，1990 年。

［7］黎运汉：《公关语言学》，广州：暨南大学出版社，2004 年。

汉语风格学研究的继承与创新

——黎运汉教授的治学经验

宗世海①

今年是黎运汉先生90岁诞辰。借此机会，总结一下黎先生研究汉语风格学的成就和治学经验，是很有意义的。

黎运汉先生著作丰硕，主要集中在以下几个方面：现代汉语、现代汉语修辞学、现代汉语语体修辞学、汉语风格学；同时，在汉语虚词研究，汉语文学语言、公关语言学、商务语言研究方面也有重要成就。这些领域大体是逐步深化、逐层展开的，其中汉语风格学研究方面的著述数量既多，钻研也深，在我国汉语修辞风格学界享有很高声誉。

黎先生完成的汉语风格学的学术论文计有20余篇，论著3本，它们是：《汉语风格探索》（商务印书馆，1990年）、《汉语风格学》（广东教育出版社，2000年）、《汉语言风格的文化阐释》（暨南大学出版社，2018年）。

同时，黎先生还指导研究生完成了8篇有关汉语风格学的学位论文，其中包括笔者于1989年完成的《语言风格学问题辨析》。

黎先生关于汉语风格学的研究，实际上从《现代汉语教程》开始已见端倪，后来经过《现代汉语修辞学》《现代汉语语体修辞学》《汉语语体修辞》的不断深化，最终达到独立的现代汉语风格学境地。

总结黎先生汉语风格学研究的经验，我觉得以下几点非常突出。

一、文献研究：注重继承和借鉴

黎先生年轻时从过军，他们那一代学者做学问条件异常艰苦，也没有外文文献（译作都非常少见），但是我们发现，黎先生对于前人的文献，非常注意搜罗、购买、借阅、积累；他指导我们读书，也要求我们做好文献功夫，常提醒我们到广州其他高校以及外地查阅、复印相关文献。

汉语风格学在历史上并不是独立的学科，文献散见于丰富的历史典籍中，尽管后来也有一些《古汉语修辞学资料汇编》《中国修辞学史》《文章体裁词典》

---

① 宗世海，暨南大学教授，博士研究生导师。

《汉语修辞格大辞典》之类的著作陆续出版，但是仍然远远难以满足研究的需要。我记得为了完成我的硕士学位论文，黎先生指导我去中山大学图书馆复印过《文镜秘府论》《修辞学通诠》等专著，也从历史典籍《文心雕龙》，周振甫《文章例话》《诗词例话》以及文学界、外语界有关著作中搜寻资料、线索。

同时，风格学也是一门世界性科学，我们不得不参考国际学者的著述。比如，俄罗斯、日本的修辞学风格学。虽然我和老师都不懂俄语，看不懂俄文，但是老师指导我反复研读高明凯、苏璇、王德春、唐松波等译自苏联的风格学著述，支持我对有关翻译的怀疑，而且指导我不断地向俄语界的王德春、张会森等专家请教。在老师的指导下，我们也大体弄清楚历史上的《文心雕龙》和日本僧人遍照金刚《文镜秘府论》、陈望道《修辞学发凡》等著作间的传承影响关系。

改革开放后中国学术界重建中国修辞学，发展中国语言风格学，但很多方面都是空白点。记得我通过研究生考试面试以后，黎老师把我带到他的书房，让我浏览、记录一些专业著作。从他的书架上，我几乎看到了当时能看到的所有汉语修辞学和风格学著作、论文集。受老师的影响，我也养成了省吃俭用、穷尽性购买专业书籍、订阅专业期刊的习惯。

阅读黎先生关于汉语风格学的著作、论文，我们可以看到参考文献是十分丰富的。为了搞清楚一个问题，为了论证的深入可信，他经常不厌其烦地查览、借阅、研读、抄录、引用、核对文献。仅从书末的参考文献看，《汉语风格探索》（1990）有175种，《汉语风格学》（2000）有142种，《汉语言风格的文化阐释》（2018）有135种。特别是第一本书，成书于20世纪80年代末，能有如此丰富的引文，绝对是学风踏实、研究深入的表现。特别要说明的是，在黎先生著书立说的主要年代，做科研的条件还是非常落后的，因为没有电脑，没有电子文档，没有互联网，无法上网查找资料、拷贝引用、自己打字编辑，即使是复印也价格不菲，所以很多时候查阅文献都是靠手抄摘录、做卡片的方式来完成。比较正式的文章书稿得请打字员在蜡纸上打字油印，每一个小小的修改都要通过手工涂蜡水、重新打字来完成。

深入研究文献，这是我从黎先生身上学到的第一个研究方法。

二、事实归纳：对汉语风格现象体察入微

国内分析汉语风格现象的有两批学者，一批是汉语修辞学界的，以黎运汉、郑远汉、程祥徽、丁金国、王希杰等为代表；另一批是文学界的，以童庆炳等人为代表。前者的研究扣作品的语言、修辞更紧一些，研究的范式既有古代的影响，也有当代的创新。此外，中国外语界特别是英语界和俄语界也有不少著述。其中黎运汉先生在汉语风格学研究方面用力很深，进行了很多开拓。

对汉语风格现象的研究，多数着眼于"个性""特点"，也有的从美学气象、

格调气氛上认识（宗世海，2002）。其中前者是国际惯例，有人甚至用统计学的方法研究风格、个性，比如程祥徽对老舍风格的研究，钱锋所进行的计算风格学的探索，日本有个外号"逗号博士"的杨姓学者的研究。后者则是中国学者对古代体裁分析、风格研究的继承。不管何种分析范式，对汉语作品修辞、风格表现的体察、感悟和归纳都是必不可少的手段。在这方面，黎运汉先生给我们树立了很好的榜样。

汉语风格的研究，无论古今中外，重点都从文学篇章中归纳。但是风格现象并不限于文学领域。为了研究丰富多彩的汉语风格，黎先生浏览了古今大量的各体文学作品——散文、小说、诗歌、剧本，包括比较新的港澳台作家的作品，也包括中国少数民族作家的汉语作品以及少量经典汉译外国作品。古典诗词文赋、现当代文学巨擘的作品自不必说。港台的如《香港小说选》《台湾乡土作家选集》，政论的如毛泽东、邓小平的作品，科学的如《高等数学讲义》《遗传学》等。不仅如此，黎先生还能从大量的样本中选取恰当的实例，用以证明不同类型的表象风格（豪放与柔婉、简约与繁丰、蕴藉与明快、藻丽与平实等）、不同作家的个人风格以及不同语体、民族、时代、地域、流派作家作品风格的内部共性与外在个性。

汉语风格现象制导于作家、说写者的美学趣味，表现于大量的组段谋篇、造句选词，其中最难的就是把具体的修辞表现和抽象的风格类型统一起来。黎先生既能够从繁复的样例中抽取出修辞、风格共性，也能把抽象的风格道理用恰切的实例展示出来，这是难度很高的工作，需要刻苦的精神、高超的领悟能力和深厚的表达功夫。他的论著中拥有大量典型、鲜活、美妙的实例。他的研究方法值得称道，对学界产生了良好影响。

三、创造升华：构建了体大思精的汉语风格学体系

人文科学、社会科学的研究日益重视定量研究、实验研究，传统风格学的研究在这方面进展还不大；即使有，也仅仅是语言特点、语言个性的鉴定（比如利用大数据的方法鉴定某篇未知作品的归属）。黎先生的风格学研究主要使用思辨法、归纳法、演绎法。他注意捕捉学界的新思想，但是有自己的判断；他大量搜罗观察语言风格事实，但是能将理论和实践结合，逐步构建一个比较完整、科学的汉语风格学体系。这里仅举3个例子来说明黎先生对汉语风格学研究的创新。

例一：风格与语体、修辞的关系。

一般认为，①修辞是一个过程，是伴随于语言表达活动的努力，其结果常体现为表达的切意（准确）、得体以及形象生动简洁优美等；②语体（本人主张回归传统，叫体裁）是言语交际的体式，是具有特定交际功能的语言使用的系统性模式，其中在语言方面的特点，也可以说是系统的修辞特点；③风格是个性，但是这个个性通过什么方法描写，却有三种不同的路向——第一种路向是中外都

通行的修辞、语言使用特点描述法，包括个别特征词的提取，比如程祥徽教授比较老舍中文作品和马小弥从英文译为中文的译本，确认某些译法不符合老舍自己的中文表达习惯；国外的风格学、文学界多数学者的风格学以及迄今为止的计算语言学、计算风格学，包括日本的华人学者"逗号博士"的研究，都是采用这种方法。第二种路向是从比较中概括出一些特点，用"口语性""精确性""简明性""生动性"之类描述语描述，或者在"词语手段""语法手段"之下再用这类描述语来描述。第三种路向是从美学的角度概括出风格的样态、类型，然后进一步从词语、语句、篇章、辞格上予以说明。所谓的表现风格实际上就是这种风格；而表现风格是存在于特定作品中的，是适用于描述特定作家的个人风格，乃至流派风格、地域风格等。

黎先生对汉语风格的研究，经历了一个不断探索，认识逐步清晰的过程。比如，在1989年他和陈垂民教授合编的《新编现代汉语》里面，"语体风格"还是一个比较含糊的概念；在1989年他主编的《现代汉语语体修辞学》，主要是通过修辞来分析各语体的特点，基本上不涉及风格；在2009年他与盛永生合作编写的《汉语语体修辞》中，不但"语体"概念日益摆脱苏俄风格学的"语体"分类，而且在每一种语体下明确区分出两节，分别描述该语体的修辞特点和风格（不一定是美学样态的名类）。比如，在"新闻语体修辞"一章中有两个二级标题："新闻语体的修辞特点""新闻语体的修辞风格"；在"新闻语体的修辞风格"一节中，再用"朴实""明快"两个美学概念来描述，各项目下才是进一步的修辞表现上的说明。这是一个很大的进步。中国当代修辞风格学界有关汉语风格研究的著作还有好几种，比如张德明（1990）、郑远汉（1990）、王焕运（1993）、程祥徽（2000）、郑颐寿（2008）等，相比之下，黎先生的风格学著作在所研究的问题、章节设计、描写的全面深入方面，都是做得相当好的。

例二：风格的分类。

一般将汉语风格分为民族风格、时代风格、地域风格、流派风格、个人风格、语体风格、表现风格等（宗世海，2003）。黎先生在他和张维耿合著的《现代汉语修辞学》（1986）以及和陈垂民主编的《现编现代汉语》（1989）中列了5种；在专著《汉语风格探索》（1990）中列了6种；在《汉语风格学》（2000）中又改回5种，其取舍和排列也不尽一致，显示出一种不确定和摇摆。但是在18年后的《汉语言风格文化新视界》（2018）中则完整地列出了7种，而且这7种的排列顺序更讲究了：开端以表现风格，继之以语体风格、民族风格、时代风格、地域风格、流派风格，最后落脚于个人风格。这样做的好处是，如果采用狭义的"风格"（美学样态）概念，则第一"种"风格是抽象的风格类型；以下则是一组组风格归类，直到最后才谈作家、政论家的个人风格。在这些分类描述中，做得理想的是用狭义风格范畴（豪放、柔婉之类），或者广义风格（特点）

严格描述；做得不理想的就会破坏种种"风格"在逻辑上的一致性。黎先生2018年的著作在这方面有很大的提升。同时，这本著作中，在表现风格的四对范畴之外又增加了一对"幽默和庄重"；"语体风格"除了从词语、句式、辞格、谋篇等方面描述外，都增加了"综合呈现"的简朴、庄重、谨严等方面的基调（表现风格描述法）；除了民族风格、时代风格两大类以外，别的风格都有比较恰切、丰富的例证，对风格现象的描述又进了一步。

例三：从风格的描述到风格形成根源的探索。

语言风格学的研究，要解决的主要问题无非是风格是什么，风格由什么语言要素、修辞手段构成，风格有哪些类型，各类风格该怎么描写，风格是如何形成的，其中最后一个问题在黎先生多年的研究之中逐步得到重视和加强。1990年出版的《汉语风格学》在"语言风格"定义中并没有提到语言风格形成的原因，但在第二章"语言风格的形成"中，用一节"语言风格形成的制导因素"专门分析了这个问题，指出语言使用者的条件和特点（思想感情、性格爱好、生活经历、文化素养）是形成语言风格的内部因素或主观因素。1996年，黎先生在《语言风格系统论》一文中修改了语言风格的定义，改为："风格是人们运用语言的产物，是在主客观因素制导下运用语言手段的诸特点综合表现出来的气氛和格调。"这里已经将风格的形成根源落实到风格的定义之中了。2000年出版的《汉语风格学》基本沿用了这个定义，而且用第三章的"语言风格与表达主体、接受主体和表达对象"和第四章的"汉语风格与汉文化"专门分析了语言风格的制导因素，其中第四章的研究为首次在黎先生的专著中出现。2010年到2014年，黎先生就汉语风格的文化成因问题发表了4篇学术论文，到2018年的《汉语言风格文化新视界》，则以全书的篇幅专门阐释汉语言风格形成的种种文化根源。他的探索虽然还不能说已经完美，但是已经将汉语言风格的形成根源研究提升到了一个新的高度。

四、注重交流切磋：教学、科研与学术活动相结合

黎先生培养研究生的一个重要方法是组织讨论课，通过讨论检验教师所教、学生所学；通过答疑、论辩深化师生对汉语风格学的认识。黎先生也经常带领研究生参加自己的科研活动，请他们撰写书稿，或者合作发表文章、合作出版著作。他还经常鼓励、组织研究生出席国内研讨会，把研究生介绍给国内学者，也让研究生在研讨会上开阔眼界，经受锻炼。在国内同行中，黎先生的弟子师承导师衣钵，继续汉语修辞学风格学研究的数量比较突出，其中合作著书者就有五位。有的成长为修辞学、语用学博士生导师，有的担任中国修辞学会副会长。

黎先生是中国修辞学风格学界的活跃分子，曾长期担任秘书长、副会长。多年来，他始终坚持出席中国修辞学会组织的研讨会，包括语言风格专题讨论会。

仅在广州，由他组织的全国性研讨会就达 5 次。在这些学术活动中，黎先生广交朋友，不断与同行切磋砥砺，其学术新知也得到了不断的传扬和检验。黎先生的汉语风格学研究，不但在大陆、港澳台很有影响，多次在电视上发表学术演讲或者接受访谈，而且也受到美国学界重视，曾应邀前去交流。

教学、科研与学术活动相结合，是黎先生治学的又一经验。

综上所述，导师黎运汉先生长期从事汉语修辞学、风格学研究，他以执着的钻研精神和科学的研究方法，在该领域作出了突出的贡献，著述丰硕，成绩骄人；他教书育人，为我国汉语修辞学、风格学研究培养了一批人才。他的精神非常宝贵，他的方法非常可取，值得继承。

参考文献

［1］陈垂民、黎运汉：《新编现代汉语》，北京：高等教育出版社，1989 年。

［2］程祥徽：《语言风格学》，南宁：广西教育出版社，2000 年。

［3］黎运汉：《汉语风格探索》，北京：商务印书馆，1990 年。

［4］黎运汉：《语言风格系统论》，《锦州师范学院学报》（哲学社会科学版）1996 年第 3 期。

［5］黎运汉：《汉语风格学》，广州：广东教育出版社，2000 年。

［6］黎运汉：《汉语风格成因的文化机制》，《毕节学院学报》2010 年第 6 期。

［7］黎运汉：《汉语言风格之文化审视的理据》，《烟台大学学报》（哲学社会科学版）2010 年第 2 期。

［8］黎运汉：《语言风格解构的文化理据》，《毕节学院学报》2014 年第 5 期。

［9］黎运汉：《模糊语言风格文化窥探》，《平顶山学院学报》2014 年第 3 期。

［10］黎运汉：《汉语言风格文化新视界》，广州：暨南大学出版社，2018 年。

［11］黎运汉：《现代汉语语体修辞学》，南宁：广西教育出版社，1989 年。

［12］黎运汉、盛永生：《汉语语体修辞》，广州：暨南大学出版社，2009 年。

［13］黎运汉、张维耿：《现代汉语修辞学》，香港：商务印书馆香港分馆，1986 年。

［14］王焕运：《汉语风格学简论》，石家庄：河北教育出版社，1993 年。

［15］张德明：《语言风格学》，长春：东北师范大学出版社，1990 年。

［16］郑颐寿：《辞章体裁风格学》，广州：暨南大学出版社，2008 年。

［17］郑远汉：《言语风格学》，武汉：湖北教育出版社，1990 年。

［18］宗世海：《语言风格学问题辨析》，暨南大学硕士学位论文，1989 年。

［19］宗世海：《论言语风格的定义》，《暨南学报》2002 年第 4 期。

［20］宗世海：《论言语风格的分类》，《语文研究》2003 年第 3 期。

语言生态视域下的语体风格

张先亮

一、语体风格的生成——语言生态系统作用的结果

黎运汉先生是著名的语言学家，尤其在语体风格方面作出了突出贡献。他于20世纪80年代提出风格与语体相互区别、各自独立的主张，旨在探求风格学体系，扩充学科内容，为系统研究语言风格打开了新思路。语体风格是风格类型中的重要子系统，是其他风格生成的基础，本文将从语言生态的视角探讨语体风格生成、发展与功用。

语言生态这一概念最早是由美籍挪威语言学家豪根提出，借用了"生态"一词的基本含义，将语言环境与生物生态环境作了隐喻类比，特别强调语言与环境的互动关系。研究语言风格的构成因素是语言风格学的重要任务，学者们极其重视风格成素的探讨。黎运汉（1996）认为风格的构成因素是制约因素和物质因素，其中制约因素包括主观因素与客观因素，物质因素包括语言要素的风格手段和非语言要素的风格手段。这一观点的提出与语言生态理论不谋而合，为我们进一步研究语体风格的性质、功用以及与其他相关学科关系提供了新的视角。语体风格的制约因素和物质因素，都来自于语言生态的内外环境系统，可以说，语体风格的生成，是语言生态系统内部相互作用的结果。

语言生态系统的环境包括内生态环境和外生态环境两部分。

（一）内生态环境

物质因素是风格形成的语言材料因素，没有语言的物质材料，就无所谓语言风格。语言生态的内生态环境为语体风格的生成提供物质因素。内生态环境指由语音、词汇、语法等子系统构成的相互联系、相互影响的环境系统。语言的内生态环境为语体风格的形成提供语音、词汇、语法、修辞、话语组织等风格手段。以韵文语体中的诗歌为例，由于汉语与英语在语音特点上差异很大，风格手段也大不相同，例如：

海上生明月，天涯共此时。

（仄仄平平仄　平平仄仄平）

You beat /your pate , /and fan/cy wit/ will come.

Knock as /you please , /there's no/body at home.

前一首诗出自我国唐朝诗人张九龄的《望月怀远》，后一首诗出自英国诗人亚历山大·蒲柏的 *An Empty HOUSE*。中文的古诗语音上讲究平仄调配，抑扬顿挫，形成一种音乐美。英文无平仄之分，其节奏的调配依靠音节的轻重读，轻读音节与重读音节按一定模式进行搭配，便可以构成诗句，每音步内由轻读音节和重读音节组合为抑扬格，所以这首诗格律为抑扬格。

（二）外生态环境

语言生态的外生态环境为语体风格的生成提供制约因素。黎运汉（1994）认为风格的制约因素有主观与客观两部分，主观因素指表达者的条件和特点，客观因素则包括交际环境，如社会环境、自然环境以及交际对象和交际方式等，这些制约因素都存在于语言生态系统的外生态环境当中。外生态环境指自在生态环境和自为生态环境，自在生态环境又分为自然环境、社会环境、文化环境。

1. 自然环境

自然环境中有众多因子影响着语体风格的生成，作用较为明显的有景观因子。不同地域的不同景观，影响着语体风格的生成，主要体现在表达对象的选择上。逐水而居是人类共同的生存法则，伟大的河流催生伟大的文明，也对语言的应用产生影响。作为中国文化的摇篮，黄河一直是文人学者青睐的表达对象，一系列言语作品皆以黄河作为表达对象，而其他河流文化在言语作品中的表达却大不相同。以文学语体的韵文体为例，对比中国古代诗歌中李白的《将进酒》与文艺复兴时期英国埃德蒙·斯宾塞的《婚前曲》：《将进酒》中"君不见，黄河之水天上来，奔流到海不复回"，通过采用黄河这一特殊表达对象，构成夸张的风格手段，从而形成豪放的语体风格；《婚前曲》中"甜甜的泰晤士河水，你软软的流淌，等我把歌唱完"反复使用，借助对泰晤士河的描绘形成柔婉的语体风格。两种语言风格的生成与黄河"奔流到海"、泰晤士河"静静流淌"本身的特征相互呼应，可以看出自然环境的景观因子影响语体风格的生成。

2. 社会环境

语言是一个变数，社会是另外一个变数，两个变数互相影响，互相作用，互相制约，互相变化（陈原，1982）。社会环境中的一定因子影响着语言的变化，语体风格的生成也不例外。其中民族因子与政治因子作用较为明显。

民族因子对语体风格多样性的生成有特殊作用，不同民族有不同的民族性格。我国边疆地区的少数民族由于分布地域和生活方式差异，形成了热爱自由、敢爱敢恨、顽强彪悍的民族性格；而身处江南水乡的汉族人也因特殊的地域环境，形成温柔含蓄、缜密内向的民族性格，这种民族性格的差异影响着语体风格

349

的生成。同为韵文体，南北朝王德作诗《春词》写道"爱将莺作友，怜傍锦为屏。回头语夫婿，莫负艳阳征"，大胆直率、风格豪放。宋代柳永作词写道"多情自古伤离别，更那堪，冷落清秋节！今宵酒醒何处？杨柳岸，晓风残月。此去经年，应是良辰好景虚设。便纵有千种风情，更与何人说？"，字字写景却字字为情，形成含蓄蕴藉的风格。

政治因子更是对语体风格生成起着不可或缺的作用。政治因子对语体风格生成的作用体现在两个方面：影响语体的类型和对语体风格发展趋势进行人为干预。古代"制""诏""敕""谕"等公文体的产生就是政治因子推动的结果。如从秦始皇开始，产生了"制"与"诏"两种公文语体，命称"制"，涉及重大方面的文告称为"制书"，令为"诏"，对具体人或事的命令称为"诏书"。此外，政治因子还能干预语体风格的发展趋势。以古代科举制度中的"八股文"为例，八股文最初是写议论问题的一种格式，由"破题""承题"等八个部分组成，统治阶级的提倡使得该文体在很长的一段时间风靡。又如"文革"期间，特殊时期的政治斗争，使得该时期各种语体都充斥着政治套话，不论是谈话语体还是演讲语体，不论是应用语体还是科学语体都套用各种政治话语，这也使汉语语体风格生态遭到严重破坏，语体风格的气氛与格调异常单一，大大削弱了汉语的魅力。

3. 文化环境

黎运汉（2000）曾谈到汉文化与汉语风格的关系，指出汉文化是汉语风格生成和发展的基础。因此研究汉语风格的生成必须联系汉文化。文化环境的思维因子、观念因子、习俗因子影响语体风格的生成。

语言风格既是整体文化的一个因素，又是其他文化因素的载体和表征，因而它的生成与发展必然受到思维方式的控制与支配。思维对语体风格生成的影响体现在两个方面：一是影响具体风格手段，二是影响风格类型的模式。我们传统的思维是一种关联性、整体性和直觉性的思维，讲求辩证的统一，倾向于从整体出发，反对孤立看待问题，不讲求冰冷对立，追求和谐共存。这导致我们在风格手段选择上也以对立统一为和谐，如语音上平仄进行相互调配，句式上长短句与紧松句进行搭配。思维的整体性和直觉性又促使我们倾向于利用具体可感的实际形象把握事物，体现在风格手段上，如在修辞格风格手段上偏爱比兴、象征等。这些特殊思维方式也影响了风格类型的模式。关联性使得中国古代众多语体风格相互交叉、关联，导致众多语体风格的界限较为模糊，如"史"作为一种特殊的应用语体，其风格经常与"诗"等文学语体风格相互交叉，原本具有朴实、简明风格的"史"，经常借用文学语体的风格手段，以至于史记被称为"无韵之离骚"。又如追求对立的和谐统一，所以语言风格类型大都是两两对立，简约与繁丰，庄严与幽默，朴实与藻丽等。

4. 人群环境

自然环境、社会环境、文化环境并不能直接作用于语体风格，而是需要人群环境发挥中介作用。黎运汉（2000）指出，表达主体和接受主体是风格生成的核心因素，而这两个核心因素都处于人群环境中。人群环境中有众多因子，通过影响表达主体、接受主体以及表达对象，进而影响语体风格的生成。作用较为明显的因子有人格因子、年龄因子、性别因子、角色因子、情感因子以及意向因子。

以人格因子为例。人格因子包括气质性格、文化学识等多个方面，表达主体与接受主体在文化学识等方面的差异导致语体风格的差异。文化学识的高低影响着语体风格的生成。《文心雕龙》中有观点"学贫者迍遭于事义，才馁者劬劳于辞情。此内外之殊分也。是以属意立文，心与笔谋，才为盟主，学为辅佐；主佐合德，文采必霸；才学偏狭，虽美少功"（周振甫，1986）。才学广博者，写文章能够得心应手，辞可达意，风格得体；才学浅陋者即使追求言辞之"美"，却仍旧是辞不尽意，风格欠妥。再如，一个具有相当科学知识素养的人在进行科学语体创作时，相比不具备相关知识的人更能在语言创作中体现科学语体的客观性、抽象性、严整性，呈现科学语体庄重、平实、严谨的风格特点。

情感、意向因子不仅影响语体选择，更影响语体风格的生成。对表达对象的不同意向，首先影响我们对语体的选择。表达对象同为雪，宫德吉、李彰俊在《内蒙古暴风雪灾害及其形成过程》中选取的是专门科学语体，因为表达主体的表达意向是向专业人员介绍暴风雪的形成原因；科学诗《雪的回答》则选取通俗科学语体的形式，用形象化、拟人化的手法说明雪转化成水的过程。两者意向不同，选择的语体不同，自然生成的语体风格也各异。言语作品是人群对客观事物的主观映像，表达主体的情感差异，也直接影响语体风格的生成。陆游与毛泽东两人创作的《卜算子·咏梅》，语体类型相同，同为韵文格律语体；表达对象一致，皆为梅花；风格手段类似，都用比喻、拟人、对比等，但前者蕴含着孤芳自赏、消极衰颓的情感，后者表达的是积极无畏、乐观进取的情感，情感的差异使语体风格截然不同。

此外，年龄、性别、角色因子也影响语体风格的生成。表达主体与接受主体受这些因子制约进而影响语体风格的创造。同是创作文学语体言语作品，男性作家与女性作家在语体风格上会有很多差异。以女性文学代表作家严歌苓为例，其作品中通过大量使用情感词、语气词、委婉词，使语言风格呈现明显的婉约特征。年龄因子亦是如此。同为文学语体，儿童文学的接受主体主要为儿童，这些作品展现出的风格特征即与其他文学语体迥然不同。语体风格也受表达、接受主体角色差异和相互关系的制约，表达主体与接受主体为上下级关系与两者为亲友关系时，虽然交流使用都为谈话语体，但风格定然有所不同。

二、语体风格的发展——语言生态系统特征的映现

（一）语言生态系统的多样性

语言生态系统中的各个组成部分之间是相互联系的，既有直接、显性的，也有间接、隐性的，各组成部分之间相互依赖、制约，形成一个关系链。整个语言风格生态系统由众多子系统构成，如表现风格生态系统、语体风格生态系统、流派风格生态系统，每个子系统又包括若干个下位层次，这些子系统间相互联系与制约，甚至牵一发而动全身。语体风格作为一种共性风格，在语言风格系统中处于核心地位，是其他风格生成的基础。语体风格系统若被破坏，会影响其他语言风格的创造，使语言风格系统，甚至整个语言生态系统被破坏，但多样性能在一定程度上作出弥补。

一个生态系统多样性程度越高，它内部的生态系统便越复杂。生态系统越复杂，承载力越大，抗干扰能力越强。语言风格系统内部众多子系统及其下位系统，不仅数量多、关系也复杂，是语言生态多样性的体现。当前我国的语体风格多样性发展，是语言生态系统和谐发展的体现。

（二）语言生态系统的和谐

黎运汉（2004）指出，语体风格生成与运用的基本原则是得体。得体其实是语言生态系统和谐原则的基本映现。冯广艺（2006）表示语言的和谐是人类社会发展的基本条件之一，也是基本要求之一，语言和谐是人类交际的前提，是语用者追求的最高境界。[①] 语体风格的得体要求首先来源于传统文化，墨子的"通意"，荀子的"辞和于说"，韩愈的"文从字顺"等都提到了"得体"的问题。语言生态系统和谐的基本条件是语言系统与内外生态环境的和谐，具体体现在语体风格与物质因素、制约因素相适应，两者缺一不可。冯广艺在《语言和谐论》一书中举了一位小学生竞选学校大队委演讲的例子：

我有着敢为"天下先"的勇气和才干，凭着坚定的信念和无比的忠诚，一定能成为同学的"好公仆"……让我赢得了稳固的群众基础，也锻炼了我扎实泼辣的工作作风……

作为一篇演讲稿，它符合演讲语体口语化、条理清晰、句式简明的风格特点，语体风格与物质因素相适应。但作为一名小学生，他的语体风格与制导因素相违背，所以是不得体的，不和谐的。

---

① 冯广艺：《语言和谐论》，《修辞学习》2006年第2期，第14页。

（三）语言生态系统的动态平衡

语言生态系统由三部分组成，语言系统、语言内生态环境、语言外生态环境，其中外生态环境又可分为自在环境和自为环境。语言系统通过自为环境，从自在环境与语言内生态环境中获取信息、能量，而语言系统又能对内外生态环境产生反作用。内外生态环境不断发展、变化，语言系统也随之发展、变化，语言生态系统是动态的。但语言生态系统的各组成部分也始终相互补充、相互协调，使语言生态系统处在动态的平衡当中。语体风格的发展映现了语言生态系统动态平衡的特征，表现为新语体风格的出现、旧语体风格的消亡与语体风格的自我调整。

1. 新语体风格的出现

上文我们谈到语言生态系统的内外环境为语体风格生成提供了条件，内外生态环境的不断变化促使新语体风格的出现，如微博语体风格。

网络技术的飞速发展使当代人的交流进入网络信息时代，伴随网络信息的发展，而与之相适应的交融型语体风格呼之而出，较为典型的是微博语体风格。微博语体风格，指借助微博平台发布言语信息所表现出的特殊语言风格。科学技术的发展，政治、经济、文化等领域事件的发生、人们话语意识的强化等内外环境因素为微博语体风格的出现提供了条件。它既区别于口头语体风格，又不同于书面语体风格，具有其自身的独特性。微博语体既具有自然朴实、通俗平易、生动活泼等口头语体的风格特征，句子简短灵活，表达对象具有多变性、时效性，又具有表达形式、表现风格多样的书面文艺语体风格特征。

2. 旧语体风格的消亡

语言系统反映着内外生态环境的变化，部分语体风格生成的内外生态环境消失会导致相应语体风格的消亡。

古代"制""诏""敕""谕"等公文体具有自身特殊的语体风格，除表达主体外，表达对象、接受主体皆有差异。其产生是为古代封建王朝的中央集权服务，当与之适应的封建王朝退出历史舞台，这些公文语体风格也随之消失；八股文在明清时期受到统治阶级推崇，清末由于统治阶级态度转变，八股文便失去了统治阶级的政策支持，逐步被废除。

3. 语体风格的自我调整

新生态环境出现推动新语体风格的生成；旧生态环境消失促使旧语体风格消亡。还有一种语体风格处于中间状态，尚未丧失其生态环境，但其生态环境已然发生变化，部分语体风格会随着生态环境变化作出调整，进行自我改良。

以唐代诗歌为例，诗歌这种韵文体风格在唐代也并非一成不变，明代学者胡应麟（1958）在其诗歌理论中提到"盛唐句如海日生残夜，江春入旧年；中唐

353

句如风兼残雪起，河带断水流；晚唐句如鸡声茅店月，人迹板桥霜"。① 盛唐、中唐、晚唐诗体风格皆有差异。生态环境的众多因子作用各不相同，语体风格是语言系统与众多因子综合作用的结果。有的因子是主导因子，对语体风格的发展起决定作用，这些因子不发生质变就不影响语体风格基本特征，也就不会造成新语体风格生成和旧语体风格消亡。所以唐诗语体风格只是随着社会政治经济的变化而作出调整。又如代表性的新闻报道体风格"新华体"，曾是最符合国家通讯社传播特点的语体风格。"新华体"采用宣导性话语，语体风格简洁、严肃、明确。而近年来为了适应社会发展，在原有语体风格的基础上进行调整，强调清新与大气共存、温度与深度融汇（吕艺、陈彦蓉，2015）。

三、语体风格的功用——构建和谐语言生态的重要手段

语言生态系统的内外环境为语体风格的生成提供物质与制导因素，语体风格又能对生态系统的内外环境产生重要的反作用，这些反作用便是语体风格功用的具体体现，也是构建和谐语言生态的重要手段。

（一）人群交际功用

交际功能是语言最基础、最显著的功能，语体风格也不例外。言语环境不同，语体风格的选择就不同；语体风格不同，风格手段的选择也会有差异。语体风格的创造要遵循一定的规律与原则，如果不加遵守，语不对体，便达不到预期的交际目的，甚至闹出笑话。孔乙己日常交谈之时，满口的"窃书""君子固穷""者乎""多乎哉，不多也"，便是违背了语体风格创造的原则。谈话体的语体风格本应简洁、灵活、通俗，而孔乙己却将其与书卷语体风格混为一谈，因此闹出了不少笑话。另一方面看，鲁迅先生也通过人物语体风格的安排，成功创设出一个迂腐的孔乙己形象，由此可见语体风格交际功能的重要性。又如，在2012 年伴随着一部影视剧出现，在网络上兴起的"甄嬛体"，例如：

"方才见淘宝网上一只皮质书包，模样颜色极是俏丽，私心想着若是给你来用，定衬肤色，必是极好的。"

"说人话。"

"妈，我买了个包"（天涯社区，2012 - 05 - 02）

甄嬛体的特点是大量使用古语词"真真""极好""本宫""方才"，风格庄重、柔婉。该语体风格在影视剧中使用，符合人物所处的言语环境，符合得体原则；可一旦出现在日常生活中，便有悖于语体风格的生成原则，会闹出笑话，网

---

① 胡应麟：《诗薮》，北京：中华书局，1958 年，第57 页。

友也因此进行调侃。由此可见得体的语体风格能满足人们的交际需要，加强语体风格建设，能增强语言修养，提升人们语言运用能力，为构建和谐语言生态提供人群环境支持。

（二）社会映射功用

社会环境是语体风格生成的重要因素，所以社会环境的变化也反映在语体风格中。社会环境的变迁保留在语体风格中，体现在语体风格的手段、特点和类型上。

王崇（2009）对"大跃进"时期出现的"新民歌"及其映现的社会变革作了系统研究。新民歌是在"大跃进"时期产生，用于赞美劳动、歌颂领袖的特殊韵文体。通过对构成新民歌风格词汇手段和修辞手段的分析，可窥探当时的社会生活。如词语手段上，"比""心""家"和自然事物类名词大量出现，褒义词的使用比例很高；修辞手段上大量使用夸张、排比、衬托等，如"扁担细又长/担起两箩筐/莫嫌箩筐小/泰山不够装"（郭沫若、周扬）。词汇手段反映出"大跃进"时期的社会热点，"家"指当时的合作社，"心"指对党与领袖的衷心，"歌"指"大跃进"民歌，大量自然事物名词是因"大跃进"时期农业仍旧为主要的生产、生活方式，且推崇人定胜天、战胜自然价值观。大量使用夸张等修辞手段，一方面反映了"大跃进"时期民众曾有高涨的热情，另一方面也反映出"大跃进"运动"高指标、瞎指挥、浮夸风"的弊端。通过对新民歌语体风格的分析，使我们进一步了解"大跃进"社会变革运动。语体风格的社会映射功能为认识社会环境的发展提供了新的视角，为监控社会环境和谐与否提供了新思路。

（三）文化传承功用

语体风格的文化传承功用表现为两个方面：语体风格本身和语体风格作为载体。语体风格自身便是一种特殊的文化。中国古代韵文体风格在语音手段上独具特色，讲究平仄交错、声韵重叠，格律诗体甚至还有具体的声韵要求，与其他语言的语音手段有很大差异；又如中国封建王朝"制""诏""谕""敕"等公文语体风格类型，源于中国古代特有的政治文化，都是我们文化历史的重要组成部分。作为载体，语体风格更是承载着厚重的中华文化。词汇手段承载着礼仪文化，如"劳驾""寒舍""令尊"等敬语；承载着各种避讳文化，如各种讳饰语和吉祥语；承载着民俗心态，如红色象征喜庆。语体风格格调上也负载着文化信息，如范仲淹的"先天下之忧而忧，后天下之乐而乐"，杜甫的"丹青不知老将至，富贵于我如浮云"，李白的"俱怀逸兴壮思飞，欲上青天揽明月"无不体现出中华民族包容万物、宽宏博大的胸襟。语体风格的文化传承功能推动着中华文化的继承与发扬，有利于增强民族认同感，为和谐生态的构建提供文化环境支撑。

355

（四）语言研究功用

语体风格也能对语言系统的内部环境产生反作用，使语体风格研究不断深入。在理论体系上，通过研究语体风格的形成与发展来构建语体风格的因素系统，通过研究具体风格手段来阐明风格的类型系统，通过研究各种风格类型来架构中国特色的汉语风格学。在具体实践中，可通过研究语体风格对语体风格进行规范，进而提高运用分析能力和语言教学水平。如城镇化进程中出现了众多新语体风格——"新新华体""微博体""UC体"。语体风格的相关研究，有利于提高我们对语体风格现象的分析能力，鉴别语体风格和谐与否，更能运用于具体的课堂教学，提升学习者对语体风格的处理能力，构建和谐的语言内生态环境。

四、结语

语体风格作为语言风格的核心，在语言风格大厦中起着尤为重要的作用，也在语言生态中占据重要一席。当今社会，语言生态已成为生态文明建设的重要支撑点，因此对语体风格的研究也不容忽视。语体风格的生成源于语言生态内外环境的相互作用，语体风格的发展是语言生态系统规律与原则的具体映现，语体风格的功用可为和谐生态的构建提供重要手段。正如黎运汉（2004）所言，不断开拓学科的新领域，扩充学科的新内容，是当代有责任心学者的使命，从语言生态视域进行语体风格的研究能为我们探求语体风格提供一条新的途径。

356

参考文献

［1］程祥徽、黎运汉：《语言风格论集》，南京：南京大学出版社，1994年。

［2］陈原：《社会语言学的兴起、生长和发展前景》，《中国语文》1982年第5期。

［3］冯广艺：《语言和谐论》，《修辞学习》2006年第2期。

［4］冯广艺：《语言和谐论》，北京：人民出版社，2007年。

［5］宫德吉、李彰俊：《内蒙古暴风雪灾害及其形成过程》，《气象杂志》2001年第8期。

［6］郭芳妤：《严歌苓小说语言风格研究》，湘潭大学硕士学位论文，2013年。

［7］郭沫若、周扬：《红旗歌谣》，北京：红旗杂志社，1959年。

［8］胡应麟：《诗数》，北京：中华书局，1958年。

［9］蒋林欣：《河流文学：一个新的论域》，《江西社会科学》2017年第2期。

［10］李国正：《生态汉语学》，长春：吉林教育出版社，1991年。

［11］黎运汉：《汉语风格学》，广州：广东教育出版社，2000年。

［12］黎运汉：《修辞·语体·风格论文选》，广州：暨南大学出版社，2004 年。

［13］黎运汉：《语言风格系统论》，《锦州师范学院学报》1996 年第 3 期。

［14］吕艺、陈彦蓉：《从"新华体"到"新新华体"》，《中国记者》2015 年第 10 期。

［15］王崇：《百年汉语语体演变与社会变革关系研究》，黑龙江大学博士学位论文，2015 年。

［16］夏仲巍：《英语诗歌的格律音韵》，《齐齐哈尔大学学报》2001 年第 6 期。

［17］杨小波、吴庆书：《城市生态学》，北京：科学出版社，2014 年。

［18］赵沛林：《不同民族文化融合背景下的北朝爱情诗》，《中州学刊》2009 年第 3 期。

［19］赵霞、刘雨：《中国古代思维方式的西方认知》，《外国问题研究》2014 年第 1 期。

［20］张哲：《河流之韵：诗意的流动性与文化的连续性》，《中国社会科学报》，2013 年 6 月 17 日。

［21］周振甫：《文心雕龙今译》，北京：中华书局，1986 年。

357

理论探新与社会应用

——黎运汉先生的语体学研究

曾毅平①

一、引言

我的导师黎运汉教授青年时代参加过解放战争、粤西剿匪、抗美援朝，立下赫赫军功。经历过战争洗礼，他对家国民族的情感和人生价值的认知有着非同寻常的体悟。入伍前，黎先生就读中山大学社会学系，复员后进入中文系继续学习，毕业时获社会学和中文专业双学位。之后，黎先生一直在高校任教从事语言研究。大学时接受的教育培养了他的社会洞察力和语言敏感性，使其专业研究更具社会责任感与使命感。几十年来，黎先生关注语言运用的社会人文背景，侧重应用研究，学术风格鲜明，这与其军旅经历和教育背景不无关系。

修辞学、语体学、语言风格学是黎先生用力最多的领域。其发表的主要论文已由暨南大学出版社结集为《黎运汉修辞·语体·风格论文选》，于 2004 年出版。相关著述有《语法与修辞》（1981，1989）、《现代汉语修辞学》（1986，1991）、《新编修辞学》（1987），《汉语修辞学》（2006）、《汉语风格探索》（1990）、《汉语风格学》（2000）、《汉语言风格文化新视界》（2018），《现代汉语语体修辞学》（1989）、《汉语语体修辞》（2009），以及《秦牧作品语言艺术》（1990）、《公关语言学》（1990，1996，2004，2010，2018）、《商业语言》（2005）、《商务语言教程》（2005）等（含独著、合著、主编、参著）。这些著述受到过著名语言学家胡裕树和张寿康等先生的赞誉；同辈学者何自然、宗廷虎、刘焕辉、程祥徽、袁晖、丁金国、濮侃、郑颐寿、张德明教授等都有积极评价；著名作家秦牧先生对黎先生文学语言的研究赞誉良多。修辞、语体、语言风格是互相关联的语言运用现象，修辞学、语体学、语言风格学三门学科彼此联系又相对独立。本文主要就黎先生对语体的理论和应用研究，谈点学习体会。

---

① 曾毅平，暨南大学华文学院教授，博士研究生导师。

二、关于语体性质的界定

我国传统的语言研究，语体论多蕴含于文论之中。"语体"这一术语，最早见于蔡元培 1920 年 6 月的演说，其义与"白话"相对（丁金国，2009）。"语文体类"性质的"语体"则源于陈望道的《修辞学发凡》（1932）。20 世纪 50 年代，修辞学界开始较多使用"语体"术语讨论语言运用问题。80—90 年代，汉语和外语界对语体研究都倾注热情，出版了多种著作。语体定义多受西方 genre，register，style 等术语影响，含义颇为"混乱"（王德春、陈瑞端，2000）。研究者对修辞、语体、风格、语体风格等概念理解不一，存在彼此交叉的现象。有的著作，取名为"文体学"，但并不限于讨论书面语；有的风格学著作，主要描写类型语境下的言语综合特点，并不以语篇的言语气氛格调为研究主体，实为语体研究；也有的主张语体学就是研究语体风格，就是风格学。关于语体的性质，有"风格类型"说、"语言综合特点"说、"言语综合特点"说、"语言运用特点体系"说、"言语功能变体"说、"言语行为类型"说等多种界定。

黎先生在搜罗各家定义，综合分析比较的基础上，先后将"语体"界定为"社会交际的言语体式"（黎运汉，1989），是"适应不同交际领域、目的、对象和方式需要，运用全民语言而形成的言语特点的综合体"（黎运汉，1989）。"语体又叫功能语体，是适应不同的交际领域、目的、对象和方式需要，运用全民语言而形成的言语特点体系，是运用词汇、语法、辞格、语音手段及话语组织等语言材料、表达手段所形成的诸特点的综合体"（程祥徽、黎运汉，1994）。分析黎先生的论述，他对语体本质属性的界定具有以下特点：

第一，是从语体形成的外部因素和内部因素相互作用的角度认识语体的本质。语体是适应特定类型的交际语境需要，选择表达手段的结果。关于语境要素，各家认识上有差异：有的指交际的目的、内容、范围；有的指表达内容、交际目的、读者的特点、交际的场合；有的指交际方式和活动领域；有的指交际功能、题旨情境；也有的只笼统地说交际环境。黎著则将诸多要素加以范畴化，概括为交际领域、目的、对象和方式四大要素（黎运汉，1989），从而使外部的语体制导因素更为集中，使之与语体物质材料因素的变量关系更便于观察和描述。在此前提下，将中心定义项落实在语篇的物质材料所呈现的综合特点上。这个定义体现了语体是外部因素制导下语言运用的产物。

第二，黎著对语体的界定，特别强调整体性。他说的整体性，包含两层含义，一层含义是，对一种语言来说其语体类型自成"语体体系"，这个体系可以用树状图来呈现。其中包含了语言在运用中是以变体的方式存在的思想。全民语言是一种抽象的存在，是索绪尔"语言"意义上的存在。其实体则是功能性的各种语体，并且是一个由多种语体构成的系统。另一层含义，则是就单个语篇来

359

说的，语体不是语篇的语言和言语要素的个别特征，而是整个语篇各物质要素所呈现的综合特征。语篇的语体归属，取决于语言运用的综合特征，而不是单一要素的特点。此外，黎先生也特别强调"整体性"在语体定性和描写中的方法论意义。他认为分析和理解某种语体的特点，必须对同类的一系列作品从用词、造句、运用辞格以及组织句段等方面进行全面考察，从全局上、整体上把握其孤立、零散的语体手段相互作用、相互融化表现出来的特点。同时，在分析和理解语体中的某一语言特点时，也必须着眼于整体，从同类语体的一系列作品，去认识具有共同功能的表达手段，不以偏概全。分析和理解构成语体的物质材料因素时，要着眼于整体，抓主要倾向，而不被个别的或者少数的其他语体表达方式和表达手段所迷惑（黎运汉，1989）。

第三，对语体性质认识的阶段性。黎先生对语体定性的表述，有一个渐进的认识过程。从"言语特点体系"到"言语特点的综合体"，再到"言语特点体式"，中心词是"体系""综合体""体式"，这是从关注词汇、句式、语音、辞格、篇章等体系性的要素特征，再到要素特征体系的融汇综合，最后上升到模式化、变体高度认识和界定语体性质的过程。语体作为一种体式，是从该语体的诸多语篇的共性特征中抽象出来的，而这种抽象的体式，又是存在于每一个具体语篇之中的。语体和语篇之间的关系，是抽象和具体、模式和呈现的关系。

黎先生关于语体性质的界定，揭示了语言社会功能变体这一语体的本质属性，体现了类型化语境因素与语言功能性要素之间的变量关系、动因与表征关系，说明了语体是得体修辞的结果。当然，作为定义，将"全民语言"作为限制前提，未免受到局限。语体是在类型化语境制约下的语言的社会功能变体。不管是全民语言，还是地域方言，都存在语体分化。同时，不同语言之间，通用语和方言之间，方言与方言之间，同一类型的语境，其语体性质也具有一致性。

三、关于修辞学、语体学、语言风格学的关系

中国古代语言文学的研究传统，是重体悟洞见。许多重要认识，主要以 3 种语篇呈现：语录体、单篇、由单篇而单元的文汇。较之西方，就是不重术语建构和理论的体系化。修辞论、文体论、风格论更是与古代文论共铸一炉，难分难解。以学科面貌呈现的现代意义上的修辞学出现在 20 世纪初，语体、语言风格，虽然在 50 年代就以"学"冠名，但其学者群到 80、90 年代，都主要出自修辞研究者。一种下意识的观点，就是语体、语言风格问题，在学科范畴上归于修辞学。因而在 80 年代末、90 年代初，修辞学、语体学、语言风格学的学科地位和关系成为一个争鸣的话题。

黎先生长期致力于修辞学研究，20 世纪 80 年代末 90 年代初，又对语言风格学和语体学研究倾注了巨大的热情。对于修辞、语体、语言风格三者关系，以

360

及作为学科的分合问题，黎先生进行过系统的论述，发表的论文有《修辞学与语言风格学》（1993），《修辞学·语体学·语言风格学》（1994），《修辞、语体、风格》（1994）等。2001 年 8 月，他还受广西民族大学中文系邀请，作过《修辞、语体、风格的联系和区别》的专题演讲。黎先生的基本观点是：修辞、语体、语言风格是既相互联系又有性质差异的三种不同的语言运用现象，修辞学、语体学、语言风格学在学科属性和地位上，应独立为三门学科。学科关系取决于修辞、语体、语言风格三者的关系。

修辞、语体、语言风格都属言语学范畴，它们之间的联系主要有以下两方面：第一，修辞手段、语体手段、风格表达手段的生成具有一定的相关性；第二，修辞手段和风格手段存在一定的制约关系（程祥徽、黎运汉，1994）。

关于相关性，主要是指修辞手段是语体手段和风格表达手段得以生成的物质基础。修辞是针对具体语境，运用语言手段，或辅以非语言物质手段来提高表达效果的。语体则是强调类型化语境与语言及非语言的表达手段的匹配并定型化，而语言风格则是风格手段与审美感受下言语的气氛格调类型之间的生成与表现关系。黎先生认为，语体表达手段是由带语体色彩的修辞手段生成的；风格表达手段也是主要来自带风格色彩的修辞手段，可见，语体手段、风格手段与修辞手段在一定范围内具有一致性（从黎先生的论述看，修辞手段大于语体手段、风格手段）。另一方面，修辞手段又是产生于各种语体和不同的语言风格的语篇实践，修辞学探讨修辞规律必须深入各种语体和风格创造的语言运用（程祥徽、黎运汉，1994）。

所谓制约关系，一是指修辞手段的运用受语体制约，语体对各种修辞手段有的开放，有的封闭，修辞手段的运用必须适应语体要求，受语体制约，得体的"体"就包含了语体。二是特定的风格类型对修辞手段也有要求，修辞手段的运用要与语篇的整体格调相统一。此外，语体对风格也有制约关系，民族风格、时代风格、个人风格创造的前提是符合语体要求，遵循语体规范（程祥徽、黎运汉，1994）。

修辞、语体、语言风格是性质有别的言语现象，其差异性主要体现在以下方面：其一，三者的构成因素，即制约因素和物质材料因素有差异。在制约因素方面，修辞重具体的主、客观言语环境，语体重客观的社会语言环境，语言风格的制导因素是个人的主观因素和客观的交际环境。在物质材料上，修辞可利用一切语言和非语言的物质材料；语体则主要调动具有实用功能，即语体色彩的语言材料和表达手段；语言风格则主要使用具有审美功能即风格色彩的语言材料和表达手段。其二，修辞、语体、风格不是同一平面的言语现象，修辞是处于语言运用第一层面的言语现象，语体是在修辞基础上第二层面的言语现象，风格是语体之上最高层面的言语现象。语体风格是语体的表现风格，是特定语体所具有的言语的气氛格调。语体风格属于风格系统中的一个重要类别。语体不能与语体风格画等号（程祥徽、黎运汉，1994，第78－79页）。

修辞、语体、语言风格性质上的差异，决定了修辞学、语体学、语言风格学属不同的语言运用学科。学科的分立与研究对象和研究的着眼点密切相关，三者正是在这一点上有着基本的差异：修辞学研究修辞现象，包括规范修辞和艺术修辞现象，其着眼点是通过调音、遣词、择句、设格、谋篇，获得理想表达效果的规律。语体学的研究对象是语体现象，即同类语言环境下的言语表达的综合特点，着眼于从语言的实用功能角度，探讨运用语言表达手段，形成言语特点综合体的规律。语言风格学的研究对象是言语风格现象，着眼点是语言的美学功能，探寻运用风格手段达成言语气氛格调的规律。研究对象的差异，为学科的独立奠定了基础。研究对象和着眼点的不同，使得三门学科在研究的任务和内容上有所差异。修辞的任务是探讨修辞规律，研究内容重在探讨修辞目的、修辞语境、修辞手段、修辞效果等因素的相互关系。语体学的主要任务是探讨语体形成的规律，研究内容包括语境的类型化、语言功能、语体特征三者的关系。语言风格学研究风格创造和鉴赏，内容重在探讨言语主体、风格手段、言语的气氛格调之间的关系等。

修辞学、语体学、语言风格学分立为三门语言运用学科，对于各自的集中研究和独立发展无疑是有好处的。事实上，中国修辞学二十世纪三十年代和八九十年代的两个发展高峰，后峰较之前峰的重大突破之一，就是对语体和语言风格研究渐成体系，语体学和语言风格学自修辞学中脱颖而出，走上了独立发展的道路。语体学研究成果不仅有论文集《语体论》（1987）、《语体与文体》（2000）、《语体风格研究和语言运用》（2013）；还有概论性的著作，如王德春《语体略论》（1987），王德春、陈瑞端《语体学》（2000），袁晖、李熙宗《汉语语体概论》（2005）；单个语体的研究也走向深入，成果有林兴仁《广播的语言艺术》（1994），高歌东《广播语体修辞学》（2005），赵雪、路越《新媒体语言探索》（2013），潘庆云《法律语体探索》（1991），潘庆云《跨世纪的中国法律语言》（1997），孙懿华、周广然《法律语言学》（1997），王洁《法律语言研究》（1999），吴伟平《语言与法律——司法领域的语言学研究》（2002），刘俐贞《判词语体论》（2009）等。外语学界也有一批语体学著作问世，如秦秀白《文体学概论》（1986）、程雨民《英语语体学》（1989）、裴文《现代英语语体学》（2000）等。语体作为一种类型化语境下语言功能变体的定性，给语法、词汇、韵律、语用、第二语言教学的研究提供了新的视角，语言结构要素的语体限制描写和解释更具方法论意义，促进了语言描写研究的深化。

二十世纪五六十年代，在高名凯的倡导下，语言风格学研究与官方对文风问题的重视相呼应，曾经受到我国语言学界的重视。80年代中期到90年代末涌现了多部专著，如程祥徽《语言风格初探》（1985）、张德明《语言风格学》

（1989）、黎运汉《汉语风格探索》（1990）、郑远汉《言语风格学》（1990）、王焕运《汉语风格简论》（1993）、郑荣馨《语言表现风格论》（1999）。甚至在计算机还不是很普及、仅靠手工统计的情况下，发表过一些计算风格学的成果（曾毅平、朱晓文，2006）。遗憾的是，进入21世纪，随着一批学者的退休，语言风格学研究逐渐归于沉寂。近年来，语料库和计算语言学发展迅速，这为语言风格学的研究提供了良好条件，但不管是专著还是论文，都很少有成果面世，语言风格研究已鲜有人问津。

当然，学科的分合对人类认识的发展，对学术研究本身并不是一个本质性问题。分合在某种意义上，只是工作范围划分、学术资源分配的问题。从问题导向、问题解决、认识发展和人类知识增长的角度看，理论和方法都具有相通性。解决问题是根本，学科的分合以利于解决问题、促进认识发展为宜，并不需要太过纠结。

四、关于语体分类

语体的分类是语体研究的一个重要课题。20世纪80年代以来，不少学者探讨过分类的科学性、分类原则、分类标准等问题，提出了一些富有特色的分类体系。如：唐松波（1988）分语体为日常生活语体、社会实用语体、文艺语体三大类。郑远汉（1987）分语体为科学体、艺术体、谈话体三类。叶景烈（1987）从交际方式和交际领域切入，前者分口头语体、书面语体两类，后者分日常谈话语体、公文事务语体、宣传鼓动语体、科技语体、文艺语体五类。吴士文（1986）将口语与书面语糅合，分政治语体、司法语体、财贸语体、科技语体、文艺语体、日常生活语体。每一种语体都可以有"口头分语体"和"书面分语体"。潘庆云（1987）将语体分为日常生活语体、学术语体、行政语体、法律语体、新闻语体、商业语体、外交事务语体、艺术语体。王维成（1987）将语体分为九类即日常交际语体、官方事务语体、时评政论语体、新闻报道语体、法律诉讼语体、科学技术语体、文学艺术语体、字典辞书语体、史传记实语体。郑颐寿（1992）基于现代传播方式的发展，分语体为口语、电语、书语三类。戴婉莹（1988）则将思维类型和表达方式相对应，分口语语体为思索型、随意型、偶发型语体三类。邓骏捷（2000）认为现代汉语语体应分基本语体和专业语体两大类，后者建立在前者基础之上，可细分为法律语体、广告语体、新闻语体、科学语体、宗教语体、政治语体、商业语体、艺术语体。

在诸多分类系统中，目前比较通行的分类是，在第一层次上分出口头语体和书卷语体两大类，在第二层次上则主要按交际领域划分为科技、艺术、事务、政论等语体。如王德春、陈瑞端（2000）认为："语体首先分为谈话语体和书卷语体；其次，书卷语体再分为艺术语体和实用语体；再次，实用语体可分为科学语体、事务语体、报道语体和政论语体。简而言之，我们实际接触到的语体只有谈

363

话语体、艺术语体、科学语体、事务语体、报道语体、政论语体六种。"袁晖、李熙宗（2005）则在第一层次上将语体分为谈话语体、公文语体、科技语体、新闻语体、文艺语体、融合语体等六类。

黎运汉先生在多部著作中论述过语体的分类，先后提出过4个比较有代表性的分类系统。如《现代汉语语体修辞学》（1989）首先将语体分为口语语体和书卷语体两大类。口语语体再分日常谈话体、演讲体、实况广播体；书卷语体分应用语体、科学语体、文学语体、政论语体、交融语体。《修辞学·语体学·语言风格学》（1994）第一层次分口语语体、书卷语体、电信语体3类。口语语体分谈话语体、讨论语体、论辩语体、演讲语体；书卷语体分应用语体、科学语体、文学语体、交融语体；电信语体分电话交谈体、现场实况广播语体、热线对话语体、播送语体。《汉语风格学》（2000）第一层分口头语体、书卷语体。口头语体再分谈话语体、论辩语体、演讲语体；书卷语体分应用语体、科学语体、文学语体、政论语体、交融语体。《汉语语体修辞》（2009）第一层次分谈话语体、书卷语体、交融语体。谈话语体再分庄重谈话体、商洽谈话体、随意谈话体、亲密谈话体；书卷语体分公文语体、科技语体、政论语体、文学语体、新闻报道语体；交融语体分文学科技语体、演讲语体、广告语体、网络语体、广播语体。

黎先生的分类系统较之其他分类，有共性，也有特色。共性一是在第一层次，基本沿用了以传播方式划分的体系，区分口头语体和书卷语体两大类。其中随着大众传播的兴盛，吸收了郑颐寿"电语"的概念，在1994的分类中第一层次增加了"电信语体"，并进行了下位划分，但之后的新著并未承续"口""书""电"三分的立场。共性二是对书卷语体的划分，虽名称略有变化，但基本上采纳了较为通行的领域语体划分格局，以应用语体、科学语体、文学语体、政论语体为核心。黎著有特色的分类主要在以下两方面：

其一是口语语体的第二层次划分较为系统。以口头自然语言形式产生的话语，黎著最早划分为日常谈话、演讲、实况广播三个分体（黎运汉，1989）。其中实况广播尚不足以与谈话、演讲语体三足鼎立，主要是20世纪80年代中后期，体育实况转播以其新颖性受到全民追捧，特别是女排比赛实况转播盛极一时，成为具有时代特征的大众传播现象。此后，口头语体调整为谈话、讨论、论辩、演讲，再调整为谈话、论辩、演讲，最新的分类则以谈话语体与书卷语体对立，将谈话体划分为庄重、商洽、随意、亲密四体。尽管名称和分类在变动之中，但总的优点是，口头语体的下位划分周延性得到了加强。如果再观察其第三层次的划分，这种周延性则更加突出。

其二是将交融语体纳入了分类体系。黎著1989的体系即提出了交融语体的概念，并在之后的分类系统中，保持了这一范畴的独立性。所不同的是，交融语体的下位分体划分，几个体系有所差别，从最早的文学政论体、文学科学体

（黎运汉，1989），到文学性应用体、文学性政治体、文学性科学体（黎运汉，1994，2000），再到最新的文学科技体、演讲语体、广告语体、网络语体、广播语体（黎运汉、盛永生，2009）。以划分标准的单一性而论，文学性应用、政治、科学的三分法逻辑性相对较强。再就是，交融语体在前三个体系中，都置于书卷语体之下，到2000年的新体系，则将之升级到第一层次，与谈话和书卷并立。这是注意到了语体交融不仅存在于书卷语体中的领域语体交融，口头语体之间，以及口、书之间亦有交融现象。

语体交融是一种客观存在，它说明了语言社会功能变体的过渡性和连续性。语体交融可以存在于同一层次的两种语体间，也可存在于跨层之间。用交融的观点去描写语体，有助于我们认识语体的性质，如四大书卷语体之中的政论语体，它就有科学语体（社科）与文学语体的双重特征，性质上实属交融语体。但是，在语体分类中，交融语体是否适合作为独立的语体类型看待，如果作为类型看待，该定位在分类系统中的何处，这些都还需要作进一步的研究。

五、语体理论的社会应用

黎先生的语言研究，一直以来都重视语言本体基础上的应用研究。在语体领域，他一方面致力探讨语体的性质、成因、分类等理论问题，描写各类语体的特征，另一方面侧重于语体的社会应用研究。一般语体修辞和单个语体的语言运用是其应用研究的主要表现。

一般语体修辞研究，就是结合各类语体，进行修辞实践的研究和指导，可以称为语体实用修辞研究。黎先生指出："研究语体学，概括出各种不同语体在语言运用上的要求和特点，可以指导人们依据不同语体的要求选择恰当的语言表达手段，做到适切得体，掌握语体学的基本理论和知识。对于领会、欣赏、分析、评论具体的言语作品，体察其遣词造句的妙处，也具有重要的作用。"（黎运汉，1989）20世纪80年代末，黎先生就组织人员编写了《现代汉语语体修辞学》，这是学界较早的语体修辞研究体系化的成果。2009年，黎先生又和弟子盛永生合作，出版了专著《汉语语体修辞》。按照题旨情境论的修辞基本原理，特定的具体情境中的修辞得体性，以及类型化语境下的修辞得体性，是修辞人际互动所追求的目标。黎先生关于一般语体修辞研究的主要内容，包括各类语体的功能和特点，以及在此基础上的语音、词汇、句式、辞格、篇章上的修辞要求、修辞特点。这类修辞研究，重点在第二层次语体类型的修辞研究，此外还深入到了主要语体的第三层次分支，具有较强的实践指导意义。同时，黎著还指出了各类语体的语言风格特点，从而打通了修辞、语体、语言风格三个层面的语言运用研究。

对单个语体的修辞研究，黎先生抓住了社会语用的热点，应改革开放的时代大潮，重点进行了公共关系领域和商务领域的语言研究，出版了《公关语言学》

和《商业语言》《商务语言教程》等著作。

公共关系是组织与公众之间的关系。组织形象的构建、维护，危机处理中组织形象的修复或重构，主要靠沟通，而沟通的方式是大众传播和人际传播。语言是人类最重要的传播工具，同时，现代公关传播又借助种种非语言的传播手段，与语言传播构成多模态的沟通模式。公共关系领域的语言运用，因其功能的特殊性和典型性，成为一种"社会交际的言语体式"，具有语体性质。早在 1990 年，黎先生就建构了公关语言学的体系，主编了《公关语言学》教材，除了探讨公关语言的性质、功用、语用原则等理论问题之外，重点研究了公关口头表达和书面语表达艺术，细致划分了公关口语和书面语表达的类别，并对每个类别进行了极富针对性和实用性的言语艺术的描述，这不仅深化了口语、书面语下位分体的研究，更重要的是从表达艺术角度，将语体特征描写的成果转化为修辞实践的指导并应用于教学，很受学生欢迎。《公关语言学》作为大学诸多应用型专业的选用教材，自 1990 年出版以来，2018 年它的第五版即将面世。

进入 21 世纪，商业语言成为黎先生语体研究面向社会应用的一项重要课题。2005 年，他和弟子李军合著的《商业语言》在台湾商务印书馆出版。同年黎先生又独立撰写了《商务语言教程》，由暨南大学出版社出版。教程将商业领域语体描写的成果实用化，在商务语言性质、功用、语用基本原则、语言特点研究的基础上，对营销、酒店、旅游、经理、谈判等典型的商务口语，以及品名、商业楹联、广告、商务文书等典型的商务书面语进行了研究，既描写特征，又进行实用化教学研究，也是语体由基础研究走向应用研究和实用研究的代表。黎先生的商务语言研究及其教程编写，初衷是服务于国内高等院校相关专业的教学和指导社会人士的商务语言应用。近年来，随着汉语国际教育走向深入和精细化，汉语非母语学习者的商务汉语教学成为热点，商务汉语的研究和商务汉语教材的编写、商务汉语词典的编撰都迫切需要商务语体的研究成果，而国内的语言学界，能为对外汉语教学提供的成果委实不多。黎先生的专著，是少有的且较早的系统研究成果，成为对外商务汉语教材编写和词典编撰的重要参考。

黎先生认为：语体学的研究具有多方面的应用价值，对于语文教学也有着指导意义，可以帮助教师从语体的角度去具体分析、指导语言运用问题，提高语文教学的水平（黎运汉，1989）。公关语言和商务语言的研究及其教材编写，正是语体实用研究的范例，其社会效益十分明显。科学研究可以划分为基础研究、应用研究、实用研究三种形态。黎先生的语言研究兼顾这三方面，既有理论模式的创新，也特别倾心于理论研究向应用和实用研究的转化，体现了学者的社会责任。黎先生这一研究特色，正是其青年时代报效国家的初心使然，也发挥了先生大学时期专业背景的优势。数十载潜心教书育人，面向社会实际开展专业研究，黎先生的敬业精神、理论探新与社会应用研究并重的学术风格，十分值得我们学习、传承和发扬。

参考文献

[1] 邓骏捷：《语体分类新论》，见程祥徽、林佐翰：《语体与文体》，澳门：澳门语言学会、澳门写作学会，2000 年。

[2] 丁金国：《语体风格分析纲要》，广州：暨南大学出版社，2009 年。

[3] 戴婉莹：《口语的语体类型说略》，见中国华东修辞学会编：《修辞学研究（第四辑）》，厦门：厦门大学出版社，1988 年。

[4] 黎运汉、李军：《商业语言》，台北：商务印书馆，2005 年。

[5] 黎运汉，盛永生：《汉语语体修辞》，广州：暨南大学出版社，2009 年。

[6] 黎运汉：《现代汉语语体修辞学》，南宁：广西教育出版社，1989 年。

[7] 黎运汉：《公关语言学》，广州：暨南大学出版社，1990 年。

[8] 黎运汉：《修辞学·语体学·语言风格学》，见程祥徽、黎运汉：《语言风格论集》，南京：南京大学出版社，1994 年。

[9] 黎运汉：《汉语风格学》，广州：广东教育出版社，2000 年。

[10] 黎运汉：《商务语言教程》，广州：暨南大学出版社，2005 年。

[11] 潘庆云：《深入开展现代汉语语体研究》，见中国华东修辞学会、复旦大学语言文学研究所：《语体论》，合肥：安徽教育出版社，1987 年。

[12] 唐松波：《语体·修辞·风格》，长春：吉林教育出版社，1988 年。

[13] 王德春、陈瑞端：《语体学》，南宁：广西教育出版社，2000 年。

[14] 王维成：《现代汉语语体的分类问题》，《华南师范大学学报》1987 年第 4 期。

[15] 吴士文：《现代汉语的语体及其分类》，《昭乌达蒙族师专学报》1986 年第 1 期。

[16] 叶景烈：《语体二题》，见中国华东修辞学会、复旦大学语言文学研究所：《语体论》，合肥：安徽教育出版社，1987 年。

[17] 袁晖、李熙宗：《汉语语体概论》，北京：商务印书馆，2005 年。

[18] 中国华东修辞学会、复旦大学语言文学研究所：《语体论》，合肥：安徽教育出版社，1987 年。

[19] 郑颐寿：《鼎立：电信体的崛起》，见中国修辞学会：《修辞学论文集（第六集）》，郑州：河南人民出版社，1992 年。

[20] 郑远汉：《语体研究中的几个问题》，见中国华东修辞学会、复旦大学语言文学研究所：《语体论》，合肥：安徽教育出版社，1987 年。

[21] 曾毅平、朱晓文：《计算方法在汉语风格学研究中的应用》，《福建师范大学学报》2006 年第 1 期。

以身师范的恩师黎运汉先生

陈兆福①

黎师是我的恩师，是暨南大学 1986 级现代汉语助教班集体的恩师。我们有幸考入黎师门下，受益良多，先生无论为人、执教，还是治学都为我们树立了典范。先生之风在我们日后的教学和学术研究生涯中产生了极大的影响。

一

我和黎师首次联系是通过书信方式完成的。

1986 年暑期，中国修辞学年会和修辞学学习班在厦门举办，我参加了修辞学学习班。当课程将要结束时，在阳台走廊上听到隔壁的同学闲聊。其中，一位同学（入校后才知是李少丹）提到她已考入了暨南大学现代汉语助教班，还听说黎先生在厦门参加中国修辞学年会，但因归程急，很遗憾未能在厦门拜见先生。

回到单位，我给先生寄去了一封信，向先生大致汇报了自身的学习工作情况。先生很快回信，信中给予我很大的关怀和鞭策，尤其对我在杭州大学（后并入浙江大学）师从倪宝元、蒋礼鸿、郭在贻等先生访学进修的经历及已有成果（合著《中学常用词语辨析》，吉林出版社，1981 年）给予肯定和鼓励。信中还介绍了暨南大学的情况，希望我能珍惜把握暨南大学助教班的学习机会，进一步提升自己。先生的来信给予我家长般的关怀，给我留下的第一印象至今如在眼前。

先生是 1986 级现代汉语助教班的课业导师和班主任。我因单位工作交接晚了两天入校。到校后的当晚，黎师就把我、冯寿忠、董广枫等几位尚未认识的同学召集到他家中，向我们介绍了助教班的情况，从国家政策到暨南大学办班的主旨、学员构成、师资配备、课程设置等，讲得详细而明确。在讲到学员构成时，我能够感觉到，在同学们到来之前先生已经对全班 41 位同学的基本情况作了充分了解。谈话最后具体落到班级管理上，先生征求我们几位的意见，希望我们参

---

① 陈兆福，山东临沂师范学院（南院）中文系教授、系主任。

与班级管理，为同学们做好服务工作。

入校第一次面见先生，给我的直观印象是：先生是一位和蔼可亲的长者，是一位有亲和力、组织规划力的老师，是一位睿智且谈吐儒雅的学者。

二

引领我对修辞学产生兴趣的导师有两位：一位是杭州大学的倪宝元先生（陈望道先生的弟子）；另一位是恩师黎运汉先生。

1981—1982 年我在杭州大学访学期间聆听了倪宝元先生的修辞学课。倪师平易近人，可亲可敬，在他的指导下我还为杭州大学本科生试讲了几节修辞学课，先生就在课堂随听，并对我的讲课作点评，使我受益匪浅。

黎师的修辞学研究成果在我们入校前也已出版，分别是《语法与修辞》（1981）、《现代汉语修辞学》（1986）。

先后受教于两位先生，我觉得两位先生的研究风格各有不同。倪先生侧重实用修辞研究，黎先生侧重理论探讨和开拓。当然，共通之处也是鲜明的：治学严谨细致，勤勉踏实；收集整理语料，用力至勤；善于归纳发现，用力至精。

黎先生作为一位学者，善于站在科学发展的前沿，敏知科学发展新信息，其研究具有拓荒精神和填补空白的勇气。因此，先生研究成果丰硕，被同行誉为"修辞学界的劳动模范"（胡裕树引语）。

先生先后为我们开设了修辞学、语言风格学两门课程。两门课程均从先生的理论研究和著作基础上拓展开来，课程的理论阐释具有很强的针对性、指导性、适用性。先生对于修辞学性质、修辞学对象、内容范围、研究方法等理论都有独到的见解，授课内容大大开阔了我们对修辞学的认知视野，激发了我们浓郁的研究兴趣。

先生出版的专著《现代汉语修辞学》（香港商务印书馆，1986 年；台湾书林出版有限公司，1991 年）、《汉语风格初探》（商务印书馆，1990 年）、《公关语言学》（暨南大学出版社，1990 年）、《汉语风格学》（广东教育出版社，2000年）等，多为教学研究相结合的成果，很多理论被纳入到课堂教学中，在教学中深度归纳探究。先生先后出版专著教材达 30 部，其中 5 部被评为优秀专著，公开发表的论文近百篇。先生在语体修辞学、语言风格学、文化语言学等多个领域取得了学界瞩目的成就，在许多方面填补了研究空白。濮侃先生评价黎师的《现代汉语语体修辞学》"是一部研究现代汉语语体的专著，也可作为现代汉语语体学的一本开创性著作"（《修辞学习》1992 年第 3 期）。

亲受先生教导的弟子们是最大的受益者，以黎师为榜样，不少弟子在修辞学

369

研究领域崭露头角，更有建树颇多者。

三

在先生的影响下，助教班的同学们也激发了强烈的研究欲望。大家在学习研究的基础上，结合自身的教学实践，提出了编写一部突破"老三本"，面向教学实际，理论更新且实用性更强的《现代汉语》教材的想法。可行性是，可以在先生指导下，发挥集体优势，在求学期间成书。如果成功，可以作为大家学习研究成绩的检验和向母校的成绩汇报，是十分有意义的。

先生因势利导，给予同学们全力支持和悉心指导。首先，成立了由我、冯寿忠、胡松柏、霍前锋、庄义友五人组成的编委会，一起商定编写大纲、体例、关键理论点的突破、知识结构的更新调整。黎师和陈垂民师任该书主编，他们以严格科学的治学精神，为教材定调、审阅、把关，最终形成全书的大纲和理论框架。大家利用课余时间，集中精力，分工协作，互相探讨，终于在结业离校前拿出了初稿。

同学们离校后，编委会五人留校，在先生指导下统稿、定稿、联系出版社，最终广东高等教育出版社通过了这部《现代汉语教程》的出版，出版后反响良好。这部教材的出版密切了师生关系，增进了同学间的情谊，也调动了大家参与科研的积极性。

两位先生和编委会同学为教程出版付出了大量精力。几位编委同学感慨颇多，临行时他们留给我的小诗和赠言，让我感怀至今。冯寿忠的感言是："《教程》的协作精神是永存的！"胡松柏写道："同窗论学问，临海听涛声。怅然别君后，能不忆《教程》？"霍前锋赋诗一首："花城共学一春秋，同为《教程》多奔走。他日如果能重版，我愿与君再牵头。"

从这些话语里可见一种精神，那就是珍贵的师生协作精神；从这些话语里可见一种情怀，那就是凝聚起来的浓浓的师生情怀！这种精神和情怀已经深深融入1986级现代汉语助教班这个团结友爱、奋发向上的集体之中。

四

1988年暑假，由黄伯荣先生主持的现代汉语教学研讨会在青岛大学举办，我和冯寿忠、李珉、力量、孙林栋、庄义友等同学追随黎运汉、陈垂民两位先生赶赴青岛参加会议。参会目的，学习是其一，更重要的是，借此机会再次聆听先生教诲。这是离校两年后师生首次小范围会面，其间，林栋做东，师生齐聚一堂，其乐融融。

参加这次会议的人员，主要是当时已经公开出版的各现代汉语教材的主要编写者和高校专业教师，高等教育出版社也派出一名编辑与会。会议最终落到对黄伯荣先生主编的教材修订讨论上，修订后拟由兰州出版社移交高等教育出版社出版。

会议期间，我与编辑私下做了简单交流，介绍了《现代汉语教程》的情况。随后，向与会的两位先生和同学提出了《现代汉语教程》由高等教育出版社再版的想法。两位先生也很重视这个协作成果的再次出彩，同学们也表示赞同。随后，我和先生一起与袁晓波编辑进行了初步沟通，详细介绍了《现代汉语教程》成书和出版的情况，提出了由高等教育出版社出版的想法。袁编辑也为师生协作的这个成果感到新奇，建议我们整理出一份意见给出版社，以便回社里汇报。

黎师责成我来做对接袁编辑和落实出版的工作，争取《现代汉语教程》能够在高等教育出版社再版。

再版意见提交出版社后，不久便收到袁编辑的回复：不能移社再版，需调整至少三分之一以上内容作为新教材重新出版。可以立项，质量要符合出版要求。

在之后的编写过程中，因同学们分散各地，书信来往征求意见、拟定《新编现代汉语》教材新大纲、组织编写、统定工作等整个过程的工作量较上次编写大了很多。两位先生都付出了大量精力，原教程编委同学继续尽责，全力以赴。在具体的运作中，我竭尽所能地承担先生交给我的各项任务，同时也承担着同学们的重托，压力很大，唯恐出错。

由于高等教育出版社对书稿把关非常严格，交稿后我先后两次去北京与责任编辑一起修订书稿十多天，其间，随时和先生保持沟通。功夫不负我们这群有心人，出版社最终通过了《新编现代汉语》的出版。

对于《新编现代汉语》的出版，高等教育出版社是十分重视的，特地将部编教材的统一标识首次用在《新编现代汉语》封面及扉页上，教材出版后影响很大，反响良好，连年列入高校教材征订目录，多次再版。

至今难忘签订出版协议时，我把首版《新编现代汉语》通过新华书店征订和编者学校自订方式出版的喜讯告知先生、传递给每位编写者的那一刻，大家不仅如释重负，还有一种收获的喜悦，最令大家感慨的是师生协作精神之花再次绽放。两次协作的过程，先生这根"轴心"把身处各地的弟子们的心紧紧地连在了一起。

五

回首在暨南大学求学的时光，先生对弟子们的关爱、培养、提携是多方位的。

首先，先生争取机会把知名学者专家"请进来"。只要有名师学者路过广州，先生都尽可能安排这些知名学者和同学们见面，举办讲座或座谈，汲取学者之长，借以开阔弟子们的学术视野。

其间，胡裕树先生、张静先生、黄伯荣先生、王德春先生等都分别和同学们见面并作专题讲座。

1987年春，部分同学参加了湖南师范大学举办的现代汉语教学研讨会，上海外国语大学王德春先生携三名弟子也参加了会议。我与王先生较早熟识，王先生得知我在暨南大学学习时，非常高兴。应我邀请，王先生爽快地带三位弟子来到暨南大学。安排好住宿后我告知黎师说，"王先生来暨大了"。黎师问我是否认识，我说："认识很久了，还在上海外国语大学王先生处做过客。"黎师随即给我下达了任务，让我负责请王先生带其弟子下午来家做客。

下午我陪王先生来到黎师家，满满一桌丰盛的菜肴已经准备好了，足见黎师的一片盛情。

这是两位先生首次见面，他们为修辞学都作出了重要贡献，也建立了深厚的友谊。黎师广交学者朋友，并引荐弟子们拜访名师，先生虚怀若谷，襟怀坦荡，以诚待人，毫无门户之见，其高风亮节深得同行敬佩。

此外，为了开阔学生们的学术视野，先生创造机会让弟子们"走出去"见世面。先生担任中国修辞学会副会长兼秘书长多年，长期与海峡两岸四地学者建立广泛联系，参加并主办多次中国修辞学会年会暨国际学术研讨会。每次学术会议召开，先生都尽量推荐带领弟子参加，以增长见识，了解学术动态。因此，在校期间乃至结业后，大部分弟子加入了各种学术团体，成为会员、理事、常务理事，活跃在学术界。

可以说，先生在所从事的教学研究生涯中，像一位技艺超群的园艺师，遍栽桃李，收获满园春色。

六

20世纪80年代的广州，改革开放春风早已吹起，社会呈现出一派新气象。

同学们大多来自内地省份，切身体会到广州和内地城市的不同，无论是人们的观念意识、精神状态，还是社会风貌、市场活跃程度，都给同学们耳目一新的感觉。

先生在课间或闲暇时，向弟子们有重点地介绍广州的风土社情，帮助弟子们利用有限时间感受广州文化这本厚重的社会之书。

休息日，大家常结伴有目标地寻踪广州历史文化遗址，探究南国的别样风情，如参观黄埔军校、黄花岗、广交会、陈家祠、新兴繁荣的集贸市场等，所产生的观感丰富了弟子们的社会认知。

由此，先生还特别向学校提出每学期组织一次社会考察调研活动，以此作为班级党团活动的报告。经与系院领导沟通，报告得到批准。系院先后分学期组织我们到深圳和珠海两个特区进行实地考察。

考察中同学们对广州的历史和现实及改革开放带来的发展变化有了进一步的认识，收到很好的效果。面对零丁洋、漫步中英街、参观中山故居，引起了大家对历史的沉思；考察蛇口工业园区、游览香蜜湖度假村、巡游港澳大桥，展现的是一派欣欣向荣的发展景象。历史和现代的广州交织在一起，引起同学们深长的思考和感悟。

这些活动的开展增强了同学们的现代意识和超前的紧迫感，无疑为以后的教学工作和学术研究在认知理念上起了很大的促进作用。

七

岁月日增人日进。在先生以身师范、言传身教下，弟子们在各自的工作单位都作出了突出成绩。有的成为学科带头人，有的成为各级拔尖人才，有的成为学术骨干，有的成为教授、博导、硕导，有的成为校长、院长或院系领导。弟子们虽然遍及各省市，有的走出国门在海外定居发展，但大家和先生的心在一起，联系是密切的，探讨请教问题都是随时随地的。每逢节日到来，大家首先想到的是给先生打一个问候的电话，从先生那里我们常会得知某个同学的新近情况。先生对每位弟子的成长、工作、家庭状况都十分关心和了解，先生处便自然成为同学们沟通的中转站和情谊维系的纽带。

先生经常参加学术活动，学术会议在哪个省市召开，他都要事先向所在省市的弟子告知会议信息，方便时，如有路近的弟子，先生会登门探望。即便有时路远一点，先生总会找机会和弟子取得联系，探望过了、联系过了心里才觉得踏实。大多数情况下，先生都是和师母一道参会，当先生和师母同时来到弟子家中的时候，弟子们除了惊喜之外，大概就是感动不已了。

1998 年暑假，先生和师母在徐州参加会议，专程打来电话问候我的情况。徐州和临沂位于江苏、山东两省相邻处，相距不远，但因为假期有十多天的函授课，所以我不能前往拜会先生和师母。得知先生、师母还有柴春华夫妇一行，拟于会后去曲阜和泰山游览的安排，遂约定时间。我调整了课时，抽出两天时间，提前赶赴曲阜迎接，有幸陪同先生、师母一行游览了"三孔"，再次聆听先生教诲，深感欣慰。

当先生一行离开曲阜前往泰安的车子开动时，我心中油然生出一种恋恋不舍的情感。那是我第一次专程陪同先生和师母游览，且是在孔圣之乡。时间如梭，不觉如今已经过去 20 年了，只留下常常浮现在眼前的美好记忆。

2009 年暑假，先生和师母在烟台参加学术会议，会后先生和师母到了威海。在威海期间，山东大学威海校区的高万云先生给我打来电话，说黎先生偕师母拟从威海乘车来临沂看我。先生 80 岁高龄，来山东仍能念及我，且不顾路途颠簸，亲登寒舍，令我由衷感激。

高先生负责安排好黎先生的乘车事宜，告知我车次后，我便在期盼中等待先生和师母的到来。接到先生和师母后，先生听说我所在的学校校园号称"万亩大学"（实际是 7 600 亩），便先去了校园，并参观了刚刚建成的教授花园别墅区，先生对校园规划布局和硬件设施给予了很高的评价。遗憾的是当时正值假期，未能安排先生进行学术讲座。

与先生和师母的交谈中，我注意到先生在介绍去过的同学家的情况时，如数家珍。可见，先生对弟子们的关爱无微不至，有如父母。

随后的几天，我陪同先生去了我的家乡所在地——古阳都，考察了诸葛亮故居，然后到莒县考察了刘勰故居。所到之处都由我的学生专程陪同安排，见到我的学生那么热情恭敬，先生和师母都十分开心。

来到沂蒙腹地，先生提出要登顶沂蒙山（沂蒙山是沂山和蒙山山脉的总称，蒙山海拔最高），我担心先生身体吃不消，先生和师母却很坚持。我们来到蒙山脚下的时候，我在蒙阴的学生们早已等候在那里。大家建议先生坐索道登顶，先生说："登山在于一个'登'字，山在脚下，景随步移，这是登山的境界。"望着先生和师母徒步登顶时稳健的步伐，深为二位老人有如此健康的身体而欣慰。

登上蒙山顶，先生谈健身养生，如同做学问般谈得十分精到。先生乐观豁达，饮食科学，采取适合自己的锻炼方式，持之以恒。先生和师母都是身智修养的践行者，也是受益者。

先生和师母多年一以贯之，有弟子的地方就有他们二老的牵念。在先生 80 华诞纪念影集里，可以看到先生和师母在众多弟子家中的合影，弥足珍贵。先生寄情于弟子，令弟子们感念于怀，如慈父母般敬重，深感师恩如山！

八

第一次给先生祝寿是于 2002 年 12 月在参加昆明修辞学术研讨会后前往丽江途中的下关。

连日，我和冯寿忠，还有师姐刘凤玲，陪同先生、师母一路欣赏"风花雪月"（下关风、上关花、苍山雪、洱海月）。那天按行程定在下关吃晚餐。饭前，从凤玲师姐那里得知这天正是先生的生日，我们三人便瞒着先生商议，要借此风花之地给先生过一个特别的生日。

天色已晚，下关地方不算繁华，我和寿忠跑了几条街，好不容易买到了生日蛋糕。奉上蛋糕，弟子们真诚祝福先生健康长寿，先生笑逐颜开，亲手切开蛋糕让大家分享。那次生日晚宴虽然简朴，但场面也感动了随行的其他参会的先生们，大家其乐融融，场面历历在目。先生在 80 华诞纪念影集里，还特意收入了一张这次生日的照片。

人生易老天难老，不觉中先生即将九十高寿了。我想到《礼记·王制》上的一段话："五十杖于家，六十杖于乡，七十杖于国，八十杖于朝，九十者，天子欲有问焉，则就其室，以珍从。"意思说：人过五十岁可以在家中挂杖，六十岁可以在乡里挂杖，七十岁可以在国中挂杖，八十岁可以在朝上挂杖。到九十岁，如果天子有意请教，则需亲自登门以访，还要带上珍味。屈指算来，我们这班弟子中年龄最小的也已过了"杖于家"的岁数，大多过了"杖于乡"的年龄，有的甚至接近"杖于国"的年纪了。而先生经过了"杖于朝"，现在到了等着领导们带着珍味登门拜访的尊翁之年，弟子们由衷表示庆贺，祝先生一生安好，寿比南山！

2016 年，值暨南大学一百一十周年校庆之际，我与同贤、义友、寿忠、林立代表全班同学专程到先生府上拜见了先生和师母，将义友兄亲手书写和帧裱的"福寿安康"匾幅献给先生。祝福先生福寿安康！这是 1986 级现代汉语助教班集体的心愿。

我觉得，在先生的心目中领导是否登门拜访并不重要，重要的是弟子们如果能远道而来，齐聚先生门下，祝福先生九十大寿，那将是先生最觉欣慰的事。

师 颂①

刘凤玲②

暨大进修虽一年，喜得精英薪火传。③
更幸黎师长引领，科研路上苦攻关。
三十余载语用探，同摘硕果一串串。④
寸心难表教诲恩，唯愿师寿赛南山。

376

---

① 仅以拙诗献给以黎运汉先生为代表的恩师们。

② 刘凤玲，广州大学人文学院教授。

③ 这里的"精英"是指教授 1986 级现代汉语助教进修班专业课程的敬爱的老师们：詹伯慧、赖江基、黎运汉、杨五铭、潘尔尧、陈慧英、刘镜芙、彭道生、周家榘等先生。还有学生们深深缅怀的陈垂民先生。

④ 从 1986 年起，我与部分学友一直在黎运汉先生的引领提携下，共同撰写了较有影响的《现代汉语语体修辞学》《公关语言学》，即使是以学生为主要作者的《社会语用艺术》《修辞学与语文教学》等论著，也离不开黎先生的悉心指导。

学高为师　德高为范

崔向红①

　　从暨南园研究生毕业，转眼已经 24 年了。写出这个数字，自己吓了一跳，时间都去哪儿了？

　　1991 年大学毕业，当时考研比较热门，班里有 13 人报考研究生，最终 7 人考取。北上的北上，东进的东进，南下的只有我一个。跟暨南园的结缘是因为叔叔，当时我为报考学校及专业咨询过他的意见，他读过暨南大学文学院的研修班，竭力推荐我报考暨南大学。叔叔说广州是花城，木棉花开时是最美的季节。而给他上过课的黎运汉老师，是一位特别可亲、值得尊敬的学者。

　　笔试成绩出来，我考得还不错。第一次见黎老师，是来广州面试。初入暨南园，明湖如眸，繁花绿树。隔了 20 多年的时光，还记得黎老师问了我一些专业知识，读过哪些专著，有没有读过他的书，跟想象中严厉的导师形象完全不同，所以没有感觉到特别紧张。

　　后来跟黎老师熟了，聊起来才知道，原来他比我们更紧张。之前黎老师招的都是清一色的男生，有人说他重男轻女，为了给自己正名，这届破天荒地招了 3 个女生。如何带女研究生，黎老师也是新手上路，有点儿紧张。

　　在暨南园的三年，是最美的读书时光。三年的专业学习和朝夕相处，"亲其师，信其道"，黎老师谨慎治学、方正为人、家庭和睦，三年的潜移默化，春风化雨，如今回过头来才知道，这些对我们步入社会、为人处事，产生了多么深远的影响！

　　在治学态度上，黎老师数十年如一日，在修辞学风格学领域笔耕不辍，有《现代汉语修辞学》《汉语风格探索》等十几部专著。除了传授他自己的学术成就，还让我们广泛涉猎这个领域的前沿新知。为了让我们打开眼界，他经常带我们参加各种学术交流活动，跑了不少地方，如北戴河、北京、南京等。他还鼓励我们走出校门，做田野调查。记得有一次，为了研究广告语的修辞手法，他让我们三个专门去趟深圳，满大街收集街头鲜活的案例，回来再写调研报告和论文。毕业论文开题前，老师让我们去各大高校收集资料，题目几经斟酌，甚至推倒重来。黎老师反复阐述，要从小切口做大文章。到论文答辩时，同届学生有没能通

377

---

① 崔向红，《南方都市报》常务副总编辑。

过的，但我们三个悉数过关。

在为人处事上，黎老师与人为善，是个谦谦君子，所以朋友遍天下，几乎走到每一个城市，都有他的熟人。在生活上，他关心照顾每一个弟子。逢年过节，总是早早招呼我们去他家里吃月饼、品尝可口的家常菜。每次上门，师母都是笑脸相迎，将温暖留在每一个人的心里。我们毕业找工作，黎老师更是操碎了心，帮我们写推荐信，甚至亲自带上门。毕业之后，大家各奔东西，但不管多忙，黎门弟子每年至少跟黎老师和师母聚会一次，嘘寒问暖，其乐融融。我们建了一个微信群，名字就叫"黎门一家亲"。黎老师经常说："其他导师都很羡慕我们这个和睦的大家庭！"在家庭关系上，黎老师和师母可谓神仙眷侣。黎老师年轻时是个大帅哥，参加过抗美援朝战争。我们三个女弟子去黎老师家，看到他的戎装照，赞叹不已。黎老师和师母恩恩爱爱，出双入对，都喜欢旅游，退休之后更是"踏遍青山人未老"。二老都已经是 80 多岁高龄，但身体康健，黎老师说，他现在体检所有指标都正常，我们这些"三高"弟子自叹不如，一代不如一代呀！

走出校门多年，在社会摸爬滚打之后，才知道在暨南园的三年，黎老师传授给我们的不仅是做学问的方法，还有做人的道理，为我们干好事业、融入社会打下了良好的基础。《荀子》中说："居楚而楚，居越而越，居夏而夏，是非天性也，积靡使然也。"把一个人放在什么样的环境中，他的"习性"就会跟着环境改变。陶行知曾说："学高为师，德高为范。"黎老师教授的道理已经根植内心、融进血脉，为我们所受用，而且必将受用终身！

有人说，在大学以前，你的出身就是你的原生家庭，在大学以后，你的出身就是你的学历。如果说上苍决定了你的原生家庭，那么大学就是给你一个自我改变的机会。其实导师何尝不是燃灯者，用大爱搭建了一个更高的起点和平台，我们的人生轨迹就此改变！

时光荏苒，黎老师即将步入鲐背之年，依然干劲冲天、紧锣密鼓筹备九十大寿纪念文集。黎老师老骥伏枥，我们更要迎头赶上。愿恩师福寿安康，永葆青春！

我的恩师黎运汉教授

李翠云①

比起一直陪伴在黎运汉教授身边、跟着黎老师做学问的师兄弟和师妹，我对黎教授的学术成就和生活了解得太少，但是跟着黎老师的三年读研美好时光仍刻骨铭心。

一、认识黎运汉导师

认识导师黎运汉先生是从未见面开始的。

因为我本科就读于北方的大学，1990 年报考研究生的时候，便想到南方的大学学习，广州、厦门又是我喜欢的两个城市，于是选择了暨南大学和厦门大学。然后分别给暨南大学黎运汉老师和厦门大学的一位老师写信，很快收到了黎老师的回信，那封回信让我与黎老师建立了联系并选择了暨南大学。

黎老师当时已经是国内知名的修辞学专家，与我素昧平生，竟迅速给我回了信，这是我决定报考暨南大学修辞学专业硕士研究生的缘由。

那是 1991 年的春天，研究生考试成绩出来后，我的政治成绩不理想，没有达到统招录取分数线，以为没希望了，便和同事一起出差去了济宁。出于娱乐心理，在曲阜路边同事让我找算命先生占卜，没想到算命先生竟然算到我有金榜题名的运气，我一笑了之。谁知当天下午就接到了来自暨南大学的电话，说我的分数达到委托培养生的录取线，黎老师给我争取到一个委托培养的名额，只要单位同意保留我的档案，学校就可以录取。到了父母的家中，我将此事告诉了父亲，父亲也很高兴。就这样，在黎老师的帮助和父母的鼓励下我来到了暨南大学，改变了一生的命运。

我不知道黎老师当时为录取我这个委培生，做了怎样的工作和努力，我只知道没有黎老师的帮助，按照现在的竞争规则，我是肯定进不了暨南大学、读不成研究生的。

二、做学问也要学做人

时间过得很快，转眼毕业都已经 20 多年了，但想起来读研究生的那段时光，

---

① 李翠云，原深圳盐田港集团办公室主任，现旅居新西兰。

留下的都是很美好的回忆。

我们文学院 1991 级修辞学专业的研究生一共 3 人，由于黎老师前几届招的研究生都是男生，为回避重男轻女之嫌，那一届就招了我们 3 个女生。对于一个 2 岁孩子的母亲来说，如何度过 3 年的读研时间？我的初心是，珍惜来之不易的机会，好好学习专业知识，力争在修辞学研究上有所成就，对于学校其他的社会活动则兴趣不大。黎老师知道后，就通过师兄开导我，黎老师认为一个好的学生除了做好学问外，还应该具有社会责任心，不能只考虑个人成名成家，还要对他人和社会有所贡献。因此读书期间我担任了《暨南大学研究生报》的副主编、研究生会秘书长和文学院党支部组织委员。虽然参加社会活动牺牲了一些个人时间，但能为学校和同学们做点事也是自己的荣幸。参加社会活动不仅丰富了我的社会经验，也让自己学到很多书本里学不到的东西，提高了适应社会现实的能力，受益终身。

对于学业的传授，黎老师对我们更是毫无保留。每年的学术活动，他都带我们参加，让我们认识修辞学领域的专家学者，聆听前辈最新的甚至不同的学术观点和思想，开阔了我们的视野，也丰富了我们的思想。

尽管黎老师著作等身，已经步入修辞学研究的殿堂，但他从不满足，不以自己学术水平高自居，更不会禁锢在自己的学术思想里。尽管现在已是 90 岁的高龄，黎老师依旧坚持每天读书，关心修辞学最新的发展动态，经常汲取其他学派的精华，而且笔耕不辍，不断发表文章，著书立说，丰富自己的学术观点，孜孜不倦地在修辞学的领域耕耘。近期，黎老师的大作《汉语言风格文化新视界》即将面世。

就连我们每年一次的教师节聚会上，黎老师都在跟我们探讨学术问题，推荐书籍和文章让我们读。从师母那里我们还了解到，黎老师一生非常勤奋努力，自控力很强，生活规律健康，每天除了做学问和打太极等运动，很少浪费时间在无意义的事情上。一想到黎老师，我这颗不做学问的浮躁心灵便会平静下来。

三、不是家人胜似家人

黎老师的学生大多是外地人，在广州无亲无故，黎老师的家就是我们的家，老师和师母一直把学生当作自己的孩子看待，毕业后很多年，我去广州，黎老师还让我全家住他家里。

记得刚在暨南大学的第一个中秋节，由于经济拮据，我们几个人计划一起凑钱给黎老师买盒月饼，可是还没等我们去买，黎老师就给我们送来了月饼，第一次尝到价格昂贵的广东月饼，我们都很感动，也感到很温暖，其他专业的同学很羡慕我们。

为了我们方便，黎老师经常让我们到他家里上课，在黎老师家里，我们看到除了必需的简单实用的家具外，最多的就是书，黎老师的书我们可以随时借阅。

黎老师的学生毕业后大多留在广州或留校从事教学研究工作，只有我没有从事专业研究，而是到深圳的企业工作，没想到这让黎老师担心了。记得刚工作不久的一天下午，黎老师带着师母从广州过来，到我的工作单位来看我，晚上还请我吃了泰国菜，单位同事都不相信是我的老师和师母，都以为是我的家人。之后黎老师和师母还来过深圳几次，有时是来赴亲戚之邀，但每次都找机会看我，了解我的工作和生活状况，这份关爱甚至胜过家人，时常让我这个毕业后没有从事专业工作的学生感到惭愧与内疚。

黎老师对学生的关心爱护，给了学生极大的信心和力量，如今黎老师的学生都很有出息，有的是学院领导，有的是博士生导师，有的是学科带头人，有的是报社总编，这都与黎老师对学生的悉心呵护息息相关。

都说本科同学亲，研究生同学淡，可是我们十多位黎老师的学生至今仍坚持每年教师节聚一次，不管年龄多大，职位多高，事业如何，我们在一起时都能放下，像亲兄弟姐妹一般，因为我们永远都是黎老师的学生，我们是一个大家庭的成员。

研究生毕业后离开广州至今已经 23 年，每年仅能见到黎老师和师母一次，这些文字是很难完全表达老师对我的教育、培养和关怀之恩的，谨以此文献给黎运汉教授九十华诞，唯一想写的是：祝愿黎老师和师母平安、健康、如意！

难忘恩师情，犹记暨大事

——记我的导师黎运汉教授

魏永秀①

以学生的身份进出校园是 24 年前的事了，经常想起那些云淡风轻、与黎运汉老师相处的美好日子。导师一直是我学习的榜样，他钻研学问、关心学生、热爱家庭的优良品行也深深地影响着我。

黎老师马上九十高寿了。从我走进暨南大学认识他的时候到现在，黎老师一直笔耕不辍，他在汉语风格学方面的建树有目共睹，这里毋庸赘述。黎师讲课认真，给我留下了深刻印象。他操着我们能听懂的广普，语速不紧不慢。坐在我们面前，跷着二郎腿，手十指交叉地放在膝盖上，两个大拇指缓慢地转着圈。在舒缓有致中，他把每个问题都阐述得很透彻。这看起来简单，但做老师的人都该知道，课上的 45 分钟，你要想讲得既"有料"又让人听得懂，课前的准备功夫要花多少个 45 分钟啊！黎老师在学术上的成就完全是他多年努力的结果。我虽然没能在学术上继承他的衣钵，也没在学问上有所建树，但黎老师做事认真、不断学习的态度一直激励着我不断前行。

黎老师关心学生也是很有名的。记得刚入校不久，我跟同学还都不熟，主要是因为自己不是个爱热闹的人。那天吃完晚饭，我不知为什么端出《英语大辞典》，学起英语来了。恰巧，黎老师来看我们新入学的三个人。来到我宿舍的时候见我还那么"刻苦"，就提醒我：刚入学，先熟悉熟悉环境，跟翠云、向红她们逛逛校园，学习是一辈子的事，要注意身体。学业上有不懂的可以随时问他。我很感动，没想到遇到的老师这么关心人。可是感动没过多久，更感动的事成为常态：跟导师一起出去开会，师母刚好有空同行。我们学生那时只能坐硬座，我也觉得没什么，从辽宁晃悠几十个小时到广州也都坚持过来了。但到了晚上，黎老师让我跟同学去他的软卧车厢，拿东西铺好，让我们睡在地板上，说这样安全，也可以伸伸腿，坐久了腿会肿。我们都觉得这样不太好，车厢除了老师和师母还有别的乘客，而且晚上他们要上厕所的话会非常不方便。黎老师说："我们都商量过了，他们也同意我才去找你们的。没什么不方便的，就这样了，你俩委

---

① 魏永秀，广州大学中文系副教授。

屈一下睡地铺。"20 世纪 90 年代绿皮火车的硬座车厢，坐过的人都知道那是怎样的环境，能睡在干净的软卧车厢感觉就像在天堂……

黎老师不但关心学生，也非常关爱家人，两个女儿与老师关系很亲近。黎老师与师母非常融洽的夫妻关系也是我们同门师兄弟非常羡慕的。我们从没见过他们夫妻俩闹过不愉快。我私下跟师母聊过这个话题，我问师母："老师你们从来不吵架吗？看你们一直都很和睦的样子。"师母笑了："吵过，年轻时吵过。后来我不跟他吵，他脾气急的时候我就不理他，过一会儿就好了。看不出来吧，你老师年轻时是个急性子！现在年纪大了，他脾气好了，我有时会发个火。现在是他让着我。"真是看不出来，黎老师年轻时曾是个急性子。不过想想也有可能，老师有抗美援朝的经历，军人还没点脾气？另一件事应该也跟从军有关，就是黎老师年近九十，腰板仍是挺直的，头发梳理得清清爽爽，衣服很整洁，不管穿 T 恤还是衬衣，都服帖地束进裤腰里，是个帅气的老人家！我们当着师母的面夸老师帅，师母微笑着不说话；夸师母是个贤妻良母，老师幸福地看着师母，微笑着不说话。都说眼神是不能欺骗人的，是啊，看黎老师和师母看对方的眼神就知道，彼此是深爱对方的。两个人出双入对，年轻时一起北上南下地旅游；年龄大了，两个人一起锻炼，散步、打太极拳……

…………

一晃 20 多年过去了。在暨南大学的三年是我非常幸福、难忘的三年。这三年的学习改变了我的人生轨迹，让我机缘巧合地在广州开启了学习和生活的新篇章。尤其幸运的是，遇到了黎运汉老师这样的导师，他不仅教授我专业上的知识，更让我深思：怎么样做才算是个好老师？该如何对待生活？他活到老学到老的积极态度，让我一直有着饱满的热情接触、学习新东西；认真上课的同时也要多关心学生；工作之余多关爱自己的家人。这些都深深地影响着我今天的生活！黎老师，于我而言，是师父，既是老师又像父亲；老师和师母就像我的家人。纸短情长，值此黎老师九十大寿之际，祝黎老师和师母寿比南山、幸福永远！

致敬黎师

黄晓东①

时光飞逝！屈指算来，认识黎老师已 27 年了。今逢黎师九十华诞，忆起与先生相处的那些日子，思绪如潮水般涌来。很想写一篇令自己满意的文章，提笔多次，思索良久，却发现自己的语言竟如此贫乏，居然找不到能完美表达自己心情的词语、句子、文章题目……最终写下的这篇文章，也仅仅是记下了与黎师相处的一些片段，以此来表达我对老师的敬仰与爱戴。

1991 年，我与黎师相识于暨南大学现代汉语助教班。之所以选择去暨南大学进修，是因为董广枫老师的推荐。在董老师的口中，暨南大学校园美、伙食好、老师认真负责，去后能学到很多东西。而在董老师的描述中，出现最多的则是他们可亲可敬的班主任黎运汉先生。虽未谋面，一个学识丰厚、待人可亲、风度儒雅的老师形象已浮现在我的脑海中。后来通过进一步的相处，对黎师有了更多的了解后，先生便成为我心目中令人尊敬的师者、学者和长者。

一、诲人不倦之师者

初次听黎师授课，是在汉语修辞学的课堂上。记得开课不久的一部分内容，讲授的是修辞学、语体学、风格学三者之间的关系。当时我刚刚工作两年，只在现代汉语课上接触过修辞学，对语体学、风格学可以说是一无所知。课下便找黎师，说自己认为语体和风格应该是同一概念，没有区别。当时老师便问我："你知道什么是语体，什么是风格吗？"我惭愧地摇摇头，黎师见状，并未过多地责备我，而是赠我以其专著《现代汉语语体修辞学》，荐我以王德春等先生的相关书籍，嘱我认真研读后再与他探讨这个问题，并语重心长地告诉我："做学问，一定要脚踏实地，戒骄戒躁。任何结论的得出，都不能凭主观臆测，必须要靠论据说话，必须在了解他人研究成果的基础上说话。"在后来的课堂上，但凡向老师提问，我总要先问自己，相关的书籍看了没有？相关的概念弄清楚了没有？相关的逻辑关系理清了没有？认真读书、认真思考，努力让自己提的问题有价值。每当提问后看到黎师微笑点头，心里竟有说不出的喜悦。这门课结束后，我的课程论文便是《浅谈语体与风格》，也是黎师鼓励我将此文修改后往期刊上投稿，

---

① 黄晓东，新疆师范大学文学院副教授。

这是我在期刊上发表的第一篇文章。

还记得我在研读黎师的著作《汉语风格探索》时，看到书中提到了语言的时代风格、民族风格、流派风格、语体风格、个人风格以及表现风格。我感觉还应该有地域风格。因为我们班有包括我在内的四名同学，从小生活在新疆，是典型的北方人，来到广州进修，与南方同学交流时，一个共同的感觉是南北方语言的风格差异还是比较明显的。我们北方人语言表达直率，有啥说啥，有时让南方的同学觉得难以接受；而南方的同学语言表达委婉含蓄，有时让我们觉得交流起来脑费力。可我们同是汉民族，语言风格不同应该是由所生活地域的不同造成的。与老师私下聊天时，我将这些看法说了出来。老师并未说服我去接受其著作中的观点，而是很欣慰地说："这个想法非常好！目前我国的语言风格研究还处在摸索阶段，还有很多空白需要填补。我希望你回到自己的学校后，能够坚持做这方面的研究工作。"这让我感受到一位真正师者博大的胸怀！

尽管黎师的普通话带有方音，我在刚开始听讲时还感觉有些吃力，但我却越来越喜欢甚至可以说是每天都期盼着上先生的课。因为黎师的课，不仅仅是知识的传授，更多的是思路、方法上的点拨。黎师的指点，总让我有恍然大悟、茅塞顿开的欢喜，这种感觉逐渐将我带入了一个充满魅力的全新领域。就这样，不知不觉中，我对修辞学、语言风格学产生了浓厚的兴趣；就这样，我此后的教学和研究也走上了这条道路。虽然过去这么多年了，这一幕幕深深地刻在我的脑海中，成为我学习和学术研究的源泉和动力。

二、孜孜不倦之学者

在我们的眼里、心里，当时的黎师已经是大学者。我在暨南大学进修时，黎师的多部著作就已经有了很大的影响，在修辞研究领域很有建树。其由商务印书馆出版的《汉语风格探索》，胡裕树先生在该书序言中给予了高度评价："材料翔实、论述周密，举例精当，富有启发性。"当时由于仅印刷了 2 000 册，我们想拥有它竟成为奢望。所幸的是终在 2000 年获先生赠书《汉语风格学》，了却我一大心愿。黎师主编并参与撰写的、被中南六省出版部门评为优秀教育著作二等奖的《现代汉语语体修辞学》，"在语体的语言特点上把握得相当准确"，对现代汉语语体多层次多序列的划分，"是迄今为止阐述得最细的一个分类体系"（袁晖《二十世纪的中国修辞学》）。除此之外，黎师的《公关语言学》《现代汉语修辞学》《秦牧散文的修辞艺术》等著作，都是我们置于手头、经常阅读、非常喜欢的作品。先生的著作，语言从不艰涩，往往用生动贴切的语例、深入细致的分析、明快自然的表述，让深刻的理论便于理解，使抽象的概念易于掌握。而当时，先生已年过花甲，却并未就此止步，这些年来一直笔耕不辍，著述不断。

2016 年 12 月，我去五邑大学参加"第十二届语体与语言风格学学术研讨

385

会"，本期望着在会上能见到黎师，却听曾毅平兄、盛永生兄说，黎先生原打算参会的，但因为生病住院，所以来不了了。会议结束后，我和好友宋晓蓉老师前往广州，去华侨医院探望先生。走进病房，看见黎师躺在病床上，因腰部疼痛连翻身都很困难，然而床头却放着一本翻开的书，是黎师自己写的书——《公关语言学》，上面密密麻麻写满了批注，写满了黎师的思考。黎师告诉我们，这是他自己比较满意的一本书。对自己满意的著作尚且如此，对待其他就可想而知了。先生对学问的执着追求，对学术的精益求精深深地打动了我们，也鼓舞着我们。

三、和蔼可亲之长者

虽然在教学中，黎师对我们的要求很严格，但生活中的黎师却非常平易近人。在我们入校学习的一年中，先生虽然仅仅给我们讲授了两门课程，但他始终像对待自己的孩子一样对待我们。在那个年代，广东的经济很发达，走在全国的前列，而班里大多数学员来自发展较为落后的西部地区。先生常常询问我们有没有需要他帮助的地方，还常常邀请我们去他家做客。先生的家典雅温馨与现代时尚并存。通常人随着年纪的增长越来越怕吵闹，而先生的家中居然有当时西部少有但沿海城市较为流行的卡拉OK机。由于学校针对进修学员一般不开展什么文体活动，黎师就将班上的学员都邀请到他的家里唱卡拉OK。桌上是贤淑的师母摆满的茶点、水果，屋内是成调和不成调的歌声、笑声。黎师和师母也不嫌我们吵，给予我们的是温暖的笑容和热情的掌声，真有家的感觉。

1992年进修结束后，我又回到了所在单位。当时通讯不似今天这般发达，再加上自己的懒惰，渐渐与黎师失去了联系。2000年7月，我争取到一个机会，前往暨南大学参加中国修辞学研讨会。一别近十年，没想到黎师竟然记得我，竟然能叫出我的名字，竟然能说出我是哪一期助教班的（我自己都记不清是哪一期学员了），还能说出几个我们班同学的名字。当时参会的人员中，有很多要么是黎师的研究生，要么是黎师任班主任时所带的助教班学员，大家都嚷着要请黎师吃饭。我们这期学员只是黎师带过的学生，参会的也只有我一人。黎师特地叮嘱曾毅平兄吃饭时一定把我叫上，并嘱咐那些师兄师姐们照顾好我这个小师妹。这件事让我明白了为什么先生能得到那么多学生的爱戴，也让我感受到了先生的人格魅力。

这些年来，我与黎师见面的次数虽然不多，但总能得到先生给予的关爱与温暖。每次见面，有些话黎师是必会叮咛的，那就是："若有什么问题搞不懂，就给我打电话；如果写出的论文需要我帮忙看，就发到我的邮箱里；如果来广州，就告诉我，我家在花都，离机场近，我去接你们……"尽管从不忍心给先生添麻烦，但这些真心诚意、暖人的话语都被我牢牢地记在了心里。先生的言行在潜移默化中教会了我该如何对待我的学生。

想对黎师说的话还有很多，在此就让它们化作我深深的祝福，祝黎师和师母如月之恒，如日之升；如南山之寿，不骞不崩；如松柏之茂，无不尔或承！

六 附 录

黎运汉先生主要著述目录

（一）著作

[1]《语法与修辞》（与刘兰英、张维耿合著），南宁：广西人民出版社，1981年。

[2]《现代汉语虚词》（与唐启运、周日健等合著），广州：广东人民出版社，1981年。

[3]《古代汉语虚词》（与唐启运、周日健等合著），广州：广东人民出版社，1986年。

[4]《虚词的实践与运用》（与周日健合著），广州：广东人民出版社，1982年。

[5]《现代汉语修辞学》（与张维耿合著），香港：商务印书馆香港分馆，1986年。

[6]《现代汉语修辞学》（与张维耿合著）台北：台湾书林出版有限公司，1991年。

[7]《中国语文教材语言特色分析》（主编并参撰），武汉：武汉大学出版社，1987年。

[8]《现代汉语教程》（主编），广州：广东高等教育出版社，1987年。

[9]《新编修辞学》（与郑颐寿、林承璋等合著），福州：福建人民出版社，1987年。

[10]《语法与修辞》（修订本）（与刘兰英、张维耿合著），台北：台湾新学识文教出版社，1989年。

[11]《汉语虚词词典》（参编），广州：广东人民出版社，1989年。

[12]《现代汉语语体修辞学》（主编并为主要撰写者），南宁：广西教育出版社，1989年。

[13]《新编现代汉语》（合作主编），北京：高等教育出版社，1989年。

[14]《汉语风格探索》，北京：商务印书馆，1990年。

[15]《秦牧作品语言艺术》（与李剑云合著），南宁：广西教育出版社，1990年。

[16]《公关语言学》（主编并为主要撰写者），广州：暨南大学出版社，1990年。

[17]《语言风格论集》（与程祥徽合作主编并撰写），南京：南京大学出版社，1994年。

[18]《公关语言学》（增订本）（主编并全面增订），广州：暨南大学出版社，1996年。

[19]《汉语风格学》，广州：广东教育出版社，2000年。

[20]《迈向21世纪的修辞学研究》（与肖沛雄合作主编），广州：广东人民出版社，2001年。

[21]《公关语言学》（修订版）（主编并全面修订），广州：暨南大学出版社，2004年。

[22]《黎运汉修辞、语体、风格论文选》，广州：暨南大学出版社，2004年。

[23]《商业语言》（与李军合著），台北：台湾商务印书馆，2005年。

[24]《商务语言教程》，广州：暨南大学出版社，2005年。

[25]《汉语修辞学》（与盛永生合作主编并为主要撰写者），广州：广东教育出版社，2006年。

[26]《汉语语体修辞》（与盛永生合著），广州：暨南大学出版社，2009年。

[27]《公关语言学》（新四版）（主编并全面修订），广州：暨南大学出版社，2010年。

[28]《汉语修辞学》（修订版）（与盛永生合作并全面修订），广州：广东教育出版社，2010年。

[29]《公关语言学》（增订五版）（主编并全面增订），广州：暨南大学出版社，2018年。

[30]《汉语言风格文化新视界》，广州：暨南大学出版社，2018年。

（二）论文与讲话稿

[31]《语言教学和科学研究中的脱离实际倾向》（与张维耿合作），《科学研究》1958年第2期。

[32]《大跃进中汉语语汇发展》（与程达明合作），《中国语文》1958年第10期。

[33]《语气变化与文章波澜》，《暨南论坛》1961年第3期。

[34]《试谈歇后语》（与程达明合作），《中山大学学报》（社会科学版）1962年第2期。

[35]《论毛泽东的语言波澜》，《暨南论坛》1962年第2期。

[36]《对新简化汉字的看法》，《华南师范学院学报》1978年第2期。

[37]《谈同义虚词》（与周日健合作），《华南师范学院学报》1979年第

1 期。

[38]《汉语修辞学的对象、任务和范围》（与张维耿合作），《中山大学学报》（社会科学版）1982 年第 1 期。

[39]《同义虚词的差别和辨析方法》，《广东教育》1979 年第 6 期。

[40]《汉语虚词演变的趋势初探》，《暨南大学学报》1981 年第 4 期。

[41]《从〈三家巷〉看文学作品如何吸收方言土语》，《作品》1982 年第 10 期。

[42]《通俗科学体的风格特点》（与张维耿合作），见中国修辞学会编：《修辞学论文集》（一），福州：福建人民出版社，1983 年。

[43]《专门科学体的风格特点》，见中国修辞学会编：《修辞学论文集》（二），福州：福建人民出版社，1984。

[44]《谈谈中学修辞教学》，《信阳师范学院学报》1984 年第 4 期。

[45]《句子同义形式选择的原则》，《语文月刊》1985 年第 7 期

[46]《试谈简约的语言风格》，《修辞学习》1986 年第 4 期。

[47]《论文学作品的语言波澜》，见中国修辞学会编：《修辞学论文集》（四），福州：福建人民出版社，1986 年。

[48]《句群组织的修辞要求》，《语文月刊》1986 年第 4 期。

[49]《政论语体的风格特点》，见中国华东修辞学会编：《语体论》，合肥：安徽教育出版社，1986 年。

[50]《秦牧作品的语言艺术风格》，《开封师专学报》1986 年第 1 期。

[51]《秦牧作品语言词语运用特色》（与李剑云合作），《开封师专学报》1986 年第 1 期。

[52]《试论语言风格的形成因素》，《暨南学报》1987 年第 1 期。

[53]《〈岳阳楼记〉语言的声律美》，见中国修辞学会：《修辞和修辞教学》，上海：上海教育出版社，1987 年。

[54]《论繁丰》，《语文月刊》1987 年第 11 期。

[55]《语言风格表达手段初探》，见中国修辞学会：《修辞学论文集》（五）福州：福建人民出版社，1988 年。

[56]《论语言的时代风格》，《暨南学报》1988 年第 3 期。

[57]《语体的时代性》，见中国华东修辞学会编：《修辞学研究》（第四辑），厦门：厦门大学出版社，1988 年。

[58]《谈豪放的语言风格》，《修辞学习》1988 年第 6 期。

[59]《结合教学搞科研》，《暨南教育》1988 年第 6 期。

[60]《努力提高研究生的政治素质》，《暨南教育》1989 年第 1 期。

[61]《论藻丽》，《语文月刊》1989 年第 2 期。

　　[62]《语文教学与修辞学》,见香港教育署语文教育学院中文系:《第四届国际研讨会论文集》,1989 年。

　　[63]《语体交叉的方式及其作用》(与刘凤玲合作),见中国修辞学会编:《修辞学论文集》(五),开封:河南大学出版社,1990 年。

　　[64]《论聆听》(与曾毅平合作),见中国修辞学会编:《修辞学论文集》(六),开封:河南大学出版社,1991 年。

　　[65]《论公关语言学》,《暨南大学学报》(社会科学版)1991 年第 2 期。

　　[66]《实用修辞·序》,见胡性初:《实用修辞》,广州:华南理工大学出版社,1992 年。

　　[67]《修辞学与语言风格学》,见《张志公语言和语文教育思想研讨会论文选集》,北京:语文出版社,1993 年。

　　[68]《汉语修辞手段的文化内涵》,见陈建民、谭志明主编:《语言与多文化学科研究》,北京:北京语言学院出版社,1993 年。

　　[69]《修辞学研究对象的文化透视》,《暨南学报》1994 年第 3 期。

　　[70]《修辞学·语体学·语言风格学》,见黎运汉、程祥徽主编:《语言风格论集》,南京:南京大学出版社,1994 年。

　　[71]《语言风格学研究评述》(会议总结报告),见黎运汉、程祥徽主编:《语言风格论集》,南京:南京大学出版社,1994 年。

　　[72]《培养开拓型、创造型的研究生》,见暨南大学中文系语言学教研室:《现代汉语教学研究与探索》,广州:暨南大学出版社,1994 年。

　　[73]《修辞·语体·风格》,见澳门中国语文学会学报《语丛》,1994 年。

　　[74]《略论两岸汉语语汇差异之文化因素》,见中华语文研习所:《第一届两岸汉语语汇文字学术研讨会论文集》,1995 年。

　　[75]《一本实用性很高的社会语言学著作——读程祥徽〈语言与沟通〉》,《语言文字应用》1995 年第 4 期。

　　[76]《建国以来汉语风格理论研究综述》,《云梦学刊》1996 年第 1 期。

　　[77]《语言风格系统论》,《锦州师范学院学报》1996 年第 3 期。

　　[78]《传意与文化》,见程祥徽:《语言与传意》,香港:香港和平图书·海峰出版社,1996 年。

　　[79]《中国语文教学与文化教育》,《澳门日报》1997 年 6 月 29 日起(一二三四)。

　　[80]《方言土语在文学作品中的运用》,见程祥徽主编:《方言与共同语》,香港:香港和平图书·海峰出版社,1997 年。

　　[81]《方言与共用语》,1997 年 10 月在澳门电视台的讲话。

　　[82]《新观念、新开拓、新体系——译评王希杰〈修辞学通论〉》(与刘凤

玲合作),《澳门日报》1997 年 12 月 8 日。

[83]《语言风格得体论》,《暨南学报》1998 年第 4 期。

[84]《陈望道先生的汉语风格论》,《修辞学习》1998 年第 2 期。

[85]《〈中国修辞学史稿〉给我的启示》,《修辞学习》1998 年第 4 期。

[86]《古汉语修辞简论·序》,见赵克勤:《古汉语修辞简论》,上海:上海社会科学院出版社,1998 年。

[87]《语言风格与表达对象》,《修辞学习》1998 年第 6 期。

[88]《语言风格与表达主体和接受主体》,《云梦学刊》1998 年第 4 期。

[89]《汉语风格与汉文化》,《锦州师范学院学报》1998 年第 4 期。

[90]《张弓与语体学》,见《〈现代汉语修辞学〉问世 30 周年纪念论文集》,石家庄:河北教育出版社,1993 年。

[91]《语体学与文章学》,《修辞学习》1998 年第 5 期。

[92]《表现风格在语言风格中的地位》,《平顶山师专学报》1998 年第 2 期。

[93]《语言风格定义的内涵新析》,《毕节师专学报》1998 年第 3 期。

[94]《汉语表现风格概论》,《平顶山学院学报》1999 年第 3 期。

[95]《语言风格生成的文化机制》,《澳门日报》2000 年 4 月 15 日。

[96]《商务语言的文化积淀》,见中国修辞学会编:《修辞学论文集》,乌鲁木齐:新疆大学出版社,2000 年。

[97]《广告语言修辞策略·序》,见何新祥:《广告语言修辞策略》,长沙:中南大学出版社,2001 年。

[98]《语言变异研究的深入与开拓——读陈松岑〈语言变异研究〉》,《语文研实》2001 年第 1 期。

[99]《增强语言文化交流,发展中国修辞学术研究》,2000 年 6 月 18 日在台湾"中央"广播电台的录音讲话。

[100]《修辞与文化背景》,《暨南学报》(哲学社会科学版)2001 年第 4 期。

[101]《修辞、语体、风格的联系和区别》,2001 年 8 月对广西民族大学中文系师生的演讲。

[102]《汉语语用修辞学建立的背景》,《浙江师范大学学报》2002 年第 2 期。

[103]《1949 年以来汉语风格定义研究述评》,《语用文字应用》2002 年第 6 期。

[104]《社会语用艺术·序》,见刘凤玲、戴仲平:《社会语用艺术》,广州:暨南大学出版社,2002 年。

[105]《海峡两岸修辞学教学与研究之比较》，2002年12月对台湾师范大学中文系师生的演讲。

[106]《论汉语风格学传统》，《浙江树人大学学报》2003年第5期。

[107]《修辞新论选·序》，见陆稼祥：《修辞新论选》，长春：吉林人民出版社，2003年。

[108]《一本成功的开拓性新著——读陈汝东〈认知修辞学〉》，《平顶山学院学报》2003年第6期。

[109]《语言风格学》，2003年11月在广州电视台的演讲。

[110]《近20多年来汉语言风格研究的成就和发展趋势》，《扬州大学学报》2003年第3期。

[111]《陈满铭对辞章章法学的贡献》，见《陈满铭教授七秩荣退志庆论文集》，台北：万卷楼图书股份有限公司，2004年。

[112]《中国现代语言风格学史稿·序》，见张德明主编：《中国现代语言风格学史稿》，福州：海风出版社，2004年。

[113]《语用修辞探索·序》，见李军：《语用修辞探索》，广州：广东教育出版社，2005年。

[114]《关于汉语修辞学几个问题的再认识》（与盛永生合作），《平顶山学院学报》2006年第4期。

393

[115]《语用与文化》，2006年对浙江师范大学中文系师生的演讲。

[116]"语言研究新视角丛书"总序，广州：暨南大学出版社，2008年。

[117]《现代汉语与汉文化》，2012年11月全国高等院校现代汉语研究会第十三届研讨会报告。

[118]《语言风格之文化审视的论据》，《烟台大学学报》2012年第2期。

[119]《语言风格成因的文化机制》，见袁晖、路越、邓春：《语体风格研究和语言运用》，合肥：安徽大学出版社，2013年。

[120]《毛泽东主席的语言理论及其指导意义》，2013年10月对湘潭大学文学院师生的演讲。

[121]《语言风格解构的文化理据》，《毕节师院学报》2014年第5期。

[122]《语汇产生和发展的文化机制》，2014年9月渤海大学语汇学国际研讨会报告。

[123]《模糊语言风格的文化机制》，见黎千驹、冯广艺主编：《模糊语言研究》（第二辑），2014年。

[124]《语言学著作和教材必须与时俱进》，见黎运汉：《公关语言学》（增订五版），广州：暨南大学出版社，2018年。

后 记

　　回想千禧之年，我们敬爱的老师黎运汉教授七十华诞，弟子们感念师恩，荟萃辞章，出版了《修辞·语体·风格》纪念文集。大家不论南北，无分西东，汇聚暨南园，为老师祝寿，欢声笑语，乐也融融。云山悠悠，珠水长流，不觉20年时光已悄然过去。2018年，正值国家纪念改革开放40周年和母校暨南大学112周年校庆，而我们的老师已然高寿九秩。南国深秋，弟子们再度聚首母校，敬贺老师九十华诞，纪念老师与师母钻石之婚。我们衷心祝福老师与师母安度岁月，福寿绵长！

　　90年峥嵘岁月，老师见证并参与了国家从站起来、富起来，到强起来的历史进程。20世纪50年代，在解放海南、粤西剿匪的战斗队列里，有老师挺进的身影；"雄赳赳，气昂昂，跨过鸭绿江"，在抗美援朝、保家卫国的志愿军中，有老师转战三千里江山的雄姿；硝烟散去，荣归花城广州，老师选择了校园；学成后又选择了三尺讲台，潜心教学科研。数十载孜孜不倦地探索，被誉为"修辞学界的劳动模范"。20世纪80年代，我们陆续进入暨南园，得黎师引领，于修辞学、语体学、风格学领域求知探索。老师在专业上为我们指点迷津，在生活上对我们关怀备至。彼时老师正值壮年，青年时代磨炼的军人气质，融汇谦谦学者之风，刚柔相济，意气风发。如今鲐背之年，老师依然耳聪目明，步履矫健，说文论道，文思敏捷。师生相见，谆谆教诲，一如既往。每年春节、教师节都是师门聚会的日子，老师总是谈笑风生，兴致盎然，微信点赞，不落人后。师生同乐，我们倍感幸福。

　　古语有云："七十杖于国，八十杖于朝，九十者天子欲有问焉，则就其室。"这是对人生阅历和智慧的敬重。黎门弟子的成长，无不得益于老师的启迪和引领，弟子们始终感念于心。传承学术、开拓进取是老师不变的厚望。为感谢恩师栽培，表达弘学之志，众弟子商议，承续千禧年呈文献辞的贺寿方式，编辑一部内容更为全面和丰富的文集，恭贺老师鲐背之寿并纪念老师、师母钻石之婚。文集取名"清心望远——贺黎运汉教授九秩华诞"，"清心望远"，嵌有"清远"一名，盖因一则老师荣休后，安居广东清远；二则老师素来不为世俗所累，淡泊名利，追求精神愉悦，钻研学术，超然物外；三则老师耄耋之年，仍笔耕不辍，关注学术前沿，思考学科方向，对修辞学长远发展寄予热望；四则老师对年轻学人总是殷切勉励，鼓励大家勤奋探索，心无旁骛，志存高远。

文集内容有以下部分：一是反映黎师数十年奋进的个人传略；二是老师珍藏的照片、题赠，分"亲情融融""学术情谊""桃李芬芳"三个专题，这些照片、题赠是老师日常生活、学术交流、教学科研工作的生动写照；三是黎师的自选论文，自学生时代在《中国语文》合作发表的第一篇论文，到21世纪初的文章，共30多篇，分词汇、修辞、语体、语言风格研究和语言学评论五部分；四是关于黎师著述的序跋、书评选萃；五是老师九十华诞的贺寿文萃，分评论、论文、诗文三部分。为便于学者研究，文集还收录了"黎运汉教授著述目录"。

文集的编纂得到了前辈学者的热情支持，著名语言学家、原河南省教委主任张静教授，海南师范大学柴春华教授为文集作序。中国修辞学会会长、复旦大学陈光磊教授发来贺信，中国修辞学会副会长、《当代修辞学》主编、复旦大学祝克懿教授题赠致贺。澳门大学程祥徽教授欣然挥毫，惠赠书名墨宝。著名语用学家、广东外语外贸大学何自然先生撰写了长篇评论，著名修辞学家、安徽大学袁晖先生，北京语言大学常敬宇教授，中国传媒大学徐丹晖教授，台湾中华语文研习所所长何景贤先生偕夫人朱婉清女士惠书题赠。张先亮、曹德和、黎千驹、郑荣馨、王红兵等诸位知名学者撰写了专文，从不同角度阐述黎运汉教授的学术贡献。对此我们深表谢忱！

二十世纪八九十年代，暨南大学中文系开办了几届现代汉语研修班，招收高校语言学青年才俊研读，后来他们中许多成长为知名学者，在语言学相关领域，特别是修辞学、应用语言学的研究中作出了突出的学术贡献。刘凤玲、陈兆福、冯寿忠、李剑云、李少丹、黄晓东等代表研修班学员撰文，以表庆贺。黎师和师母与研修班学员堪称情谊深厚，学员们出差广州，都要登门拜见。老师每到他们工作的城市，不论行程多么匆忙，也要相约晤面。退休之后，老师还多次专程去外地看望他们。

在学界同仁的印象中，老师和师母是极重感情的人。不管是海峡两岸，还是欧美、日韩、东南亚，老师和不少学者因学术结缘，而最终成为至交。退休之后，许多老朋友都曾到黎师清远的寓所小住。他们在一起追求真知，兼容并包，互相敬重，这种学术情谊弥足珍贵，十分值得我们晚辈学习。我们也十分感谢学界前辈对我们老师的关心和惦念！

最后，我们要特别感谢深圳艾伯科技股份有限公司董事长兼首席执行官、暨南大学杰出校友、黎师贤侄黎清隆先生。千禧年时，清隆先生资助我们出版了七十华诞文集，这次他又慷慨襄助，其尊师重教的精神令人钦敬！暨南大学出版社社领导的重视，编辑的通力合作，特别是潘雅琴副编审、杜小陆先生为文集的出版精心设计，尽心尽力，我们亦深表谢忱！

编　者

2018 年国庆节